各方致孙中山函电汇编

【第九卷】

(1924.9~1925.2)

刘　斌
孙宏云　编

桑　兵◎主编

社会科学文献出版社
SOCIAL SCIENCES ACADEMIC PRESS (CHINA)

目　录

大本营审计处处长林翔呈孙中山文（1924 年 9 月 8 日） ……… 25

广州市工人代表会致孙中山、廖仲恺等电

（1924 年 9 月 1 日）

大本营孙大元帅睿鉴：廖省长、各部长、滇军总司令杨、湘军总司令谭、豫军总司令樊、桂军总司令刘、各军长、各师长、各旅长、各县长、报界公会转各报馆、教育会、农会、新学生社、各社团、各工会、上海《民国日报》、天津《益世报》、北京《晨报》鉴：

昨阅报载，罢市风潮已由滇军第二军长范石生、第二师长廖行超出任调停，议定六项条件，并担任发还全数枪弹，殊深骇异。夫陈廉伯、陈恭受等假借商团名义，私通北洋军阀，勾结英帝国主义者瞒运大帮军械进口，阴谋推翻革命政府，阻止国民革命进行，其罪已无可逭。所扣留之军火，实无发还理由。至商团平日之摧残工人，固属屈指难数，而此次之附和两陈轶轨行动，亦应严加惩劝，以策将来，庶革命障碍于以扫除，革命事业以兹长进。若履行所订条件，于政府惩办两陈之通缉令则取消之，于两陈瞒运进口之军火则发还之，试问革命政府之威信何在？革命前途之危险何极？若此案可以容忍屈服，则以后革命政府尚有何事可办？革命军队之纲纪又复何存？敝会为代表全广州工人利益计，为拥护国民革命政府计，对于此项不允当之条件，誓不承认。邦人君子，尚祈垂鉴。广州市工人代表会叩。东。印。（广州国民政府档案）

（《广州市工人代表会不承认调停罢市风潮议定条件电》，《中华民国史档案资料汇编》第四辑，第 778 ~ 779 页）

杨青圃致孙中山、杨希闵等电

（1924 年 9 月 1 日）

万急。广州大元帅睿鉴：滇军杨总司令、周总参谋长、范军长、胡

军长、朱军长、赵师长、廖师长、朱师长、胡师长、各旅长、报馆钧鉴：

窃青圃自渐［惭］菲材，不学无术，猥邀知遇，谬绾兵符。惟以服从之至诚，恪守军人之天职，对驭部下尤以宽厚为怀。讵知道德沦亡，人心不古，王逆秉清利禄薰［熏］心，甘冒不韪，于月前乘青圃因病离防之际，胆敢捏造命令以威胁各团、营联名通电，藉词污蔑，己身亦不须下命，妄自称尊，事实背谬，已达极点。青圃抚躬自问，无愧于衷，矧个人利禄早置诸度外，皂白自分，不屑与辩。乃不旬日，王逆图穷匕见，恶迹昭彰。杨、马两团长暨全旅官兵备悉真相，遂通电宣布王逆罪状，及此次被逼情形，函电纷驰，坚请青圃回防。足见人心未死，公理犹存。复蒙我军宪恩加劝勉，催促返部。青圃何人，庸敢自菲，经于本月卅日驰回三栋，照常供职，上副我军宪期望之旨，下慰部属拥戴之诚。而王逆作伪心劳，从前疑云暗雾一扫而空。诚恐道远讹传，易淆观听，谨电奉布，维亮察焉。滇军第三军第一独立旅旅长杨青圃呈。东。印。

（《杨青圃回防三栋之通电》，《广州民国日报》1924年9月4日）

黄绍雄致孙中山等电

（1924年9月1日）

万急。广州大元帅睿鉴（余衔略）：

顷得柳州李总指挥酉电，谓陆荣廷此次倾桂林全部，由韩彩凤率犯柳州。经我军击败后，复合庆远之谭浩明、韩彩辉于大浦、沙浦一带，冀图再逞。又经我军猛击，丧亡几尽，谭、韩等仅以身免。桂林已为沈军邓右文旅占领，陆已逃往湘边。等语。又据俞指挥官作柏俭亥电称，都安之陆福祥部已被我军击败，收缴甚多等情。谨以奉闻，诸维鉴察。黄绍雄呈叩。东。印。

（《黄绍雄最近之捷报》，《广州民国日报》1924年9月6日）

卢永祥致孙中山电[①]

（1924年9月2日）

连日苏军进行甚亟，前线相距不过十里，恐接触即在旦夕。现形势作战注重苏方，尊处若能克期出发，以冀他方牵动，义声所播，迅奏肤功，尤所欣盼。卢永祥。冬。

（《浙卢吁请北伐之冬电》，《广州民国日报》1924年9月6日）

大本营军政部长程潜呈孙中山文

（1924年9月2日）

呈为呈复事：案奉钧座发下湘军总司令谭延闿呈一件，以所部第三军野战医院三等军医正邓宇清、二等军医谭涒去岁随军出发北江，赴阵地救护伤兵，受伤殒命；又二等看护兵张瑞芝、下士传达张泽辉、一等医兵左致轩积劳病故，均请准予从优给恤，以全遗族等情。查该员兵等或因公殒命，或积劳病故，情殊堪闵。已故三等军医正邓宇清一员，拟请钧座准予援照《陆军战时赏恤章程》第五章因公殒命例，照第三表给予少校恤金，以示矜恤。至二等军医谭涒等四员名，除由职部分别查照第三表、第四表各照原级另案呈请给恤外，所有拟请抚恤已故三等军医正邓宇清缘由是否有当，理

① 报纸报道中说明此电文系节录自卢永祥致孙中山电。——编者

合具文呈复，伏乞鉴核，指令祇遵。谨呈
陆海军大元帅孙

大本营军政部长程潜。印
中华民国十三年九月二日

（《陆海军大元帅大本营公报》一九二四年第廿五号，9月10日，“指令”）

广东高等检察厅检察长林云陔呈孙中山文
（1924年9月2日）

呈为呈请核示事：案查民国十年十月十五日，奉大元帅令：饬清查在监执行刑罚之罪犯，择其情有可原者呈请减刑，等因。业经遵照办理。现历时已久，在监狱中执行刑罚之罪犯又达三百余名之多，加以职厅收入无著，支持囚粮经已计穷力尽，若非再予援案分别呈请减刑，实不足以清庶狱而普惠泽。当查，在监人犯除真正命盗外，如朱道孙等六十七名均属情节可原悛悔有据，自应遵照大元帅前令分别再请减刑，用广我大元帅博爱之仁。具由列表呈请大理院核转在案。上月二十八日，奉大理院指令，内开：呈表均悉。查民国十年十月十五日及十二年四月六日奉令清理庶狱酌予减刑，均系特沛殊恩，业经先后遵照通饬清查，悉数汇呈减刑释放在案，嗣后判决确定案件应仍依律分别执行，非有特别情形不得率予援案办理，致涉宽纵。据呈所请减刑各犯，其原判确定日期是否均在去年清查汇减之后，及该监现禁囚犯究有若干，未据具报有案，应否再行清理无从查核。仰即遵照向章，将在监所人犯按月造册呈报。该朱道孙等六十七名如有可原情节，应逐案声叙理由，呈候核办，未便率予援案汇呈请减。仰并知照。此令。等因。〈奉〉此。窃查民国十年十月十五日及十二年四月六日大元帅明令，本属特沛殊恩，然恭读令文并无嗣后不得援案呈请之限制，职厅此次请将朱道孙等六十七名分别酌予减刑，已于文内声明均系情节可原悛悔有据，并将各该犯所犯罪名及原判执行刑期暨拟减刑刑期列表呈核，亦不得谓为未经逐案声叙理由。管见所及，是否有当，理合具文列表呈请大元帅核示祇遵，实为公便。谨呈

陆海军大元帅

计呈表一扣。

广东高等检察厅检察长林云陔。印

中华民国十三年九月二日

（《陆海军大元帅大本营公报》一九二四年第廿五号，9月10日，“指令”）

叶恭绰致孙中山电[①]

（1924年9月3日）

江浙两军江晨（三日）已在黄渡地方开始接火。

（《叶恭绰报告江浙战讯》，《广州民国日报》1924年9月4日）

驻港东莞工商总会致孙中山、程潜等电

（1924年9月3日）

分送广州孙大元帅、程军政部长、廖省长、杨总指挥、刘总司令、谭总司令、许总司令、樊总司令、范军长、胡军长、廖师长暨转饬军长、各师长、各旅长钧鉴：

万急。刻据邑城难民来港投称，东日严师长兆丰率队入城，占

① 报纸报道中说明：“昨三日，政府得接叶部长恭绰由沪来电报告。”

住民居，奸淫抢掠，全城骚然，恐酿巨变。万乞速电制止，饬即离防，以遏乱萌，地方幸安。驻港东莞工商总会正会长吴天保、副会长孙兆平暨全体同人仝叩。江。印。（香港来电）

（《东莞港侨请饬莞城军队离防》，《华字日报》1924年9月6日）

东莞全属联团总局等致孙中山、谭延闿等电

（1924年9月3日）

大元帅睿鉴：谭总司令、刘总司令、杨总司令、许总司令、廖省长钧鉴：东莞公会、东莞留省绅商学界、报界公会钧鉴：

严师所部因骚扰市场大动公愤，联团劝解，遂生冲突。近□视人民为仇敌，逢人开枪，斩毙小孩，惨无人道。若不从速调防，□保无乱党乘机搀入，危及大局。务恳大元帅、刘总司令以地方为重，速将该师撤退，以保公安。涕泣陈词，乞垂矜察。东莞全属联团总局、商会商团、五善团暨学界仝人叩。江。（新塘来电）

（《东莞社团电请解决军团冲突案》，《华字日报》1924年9月6日）

东莞商团副团长致孙中山、刘震寰等电

（1924年9月3日）

大元帅、刘总司令、许总司令、谭总司令、杨总司令、廖省长、总商会、总商团、东莞公会、东莞留省绅商工学各界、报界公会均鉴：

八月初一，接廖省长电，枪枝经已布告周知。初二日，适严师

长带兵又到，各绅商议决定于初三日十打钟一律开市。不料初二日三打钟，有兵士多人，沿城内出城外驿前各街□□一空。民间鼓噪，鸣锣请援，各乡团纷起排解，遽被兵士枪毙数人。各乡团闻变，纷起与防军激战，两方均有死伤。商团只闭守市尘，无从调处。务乞大元帅、总司令速调军队离防，以免糜烂地方，实为德□。莞城十二坊商团副团长黄衍枬［?］叩。江。

（《广东东莞军团之大冲突》，上海《时报》1924年9月9日）

广东省长廖仲恺呈孙中山文

（1924年9月3日）

呈为呈请事：窃查粤汉铁路伕力原由和济公司承充，对于伕力工人待遇不善，屡酿风潮，货物交通因而停滞，嗣得省港起落货集贤总工会从中调处，勉获无事。本年和济公司承办期满，集贤总工会鉴于劳力工人历受压迫，非自行承回不足拔除痛苦，遂愿照和济公司年缴款项暨所定约章承充。迭据该总工会函呈到署，当经函商该路公司许前总理崇灏查照妥办。旋据广州工事［人］代表会执行委员会代力［为］函请，复经省长核明照准，令行在案。讵许前总理崇灏竟以和济公司从前筹缴军饷情甚急公，奉粤军许总司令训令，准由该公司续办等语为词。迨经省长令饬仍准集贤总工会照章承充，该前总理仍未遵办，并迳行呈请帅座核准备案。伏思此项伕力关系劳工至深，和济公司自接办以来既种种不善，若再令继续办理，微特工人痛苦不能解除，且恐滋生事端，于交通上亦受影响。况集贤总工会为劳力工人集合之团体，既愿照额缴款依约履行，于该公司并无所损，而种种窒碍均可藉以化除，得失瞭然，不待智者而决。现据该路现任总理陈兴汉以命令各别具呈请示前来，除指定仍遵迭令妥办以维劳工外，理合将本案办理情形呈报察核，

伏乞俯赐撤销前发许前总理备案指令，并候训示祇遵。谨呈
大元帅

广东省长廖仲恺（印）
中华民国十三年九月三日

（《陆海军大元帅大本营公报》一九二四年第廿五号，9月10日，“指令”）

军政部长程潜呈孙中山文

（1924年9月3日）

呈为呈请事：案准中央直辖西路讨贼军总司令部咨开：以所部第一路司令古鉴部第一营第三连连长余湘兰、第一连第二排排长王应前于飞鹅岭攻城一役率队冲锋，同时阵亡，请查照军人阵亡例从优拟恤等由过部。查该故员等奋勇杀敌，殒命疆场，殊堪悯悼，拟请钧座俯准追赠余湘兰为陆军少校，王应为陆军上尉，并照《陆军战时恤赏章程》第二章阵亡例，按照第一表各照赠级分别给恤，以示优异。所有拟请赠恤余湘兰等缘由是否有当，理合具文呈请鉴核，指令遵行。谨呈
陆海军大元帅孙

军政部长程潜（印）
中华民国十三年九月三日

（《陆海军大元帅大本营公报》一九二四年第廿五号，9月10日，“指令”）

东莞绅商学界致孙中山、刘震寰电

（1924年9月4日）

旧历初一日，奉廖省长电，罢市解决，通饬商民复业，经商会

布告周知，市民遵命。初二日，严师长带兵东莞，复经绅商议决，于初□日一律开市。讵严部兵士于初二日下午，将城厢内外抢掠，人民鼓噪，乡团排解无效，反被枪击，致令双方各有死伤。迭经邑城各界呼吁维持，并电请调防，以免糜烂地方在案。不料初四、初五等日，该□将城内东南北各门民房铺户焚掠一空，奸淫妇女，击杀居民，祸焰滔天，惨不忍睹。后各国牧师出任调停，严师长迭次拒绝，现复增兵，全城必无净土。惟有乞大元帅、刘总司令火速制止，将兵撤防，以重民命，地方甚幸。东莞县全邑绅商学界同人叩。支（四号）。[①]

（《孙军在东莞与人民宣战记（五）》，《华字日报》1924年9月10日）

卢永祥致孙中山电

（1924年9月4日）

广州孙中山先生鉴：

江日下午，苏军由昆山方面来攻，驻黄渡之我军还击，当即开火。彼军初时气尚猛，相持至今晨八时，彼军不支，败退数里，我军正乘胜追击中。特此奉闻。卢永祥。支申。

（《卢永祥报告江浙开战》，《广州民国日报》1924年9月6日）

卢永祥致孙中山、许崇智等电

（1924年9月4日）

广州孙中山先生、许总司令、廖省长、湘军谭总司令、宋军长、鲁军长、滇军杨总司令、范军长、胡军长、桂军刘总司令、豫军樊总

① 从内容可以看出此电为致孙中山、刘震寰等人电。——编者

司令、胡展堂、汪精卫、李协和、程颂云、伍梯云、张溥泉诸先生、云南唐总司令、四川刘禹九总司令、刘甫丞督办、赖德祥司令、贵阳唐督办、刘省长、遵义熊总司令、但军长、长沙赵省长均鉴：

自曹锟据有近畿，拥兵自卫，毁法乱纪，贿选窃位，固已罪在不赦。入京而后，政由己出，竭全国之收入，悉索地方财源，全数用之于军费，以厚集其一姓一系之兵力。犹以为未足，又复卖国求逞，悍然不顾断送国家权利，侵蚀朋分，各饱私囊。对于国内则以排除异己实行武力统一为职志，利诱威迫，无所不用其极。始则利用各省之弱点使之自扰，至于精疲力竭两败俱伤，然后起而乘之，以坐收渔人之利，务使根本铲除而后已。蓄谋乱国，一至于此。苟任其久据要津，大肆淫威，横流所届，伊于胡底？此所以毅然决然，而为兴师讨贼之举也。素仰诸公扶植正谊，锐意改造，对于乱国之曹锟，早已声其罪而讨之矣。顾或以形势多梗，或以调遣需时，义师未集，显戮尚稽[①]。迫于大义，勉效前驱，成败利钝，原非所计。惟曹锟既为国民之公敌，则诸公宁忍作壁上之旁观。尚希诸公分道出师，兼程并进，庶几正谊有获伸之日，大局有复安之望。至于障碍既除，国是待定，尤望诸公本其素抱，发为政论[②]，依多数国民之趋向，定百年立国之大计。除出师讨曹业已电达外，专布诚悃，敬候教言。卢永祥。支。

（《卢永祥通电》，《申报》1924年9月6日）

张作霖致孙中山电

（1924年9月4日）

广州中山先生鉴：

---

① 在《陆海军大元帅大本营公报》一九二四年第廿八号（1924年10月10日）所载电文中，此处为“顾或尚稽”。——编者

② 在《陆海军大元帅大本营公报》一九二四年第廿八号（1924年10月10日）所载电文中，此处为“发为经纶”。——编者

国人苦兵祸久矣。年来川、湘、桂、粤，十室九空。益以本年旱涝为灾，又延互［亘］十余省之广。哀鸿遍地，惨不忍闻。此在稍有人心者，宜如何悲悯哀矜，力谋挽救。乃曹吴包藏祸心，益张毒焰。不特对于被灾省份略无矜恤之念，且更以兵戈惨祸横施之于完善之区。士绅之呼吁无闻，外交之责言不恤，是何肺腑？言之痛心。当风潮发生之初，作霖屡向彼方切进忠告之词，劝其以人民为重。覆书颇以和平为念。方谓其悔祸出于真诚，乃墨渖未干兵锋已及。顷接杭州卢司令江日通电，是戎首之责已有所归，即声讨之师不容或缓。夫曹吴罪恶山积，悉数难终。姑举其荦荦大者言之。贿买议员以窃大位，豢养牙爪以祸邻疆。人民所希望者自治也，则百方破坏之。全国所祷企者和平也，则一意蹂躏之。甚至自身前以奥债责人，而德票则不惜公然承认。外交方以兴学盼我，而庚款则施其攘夺之私。卖国丧权，穷兵黩武。语其罪状，早为天下所不容。徒以频年民困已深，不忍使地方重遭兵燹，偶存投鼠忌器之念，遂启其舐糠及米之心。流毒既深，舆情同愤。作霖为国家计，为人民计，仗义誓众，义无可辞。谨率三军，扫除民贼。去全国和平之障碍，挽人民垂绝之生机。在同人声气投合者固当深表同情，即彼方夙受挤摧者亦可共知觉悟。师行所至，市廛无惊。但求元恶伏诛，绝不株连旁及。天日在上，实鉴斯言。敬布悃忱，伏希公察。张作霖。支。印。

（《陆海军大元帅大本营公报》一九二四年第廿八号，10 月 10 日，“公电”）

林警魂致孙中山等电

（1924 年 9 月 4 日）

孙大元帅睿鉴（余衔略）：

日前商团误会政府扣械，发生风潮，风声所播，谣诼繁兴，各属商团闻多附和。职属幸仗帅座德威，复经警魂极力劝导，商、民团皆深明大义，服从政府，始终并无意外举动牵入旋涡。至小榄、大黄圃两处，据报虽有酝酿罢市之谋，警魂防患未然，幸即消弭，迄未实现。当将经过情形，逐日电呈鉴察在案。昨奉电谕，省市风潮经已平息，遵即录电通告，全属欢呼。现在官商感情益为融洽，地方安谧，市面秩序、轮船交通一律如常。除将办理经过详细情形另文呈报外，谨电奉闻，伏维鉴察。香山县县长林警魂叩。支。印。

（《林警魂电告消弭罢市潮情形》，《广州民国日报》1924年9月6日）

管理粤汉铁路事务陈兴汉呈孙中山文

（1924年9月5日）

为呈请事：窃查职路临时附加军费，前因期满军事尚未结束，当经呈请再行续办三个月，业奉钧座第五四九号指令照准在案。现查自本年六月一号起至八月底止，续办期限又已届满。惟体察情形，军务方殷，仍应赓续办理，俾裕收入。拟俟军事结束再行呈请停止，以纾民力。所有请将职路临时附加军费赓续〔理〕缘由〔理〕，今呈请钧座察核，俯赐指令祇遵。谨呈

大元帅

管理粤汉铁路事务陈兴汉

中华民国十三年九月五日

（《陆海军大元帅大本营公报》一九二四年第廿六号，9月20日，“指令”）

旅港各邑商会联合会致孙中山、程潜等电

（1924年9月5日）

分送广州孙大元帅、程军政部长、廖省长、杨总指挥、刘总司令、谭总司令、许总司令、樊总司令、范军长暨各军长、旅长、广州商

会联合会、总商会、商业维持会、九大善堂、商团联防总部转各团体、报界公会均鉴：

刻据东莞城难民来港讯称：东日桂军严师长兆丰率队入城，占住民居，肆行抢掠，蹂躏全城。附近乡团闻警赴救，均被截击。现已愈闹愈凶，激成巨变。万乞代恳当道暨各军长官速电制止，饬即离防，以遏乱萌等由。窃以邻邑被灾，义当申救，除派代表面陈外，用敢电请大元帅暨各军长官迅赐严令制止，并饬该军队克日离防，以弭祸变，而免糜烂地方，实叨德便。旅港各邑商会联合会同叩。微。叩。

（《商会联合会致省政府电》，《华字日报》1924年9月9日）

市民治安维持会何侠等致孙中山、伍朝枢等电
（1924年9月6日）

广州孙大元帅，伍部长，廖省长，各部长，许、谭、杨、樊、刘各总司令，孙市长，傅交涉员及各机关、各社团、各报馆均鉴：

陈廉伯以汇丰银行洋奴资格，滥充广东商团领袖，勾通敌党，藉英领为护符，实行叛逆，以沙面为私窟，胜利则饱一己之私欲，败则以全市牺牲。如陈廉伯者，其肉安足食乎？本会志在维持治安，不敢放弃职责。今陈廉伯奴隶根深，帝国主义未醒，欲为化思时地，革命精神何存。侠等拥护国民政府，大声疾呼，唤起三千万同胞共锄异类。今驻粤英领事：奉香港舰队司令命令，如遇中国当道有向城市开火之时，英国海军即以全力对待之。细阅此语，迹近对于我国为甚。侠等不愿为帝国主义者压迫，提出向大会讨论，一致抗议，齐望各界共表同情，为政府后援，救我未亡之广东。临电迫切，急不择言。市民治安维持会执行委员何侠、张炳荣、朱普经、苏民望、巫知政。鱼。印。

（《英领干涉内政之反响》，《广州民国日报》1924年9月6日）

江西旅沪赣民自治促进会致孙中山电

（1924 年 9 月 6 日）

广州孙大元帅睿鉴：

奸瞒窃位，将近一年，祸国殃民，罄竹难纪。乃者臧、杨守正，起义厦门，由闽入赣，息军浙疆。曹氏党羽以为异己，思加排除，遂由齐燮元进兵松沪。幸浙卢不畏强御，转战数日，节节顺利，刻已义旗高举矣。我公革命三十年，护法十余载，爱国爱民，同此心理。际此江浙称兵之会，正我扫穴犁庭之时。务请整率六军，克日北指，剪破凶顽，尊我国本。除派代表来府请愿外，谨先电陈。江西旅沪赣民自治促进会叩。麻。

（《赣民自治会请中山迅速北伐》，《申报》1924 年 9 月 8 日）

东莞全属公民致孙中山、刘震寰等电[①]

（1924 年 9 月 6 日）

莞城因吴师长带来军队及新编之兵先后到莞，□旧历初二日沿城□抢出城外，毁闸锄门，种种不法。人民愤激，由乡团排解无效，卒至双方诉诸武力，至为惨痛。连日烧毁四城门铺户，逢户击杀，占住民居，奸掠净尽。惟幸无土匪搀杂其间。若不速将该兵撤退，倘迁延时日，难保无匪徒假藉乡团名义假公济私，地方受累，贻祸无穷。惟有泣叩大元帅、刘总司令列宪，火速严令撤防，以救全城生命，不胜迫切待命之至。东莞全属公民泣叩。鱼。

（《孙军在东莞与人民宣战记（五）》，《华字日报》1924 年 9 月 10 日）

---

① 从内容看此为致孙中山等人电。——编者

大本营财政部长兼盐务督办叶恭绰呈孙中山文

（1924年9月6日）

为呈复事：窃于七月二十六日奉钧座第三八二号训令，内开：查以军饷浩繁度支奇绌，经令行大本营各司处人员等俸薪，从八月一日起概行减成发给。除原文有案应免冗叙外，后开：为此令仰该督办即便遵照，并转行所属一体遵照，仍将遵办情形具报备查。此令。等因。下署当即分令运署、稽核所遵照办理具报去后，旋于八月十四日据运署复称：该署所属各机关只□潮桥运副月俸四百元、平南运销缉私局总办月薪一百元，现该两处均为敌军所踞，自应暂从缓议。此外各场知事及各局厂局长、总办、委员，原定月薪至优者，仅及一百六十元，少或四五十元不等，无过二百元者。惟运使月俸八百八十元，缉私主任一员月薪二百四十元，秘书二员、科长三员月薪均二百元，应于八月一日起分别减成发给。等情。正核办间，又于九月五日据两广盐务稽核所复称：遵于八月一日起分别减发，并连同减薪表一纸呈报前来。查该署所等呈复各节均系遵令办理，所减数目亦甚核实，应即照办。除指令外，理合将该运使署及稽核所遵令减薪情形，并附呈减薪表一纸，备文呈复钧座俯赐察核备案。谨呈

陆海军大元帅孙

附呈减薪表一纸。

大本营财政部长兼盐务督办叶恭卓［绰］（印）

代理财政部次长杨子毅代行

中华民国十三年九月六日

（《陆海军大元帅大本营公报》一九二四年第廿六号，9月20日，“指令”）

大本营财政部长叶恭绰呈孙中山文

（1924 年 9 月 6 日）

呈为呈请事：案奉钧座第九三二号指令，以伍前运使汝康补恤程船一案，应饬由伍前运使迅将办理情形咨由盐运使详查转呈核办等因。当经分别令行遵办在案。现据两广盐运使邓泽如呈准伍前运使复称：查协成堂等被军队起盐缴械，恳请查追给恤一案，迭经各前任运使呈奉帅座分令军民长官严追给领以恤商艰。迨汝康抵任后，该堂等又根据原案吁请给恤。溯办理此案之时，正值税收奇绌之际，前敌交绥，危如累卵，后方催饷，急若流星，汝康仰体帅座责成筹款之意旨，环顾各军迫索之纠纷，在势实已忍无可忍避无可避，自应拼命筹款，分投接济，以期内纾睿廑，外支危局。爰就此案全卷暨该商等禀称各节审查明确，酌定临时筹饷及给恤办法，批令该堂等如能克日具缴盐饷一万三千元以应急需，姑准按照损失额数核给准单，俾资抵补，用示体恤。幸该商等深明大义，体念时艰，即日遵批缴款前来，当经分别验收转解，同时给发准单取具领结附卷，并将当日战危饷绌及各军迫索详情，备文呈报帅座鉴核备案有案。总之，汝康任事两月，无日不在战危饷绌之中，无时不处苦地愁天之境，即祸迫眉睫之近郊剧战，亦发生于汝康任内。迭次勉强措款之窘况固已共见闻，至办理此案尤受各方迫款拘牵，略无自由伸缩余地。准咨前由，相应将详细情形备复，希为查照等由。准地查协成堂等程船于民国十二年二月被练演雄逆部扣留，起盐变卖，并缴去自卫枪枝后，该商暨济安公堂研究公会呈报运署。原呈只有请查追发还暨责令该军照数赔偿之语，并无请运署赔偿损失之文。是该商暨公堂会等亦知由运署赔偿为向例所不许，不敢妄为请求。迨伍前运使亦殷殷批准补恤，处置未免不合。且查协成堂等船盐、枪械被练演雄逆部卖缴后，据济安公堂研究公会呈报损失数目，与该商协成堂等呈请补恤清单互相比较。除公泰祥之合和泰程盐、广恒泰之金顺昌程盐数目尚相符合外，其协源堂之琼州程盐，原呈谓损失千余包，而呈请补恤清单则开列一千四百包；协成堂永富隆程盐，原呈损失七百余包，而呈请补恤清单则开列七百五十包。非经查明，从何断定。矧当时盐价几何，枪值若干，亦非彻查不能得损失之实数。讵伍前运使仅据商人一面之词，即行批准补恤，并不派员细查。微论补偿为例所不许，即使例应赔偿，手续未完，办理不无轻率。再查，伍前运使关于办理补恤程船呈报大元帅察核原呈各节，无非以临时筹款藉济饷糈为词。如果借款巨大，先事呈准，即使破例亦属另一问题。惟伍前运使仅因该商购卖一万三千元之准单，即赔补二万余元之损失，未免枉寻直尺，所得少而所失大。即如呈内所称滇军兵站部索饷，亦不过四千五百元，为数无多，纵极困窘，何遂无法应付，竟至破坏成案始获度此难关。至军政部收款专员撤回之函，系十一月三日到达运署，而赔偿损失之案系十二月五日批准，事隔经月，更无关连。伍前运使以军政部函为批准财［材］料，措词似觉含混。惟该商协成堂所领赔偿之款业已缴还，而孙委员龙光呈复关于该商有无扶同蒙混一节，再三访查，迄未得其确据等语，故此案有无弊混碍难臆断。等情。据此。除指令外，理合备文转呈钧座鉴核，指令祇遵。谨呈
大元帅

大本营财政部长叶恭绰（印）、代理次长杨子毅代

中华民国十三年九月六日

（《陆海军大元帅大本营公报》一九二四年第廿六号，9月20日，“指令”）

韦冠英、严兆丰致孙中山、杨希闵等电

（1924年9月8日）

广州大元帅孙睿鉴：杨总指挥、刘总司令钧鉴：许总司令、谭总司

令、樊总司令、各部长、廖省长、各军长勋鉴：报界公会并转各报馆、各法团、东莞公会均鉴：

溯自政府扣械案发生后，东莞城外十二坊商团长张励图、商会长张承祖等，即派遣代表李才出席陈恭受之佛山会议。当广州罢市潮风甚嚣尘上之际，而李才适自佛山回，于是东莞乱作矣。藉扣械罢市之名，行颠覆政府之实，勾引土匪，煽惑乡团，断绝交通，紧闭街闸。官厅则劝导术穷，防军亦委曲备至，无非欲潜移默化感此冥顽。乃张等悍然不顾，一意孤行，竟敢妄杀印花税办事人员，截劫来往省莞石龙轮渡，毁坏电线，私掘战壕，自为壁垒，使驻在防军失其联络；遍贴返抗政府之传单，造作不纳粮税之蜚语；土匪、乡团蚁聚蜂屯，乱机四伏，已岌岌不可终日。时兆丰奉命巡视防区，驰抵东莞，谨本敝总司令爱护地方之意，爰以和平方法召集绅耆，转劝商民复业，勿为奸人所惑。城内外大多数商民已先后开市，惟十二坊以有张等主持，阳允复业，阴实备战，先将防军官兵十余人扣留，复遣袁虾九等匪帮袭击驻扎省渡头之防军。众寡悬殊，且失联络，遂被暗算。然兆丰犹不忍酿成战祸糜烂地方，遂严令所部集中莞城，并飞报敝总司令，静候解决。乃张等复压迫商民日捐数千金，驱遣匪帮、乡团万余人围困城池，水泄不通，昼夜环攻。幸托帅座威灵，将士用命，婴城固守，以待调停。然各大宪派来调和代表均被截击，以致不得要领，言之尤为痛心。迨冠英奉命调停，师次石龙，犹迟迴未进，先以文告劝其悔祸，遣散土匪、商团，勿为地方患害。张等竟置若罔闻。不得已出发莞城，沿途土匪、乡团出而迎去，在冠英固知胜亦不武，何忍穷兵？然为正当防御计，不得不力予扫除，遂直薄莞城。时兆丰亦派队出而接应，双方夹击，土匪、乡团纷纷溃窜，匪帮乃乘机焚烧，饱掠而去。引虎自卫，势所必然。所幸十二坊则尚保无恙，现正极力保护，并召集绅耆筹商善后，抚绥安辑，慰此喁喁。惟乱必有阶，祸必有始，为首倡乱之张励图、张承祖等虽已在逃，而罪无可赦，伏恳帅座、各层宪迅予通缉查抄，以警将来，地方幸甚。再，此间商场即日可望复业，合并电呈。

中央直辖西路讨贼军第一师长韦冠英、第二师长严兆丰呈叩。庚。印。

（《韦严两师长对莞事通电》，《广州民国日报》1924年9月16日）

浙江国民大会致孙中山电

（1924年9月8日）

中山先生鉴：

先生志在灭贼，大义炳然。今贼欲先谋浙，然后合力攻粤，阴谋狡计明白易知。务恳即日扶义北伐，先生攻其南，浙人犄其北，灭贼必矣。浙江国民大会。庚。

（《浙国民大会致帅座电》，《广州民国日报》1924年9月18日）

移沪参众两院致孙中山、许崇智等电

（1924年9月8日）

广州孙大元帅、许总司令、湘军谭总司令、宋军长、鲁军长、滇军杨总司令、范军长、胡军长、桂军刘总司令、豫军樊总司令、惠州陈总司令、奉天张总司令、张、吴副司令、云南唐总司令、贵阳刘副司令、唐督办、遵义熊总司令、长沙赵总司令、川边刘总司令、上海林海军领袖均鉴：

曹锟贿选窃位，坏法乱纪，业经上年十月七日两院在沪会会议决，声数其罪，并通电委托孙、段、张、卢、唐、熊、刘、陈、赵诸公，责以讨贼兴复之任。岁月绵渺，忽已经年，人事牵率，不如所望，良用痛苦。乃者彼等专欲自恣，嗾令鹰犬齐燮元辈侵掠浙、沪，陈师数万，闾里惊惶。一方不惜勾结卖国，猛力进行德发债票、金佛郎各案，以饱其贪囊。复以所得购入大批军械，助长奸焰。长此坐视，必致神州陆沉、百年邱墟，爱国军人何以自解？今幸浙江卢督办顺从民意，率先尊重两院上年决议，慨先就浙、沪联军总司令之职，以讨贼自任。广州孙公、奉天张总司令亦续有通电宣言，陈师戮力，一致声讨。此诚剥极而复之机，亦即人心未死之证。公等民国勋旧，久领师干，或护国、护法，夙崇正义，及今不图，后将噬脐，见义不为，尤为无勇。伏望捐弃一切，共集大勋，毋贻防风后至之羞，庶偿渐台击奸之愿。特此电达，至希查照。移沪参众两院。庚。印。

（《移沪国会发通电》，上海《民国日报》1924年9月9日）

各省区公民大会致孙中山、段祺瑞等电

（1924年9月8日）

孙大元帅、段芝泉先生、卢永祥总司令、张作霖总司令、何丰林护军使、唐继尧总司令、臧致平副总司令、谭延闿总司令、但懋辛总司令、李烈钧总长、程潜总长、林建章海军总司令、蒋雨岩、马良、柏烈武、孔庚、钮永建诸先生公鉴：

曹锟贿选，国法宜诛。本会系全国民意所寄，民国十二年十月二十日曾开中央代表会议票选。诸公代表人民讨贼戡乱，是诚众望之归也。现在时权既已成熟。卢总司令义旗高悬，连战皆捷，贼已寒胆。孙大元帅出师北伐，愈足以鼓振士气，夺彼贼魂。张总司令拔师入关，直捣燕京，以覆巢穴。将来义师会合，置巨蠹于典型［刑？］，奏凯歌于全国，大功告成，固属易如反掌。惟是连年灾难频仍，国家元气重受摧残。今兹讨贼，忍痛兴师，虽主动在民，而贼军残暴，所过坵墟，坚宜扑灭，以防蔓延。诸公之已出师者望奋力鼓勇，其未出师者亦宜速成义举，观望徘徊，终失信仰，势逼处

此，理无反顾。谨此电告，不胜跂盼。各省区公民大会。庚。

（《公民大会代电》，上海《民国日报》1924年9月9日）

在京广东同乡致孙中山电[1]

（1924年9月8日）

直系不惜蹂躏国家精华，穷兵攻浙，沈阳秣马入关，诛锄国贼，乞率联军北指，共灭横暴。

（《粤孙北伐军开拔韶关》，长沙《大公报》1924年9月16日）

卸禁烟督办鲁涤平呈孙中山文

（1924年9月8日）

呈为呈报交卸职务恭呈仰祈睿鉴事：窃职日前具呈恳请辞职，旋于九月一日奉到钧座九七九号指令，内开：呈悉。该督办一再呈请辞职，情词恳切，未便强留，已明令照准，并另派谢国光接办矣。仰即遵照。此令。等因。奉此，遵即于九月一日将禁烟督办关防小章暨文卷等件，悉数移交新督办谢国光接收，职即于是日交卸。除将任内收支款项饬会计科赶紧清厘，交代清楚另行呈报外，理合将交卸情形呈请钧座察核备案。谨呈

陆海军大元帅孙

卸督办鲁涤平（印）

中华民国十三年九月八日

（《陆海军大元帅大本营公报》一九二四年第廿六号，9月20日，“指令”）

---

[1] 报纸报道中指明此电为“京粤同乡八日”致孙中山电。——编者

大理院长兼管司法行政事务吕志伊呈孙中山文

（1924年9月8日）

呈为呈请事：案据广东高等检察厅检察长林云陔呈称：现据广州地方检察厅检察长区玉书呈称：窃查张遵甫窃盗一案，业经广州地方审判厅第一审于十二年九月十四日判决，处以四等有期徒刑一年六个月，并褫夺其入军籍之资格终身，确定后由职厅照判执行。旋据张遵甫具状请求易刑，经核明于法不合批驳各在案。兹又据张遵甫状称：为呈诉恳求减刑，效命前敌，以尽天职。窃遵甫罪案在卷，自蒙执行迄至今日，囹圄困守，壮志消磨。忆上年陈逆叛国，遵甫爱党爱国精神，抛弃骨肉，前赴黄埔充卫士队卫士，其时出死入生不惜者，无非为党纲奋斗。曾随卫士队第二中队长王吉壬在黄埔、车歪、江门一带，弹雨枪林，以冀复振国家。迨后各方形势变迁，帅座返沪，全队星散，此役官兵受莫大痛苦。去年义军驱逐逆贼，帅座莅粤，其时患病难兴，未及请求王队长录用，至秋间事有［?］凑巧而搆成刑事，守法囹圄，于今有月，大敌当前，甘愿效命沙场。前阅报载，有大元帅鸿施格外，惠及监囚，准予减刑开释。遵甫虽属罪人，未懈报国之志，泣呈肺腑，拟恳厅长据情转求大元帅准予援例减刑开释，俾赴前方，以赎前愆，实感公德两便。等情。据此，查该张遵甫在监狱执行刑罚将达十个月，现称：恳求减刑，效命前敌，以尽天职。理合据情呈请察核等情到院。当以该犯张遵甫果否曾充卫士扈从有功，应饬觅回原管长官证明，及其因何犯窃，情节有无可原，调取全卷核明呈复，指令遵照。现据呈复称：奉令当即转令广州地方检察厅遵照办理，现据该厅呈复称：遵经转函前卫士队第二中队长王吉壬查复。兹接函称：吉壬前年充大总统府卫士队第二中队长时，适在陈逆叛国之后，黄埔乃驻跸之地，卫士临时增补，内有张遵甫一名在吉队中服务，尚属勤劳。迨后攻击车歪、江门等处，经吉壬率领卫士前赴贼据地方实行战斗，该犯张遵甫颇明大义，勇往直前，竟能于枪林弹雨之中服从命令，随队尽力，最后时移解散回家，吉壬往沪。迨后返粤，闻张遵甫因案监禁，其时奉公事冗，无暇问及。兹接大函，用特连同证明书奉达贵厅查照转呈办理等由。计送证明书一纸前来。奉令前因，理合将办理情形连同张遵甫窃盗案卷一宗呈送察核办理等情，并据呈证明书一件、原卷一宗到厅。据此，查该犯张遵甫前充卫士，扈从帅座，著有劳绩，经原管长官出具证明属实。再查该犯所犯窃盗罪案情节尚轻，不无可原，缘奉前因，理合备文连同证明书一纸呈覆察核。等情到院。据此，查该犯张遵甫前充卫士，扈从帅座，著有劳绩，既经原管长官王吉壬出具证明书属实，所犯窃案情节尚属轻微，似可准予酌减，开其自新之路。再，查原判系处该犯四等有期徒刑一年六月，并褫夺其入军籍之资格终身，现在执行徒刑将及一年，残余刑期尚有六月，拟请将该犯张遵甫减处徒刑一年，并回复其公权。是否有当，理合备文转呈察核，伏乞训示祗遵。谨呈
大元帅

大理院长兼管司法行政事务吕志伊（印）

中华民国十三年九月八日

（《陆海军大元帅大本营公报》一九二四年第廿六号，9月20日，“指令”）

广东省长廖仲恺呈孙中山文

（1924年9月8日）

呈为呈报事：查前准大本营秘书处函送兵工厂购械清款委员会拟呈之《各团各界请领枪枝枪弹暂行简章》，传奉帅谕，交办到署。当经省长将简章详核修正缮折呈报在案。兹复将修正简章覆加查核，其第三条所改各节尚未尽妥，拟仍用回原文而将字句略加订正，以免扞格。理合将订正条文开列清单呈送察

核，伏乞汇案核明，训示祇遵。谨呈

陆海军大元帅孙

附呈清单一纸。

广东省长廖仲恺（印）

中华民国十三年九月八日

谨将现拟改订《各团各界请领枪枝枪弹暂行简章》之第三条条文呈核。计开：

第三条：凡领枪人须分向监理委员会及兵工厂同时挂号取具请愿书，填写领枪缘由及领枪枝数。如系民团、商团，须由各团长签字盖章保证；如系商店确有领枪自卫资格，须用殷实铺店签字盖章保证，方得领取，以杜流弊。

（《陆海军大元帅大本营公报》一九二四年第廿六号，9 月 20 日，“指令”）

大本营经界局督办兼办广东沙田清理事宜古应芬呈孙中山文

（1924 年 9 月 8 日）

为呈覆事：窃奉令行各机关兼职人员应支二成薪水一案，当饬各员列报。旋据各员以原职兼职应如何判别，请予解释前来。复经转呈请示在案。现准大本营秘书处公函：奉谕：原职兼职应以到差先后为标准。等因。奉此，自应遵办。谨将经界局及广东沙田清理事宜处各员分别有无兼职列表备文，呈请察核备案。谨呈

陆海军大元帅孙

附呈职员表二件。

大本营经界局督办、兼办广东沙田清理事宜古应芬（印）

中华民国十三年九月八日

（《陆海军大元帅大本营公报》一九二四年第廿六号，9 月 20 日，“指令”）

大本营审计处处长林翔呈孙中山文

(1924 年 9 月 8 日)

呈为呈覆事：案奉钧座发下禁烟督办鲁涤平呈送十三年四月份收支清册及计算书表、单据簿等件到处，饬令审查等因。奉此，窃查该督办所送收支清册内，各属承商按饷借饷及发行药膏牌照等项收入，共计毫洋一十九万二千四百三十八元一角零九厘。除支出该督办署经常费二万三千一百五十五元九角三分三厘，及各军军费暨发还各属禁烟分所按饷等项一十七万二千八百零四元六角九分，合共毫银一十九万五千九百六十元零六角二分三厘。收支相抵，不敷毫银三千五百二十二元五角一分四厘。证以表册、单据，尚属相符，各项开支亦无浮滥，请准予核销。除将收支清册及计算书表、单据簿留处备案外，理合备文连同原呈一件呈请钧座鉴核示遵，实为公便。谨呈
大元帅

大本营审计处处长林翔（印）

中华民国十三年九月八日

（《陆海军大元帅大本营公报》一九二四年第廿六号，9 月 20 日，“指令”）

大本营审计处处长林翔呈孙中山文

(1924 年 9 月 8 日)

呈为呈覆事：案奉钧帅先后发交前广东兵工厂厂长朱和中呈送十二年四月份至六月份收支计算书暨附属表及证据粘存簿到处，饬令审计等因。奉此，窃查该厂长所送册列各数大致相符，惟查该册内列购买无烟药未有原铺单据，业经呈明帅座，旋奉指令准予核销，自应遵照办理。兹查四月份杂支栏内列绿茶盘、茶杯等件，共该银十四元八毫九分，查核第五百五十号单据，并无商店图章，且

与第五百八十八号单据所列各件相同，似系重复，未便遽予核销。又查五月份修缮栏内列修建黑药厂上盖工料，该银一百八十元，查核第一千四百三十五号单据，实支银一百七十四元五毫五分，比对实浮支银五元七毫五分，应即核减，以重公帑。以上两项，共核减毫银二十一元三毫四分。计该厂十二年四月份支出毫银二万九千三百零三元一毫四分，除核减十四元八毫九分外，实核销毫银二万九千二百八十八元二毫五分。又五月份支出毫银六万二千零四十八元五毫八分六厘，除核减五元七毫五分外，实核销毫银六万二千零四十二元八毫三分六厘。又六月份支出毫银八万七千三百七十四元八毫四分四厘，核与单据亦属相符。以上各数均属核实，拟请准予核销。其核减之二十一元三毫四分，应请饬令该厂长列入新收款项，以清手续。除将计算书表及证据粘存簿留处备案外，理合具文连同原呈三件呈请钧帅察核示遵，实为公便。谨呈

大元帅

大本营审计处处长林翔（印）

中华民国十三年九月八日

（《陆海军大元帅大本营公报》一九二四年第廿六号，9月20日，“指令”）

旅沪湖南公民谭毅等致孙中山、谭延闿等电

（1924年9月9日载）

广州孙大元帅、谭总司令、程部长、宋军长、鲁军长、陈军长、谢军长、吴军长暨各师、旅、团长公鉴：

北洋军阀祸国殃民，连年黩武穷兵，狼奔豕突，使杨森祸川，助林虎扰粤，资赵恒惕毒湘，命孙传芳乱闽。直、鲁、陕、豫，蹂躏几遍。皖、赣、鄂、苏，剥削殆尽。乃更包藏祸心，窥窃大位，迫走徐、黎，贿选总统，荼毒生灵，攘法乱纪。缕其罪恶，已不容

诛。尤复尽态媚外，甘为虎伥。图饱一己私囊，则解决德发债票。欲向列强借款，则进行金佛郎案。凡祸国祸民之举，无不为再摘再剥之图。罪恶昭彰，天人共愤。此应请我大元帅早举义师，歼厥丑类，以期抚绥黎庶，藉保我国家权利者也。民国成立，湘省先烈实著殊猷，父老兄弟奔走呼号不遑宁处，无不以卫国安邦为职志，以免为我建设民国诸先烈羞。乃赵贼恒惕，罔□廉耻，竟敢甘心附恶，不惜助桀为虐，假自治之旗帜，阻北伐之义师，勾引北军，蹂躏桑梓，暴敛横征，包庇烟土，压迫民意，摧残教育，位置私人，破坏军纪。以致湘谣有云：官皆赵姓，兵尽匪成。凡军阀专横之事，无不敢作敢为。附逆祸湘，卖国媚外，其罪在不赦，实已尽人皆知。兹者浙省讨贼之义师业已发动，联军北伐之伟举谅在崇朝。伏望我大元帅一面令联军各部大举攻赣，一面令谭总司令率师入湘，俾驱赵贼，以苏民困，然后会师武汉，直捣幽燕。岂惟湘省人民之幸福，实亦国民革命之要图。我谭总司令关怀桑梓，久总师干，革命勋业遐迩同钦，伏望早兴翦寇之师，以副湘民云霓之望，固毅等所馨香企祷者。万一因军事计划必须随同大元帅先扫赣、皖后定湘、鄂，我三湘人士亦决不敢稍有异辞，总祈及早北伐，奠定中原，以巩固我国家之基础。谨此电达，为民请命，惟我大元帅、谭总司令幸垂察焉。临电不胜迫切待命之至。旅沪湖南公民代表谭毅、李坚荣、龚俊、陈海泰等四十人叩。

（《湘公民上大元帅电》，上海《民国日报》1924年9月9日）

黄绍雄致孙中山等电

（1924年9月9日）

万急。广州大元帅睿鉴（余略）：

顷据白指挥官崇禧报称：我军围攻庆远，钟司令官祖培所部任东南门，夏司令官威所部任西北门，虞日（七日）拂晓用竹梯登城攻击，敌势不支，经完全占领庆远。俘获敌军柳庆联军总指挥韩彩龙及官兵共二千余名，敌军在城者无一漏网。夺获大炮三尊，机关枪四挺，步枪二千余枝。等情。谨电奉闻，诸维鉴察。黄绍雄呈叩。青。印。

（《黄绍雄攻破庆远之捷报》，《广州民国日报》1924年9月17日）

何丰林转段祺瑞致孙中山等通电

（1924年9月9日）

广州孙中山先生、谭组安、汪精卫、胡展堂、许汝为、杨绍基、樊醉民、刘显臣、李协和、柏烈武、蒋伯器诸先生，汕头陈竞存、林隐青、洪湘臣诸先生，云南唐蓂赓先生，南宁陆干卿先生，桂林沈冠南先生，贵阳刘汝周、熊锦帆诸先生，四川刘积之、刘禹九、刘辅臣、袁鼎新诸先生，长沙赵炎午先生，延平孙馨远先生，南京岑云阶、梁任公、杜慎臣、李毓臣、杨幼京诸先生，上海唐少川、章太炎、张仲仁、余寿平、康长素、李伯行、李仲仙、林增荣、周伯荣、章行严、于右任、徐季龙、汤斐予、蒋雨岩、褚慧僧、周孝怀、叶誉虎、李印泉诸先生，南通张季直先生，北京王聘卿、孙慕韩、王铁珊、熊秉三、王儒堂、王幼山诸先生，天津孙伯兰、严范孙、刘子英、朱桂莘、龚仙舟、张敬舆、靳翼青、王子春、陈秀峰、李培之、张星五、吴莲伯、张远伯诸先生，济南何春江先生，烟台温子培先生，北京参众两院议员，上海旅沪国会议员，各检阅使、巡阀［阅］使、各省军民长官、各特别区都统、各护军使、各镇守使、各师旅长、各省议会、各总商会、各教育会、各法团、各公团、各报馆均鉴：

顷读卢、张两总司令先后通电，痛国事日非，生灵涂炭，维持拯救，用全力以尽职责。壮哉言乎，善哉言乎！年来政治，目不忍睹，耳不忍闻。上林已作污秽之场，中枢俨成赃私之肆。不知国家人民为何物，礼义廉耻为何事。凭逆取之势，无顺守之能。佞幸弄政，荒淫无度。甚且盗国肥己，损逾万万得才百千亦忍为之，如德发债票是也。拥兵自卫，国困民穷。官吏日夜奉职，室家无以自存。军警风雨戒备，一身不获温饱。夫为国者，不患寡而患不均，不均之弊，上下交征，财源斯竭。到期外债，整理无方，隳国际之信用，来四邻之责言。重以搆兵连年，南服已无完土，雨旸失候，中原殆遍灾祲。宜如何修省，与民休息。乃当此凶荒，复令四省攻浙，排除异己，连累无辜，食一己之尊荣，造弥天之罪孽。倒行至此，岂能幸存？夫剥极必复，易理昭然，伐罪吊民，春秋之义。向之为彼效奔走任驰驱者，迫于势威，拘于情谊，困于衣食，非得已也。况其昏庸猾刻，即心腹股肱之寄，藏弓烹狗，亦属数见不鲜。识时务者固已内断于心，蓄远志者亦当奋袂而起。海内贤豪，一时袍泽，必能当仁不让，见义勇为，著刘琨之先鞭，效范滂之揽辔，出民水火，勿在沦胥。迫切陈词，不尽百一。段祺瑞。佳。

再：此电系天津派员专送，由龙华代发。合并声明。何丰林。咸。印。

（《段芝泉促国人速起讨贼》，上海《民国日报》1924年9月16日）

大本营内政部长徐绍桢呈孙中山文

（1924年9月9日）

呈为呈覆事：案奉钧座第四三二号训令开：据大本营审计处处长林翔呈称：案查十二年度岁入岁出预算书，前经财政部厘定书式，分行各机关依照编造，送部汇呈钧座核定交处备查在案。十三年度预算，自应于会计年度开始以前查照前案办理。兹查新会计年度业已开始，所有岁入岁出预算书，除兵工厂曾经造送钧座核发下处外，其余各机关均附缺如，殊非慎重公帑之道。拟请令行各机关克日查照前定书式编造，仍送财政部汇呈核定交存职处，以重度支而便审计。所请是否有当之处，理合呈恳鉴核施行等情。据此。应予照准，除指令并分令外，合行令仰该部长查照，并转饬所属迅行依式编造十三年度预算书，送财政部汇呈候核。此令。等因。奉此。职部十三年度预算，前经依照财政部所定程式编造呈请钧座鉴核在案。今奉训令饬迅依式造送财政部汇呈候核，除已遵照饬属克日照式编列咨送财政部汇呈外，理合将奉令遵办缘由具文呈覆，伏乞睿鉴。谨呈

陆海军大元帅孙

大本营内政部部长徐绍桢（印）

中华民国十三年九月九日

（《陆海军大元帅大本营公报》一九二四年第廿六号，9月20日，“指令”）

铜鼓开埠筹备委员李卓峰等呈孙中山文

（1924年9月9日）

为呈报筹备委员会成立，并请颁发关防事：本年九月一日奉大元帅令：开埠筹备委员李卓峰等呈称：为呈报筹备委员会成立，并请颁发关防事：本年九月一日奉大元帅令开：派李卓峰、伍大光、谢适群、徐希元、林子峰、陆敬科、薛锦标、徐绍棪为铜鼓开埠筹备委员。此令。等因。奉此，卓峰等遵于九月一日全体就职，暂假建设部为筹备会所。窃念开埠一举，头绪纷繁，对内对外，关系綦重，拟请颁发关防一颗，俾资信守。所有呈报铜鼓开埠筹备委员会成立并请给关防各缘由，理合具文呈请察核施行。谨呈

大元帅

铜鼓开埠筹备委员李卓峰、伍大元［光］、谢适群、徐希元、林子峰、陆敬科、薛锦标、徐绍棪。印。

中华民国十三年九月九日

（《陆海军大元帅大本营公报》一九二四年第廿六号，9月20日，“指令”）

邵元冲致孙中山电[①]

（1924年9月10日）

六日由杭返沪，在杭办理各事均皆妥协。日来战争，浙方颇占优胜。黄渡一役，生虏齐军冀汝桐团长一员。现卢（永祥）、何（丰林）均在前方督战，昆山指日可下。并准日间回粤复命云。

（《邵元冲电告苏浙战情》，《广州民国日报》1924年9月16日）

禁烟督办谢国光呈孙中山文

（1924年9月10日）

呈为呈报职署改组情形及荐请委任科长恭呈睿鉴仰祈备案事：窃职前奉钧令督办禁烟事宜，业将到任日期具文恭呈在案。兹查职署组织原设一厅一处，次又分设七科。在鲁前任接办之初，内务外勤事极纷繁，欲免疏虞，当求完备，自非如此组织不可。然按照杨前任一厅两处九科之组织，是鲁前任已力从节减矣。职按照现时情形，业已办有成规事务渐较简易，应再加以节减，用昭核实。且此项机关纯为军饷而设，值此军务孔急，需饷浩繁，多减一分开支即

① 报纸报道中说明此电为邵元冲十日由上海致孙中山电。——编者

于军费多增一分补助。谨就原有规模力谋缩小，藉资撙节。所有原设厅、处一律裁撤。此外，原设七科亦酌裁二科，改为五科，如：原厅属之第一、三两科现改并为第一科，以黄裳为该科科长；原厅属之第二科名称仍旧，以张瞉为该科科长；原厅属之第四科改为第三科，以吴家麟为该科科长；原〈处〉属之第一科改为第四科，以王冕琳为该科科长；原处属之第二、三两科改为第五科，以钟忠为该科科长。所有各科职掌另于《组织大纲》及《办事细则》中详加规定，另案呈报。此职署重行改组，更委科长之情形也。卷查禁烟办法采取官督商办，原以谋事实之便利，开办以来，尚无滞碍，自应照旧办理。广州市区域以内，仍以批准之万益公司承办。其他各县各埠，有已设局所者，有未设局所者，查厥原因，事[半?]属交通不便，半属驻军牵碍。职对于已设局所，固当认真整顿以收实效，其在未设之处，亦应体察情形，商请驻军协助，藉以徐图扩充，用期毋负帅座倚畀之重，此职规划进行之办法也。至职署每月经常、特别各费，一俟预算编就再行呈报。又职署科长原定为荐任职，此次更委各员应荐请大府加委，以符定制而专责成。所有职署重行改组及荐请加委科长各缘由是否有当，理合备文并造具科长履历表赍呈察核备案施行，伏候指令祇遵。谨呈

陆海军大元帅孙

禁烟督办谢国光（印）

中华民国十三年九月十日

（《陆海军大元帅大本营公报》一九二四年第廿六号，9月20日，“指令”）

广东兵工厂厂长马超俊呈孙中山文

（1924年9月10日）

呈为呈请事：窃查各军备价向职厂定造七九步枪一案，曾于本

年六月间奉钧座面谕停止发给，拨归民团、商团备价领用，以所得价格偿还罗拔洋行机价等因。复呈准钧座通令各军遵照在案，业经遵办。惟查各部军官近日纷向厂长询问，拟依照民团、商团领枪价格如数照缴，请领七九步枪以充军实而资杀敌等情前来。厂长未敢擅断，理合具文呈请察核。是否可行，伏乞指令祇遵，实为公便。谨呈

大元帅

广东兵工厂厂长马超俊（印）

中华民国十三年九月十日

（《陆海军大元帅大本营公报》一九二四年第廿六号，9月20日，“指令”）

国民党北京执行部致孙中山电

（1924年9月11日）

石瑛、李四光将与段（祺瑞）、张（作霖）商时局重要问题，望先生与汪兆铭即电段、张恳切介绍。①

（《中华民国史事纪要》1924年9月11日条）

唐继尧致孙中山电

（1924年9月11日收）

（广东十一日东方电）孙文本日接唐继尧来电，催促早日出兵北伐，云南已命唐继禹由贵州入湖南，令熊克武由四川入湖北，所

① 《中华民国史事纪要》说明此电为中国国民党北京执行部9月11日致孙中山电。——编者

望今后注目大局，与陈炯明言和。电末并言已另电陈炯明，告以此意云云。

（《滇唐劝孙陈握手》，《顺天时报》1924 年 9 月 15 日）

审查哪威运载军火船委员胡汉民、伍朝枢、廖仲恺等呈孙中山文

（1924 年 9 月 11 日）

呈为呈复事：窃奉帅座令开：派胡汉民、伍朝枢、廖仲恺、卢兴原、傅秉常审查哪威运载军火船案。此令。等因。遵即会同开会审查，审得哈付轮船载运军火来粤案，其始本政府闻该船系由比国出口，载有大帮军火来粤。查比国为禁运军火来华签字国之一分子，故此项军械疑系私运。及哈付船到广州后，复于船上检得出口报关单一纸，字画有涂改痕迹，系由机器字样改作军火字样，疑其于出口时冒报机器，不得不详慎审查。嗣查，粤海关税务司据哈付船入口报关单确系声明载运军火。又据税务司转据哈付船主声称：当在比国出口时，付货人本填报机器，船主查系军械不允署名，并电哪威船东商量办法，卒经函电往返数次后，由付货人改正声明系军械，并得比国海关出口许可，始行载运来华等语。复由哪威领事送到该船在比国出口时之军火报关出口单据。由此观之，该哈付轮船确无犯罪之意，似可从宽释放。委员等会查确实，意见相同，理合备文呈请睿鉴，俯准将该哈付轮船放行，以示宽大。伏候批示遵行。谨呈

陆海军大元帅

委员胡汉民、伍朝枢、廖仲恺、卢兴原、傅秉常

中华民国十三年九月十一日

（《陆海军大元帅大本营公报》一九二四年第廿六号，9 月 20 日，“指令”）

广东财政厅长陈其瑗呈孙中山文

（1924 年 9 月 11 日）

呈为据情呈请察核事：现据广东土造火柴行启源堂值理黄壮飞、协理吴国华等呈称：窃侨商等前奉大本营财政部布告派员检查火柴勒贴检验证一事，当经具呈请免，未蒙赐准。商等复于七月间续将困难实情缕晰陈明，迄今月余，未奉批示。讵昨阅报载，此项检验火柴一案已由财政部奉令拨归钧厅办理，并拟易名为火柴捐，招商投承等因。敬读之余，尤深惶骇。查所拟办之火柴捐即为征收检验证费之变相，名目虽殊，而其害民则一。缘火柴一项为民生日用必需之品，吾粤十余年靠前［前靠］向外国输入供用，侨商鉴于利权外溢，遂有土制火柴厂之设立。溯自出品以来，内地之舶来外货固为减少，即南洋各埠向为外货销流场所者亦因而滞销。然所以能与外货颉顽［颃］者，无非贬价平售力求推销所致，故年中全行出品输往外埠者十之七八，而内地行销者十之二三。年来日本火柴输运到港价格较廉，而本省则迭遭地方多故，百物腾贵，以成本既高之土货与舶来廉价之外货争衡，其中亏损情形已可概见。政府今既不予维持，更复从而苛捐，是使土制火柴不能出于广州市一步，在政府未达抽捐之利，而侨商等已受破产之害，揆诸振兴国货维持民生之旨似有违背。近阅报张登载，大元帅有豁免一切苛细杂捐之动议，此等火柴捐既属摧残国货，复害贫民生计，以言苛细，实属莫此为甚。商等迫于万不得已而停业，转瞬将及两月，茹苦含辛，无可伸诉。如果力所能及，断无牺牲血本自取损失之理，势逼据实沥陈，恳赐体恤商艰，准将现拟招承之火柴捐，即原拟征收之火柴检验证费一案，据情呈请大元帅暨省长察核，准予明令永远撤销。并请嗣后关于火柴物品如有巧立名目呈请抽捐者，一律永远禁革，以维国货而恤民生。等情。据此。查该商所呈各节委系实情，且火柴一项又属日用必需之品，今一旦征及，在政府收入年仅数万，为数甚微，在民间徒滋苛扰，似应永远撤销，庶顺舆情而维土货，并符大元帅民生本旨。据呈前情，理合将撤请永远撤销火柴检验证、火柴捐等名目各缘由，除分呈广东省长外，理合备文呈请大元帅察核，俯赐明令，准将火柴检验证费、火柴捐等名目一律永远撤销。并恳通令各军，嗣后无论何项机关不得巧立名目复抽，以维国课而恤民生。是否有当，伏候指令祇遵。谨呈

陆海军大元帅孙

广东财政厅长陈其瑗（印）

中华民国十三年九月十一日

（《陆海军大元帅大本营公报》一九二四年第廿六号，9月20日，“指令”）

大本营财政部长叶恭绰呈孙中山文

（1924年9月11日）

呈为呈报事：案据粤海关监督傅秉常折称：现据石岐口报称：近有渡船装运棉纱、土布等货直接来往香港、容奇，不赴该口查验销号，实属有碍税收等情。当经派员前往调查。据覆查：有港顺联商公司之港容港奇一轮兼拖两渡运载各货，由容奇开行驶往伶仃关报验完税收后，改轮换拖转赴香港。至港开行时，亦在伶仃关纳税，直达容奇。一月往来数次，其间所经各地因无经关卡，均未销号。似此漫无稽考，难免弊窦丛生，于税收不无窒碍，似应于容奇设立关卡，以便验销而防偷漏。等语。查所称不为无见，兹拟于容奇择地设立分口，归石岐税口管辖，置员司丁役各一人，月需经费即由该分口收入项下划拨，核实开支。其详细办法俟妥定再行呈核外，所有拟请增设容奇分口缘由，理合折呈钧部察核示遵。等情。据此。当以查核所拟于容奇增设分口归石岐税口管辖，系为以便验销而防偷漏免碍税收起见，事属可行，应予照准。仰即妥定详细办

法呈核令行该监督遵照外，理合将准予在容奇择地增设分口各缘由，具文呈报鉴核备案。谨呈

大元帅

大本营财政部长叶恭绰（印）、代理次长杨子毅代

中华民国十三年九月十一日

（《陆海军大元帅大本营公报》一九二四年第廿六号，9 月 20 日，“指令”）

江固舰舰长卢善矩呈孙中山文

（1924 年 9 月 11 日）

呈为呈请事：窃职舰前以饷糈无着，经蒙俯准下情，饬由粤军总司令部请领，蒙按照发给在案。惟职舰所需饷项、煤斤既由总司令部给发，而节制调遣又直辖诸钧府，则将来请领饷、煤恐有窒碍之处。况职舰现须修理，所需修理经费如无专属谅难筹顾。舰长为此后给养、修船及事权起见，拟请仍划由总司令部节制调遣，俾有专属而一事权之处。是否有当，伏候钧座鉴核示遵。为此谨呈

陆海军大元帅

江固舰舰长卢善矩（印）

中华民国十三年九月十一日

（《陆海军大元帅大本营公报》一九二四年第廿六号，9 月 20 日，“指令”）

广东财政厅长陈其瑗呈孙中山文

（1924 年 9 月 11 日）

为呈请事：窃其瑗渥承知遇，简授今职，黾勉从事，不敢惮

劳，非敢谓有理财之能，冀稍效坏流之助。顾受命于艰屯之会，承乏于凋瘵之余，明知下驷难策长途，曾于受事之初声请暂权职守以待贤能。乃两月以来，库空如洗，恃债为活，东拉西扯，心瘁力疲，因节宣之久失，致二竖之为灾。据德医卢美林言，其瑗之疾乃盲肠发炎，若不急行医理，恐有性命之忧。伏念其瑗劫运频更，名心久化，前以孱躯厅要位，既违任事之心，今再以病体恋束刍，尤昧养生之训。再四思维，迫得恳请钧座准其辞职，迅选贤能接充，俾其瑗得就医养病，再图报称，感荷仁恩，曷有纪极。所有因病恳请辞职缘由，理合呈请大元帅察核示遵。再：其瑗因肠炎腹痛已入颐养院就医，所有财政厅一切公文交顾问胡青瑞、秘书麦棠、第二科长王召南代拆代行，合并陈明。谨呈

大元帅

广东财政厅长陈其瑗（印）

中华民国十三年九月十一日

（《陆海军大元帅大本营公报》一九二四年第廿六号，9月20日，“指令”）

大本营军政部长程潜呈孙中山文

（1924年9月11日）

呈为呈覆事：案奉钧座发下广西总司令沈鸿英铣日电呈一件，以所部第一军第二师师长何才杰，起自偏裨，久历行阵，转战数省，功绩卓然。此次率师回桂，所向克捷，尤著战功。讵于六月艳日道经柳州附近地方遇匪，该师长一面派队迎击，一面停轮督战，致被弹中脑部，登时阵亡。请饬部照陆军上将阵亡例从优议恤等语。查该已故师长何才杰为国驱驰，惨遭不测，殊堪悯悼，拟请钧座俯准追赠陆军上将，照中将阵亡例给予恤金，以昭忠荩而慰英

灵。是否有当，理合具文呈覆，伏乞鉴核，明令施行。谨呈
陆海军大元帅孙

大本营军政部长程潜（印）

中华民国十三年九月十一日

（《陆海军大元帅大本营公报》一九二四年第廿六号，9月20日，“指令”）

唐继尧复孙中山电[①]

（1924年9月12日）

时局突起变化，当一致进行。此间于必要时联络邻省，促祸乱早日宁息。

（《广东最近之两项重要消息》，长沙《大公报》1924年9月22日）

卢永祥复孙中山电

（1924年9月12日）

广州孙中山先生鉴：

奉读蒸电，奖饰过情。欣承露布仁言，昭告全国，躬率义旅，直出韶关。声威所播，遐迩同情，非独私感。综计开战迄今，浏河、黄渡各方面迭获胜利，惟因交战地点稻田纵横，水深泥滑，每次追击均感不便，以故进步稍迟。长兴方面节节逼攻，迭夺要隘，已将太湖水运断绝，宜兴指日可下。待下宜后，双方并进，不难取得苏、常。据探报，敌军伤亡近四千人。复据俘虏供称，敌方军心

---

① 报纸报道中说明此电为唐继尧十二日复孙中山电。——编者

已涣，每次临战，至以机关枪督后，迫队而前，疲敝可知。全国舆论对我则赞助一致。似此情形，敌当无幸。惟敌据宛平，假窃名器，战争日久，卖国债款日多，于国家外交上、经济上难免不受重大损失。欲求根本解决，务在缩短战期，灭此朝食。至祈师出迅速，以慑敌胆而维大局。前锋所至，时盼示知。永祥。文。

（《孙卢之往来要电》，长沙《大公报》1924 年 9 月 21 日）

黄绍雄致孙中山等电

（1924 年 9 月 12 日）

万急。广州大元帅睿鉴（余衔略）：

顷据俞指挥官作柏、蔡司令官振云报称：陆逆福祥由都城逃窜后，又集结那寨匪，招集民团，冀图再逞。我军于号日痛剿，该敌顽强抵抗，激战一日，敌不能支，各自溃逃。是役击毙敌营长二员、连排长多员、兵士五百余名，俘虏二百余名，收缴步枪数百枝。陆逆福祥身受重伤，由士兵背之而逃，现正在搜剿中。我军亦伤亡五十余名。等情。谨电奉闻，诸惟鉴察。黄绍雄呈叩。文。印。

（《黄绍雄电告击败陆福祥》，《广州民国日报》1924 年 9 月 19 日）

大本营财政部长叶恭绰呈孙中山文

（1924 年 9 月 12 日）

呈为呈报事：承准大本营秘书处第四八四号公函，内开：本日奉大元帅令：盐务署着即裁撤，所有该署应办事宜着归并财政部办理。此令。等因。奉此。除分函通知外，相应录令函达查照办理等由。承准此，遵于即日将该署裁撤，并将文卷、印信移交职部兼办盐务署事务各员兼管，此后该署应办各事即并归职部办理。除分行外，所有遵令裁撤盐务署，归并财政部办理各缘由，理合将裁撤归并日期呈报察核备案。谨呈

大元帅

大本营财政部长叶恭绰（印）、代理次长杨子毅代

中华民国十三年九月十二日

（《陆海军大元帅大本营公报》一九二四年第廿六号，9月20日，“指令”）

大本营建设部长林森呈孙中山文

（1924年9月12日）

呈为呈复事：案奉钧帅第四六一号训令开：为令饬事，现值出师北伐，军用浩繁，所有各项政费亟应大加裁节，移缓济急。除分令外，为此令仰该部长即便遵照，厉行裁员减俸，以每部每月支出不超过四千元为度，限令到三日内将遵办情形暨减定经费数目列表报查，勿得稍有违延。至此次被裁各员本年九月份俸给，仍准照全数支发，用示体恤。合并饬知。此令。等因。奉此。查职部经费每月八千零六十三元，系遵照前令切实裁减之数。以农商交通事务诸待发展，尚见时形支绌。惟现值大张挞伐，军用紧急，自应遵照钧令四千元之限度节省办理，以裕军用而副钧帅移缓济急之盛意。至裁员减俸详细数目，除另文呈报外，奉令前因，理合将遵办缘由先行具文呈请鉴核，伏乞指示祇遵。谨呈

大元帅

大本营建设部长林森（印）

中华民国十三年九月十二日

（《陆海军大元帅大本营公报》一九二四年第廿六号，9月20日，“指令”）

管理粤汉铁路事务陈兴汉呈孙中山文

（1924 年 9 月 12 日）

呈为呈请事：窃职路前以北伐军兴，各军队伍开拔次序亟须表列，当经呈请帅座准予分令遵照在案。乃日来各军调防及开拔，函由职路订期预备车辆，当以军用所关，迫将客货列车停开以便腾出。但各军队伍往往愆期，以致将车辆久搁，对于交通、车利两形窒碍，军费亦连带影响。且军运源源，甲军既延搁于前，乙军又挤拥于后，一经紊乱，调运更觉困难。理合再呈帅座鉴核，敬祈迅令各军务须信守军运时间，勿再任意延搁，俾利交通而维路序，实为公便。谨呈

大元帅

管理粤汉铁路事务陈兴汉（印）

中华民国十三年九月十二日

（《陆海军大元帅大本营公报》一九二四年第廿六号，9 月 20 日，“指令”）

两广盐运使邓泽如呈孙中山文

（1924 年 9 月 12 日）

呈为呈请事：窃查北伐计划现已实行，省配之盐素以北柜运销湘、赣两省为数最多，湘、赣商贩又皆向以货物运粤易盐回籍济销，将来军行孔道，正当北柜销区，倘因军旅戒途，商贩别无保障，必至裹足不前，税饷实受影响。而运使筹济饷糈又比平时更为繁迫，自应预先设法补救，庶免临时贻误。现经悉心筹度，拟具督运办法六条，并已妥加遴选委定曾镛为督运专员，李孝章、易钦吾为督运助理员，饬令分别住扎，认真办理。并规定专员一员，月薪

二百元，公费一百元；助理员二员，月薪各八十元。预算每月薪水、公费共该大洋四百六十元，均在本署收入盐税项下作正开支。似此临时所费无多，收效实非浅鲜。除督运专员另文呈请加委外，理合将拟定督运办法六条缮具清折，具文呈请钧座鉴核俯准备案。并恳令行北路各军一体遵守，及饬行军政部颁给详细布告，发由运署转给督运专员张贴周知，仍乞指令祇遵，实为公便。谨呈

大元帅

计呈清折一扣。

两广盐运使邓泽如（印）

中华民国十三年九月十二日

（《陆海军大元帅大本营公报》一九二四年第廿六号，9月20日，“指令”）

大理院长兼管司法行政事务吕志伊呈孙中山文

（1924年9月12日）

为呈覆事：窃奉大元帅第四六〇号训令：为令饬事，现值出师北伐，军用浩繁，所有各项政费亟应大加裁节，移缓济急。为此令仰该院长兼管司法行政事务即便遵照，厉行裁员减俸，以每月支出适合收入为度。限令到三日内将遵办情形暨减定经费数目列表具报查核，勿稍违延。至被裁各员，准予发给本年九月份全薪，用示体恤。合并饬知。此令。等因。奉此，查职院每月收入并无一定确数，自志伊就职以来，综计数月讼费、律师费、坟山登记费等项每月平均约计三四千元，而每月支出之预算原额共计一万八千六百六十六元，即照现在减成发给员薪办法，每月亦须九千三百余元，不敷之数约计六七千元。经蒙令饬财政部按月拨款七千元在案。惟自四月至今，实仅拨过一千元。兹奉前因，遵将职院现有职员分别酌

为裁减。拟将推事八名改为推事四名、代理推事四名，一等书记官六名减为四名，二等书记官均减去，三等书记官九名减为七名，庶务二名减为一名，司法行政事务处科长三名减为二名，科员七名减为一名，书记官六名均减去。连法警、杂役、薪工及院费等项，每月共约须五千三百余元，合减去四千余元，量入为出，尚属不敷。惟院务殷繁，职责綦重，势难再事裁减，只有随时酌盈剂虚，设法支配，庶于维持现状之中勉纾大元帅廑念司法之至意。所有遵令裁员减俸缘由，理合备文列表呈请鉴核批示祇遵。谨呈

大元帅

计呈裁员减俸表一纸。

大理院长兼管司法行政事务吕志伊（印）

中华民国十三年九月十二日

（《陆海军大元帅大本营公报》一九二四年第廿六号，9月20日，“指令”）

广州市市长孙科呈孙中山文

（1924年9月12日）

呈为呈请鉴核令遵事：窃查市产变价项下借出之军费五百三十万一千八百九十一元作为省库借入市款列帐一案，经于本年四月十四日呈奉。钧座第三四二号指令照准，并令行省长公署转饬财政厅遵照在案。嗣于本年六月七日，又奉省长公署第七四三号训令转奉钧令，所有市产变价项下拨归军费，统由国库负担，俟大局统一再由部筹还各等因。奉此，并于同年八月二十五日准广东财政厅咨开：查贵厅暨财政局与敝厅来往借款，截至本年八月十一日止，除先后在代办税验契等项扣抵拨还外，实长抵银三万一千五百六十二元六毫四的［仙］。特开列清单，请饬局如数解还过厅，以凭饬库分别入收出支等因。当将全案转行财政局查拟具复去后，现据覆

称：查财政厅所列清单，内载钧厅暨职局与财政厅来往借款，截至本年八月十一日止，除先后扣抵拨还外，实长抵银三万一千九百六十二元六毫四仙。惟查职局帐簿所载，则财政厅借款达六百余万元，除抵还外，尚欠五百余万元。此五百余万元系由市产变价项下借出之军费，财政厅清单所未列入者。然此种借出之款实缘军兴以来饷糈紧急，万不获已，乃有投变市产之举，以广州市之财供临时军费之用。此非常之收入全征诸市民者，而市民亦知此次负担虽重，将来可望还诸市库，以为改良市政建设之赀，其利仍留诸市民，故咸踊跃投赀，藉供军用。苟令归还无着，将何以对市民而稗［裨］市政。兹既奉帅令核准作为省库借入市款，由财政厅设法分期摊还于前，又奉省署训令转奉帅令由国库负担，俟大局统一再由部筹还于后，则是拨过之军费不患无着。然若由部筹还，须俟大局统一，国库充裕，乃克有济，时期久暂殊难臆定，仍不若由财政厅负担，则代办税契款项下自可陆续扣抵归还。且税契款之代办，市民咸知以税契之收入作抵还借款之用，于改良市政前途亦可从容措施，虽所入非多，然藉此挹注不无少补，庶不至借出之军费无着，而市库之收益有亏。一隅之见，未敢擅专，理合备文呈复察核，敬祈钧断施行，实为公便。等情。据此，职厅复查此项由市产变价项下拨充之军费五百余万元，既完全属诸市政收入，为改良市区之必不可少之需，如必俟统一后由部筹还，转觉虚悬无着，实无以慰市民之望。拟请钧座俯照前案，再赐令行广东省长公署转饬广东财政厅，将此项市产变价项下借出之军费五百余万元，仍由省库设法分期摊还，并准由财政局在代办税验契项下陆续扣抵，以符原案而清款目。是否有当，仍候指令祇遵，实为公便。谨呈

大元帅

广州市市长孙科（印）

中华民国十三年九月十二日

（《陆海军大元帅大本营公报》一九二四年第廿七号，9月30日，“指令”）

中央直辖赣军司令李明扬致孙中山、胡汉民等电

(1924 年 9 月 13 日)

韶州大元帅睿鉴：广州胡总参议、李参谋总长、张参军长、各部部长次长、廖省长、粤军许总司令、梁军长、李军长，湘军谭总司令、宋军长、鲁军长、谢军长、吴军长、陈军长，滇军杨总司令、范军长、胡军长，桂军刘总司令，豫军樊总司令，中央直辖军朱军长、黄军长、卢军长、刘军长，北伐军柏军长、胡军长、顾军长、各师旅长，山陕军路司令，各报馆、各公团，桂林沈总司令，南宁黄总指挥，云南唐省长，天津段芝泉先生，奉天张总司令，浙江卢联军总司令，第二军陈总司令，第三军张总司令，上海第一军何总司令、臧杨二副司令、蒋伯器先生、《民国日报》、《申报》、《新闻馆》、《商报》、《新申报》、《时报》、《神州日报》、《时事新报》、江西旅沪同乡会、旅沪赣民自治促进会、江西各公团各报馆均鉴：

逆贼曹锟，僭踞高位，内倚弄臣李彦青，外恃悍将吴佩孚，捣乱国是，秽德彰闻。贿买猪仔，窃号自娱，举国蒙羞，友邦冷齿。又复利用各省弱点嗾使自攻，以肉搏血飞之惨，供拊掌欢笑之资。川、粤、湘、黔、闽、桂经年祸结，精骨印陵，谁生厉阶，至今为梗。浙省中流屹立，仗义陈词，异己必锄，如芒在背。近则嗾令齐燮元无故兴师，甘为戎首，独夫造劫，又及东南。统一之梦未成，万人之家已破。至于对外，如临城案，如收回德发债票，如承认法郎付金，辱国丧权，莫此为甚。东三省路政拱手送人，庚子年学款居心攘夺，损国际之尊严，污全国之人格。殃民已不容诛，娼［媚?］外尤当致讨，擒贼擒王，再接再厉。至于吴佩孚，不过魏武之鹰、赵盾之獒，任谁豢养皆效驱驰。齐燮元辈则又鹰犬之鹰犬，发纵有人，尤不足论。明扬治军岭上，戮力神州，外慰国人之要求，内受良心之督责，势难坐视，义不容辞。于是用厉戎行，秉承帅令，为一线正谊之战争，谋根本解决之方法。太白悬有罪之

首，只在一人；路易上断头之台，仍须群众。三军踊跃，露布奉闻。中央直辖赣军司令李明扬叩。元。

（《李明扬讨贼援赣电》，上海《民国日报》1924 年 10 月 2 日）

两广盐运使邓泽如呈孙中山文

（1924 年 9 月 13 日）

呈为呈请事：窃照运使筹设北江盐务督运以维运务一案，业经拟具办法呈报钧座核示在案。查督运专员一员已由运使令委曾镛充任，理合查照原定办法，具文呈请钧座鉴核俯赐加委，以昭慎重，实为公便。谨呈

大元帅

两广盐运使邓泽如（印）

中华民国十三年九月十三日

（《陆海军大元帅大本营公报》一九二四年第廿六号，9 月 20 日，“指令”）

卢永祥复孙中山电①

（1924 年 9 月 14 日）

接诵蒸电，深慰下怀。粤中义闻夙彰，大军云集，□出韶关，敌胆先落，捷音立至，倾企何如。奉军在山海关、朝阳两方面已有接触，日内即行总攻，遥计可操胜算。此间攻守均甚得手，旬日来

① 报纸报道中说明此电为“大本营接卢永祥捷电”，未列出收电对象。按之事理，孙中山应在收电人之列。——编者

历经血战，敌军死亡精锐约近四千，敝军仅伤亡六百余人。顷据各方消息，敌之后方小有哗溃，已饬前方乘机进取。综察，彼有败征，我处优势。惟鄙意欲斩断其卖国借款种种阴谋，则务在毙敌迅速，至盼尊处亦取迅速方略，得以早下赣南，惠我佳音，无任引领。永祥。盐。印。

（《卢永祥再报战况》，《广州民国日报》1924 年 9 月 16 日）

宁波国民大会致孙中山电

（1924 年 9 月 14 日）

广州孙大元帅睿鉴：

曹锟窃国，天讨久稽。我大元帅志切灭贼，誓师北伐。行见义师饮马长江之日，即是国民箪食壶浆之时。遥望南中，曷胜忻幸。宁波国民大会公叩。寒。

（《宁波国民大会电祝北伐胜利》，《广州民国日报》1924 年 9 月 23 日）

张作霖复孙中山电①

（1924 年 9 月 15 日）

元西电敬悉。大军北伐，旌麾进驻韶关，赴义之勇，佩慰曷极。敝部共编六大军，合十七万人，分道由热河进攻。榆关一路，前锋已经接触。朝阳开□，指日可下。闻直系内部涣散，军士强半

① 《陆海军大元帅大本营公报》刊登时略去收电对象，据电文判断，此电为致孙中山电。——编者

皆无斗志，所有劲旅悉数驱之北上与敝军抵抗。长江防务单薄，贵部如能早日进攻，不特全赣指顾肃清，即武汉亦如破竹。硕筹所及，谅有同心也。战况如何，并请随时见示。张作霖。咸辰。

（《陆海军大元帅大本营公报》一九二四年第廿九号，10月20日，“公电”）

陈廉伯致孙中山、廖仲恺电①

（1924年9月15日）

孙大元帅睿鉴：廖省长钧鉴：

窃维廉伯置身商界，政治原理夙鲜探求。比年以来，内乱频仍，实业凋敝，屡屡咨嗟太息，而于政治根本向未讲求。自承同人不弃，推任团长，恪恭朝夕，思尽厥职。而于商团与政府之关系虽极注意，乃商团与政府而竟生隔膜，挑拨离间者乘之以起。其尤甚者，竟于《大陆报》上捏造事实，诡称廉伯蓄谋利用商团以破坏革命政府。廉伯并未寓目，未敢更正。政府以廉伯身为团长，对此新闻既无辩正，疑其有异，予以查办。及夫运械、联防诸事件接踵而至，误会更多。伏读大元帅对于扣械事件之告诫，实深骇诧。伏念廉伯亦国民一分子，事虽误会，心本无他，兹谨掬陈悃愊，上尘清听。窃维广州革命政府为中华民国安危存亡所系，大元帅手创中华民国，十余年来辛勤维护，凡有血气孰不感动。廉伯誓当竭诚拥护，以尽国民之天职。大元帅宽仁为怀，谅蒙矜恕，诚不胜迫切屏营之至。陈廉伯。删（十五）。叩。

（《陈廉伯拥护大元帅之通电》，《广州民国日报》1924年9月17日）

① 据《华字日报》1924年9月18日第一张第3页《孙政府强发两陈通电》记载，陈廉伯电文由汪精卫拟稿经商团修正。据《华字日报》1924年9月19日第12页《省报所纪商团军械案昨讯》记载，二陈通电以快邮代电的方式发出后，政府方面不满，要求发出正式通电，17日早商团再行用电报拍出。——编者

陈恭受致孙中山、廖仲恺电

（1924 年 9 月 15 日）

孙大元帅睿鉴：廖省长钧鉴：

曩者恭受辞差作贾，此心已如槁木寒灰。重以乡人环恳，主持商、乡两团，数载艰劬，上以宣扬政府民治之精神，下以保持桑梓固有之秩序，为功为罪，共见共闻。乃因扣械问题，丛滋横议，甚有谓恭受自称攻城总司令者。流言无稽，早经县长、乡绅据实辩白。现蒙大元帅决予还械，一切均已解决。恭受此后益当致力民治，以为拥护服从政府之左证。谨通电表明，伏乞察核施行。陈恭受叩。删（十五）。印。

（《陈廉伯拥护大元帅之通电》，《广州民国日报》1924 年 9 月 17 日）

唐继尧复孙中山电

（1924 年 9 月 15 日）

滇唐已于删（十五）日覆孙，允担任滇、川、黔三省联合总司令，西南护法副元帅云。

（《所谓孙陈和议与北伐说》，天津《益世报》1924 年 9 月 20 日）

大理院长兼管司法行政事务吕志伊呈孙中山文

（1924 年 9 月 15 日）

呈为呈报事：案奉钧令第四三二号开：据大本营审计处处长林翔呈称：案查十二年度岁入岁出预算书，前经财政部厘定书式，分行各机关依照编造，送部汇呈钧座核定交处备查在案。十三年度预算自应于会计年度开始以前查照前案办理。兹查新会计年度业已开始，所有岁入岁出预算书，除兵工厂曾经造送钧座核发下处外，其余各机关均付缺如，殊非慎重公帑之道。拟请令行各机关克日查照前定书式编造，仍送财政部汇呈核定交存职处，以重度支而便审计。所请是否有当之处，理合呈恳鉴核施行。等情。据此，应予照准，除指令并分令外，合行令仰该院长查照，并转饬所属迅行依式编造十三年度预算书，送财政部汇呈候核。此令。等因。奉此，应即遵照办理，除将职院兼管司法行政事务十三年度预算书依式编造咨送财政部，并转行所属各审检厅庭暨各登记局一体遵办外，理合缮具预算书一份呈报察核备案。谨呈
大元帅

大理院长兼管司法行政事务吕志伊（印）

中华民国十三年九月十五日

（《陆海军大元帅大本营公报》一九二四年第廿六号，9月20日，“指令”）

大本营内政部长徐绍桢呈孙中山文

（1924年9月15日）

为呈复事：案奉帅座第四六一号训令开：现值出师北伐，军用浩繁，所有各项政费亟应大加裁节，移缓济急。除分令外，为此令仰该部长即便遵照，厉行裁员减俸，以每部每月支出不超过四千元为度。限令到三日内，将遵办情形暨减定经费数目列表报查，勿得稍有违延。至此次被裁各员本年九月份俸给，仍准照全数支发，用示体恤。合并饬知。此令。等因。奉此，查职部十二年度预算经费，原定九千六百三十八元。自本年七月间先后接奉钧令，饬即裁员减薪以节［糜］费，并自八月份起，月薪在二百元以上者按成减发各等因。当经部长一再筹维，于无可节减之中勉行裁节。计自本年七月以后，按月经费连减成核发统计，每月共已节减毫银三千

一百七十元，实需经费仅只毫银六千四百六十八元。前经编造十三年度预算，开列详表呈报在案。奉令前因，自应再为裁减。惟职部掌理内政，事极繁重，现计全部职员不过二十五人，且均积欠薪俸七八个月，平日办事不无微劳足录，实难再议裁汰。兹谨懔遵训令，拟自本年十月份起再将全部职员薪俸按照已减数目一律七折支发，约计每月需银四千五百二十元六毫，与额定四千元之数相差无多。俟一两个月后察看情形，如有可为裁省之处，当再另行拟具办法呈请察核，总期不超过四千元之外。所有职部遵令裁减实情，理合具文呈请察核。是否有当，伏候指令祗遵。谨呈

大元帅

大本营内政部长徐绍桢（印）

中华民国十三年九月十五日

（《陆海军大元帅大本营公报》一九二四年第廿六号，9 月 20 日，“指令”）

粤军第三师师长郑润琦呈孙中山文

（1924 年 9 月 15 日）

呈为呈缴事：窃职前奉钧府任命为粤军第三师师长，并奉颁发印信一颗，文曰“粤军第三师师长印”，经呈报于七月十二日启用在案。所有旧用印信一颗，文曰“中央直辖广东讨贼军第三师师长印”，自应呈缴核销，以昭郑重。理合备文连同旧用印信一颗呈缴察核，伏乞准予注销备案，实为公便。谨呈

大元帅孙

计呈缴印信一颗，文曰“中央直辖广东讨贼军第三师师长印”

粤军第三师师长郑润琦（印）

中华民国十三年九月十五日

（《陆海军大元帅大本营公报》一九二四年第廿七号，9 月 30 日，“指令”）

中央直辖滇军第三军军长胡思舜呈孙中山文

（1924 年 9 月 15 日）

呈为呈请发回办理交代仰祈钧鉴事：窃职军前警卫团长周伯甘在兼广三铁局坐办任内经手事件未完，当经呈请总司令部转呈钧座将该前坐办发回办理交代在案。现转奉指令开：呈悉。查前滇军第三军警卫团长周伯甘违犯军纪，应静候发交军事裁判审结发落。既据呈该员尚有广三路局坐办任内经手未完事件，应即由该军长将该员经手各案卷检齐，呈候发军事裁判并案审理。所请将周伯甘饬交第三军先办交代之处未便照准。仰即转令知照可也。此令。等因。奉此，正遵办间，又据现任广三铁路局坐办潘鸿图呈称：窃鸿图奉委广三铁路管理局坐办，于本年八月十二日到局视事，业经呈报在案。查前任坐办周伯甘于八月九日业已离局，其任内收支各款未准正式列帐移交，只由会计课出纳股员廖鹏声将支存款项呈出，交由鸿图接管。按照新旧任交替手续，所有八月九日以前该前任欠发薪工及一切款目，鸿图原未便遽于补支。惟迭据各部份员司工役人等，以久未领薪无以养赡，纷纷要求将旧任欠薪清发。时值罢市风潮正剧，工人方面团体素来固结，若不勉予维持，诚恐酿成联盟罢工等事，则车辆停行，收入乏绝，于商民交通与本军饷源固有防碍，且虑牵涉大局，所关尤大。当经将情形面陈，祗奉钧谕，许以从权办理，始将八月中下旬收入，先行挪支七月份全月及八月份上旬欠薪，俾资维系而安众情。业将收支各数列册呈报查核在案。现在罢市风潮已熄，大局粗定，仍恳迅赐檄饬周前坐办将任内经手银钱帐目迅速分别清理，以完手续而免牵混，实为公便。等情前来。查该前坐办任内经手收支各款既未正式列帐移交，则案卷帐目多所未符可想而知，非由该前坐办亲手办理交代无从检呈。仰请钧座仍将该前坐办发回办理交代，一俟交代清楚，再将该员送请钧座发交军事裁判所审结违犯军纪之罪。所有

呈请发回办理交代缘由，理合具文呈请鉴核。谨呈
大元帅孙

中央直辖滇军第三军军长胡思舜（印）
中华民国十三年九月十五日

（《陆海军大元帅大本营公报》一九二四年第廿七号，9月30日，“指令”）

广东地方善后委员黎泽闿呈孙中山文

（1924年9月15日）

呈为呈请辞职事：窃泽闿于民国十二年十一月十日奉帅座第九十八号派状，派充广东地方善后委员。受职以来幸无陨越，惟念善后事宜千端万绪，自维庸陋，莫补时艰，谨即具呈恳请辞职。伏乞俯赐照准，实为公便。谨呈
大元帅

广东地方善后委员黎泽闿（印）
中华民国十三年九月十五日

（《陆海军大元帅大本营公报》一九二四年第廿九号，10月20日，“指令”）

中央直辖讨贼赣军总指挥董福开致孙中山等电

（1924年9月16日）

韶关大元帅暨广州中国国民党中央执行委员会、滇军杨总司令、粤军许总司令、湘军谭总司令、桂军刘总司令、豫军樊总司令、中央直辖讨贼各军长、奉天张总司令、浙沪联军各司令、贵阳唐总指挥、遵义熊总司令、铜仁蔡军长、桂林沈总司令、南宁黄总指挥、国会护法各议员、全国各公团、各报馆均鉴：

大盗窃国，纲纪凌夷，腥闻于天，全国共愤。我赣军护法兴师，于兹八稔，追随元首，转战西南，喋血沙场，备尝艰苦。今岁鏖战闽省，迭克名城，嗣以臧、杨两军回浙，独立难支，乃横越赣边间关来粤，盖欲结合联军待时北伐。壮士拊髀，猛将枕戈，一息尚存，此心不懈。迩者曹、齐搆祸，以四省之兵并力攻浙，战端一开，全国轰动。我大元帅赫然震怒，誓师北征，凡有血气，罔不奋兴。福开等忝属军人，分当负弩前驱，况赣省为桑梓之邦，臧、杨又患难之交，公义私情，宁忍坐视。今浙、沪卢总司令等已毅然倡义，奉、吉、黑亦提师入关，曹、齐首尾不能相顾，跋前疐后，立见覆亡。我联军正宜速赴事机，会师江汉，直捣幽燕，建统一之盛业，竟革命之全功。福开不敏，谨率所部集中韶关，克日出发。临电神驰，伫候明教。中央直辖讨贼赣军总指挥董福开叩。铣。印。

（《北伐赣军总指挥讨贼电》，上海《民国日报》1924年9月23日）

张民达致孙中山、许崇智电

（1924年9月16日载）

张民达电孙文、许崇智，率部由马坦赴韶候命。

（《粤孙北伐军开拔韶关》，长沙《大公报》1924年9月16日）

大本营财政部长叶恭绰、外交部长伍朝枢呈孙中山文

（1924年9月16日）

为呈请事：现据梧州关监督兼外交部特派广西交涉员戴恩赛呈

请转陈帅座准予辞去本兼各职，另行简员接替等情，似应准予所请。所遗梧州关监督兼外交部特派广西交涉员缺亟当遴员呈请简任。查有现充外交部第一局局长林子峰熟娴交涉，榷务优长，堪以任为梧州关监督兼外交部特派广西交涉员。理合会衔呈请睿鉴，伏乞俯准明令简任，实为公便。谨呈

大元帅

大本营财政部长叶恭绰、外交部长伍朝枢（印）

中华民国十三年九月十六日

（《陆海军大元帅大本营公报》一九二四年第廿六号，9月20日，“指令”）

禁烟督办谢国光呈孙中山文

（1924年9月16日）

呈为遵令裁员减薪先行呈覆仰祈睿鉴事：窃奉钧府第四六三号训令开：为令饬事，现值出师北伐，军用浩繁，所有各项政费亟应大加裁节，移缓济急。为此令仰该督办即便遵照，厉行裁员减俸。限令到三日内，将遵办情形暨减定经费数目列表报查。此令。等因。奉此。督办任事之初，即以裁员减俸为目的，能节省一分财力，即稍抒公家一分困难。惟督办任事未久，关于改组事宜正在悉心规划，所有新编预算尚未确定。兹奉前因，其员薪一项自应较前任预算案力加核减，以副帅座厉行减政节省经费之至意。所有遵令减薪缘由，理合备文先行呈覆，一俟预算编定，再行缮册呈请鉴核示遵。谨呈

陆海军大元帅

禁烟督办谢国光（印）

中华民国十三年九月十六日

（《陆海军大元帅大本营公报》一九二四年第廿六号，9月20日，“指令”）

国立广东大学校长邹鲁呈孙中山文

(1924 年 9 月 16 日)

为呈请事：窃职校自筹备以底于成立，所有经过情形先已禀陈钧听。其间经费出入，数月来牵补挹注剜欠殊多。前者奉令指拨之开办费及经常费各基金，如省外筵席捐、业佃保证照金暨税契带征各款，均以地方多故，或为各征收机关所挪用，或为驻防军队所截留，甚或人民抗征不能开办。故月来经费之收入，除九、拱两关厘费而外，余均畸零无几，殊不足以支持终日，无如校长摘要删繁，务求节俭。然职校为国家最高学府，若果太事简陋，则徒冒大学虚名，无以副钧座育才之本意。此校长所以旦夕遑遑，而不能徒事司农仰屋之空叹。溯校长前在两广盐运使任内，韩江治河处艰于经费，曾奉准在潮桥盐税项下，每盐一百斤带收治河经费三毫。晚近嘉应大学开办，又于潮桥盐税项下带收大学经费每斤一文。均属畅行无碍。职校成立伊始，其设备之未周，及扩张之待举，在在需有的款方能维系。拟援案在省河盐税项下每盐一包即两百斤，带收大洋四角，拨充职校经费，较之潮桥带收治河经费只及三分之二，较之潮桥带收治河、大学两种经费，只及其半数。潮桥二者每盐一包共带收八毫，盐务毫无防碍，省河每盐一包只带收四毫，决不至有所影响。似此公家正款既无丝毫损失，而职校一切措施或不至受经济之奇穷而失其步骤。理合拟具《省河盐税带收广东大学经费章程》一纸，备文呈请鉴核，并恳转饬两广盐运使通令所属及分谕各盐商照办。仍请指令祗遵，实为公便。谨呈

陆海军大元帅孙

计缴《省河盐税带收广东大学经费章程》一纸。

国立广东大学校长邹鲁（印）

中华民国十三年九月十六日

（《陆海军大元帅大本营公报》一九二四年第廿七号，9 月 30 日，“指令”）

廖仲恺致孙中山电

(1924 年 9 月 17 日)[①]

案奉钧座令，委仲恺为财政部长兼军需总监暨广东财政厅长等因。奉此。窃维仲恺自民元以还，数管度支，剜肉补疮，无裨府库。现复委长财部、财厅，兼绾军需。值兹大军北伐，帅座不辞冒暑遄征之劳，从军将卒亦忘披坚执锐之苦，仲恺力苟能至，何忍规避。惟默察现状，广东财政已濒绝境，虽欲负责，诚恐力不从心。辗转思维，实有不忍言，且不能不言之痛。粤省虽号富裕，而军兴以后财政久陷分裂，厘捐粮税悉为各军截收，赌饷烟捐亦由各军支配。是全省税收，业已瓜分豆剖，点滴无遗。计吏职权，情同告朔，挹注势有不能，整顿亦无从着手。故迄今两载，财政命令不出署门，财厅五易长官亦都束手无策。此中困苦情形，为有目所共睹。现在财政状况较窘于前，而千里馈粮军需之急百倍昔日。仲恺自问乏统一财政之能，即无因应军需之术，强就重任，适误事机，一身不足惜，其如大局何！故就目前事势论，为仲恺所不忍言者此也。若夫去私言公，按症发药，则核实兵额，统一财政，洵为目前唯一办法。民十粤省养兵十万，且有援桂之举，而按口给粮，未尝或缺。今则烟赌弛禁，岁增千万，而士卒苦饥寒，人民频嗟苛敛。同一粤省，富瘠悬殊，岂真兵多财绌，有以使然？毋亦财政分裂，军饷虚糜，有以致之。倘及今改弦更张，剔除私利，以维大局，则广、肇、罗、南、韶、连防务费一项岁收可及千万，禁烟收入约得二百万，粮税厘捐盐饷共约二千万。合计当在三千万以外。现在各军有枪之兵，不过八万人，以每名月饷八元计，月需仅六十四万元；官长伕役补充兵以及服装各费，按照恒例，应值兵饷三〈分〉

① 此电由廖仲恺9月17日致广东各军政要人电中节出，该电文中未注明致孙中山电确切日期，此电所标示日期为廖仲恺致各军政要人电标示日期。——编者

之一，既从宽计算，亦不过一倍而止。合计月需至多不过一百廿八万元，年需仅一千五百三十六万元而已。至兵舰要塞及其他军事机关，经费有限。以三千万之收入，支一千五百余万之经费，所余正多，何至匮乏若此。又就兵力论，东江之敌约三万人，南路亦不过万人。我军现有八万余，以四万布防东江南路，一万分驻省会及各县外，尚余三万之兵力。江浙、奉直战事正酣，曹吴自顾不暇。倘以精兵三万北出江西，赣州、南昌指日可下，西南半壁，大势立成。从此联络奉浙，饮马黄河，全局底定，翘足可俟。是就因应财政，以整饬军事计，可见现有兵额不必扩充，而军力、财力两皆足用。惟图财政计划见诸实行，必须各军长官躬自警惕。先行切实点验，期有一枪始支一兵之饷，以此饷额定为军需度支准绳。一面将粮税、厘捐以及防务、禁烟各费，统归财政机关接管，用人行政不得干预，经收款项不得截留。苟能如此，事有可为，不能如此，功无可见。盖理财与整军，必须相辅而行，非单独可以收效，亦必赖群策群力，而非一手一足之烈所能为。各军长官诚能以大局为重，核实兵额，归还财权，涓滴无私，饷糈自足。若仍前分裂，利不相让，害不相救，则剥肤皮及骨，仲恺虽愚，亦知补苴无术。二十年来，以身许党，生死毁誉，在所不计，岂复珍惜羽毛，畏难思退。惟明知大厦非一木所能支，与其勉膺难巨，终贻覆悚之讥。何若据实上闻，以免偾事之诮。尚乞俯鉴微忱，收回成命，另简贤能，俾资整饬，实感公便。

（《统一广东财政通电》，《廖仲恺集》1926 年春版，第 268～271 页）

郑洪年致孙中山电

（1924 年 9 月 17 日）

大元帅钧鉴：报载仲恺任财长等因。次长有辅助部长之责，际此北伐进行，关系重要。洪年一时未能回粤，自应由部长另选贤能继任，以资助理。仰恳俯准免去洪年财部次长一职，无任企幸。洪年。筱。

（《郑洪年电辞财次长》，《广州民国日报》1924年9月20日）

东莞德国牧师致孙中山等电

（1924年9月17日）

广州孙大元帅睿鉴（余衔略）：

此次莞城惨遭兵火，纯由军、团双方误会冲突而来。肇事之时，迭经商团、商会□□敝牧师担任调停。荷蒙韦、严两师长俯纳嘉言，停止兵事，自签立合约，不追既往，咸与维新，地方士民额手称庆。讵近日广州各报登载韦、严两师长庚电，禀呈各宪，谓莞城肇乱系十二坊商团长张励图、商会长张承祖等云云。全邑商团奔走相告，咸向敝牧师诘责，谓与和约第四条所列“此次肇事全属双方误会，实与商、乡各团全体或各人均无关系，日后不得借端加以为首滋事或附和等名目藉图陷累”、“第七条，全□恢复原状，不得株连”、“第八条，损失由调人赔偿完妥”。今庚电□□合约不符，在韦、严两师长军书旁午，或为左右办事人任意为之，不暇记忆，亦未可定。惟地方人民则以违反和约事后株连，倘不逞之徒从中瞒播，加以深文，□同瓜蔓，则藉端诬陷，流祸不知伊于胡底。□诸韦、严两师长息事宁人之初心不特大相剌谬，而□约所关，敝牧师将何以对莞人。想庚日通电所云，或□两师长一时误会。尚希即日将前电取销，布告莞人安居乐业，以符原约，而免株连，是所切祷。大德国牧师茂嘉发理宣□叩。筱。

（《东莞风潮之德牧师电》，《华字日报》1924年9月23日）

兼理大本营参军处事宜吴铁城呈孙中山文

（1924年9月17日）

呈为呈请事：窃职处经于九月十三日组织成立，所有处中职员自应分别遴员，呈请任命，以专责成。兹查有徐天源一员堪以任为职处上校副官，王焕龙、林志华、吴良、吴雅觉等四员均堪任为职处少校副官。理合呈请钧座鉴核，分别任命，实为公便。谨呈

大元帅

兼理大本营参军处事宜吴铁城（印）

中华民国十三年九月十七日

（《陆海军大元帅大本营公报》一九二四年第廿六号，9月20日，“指令”）

兼理大本营参军处事宜吴铁城呈孙中山文

（1924年9月19日）

呈为呈请委任仰祈睿鉴事：此次北伐大军集中韶关，对于运输事项非遴派专员不足以利军行。查南韶连联团总局局长蔡汉升办事热心，对于雇船募伕事项具有计划，堪委为运输委员，以专职责。所有呈请委蔡汉升为大本营运输委员各缘由，理合备文察核，伏乞指令祇遵，实为公便。谨呈

大元帅

兼理大本营参军处事宜吴铁城（印）

中华民国十三年九月十九日

（《陆海军大元帅大本营公报》一九二四年第廿六号，9月20日，“指令”）

许崇智致孙中山电

（1924 年 9 月 20 日）

韶关大元帅睿鉴：

崇智猥□菲才，荷蒙殊遇，委总师干。同时复奉军令，着将粤军现驻各防地财政统一整理，用裕税收，俟整理就绪后仍仰交还财厅，用符财政统一本旨等因。奉此。崇智仰体钧座宵旰之勤，蒿目粤中艰难之局，深知财政不能统一，一切要政均将无由进行。虽奉统一整理之令，终涉分据割裂之嫌。维念当时财政尚分握于各地防军之手，设使迳行交还财政机关接管，虽表面上不难做到，而整理进行恐计史不免有束手之叹。爰遵钧令，实行接管，受命以来，迄今四月。幸各将士深明大义，各主办人员亦能精详擘划，实事求是，以故西江、五邑、香、顺等属正杂各税捐整理结果，逐月收入除钱粮固定者外，约各增加四分之一。自六月份起，业将收入支出按月册报并公布在案。现计、统二节粗具规模，即整理一端亦略有头绪。当兹粤中财政支离破碎之秋，且值北伐进行需款孔亟之会，崇智谨自隗始，即日将奉令整理之西江十九县属一切财政，完全交还省署财厅主管机关接收。俾财政主管人员得以实行统一整理之职权，并有统筹兼顾之机会。除饬西江、五邑、香、顺各处、局办理结束，准备移交外，谨电呈闻。即请令行省署转饬财厅遴员接收，俾职军所辖一部份财政得以早日实行统一，不胜感激待命之至。再，省署财厅为正式永久之财政主管机关，故此次一切财政及防务经费等，智均交回省署财厅直接管辖，用符真正统壹之本旨。合并声明。粤军总司令许崇智叩。哿。

（《许崇智对财政长电》，《华字日报》1924 年 10 月 2 日）

大本营财政部长叶恭绰呈孙中山文

（1924 年 9 月 20 日载）

呈为呈复事：案奉钧令第四六一号开：为令饬事，现值出师北伐，军用浩繁，所有各项政费亟应大加裁节，移缓济急。除分令外，为此令仰该部长即便遵照，厉行裁员减俸，以每部每月支出不超过四千元为度。限令到三日内将遵办情形暨减定经费数目列表报查，勿得稍有违延。至此次被裁各员本年九月份俸给，仍准照全数支发，用示体恤。合并饬知。此令。等因。奉此，自应遵照办理。除俟裁减办法分别核定，另行列表呈报察核外，理合先将遵办情形备文呈复，伏乞俯赐鉴核，实为公便。谨呈

大元帅

大本营财政部长叶恭绰（印）、代理次长杨子毅代

中华民国十三年九月　日

（《陆海军大元帅大本营公报》一九二四年第廿六号，9 月 20 日，“指令”）

大本营财政部长叶恭绰呈孙中山文

（1924 年 9 月 20 日载）

呈为呈报事：案准财政委员会第六十次特别会议议决，征收税款，凡收大洋以毫银缴纳者，应加二五补水征收等由。准此，应即查照办理。职部并拟定于九月十六日实行。除分别咨令各机关照办外，理合备文呈报，伏祈察核备案。谨呈

大元帅

大本营财政部长叶恭绰（印）、代理次长杨子毅代

中华民国十三年　月　日

（《陆海军大元帅大本营公报》一九二四年第廿六号，9 月 20 日，“指令”）

大本营财政部长叶恭绰呈孙中山文

（1924 年 9 月 20 日）

呈为修正官制恭呈仰祈睿鉴事：窃职部官制第八条第二项关于盐税事项，原系归赋税局掌管，嗣以盐务署成立，因将盐政划归该署掌管，以专责成。并经将官制第八条第二项加以修正，即将盐税二字删去，用符制度。于五月二日呈明核准在案。现在盐务署已奉明令裁撤，其盐务事项仍归职部办理，自应将该项官制再行修正。兹拟修正该官制第八条第二项，仍将盐税二字加入，以重职责而资遵守。所有修正职部官制缘由是否有当，理合备文呈请鉴核示遵。谨呈

大元帅

大本营财政部长叶恭绰（印）、代理次长杨子毅代

中华民国十三年九月二十日

（《陆海军大元帅大本营公报》一九二四年第廿七号，9 月 30 日，“指令”）

沈鸿英致孙中山电[①]

（1924 年 9 月 21 日载）

陆荣廷受伤，逃至全州，桂局不日底定，鸿英愿任入湘先锋，为国效劳。（十九日广州电）

（上海《民国日报》1924 年 9 月 21 日《沈鸿英愿为入湘先锋》）

① 报纸报道中说明此电为沈鸿英致孙中山电。——编者

张作霖致孙中山电

（1924 年 9 月 21 日）

孙大元帅鉴：

皓电敬悉。敝军分道并进，连战皆捷，迭克要隘。热河东路均次第占领，全境指日可告肃清。山海关经飞机炸击，敌军士气沮丧，已无斗志。近闻又将各省驻队抽调北来，南中藩篱尽撤。当此贼势支绌之际，我公如早日长驱入赣，则武汉震动，敌势行将瓦解。兵贵神速，老成谋国，谅有同心。师行所至，仍盼续示。张作霖。马。印。

（《张作霖来电报捷》，《广州民国日报》1924 年 9 月 24 日）

邓瑞征、陆云高等致孙中山电

（1924 年 9 月 21 日）

大元帅睿鉴：

陆氏败窜湘边，尚不悔祸，阴谋搆乱，勾结外兵，妄思卷土重来，作死灰复燃之想。本月文日拂晓，竟来反攻，猛力扑我烈戈防地。右文据报，当即亲赴前方，指挥各部分头迎击，激战数小时，敌即败退。我军追至咸水，适韩彩凤由柳败窜，欲赴全县与陆合力，遇我追兵，即加入作战。赖将士奋勇争先，冒死杀敌，又战至数小时，敌复败走，我军追至沙子包布防。号日，我军又与敌鏖战于凤凹亭及飞鸾桥一带。自辰至酉，敌人顽强抵抗，死伤枕藉，始弃城向黄沙河溃奔，我军即于是日收复全县城。两役计夺获枪枝七百余杆、机关枪两架，俘虏敌人官兵四百余名，辎重无算。刻县城秩序业已恢复，地方安堵。谨电奉闻。邓瑞征、陆云高、沈荣光、邓右文同呈叩。马。

（《沈军克复全县捷报》，《广州民国日报》1924 年 9 月 27 日）

许崇智致孙中山等电

（1924 年 9 月 21 日）

韶关大元帅睿鉴（余衔略）：

奉读廖省长本月十七日邮电，语长心重，而核实兵额、统一财政两办法尤为洞见症结之谈，钦佩无既。崇智不敏，荷承帅座知遇，忝总师干，就任数月，所孳孳进行者，无非致力于此两事。现粤军防地财政统一整理差经就绪，经于一日电呈帅座，谨遵前令，交还财政主管机关接收，用符财政统一本旨。并经分电，计邀览察。至于粤军兵额，业经派员赴各防区点验，并采一兵一枪之办法，留实汰虚，裁除冗滥。容俟点验完竣，汇造册表，呈报帅座派员复点。总期饷不虚糜兵得实用，用慰帅座宵旰之勤劳，并纾财政当局之困难。抑尤有陈者，崇智管见，窃以为军人宜专意于治军，而以地力［方］财政还诸财政主管机关管理支配。庶几整军经武既得以全副精神贯注，而酌剂盈虚挹此注彼复有专责，我在粤联军之苦乐可以平均，即一切应需之军储亦得以及时筹备，准此以行，似为两善。崇智懔为政不在多言之训，不敢侈陈高论，谨就职权范围，先行尽其在我。诸公公忠体国，定危扶倾，值兹司农仰屋之秋，当有宏济艰难之术。谨电布臆，诸情鉴照。许崇智。马。叩。

（《许崇智对财政长电》，《华字日报》1924 年 10 月 2 日）

安抚委员曾西盛呈孙中山文

（1924 年 9 月 21 日）

呈为呈请辞职事：窃职自奉命出发东江前敌，迄今数月，奈因驽骀，无补时艰，不克副我帅座之所期望，抚躬自问，抱憾良深。现因旧病复发，不能视事，若犹恋栈，贻误更多。惟有谨将安抚委员职务辞去，以让贤者。俾西盛得以安心调养，一俟病体复原，再行执鞭骥尾，听候驱策，以副帅座为国救民之至意。区区苦衷，伏祈原谅。所有因病辞职缘由，理合备文呈请察核俯赐恩准，伏候指令祗遵，实叨德便。谨呈

大元帅

安抚委员曾西盛（印）

中华民国十三年九月二十一日

（《陆海军大元帅大本营公报》一九二四年第廿七号，9月30日，“指令”）

林俊廷致孙中山、胡汉民等电

（1924年9月22日载）[①]

广州大元帅睿鉴：胡总参议、大本营李参谋部长、各部长、许总司令、杨总司令、谭总司令、樊总司令、刘总司令、各军长、师长、旅长、团长、司令、营长、省长、市长、厅长、运使均鉴：

八属人民久苦兵祸，厌乱已极，求治斯殷，朽索失驶，迫由自决。本年四月，绅、学、商、农、善各界代表齐集钦城，开八属联治会议，公决以保境安民、善邻自治为联治宗旨，同时公举俊廷为八属联□军务督办，令综军、民两政，惟责以联治宗旨之实现。俊廷钦人也，自维桑梓服务义无可辞，爰就斯职。大元帅孙公，揭橥民治，为建国方略者，对兹伟举，嘉许逾量，提携扶植，早有成

① 《中华民国史资料丛稿—大事记》（第十辑）第148页“1924年9月9日条”载：“广西督军林俊廷通电拥护孙中山，表示今后八属以内军民两政仍以钦城八属联治会议决案为依归，八属以外军事行动则服从孙中山之命令。”据此，林俊廷此电发出日期或为该日。——编者

言。徒以俊廷就职之初未遑公布，以致别系侵入煽诱，遂有野心部分越出八属范围，眈视广属四邑，竟于六月间侵占恩平县治。斯时人情汹汹，虑兵祸再结。幸各界代表坚持宗旨，赴机迅疾。廉城复议，一致表决后即派员赴前方监视退兵。复派员谒大元帅解释误会，漫天战云得以旬日消散，否则八属自治已成之局即被推翻。俊廷毖后惩前，不得不郑重表示，今后八属以内军、民两政，仍根据钦城联治会议之决案为依归，若八属以外军事行动，则服从大元帅之命令为进止。似此系统融洽，省舆庶无割裂之嫌，权责分明，民治愈收保障之效，固不仅善邻保境、藉弭兵争已也。谨此宣言，伫候明教。林俊廷叩。

（《林俊廷拥护大元帅电》，上海《民国日报》1924年9月22日）

沈鸿英致孙中山电

（1924年9月23日）

大元帅睿鉴：

界首之役，我军大挫敌锋，追出哲水以外，业经电呈在案。现据前敌总指挥邓右文养电称：敌之主力仍在全州，加以韩逆彩凤亦率残部千余由龙胜岔路到全，与陆会合，拼命抗拒。我军因恐旷日持久，特集诸将宣誓，此次无论如何艰难，务期一鼓肃清，以免再留后患。所幸将士用命，人人振奋，自皓日起血战数昼夜，个日占领全州，毙敌无算。敌势不支，纷纷向黄沙河、湘边一带溃退。复遇我军抄其后，奇兵前后夹击，该逆敌等闻受重创，无心恋战，弃枪就降者多。计缴获机关枪十余挺、步枪千余枝，俘虏六百余人。直追至黄沙河，敌因渡河溺毙者不计其数。查河之北岸即系湘境，未便追击，当于各要隘布防周妥。灌阳敌军及湘军闻耗，亦已退至道县，养日我军并将灌阳收复。计全县、灌阳已无敌踪，秩序亦如常安靖。（下略）沈鸿英呈。漾。

（《沈鸿英肃清桂林之捷电》，《广州民国日报》1924年9月30日）

刘显潜[①]致孙中山函

（1924年9月23日载）

大元帅钧鉴：

国事蜩螗，神州鼎沸，共和徒拥虚名，民生日即凋敝。我大元帅功在国家，勋迈往哲，痛神州之陆沉，作中流之砥柱，义声所树，云集景从。显潜一介武夫，僻处南服，夙怀报国之愿，愧无济世之才，只以天下兴亡匹夫有责，大盗窃国举世共愤。显潜忝膺边寄，兼总师干，正义所在，曷惜顶踵。是以不揣谫陋，愿竭驰驽，追随鞭镫，誓除民贼，还我山河，黔地虽小，人可为战，一息尚存，此志不渝。现集川、滇同志通力合作，共赴国难。无如逆焰甚张扑灭不易，所冀当代贤豪一致携手，庶几强敌易摧，澄清有望，鼎新革故，重树良基。我大元帅素以救国救民为职志，当有良谟挽救危亡。窃查川、滇、黔三省为粤之左翼，黔省尤为川、滇之根本，欲固西南，当先固川，现川既不守，黔省即为攻守之门户矣。黔若不守，粤失左方保障，是予贼以可乘之机，危及西南策源之地，是救国之志终不得达也。显潜所部十有余团，遇有时机或堪一战，敢请示以伟略，锡之矩矱，荩筹硕画极所乐闻。谨布赤忱，敬候明教，未尽之意暨此间现况，悉由敝代表张瑞麟面陈。如钧座有所驱策，并乞面示该代表转知是祷。

（《刘显潜代表来粤》，《广州民国日报》1924年9月23日）

① 在上海《民国日报》1924年9月29日第三版题为《刘显世请愿北伐》的报道中，所使用的名字为“刘显世”而非“刘显潜”。——编者

谭延闿致孙中山电

（1924 年 9 月 23 日）

谭延闿二十三日电孙文，谓滇军兵械□足，应加入北伐。

（长沙《大公报》1924 年 10 月 2 日“快信摘要”）

大本营建设部长林森呈孙中山文

（1924 年 9 月 23 日）

呈为据情转呈仰祈鉴核事：案据广三铁路管理局局长陈兴汉呈称：案奉钧部训令开：除原文有案邀免冗叙外，后开：合行令仰该局长即便遵照，仍将遵办情形具复以凭转报各等因。下局奉此。查职局只有局长、监督、坐办三员每月支薪四百元，副局长一员每月支薪四百六十三元，工程司一员每月支薪三百元，均隶俸薪三百元以上八成发给之列。其余各职员均月薪不及二百元，无庸核减。奉文后，已饬会计课从八月一日起，将应减成发给各职员，一律照帅令规定办法减支，以昭划一。合将遵办情形具文呈覆，伏祈俯赐鉴核转报施行。再：职局副局长月薪系循照粤股代表向领数目办理，且局长各员均有办公费用，而副局长不另支公费，故薪数较厚，合附陈明。等情。据此。查该局长所呈各节尚属实在情形，理合具文转呈，伏乞鉴核。谨呈

大元帅

大本营建设部长林森（印）

中华民国十三年九月二十三日

（《陆海军大元帅大本营公报》一九二四年第廿七号，9 月 30 日，“指令”）

兼办广东沙田清理事宜古应芬呈孙中山文

（1924 年 9 月 24 日）

呈为呈报察核事：窃查沙田登录开办以来，数月于兹，其遵章登录者尚属寥寥。现当北伐军饷急如星火，而各款收入几已罗掘俱穷，自应将登录一项酌于变通，以收速效。查许前任曾分期减分六成、八成征收，现拟折衷办法，减为七成征收。其减征日期自九月二十五日起，至十一月二十四日止。虽在减征期内，仍照十足数目填发登录证。庶沙户所执之登录证并无减折之注明，而所缴之登录费实已减轻其负担，当必□□输将，或可筹集巨款。除布告并分令登录分局遵照办理外，理合呈报帅座察核备案，实为公便。谨呈
大元帅

兼办广东沙田清理事宜古应芬（印）

中华民国十三年九月二十四日

（《陆海军大元帅大本营公报》一九二四年第廿八号，10 月 10 日，“指令”）

胡汉民致孙中山电

（1924 年 9 月 26 日）

二十六日胡汉民电孙文，留守府决移省署。

（长沙《大公报》1924 年 10 月 5 日，“快信摘要”）

粤军总司令许崇智呈孙中山文

（1924 年 9 月 26 日）

呈为呈请事：窃职军第一、第三两军业已次第改编就绪，该两军军参谋长一职关系重要，亟应遴员充任，以昭慎重，而资整理。

兹查第一军军参谋长冯宝森、第三军军参谋长练炳章，老成练达，久参帷幄，与该两军部队均有历史上关系，堪以充任。理合备文呈请任命冯宝森为粤军第一军军司令部参谋长、练炳章为粤军第三军军司令部参谋长。伏乞察核施行，实为公便。谨呈
大元帅孙

粤军总司令许崇智（印）
中华民国十三年九月二十六日

（《陆海军大元帅大本营公报》一九二四年第廿七号，9月30日，“指令”）

兼理大本营参军处事宜吴铁城呈孙中山文

（1924年9月27日）

为呈请事：窃照职处现奉钧谕筹设野战病院等因。自应遵照办理。查职处医务人员现时尚未委定，应即早日遴员荐请充任，以便督饬筹备，赶速成立。兹查有张惠臣、毛如璋两员均堪任为职处三等军医正，理合备文呈请鉴核。伏乞准予分别任命，俾专责成，实为公便。谨呈
大元帅

兼理大本营参军处事宜吴铁城（印）
中华民国十三年九月二十七日

（《陆海军大元帅大本营公报》一九二四年第廿七号，9月30日，“指令”）

兼办广东沙田清理事宜古应芬呈孙中山文

（1924年9月27日）

为遵令拟具撤销自卫办法恭呈仰祈睿鉴事：奉案大元帅第一

〇〇一号指令：据督办呈请撤销沙田自卫，组织护沙军队，改编团勇，以扶助劳农由一案。令开：呈悉。所请事属可行，惟应如何切实进行，统筹兼顾，方不至违背农民自治之精神，而政府收入亦不至有所妨碍，仰即拟具办法，呈候核夺可也。此令。等因。奉此。自应遵照办理。查沙田自卫办理不善，实缘土豪劣绅藉充自卫局长、董，抽收捕费，图饱私囊，于沙所治安转至不顾，以至沙匪充斥，劫掠频闻，农民不能获益，转受其害。此时着手方法，应将各属原有沙田自卫局一律撤销，拟暂时就原日设局、处、所改组一农民协会，会中经费在护沙费项下拨给。其会长、会董等由农民选举充任，官厅发给选举票，由农民自行选举。以各属沙捐清佃局为选举筹备处，于实行选举时再行遴员分赴各区指导。将来协会即设，凡有关于沙田兴革事宜，即由该会条陈迳呈职处办理。是劣绅、沙棍既已铲除，官民自无虞隔阂。至自卫局撤销后各沙保护事宜，自应由职处派队接办。将原日护沙、游击队改名沙田保安营，借拨粤军若干营连同护沙、游击两大队编为沙田保安营，租赁轮船，装配炮械，置设统辖主任一员，管辖体察各沙情形，于耕获时派赴各沙驻扎保护。总期萑苻敛迹，沙所乂安。复将各沙现有自卫团甄别收编，免被奸人利用，为患沙所。至于扼要处、所，酌设行营，俾便调遣，收获之后轮调归营训练，使渐成劲旅。仍由各军官将三民主义随时宣传，使兵士灌输知识。并筹办农民义学，以期扩张党义，使一般农民咸知立国大本。至应征护沙费，照章由职处设局征收，每亩仍照征毫银六毫。此款备充保安营饷需，暨拨给农民协会经费。在业佃只完原有护沙费，并不增加负担，且实受官厅保护之益，自无不乐从。农民既安居乐业，则各项征收亦将因而起色。如此办理，于农民自治精神固不至相背，于政府收入得以切实整理，期收实效，用副钧座统筹兼顾之至意。所有遵拟撤销自卫，扶掖农民，编练保安营，兴办农民义学各缘由，是否有当，理合呈请大元帅察核，伏乞批示祇遵。如蒙俯准，并恳分令广东省长转饬广属有沙田各县县长将各沙田自卫局撤销，归回职处办理，以一事权。至

协会选举法、保安营编制及驻扎地点、收入预算，容候分别详列表册呈核。合并陈明。谨呈

大元帅

兼办广东沙田清理事宜古应芬（印）

中华民国十三年九月二十七日

（《陆海军大元帅大本营公报》一九二四年第三十号，10月30日，“指令”）

唐继尧致孙中山电

（1924年9月28日载）

（廿六日广州电）唐继尧电告大元帅，就副元帅职，并即日出兵。[1]

（《唐继尧电告即日出兵》，上海《民国日报》1924年9月28日）

李烈钧致孙中山电

（1924年9月28日）

广州大元帅鉴：

苏军迭败，卢气甚壮，即日决战，分六路进兵攻苏，已大获胜利。烈钧。俭。

（《李烈钧电告浙军胜利》，《广州民国日报》1924年9月30日）

---

① 存疑。唐继尧迟迟不肯就职，于10月1日致中山电中犹称“副元帅一职，愧无以当”。——编者

南雄行营致孙中山电

（1924 年 9 月 29 日）[①]

豫军三旅二十八日与敌接触，占仙人岭，樊钟秀二十九日抵中站。

（长沙《大公报》1924 年 10 月 8 日，“快信摘要”）

广东全省民团督办李福林等呈孙中山文

（1924 年 9 月 29 日）

呈为呈报事：窃福林奉省署第九三号委任令，委充广东全省民团统率处督办，并颁发木质关防一颗，文曰“广东民团统率处之关防”。令仰迅速就职，将统率处依照章程组织成立，呈报察核。仍将奉委就职日期先行报查。雍、铨萃等并奉委任为会办，以资勷助各等因。奉此，福林等遵于九月廿七日暂假全省警务处就职任事，并启用关防。所有福林等就职日期，理合具文呈请察照备案。除呈报省署外，谨呈

大元帅孙

督办李福林、会办李雍、会办伍铨萃（印）

中华民国十三年九月二十九日

（《陆海军大元帅大本营公报》一九二四年第廿八号，10 月 10 日，“指令”）

上海国会议员通信处致孙中山电

（1924 年 9 月 30 日载）

广州孙大元帅钧鉴：

护法未竟，选以贿成，正义沦亡久矣。浙军首义，奉备入关，

① 报纸报道中说明此电为 29 日南雄行营致孙中山电。——编者

此间已电滇唐联合熊、但，以趋武汉。拨乱反正，端在此时，应请我公即日传檄天下，誓师北伐，中原豪杰必望风响应，为公前趋也。上海国会议员通信处。

（《两团体要电与孙科谈话》，上海《时报》1924 年 9 月 30 日）

广州市市长孙科呈孙中山文

（1924 年 9 月 30 日载）

呈为呈请鉴核事：窃职厅前奉钧令兼筹军饷，计自十二年四月分起至十三年九月十五日止，共收入银八百六十六万一千九百八十一元八毫六仙，共支出银八百六十六万一千一百八十一元二毫一仙。收支两抵，实结存银五百二十八元六毫五仙、手票七十二元，又手票二百五十元八折合银二百元。除将结存银如数发还财政局核收，并将收支数目暨洋式收支总簿二本、单据粘存簿一十五本咨送广州市审计处审核转呈外，理合将任内收支军费列具总表，先行呈报钧座鉴核，实为公便。谨呈

大元帅

计呈缴军费收支总表一份。

广州市市长孙科（印）

中华民国十三年九月　日

（《陆海军大元帅大本营公报》一九二四年第廿七号，9 月 30 日，“指令”）

大本营审计处处长林翔呈孙中山文

（1924 年 9 月 30 日载）

呈为呈覆事：案奉钧座发下禁烟督办鲁涤平呈送十三年五月分

收支清册及计算书表、单据簿等件到处，饬令审查等因。奉此。窃查该督办所送册内各属承商按饷、借饷、牌照、药膏、罚款等项收入，共计毫洋一十四万三千九百七十九元九角零五厘。除支出该署本月分经常费二万三千一百一十二元七角三分六厘，及提偿四月分不敷三千五百二十二元伍角一分四厘，暨拨交各军给养费、退还各处按饷等项一十一万六千二百六十七元二角八分，合共支出毫洋一十四万二千九百零二元五角三分。出入两抵，尚存毫洋一千零七十七元三角七分五厘。详核表册单据，尚属相符，各项开支亦颇核实，拟请准予核销。除将收支清册暨计算书表、单据簿留处备案外，理合备文连同原呈一件呈请钧帅鉴核示遵，实为公便。谨呈

大元帅

计呈缴原呈一件。

大本营审计处处长林翔（印）

中华民国十三年九月　日

（《陆海军大元帅大本营公报》一九二四年第廿七号，9月30日，“指令”）

广东省长廖仲恺呈孙中山文

（1924年9月30日）

呈为呈复事：现准大本营秘书处公函开：顷奉大元帅发下冯自由请取销黄伯耀通缉函一件。奉谕：粤籍议员黄伯耀既未参预贿选，何以当日广东省长公署发出通缉令列入其名，着该省长确切查明呈覆，以凭核夺等因。相应函达查照等由。准此，查通缉附逆国会议员一案，前奉帅座明令饬行查明缉办。当经设法调查，以凭办理。嗣准国会议员冯自由将调查附逆国会议员姓名、籍贯列单函送到署，随经照案饬缉。该粤籍议员黄伯耀，本为调查原单列有其

名，是以查照通缉。所有遵谕查覆缘由，理合具文呈覆大元帅鉴核训示祇遵。谨呈

陆海军大元帅

广东省长廖仲恺（印）

中华民国十三年九月三十日

（《陆海军大元帅大本营公报》一九二四年第廿八号，10月10日，“指令”）

禁烟督办谢国光呈孙中山文

（1924年9月30日）

呈为遵令遴员荐任职署秘书恳准加给任命恭呈仰祈睿鉴事：窃职署前呈请任命谭璟等十一员为秘书一案。奉大府第一〇六六号指令开：呈悉。查该署秘书原仅七员，刻值减政之际，不宜反增设数员之多，应将履历表发还，仰即切实裁减，另文呈请任命可也。此令。等因。奉此。窃国光辱荷殊遇，谬权督办，当受事之日即兢兢业业，以裁人减政为急务，何敢额外增设。惟其时总务厅督察处尽行裁撤，而彭国钧、彭耕、朱凤蔚数员又曾充科长，关于进行整理各项事务，欲藉熟手，有所咨询，故置诸秘书之列。虽属权宜之计，究启增设之嫌。兹奉前因，自应遵照减设，并较原额内裁减一员。查有谭璟、曹惠、刘笃培、刘况、许邓岱峻、郑鸿鉴等六员，堪以荐任职署秘书之任，理合取具各该员履历，备文呈请察核。伏乞俯准加给任命，并候指令祇遵。谨呈

陆海军大元帅孙

禁烟督办谢国光（印）

中华民国十三年九月三十日

（《陆海军大元帅大本营公报》一九二四年第廿八号，10月10日，“指令”）

粤军总司令许崇智呈孙中山文

(1920 年 9 月 30 日)

呈为案经提传恳请派员会审事：案奉钧府训令第四二三号，内开：案据邓泽如等呈称：现据同志柯长福、曾飞云面称：除原文有案邀免冗叙外，后开：仰该总司令遵照，迅即妥派干员前往广州地方检察厅，将该逆探罗检成提回该部，发交军法处严行鞠讯，并传集柯长福、曾飞云到堂指证，一俟人证齐集，迅即呈报本府，听候派员会审，以成信谳，而伸国纪。切切。此令。等因。并发地检抄呈原函供词一件。下部奉此，遵即派员将该犯罗检成（即罗卓孚）一名提解回部，并分传本案证人柯长福、曾飞云二名，限于十月四日下午一时三十分来部投到，听候审理。奉令前因，所有本案人证分别提传、定期审理各缘由，理合呈报钧府鉴核。伏乞届期派员会审，以成信谳，并候指令祇遵。谨呈

大元帅孙

粤军总司令许崇智（印）

中华民国十三年九月三十日

（《陆海军大元帅大本营公报》一九二四年第廿八号，10 月 10 日，“指令”）

唐继尧致孙中山电[①]

(1924 年 10 月 1 日)

大元帅钧鉴：

---

① 报纸报道中说明此电为 10 月 1 日唐继尧致孙中山电。——编者

已就川、滇、黔联军总司令职。但建国联军克日誓师东下[①]。副元帅应俟军事进展，再推勋业崇隆者就任。

（《滇唐克日誓师东下》，上海《民国日报》1924年10月12日）

附　唐继尧致孙中山电

（1924年10月1日）

我公移韶北伐，凡属袍泽均当执鞭相从。经各省同志在滇议决组建国联军，上月号（二十）成立。副元帅一职愧无以当，俟军事进展，再推勋高望重之人。

（《申报》1924年10月9日，“国内专电”）

广东内河商船公会长何乔汝等致孙中山、许崇智等电

（1924年10月1日）

大元帅、财政部、粤军许总司令、广东省长公署钧鉴：广州总商会、商联合会、广州市商会、报界公会、各属商务分会均鉴：

粤省航业前被军队及土棍地痞朦准政府抽收货客二成附加军费，经各团体呼吁，即蒙帅座层宪毅然永远撤消，商民无不额手称庆。讵滇、湘、桂三军战时军需筹备处又图死灰复燃，变本加厉，突于九月二十九晚竟派兵纷向各轮渡勒收军费，开枪威胁，尽将渡船扣留。似此违背明令，蹂躏航业，实予各渡商以难堪。伏乞帅座层宪俯念航业艰难、稀瓜不堪再摘，迅赐令行湘、滇、桂三军战时军需筹办处，立将抽收轮渡军费撤销，一面将各渡放行，以重□令

① 报纸原文如此。——编者

而利交通，不胜叩祷之至。广东内河商船公会长何乔汝、吕耀池叩。东。印。

（《吁请撤销轮渡捐》，《华字日报》1924年10月3日）

大本营财政部长古应芬呈孙中山文

（1924年10月1日）

呈为呈请事：窃查征收税款，凡收入大洋若以毫洋银缴纳者，应照加二五补水征收一案，业由财政委员会议决通行遵办在案。查大元补水既改加二五，比前恰增一成，际兹北伐方张军需孔亟之秋，此项增收之数自应专款报解，以供北伐军费之用。理合呈请钧座通令各机关务将此项增收之一成专款，分别解缴职部或财政厅入收，俾资拨付而利戎机，实为公便。谨呈陆海军大元帅

大本营财政部长古应芬（印）

中华民国十三年十月一日

（《陆海军大元帅大本营公报》一九二四年第廿九号，10月20日，“指令”）

赵成梁致孙中山电

（1924年10月2日载）

军队则滇军范石生等，首宣言不愿随同北伐，忽又得驻韶关滇军师长赵成梁来电挡驾，谓地方土匪尚多，俟肃清后然后迎驾。（香港特约通信）

（《孙文赴韶时之狼狈情形》，天津《益世报》1924年10月2日）

谭延闿、杨希闵、刘震寰致孙中山电

（1924年10月2日载）

省市二十三四日发见罢市传单颇夥，谓不达还械目的，牺牲在所不计。谭延闿、杨希闵、许崇智、刘震寰联名电孙文，迅解决此事，孙令与胡汉民、廖仲恺商办。

（长沙《大公报》1924年10月2日，“快信摘要”）

西路军讨贼总司令刘震寰致孙中山电

（1924年10月2日）

□□□□逼铸幸复健康，故累岁兵间，大小百数十战，尚能上托国威，粗收宕寸。讵自前次入粤以来，驱陈讨沈两役，军事稍定，偶涉宴安，顿忘困苦，悠游渐渍，正气日消，阴邪竞进，虽中西医剂兼施，无如药恒忌苦，不能勉进，遂致元神亏耗，深入膏肓。论者谓粤地温和，尽可仰赖天床，徐支岁月。无如东江未靖，北伐方殷，谬总师干，岂能栖迟床日，偃仰妨贤。且震寰孩提失怙，依托廷闱，戎马沧桑，久虚定省，劫余白首，目断征人，坐拥高牙，实惭名教。夫军国事重，既非羸弱所能滥任，而亲恩妄极，尤当及时孝养，仰答乌私。再因［四］思惟，惟有吁恳鸿廷，俯赐准予罢免，放归田里，庶几仅存皮骨，藉避地以复元，晚景灵萱，因孤儿而色喜，此后庭帏余日，莫非复帱深仁。自震寰所部将士，或久共艰危，或相期道义，震寰虽去，无论代将何人，但求能本震寰素志，不怕死，不要钱，以国家人民为职志，则决不至自外生成，儒违节制。所有多病思亲恳请罢免缘由，谨即日派员奉还印绶，就近请由广州大本营胡总参议验收外，肃电陈情，伫候德命。西路军讨贼总司令刘震寰呈。冬。叩。（广

州国民政府档案）

（《西路讨贼军刘震寰呈请辞职电》，《中华民国史档案资料汇编》第四辑，第630页）

滇军第二军军长范石生致孙中山、胡汉民等电

（1924年10月2日）

韶关孙大元帅睿鉴：广州胡总参议、滇军杨总司令钧鉴：（余衔略）：

溯自联军东下，重奠粤局，当时省垣一隅军队云屯，政府未立，人自为谋。各军以给养所关，咸注力于财政，号令纷歧，征收错杂，不能统一之原实基于此。石生自桂东来，迭克孟堂、□六都、肇庆、三水，入省较后，已无可领之机关。既而政府成立，万端待理，不幸省垣喋血，联军力战，粤局复安，始取得防务经费、航政局等于敌军之手，饷糈刍秣勉告无虞。本年春间，又奉令督办筹饷总局，因言微人轻，不能通行外属，致政府委办之广东全省防务，其范围仅及于广州。况自军兴以来，百业凋残，四民失所，农工商贾困于供亿，不为救济之图，行见枯竭之至。曩者政府明诏迭颁，谋一财政，俾得斟酌损益，从事整理。一时应声附和者纷然而起，卒之积重难返，加以各自为政，议论有之，实行盖寡。石生愚朴，于未能实践之先不欲持浮泛之议，且以为事之涉于财政者固有待于筹理，急则无功，缓则有济，理财就绪即归政有日。且石生所部两斗北江、三出东江，卒伍既增，饷糈斯费。顾本军饷额既有定限，而各旅团复派代表会集军部，组设军需联合处支应一切，事事公开，石生操行有目皆见。徒以本军四出应战，未有防地，所辖征收机关咸在广州市郊，众口悠悠，未明真相。兹幸本军财政整理就绪，且静观默察，此时非统一财

政，不足以奠定粤局。综计石生所辖，除士敏土厂、屠牛捐早经奉还政府，麻雀牌捐业已布告取消外，将本军所属烟酒公卖局、航政局、硝磺局，及兼领之筹饷局等各财政机关，于即日起一律奉归政府接管。当兹中原多故，浙奉将士群起杀贼，我大元帅督师申讨北上韶关，凡属南中将吏，应如何谋军旅之进行、财政之一致，以竟救国之全功。敬布愚忱，伏希明训。滇军第二军军长范石生叩。冬。印。

（《范石生交还财权电》，《广州民国日报》1924 年 10 月 4 日）

叶恭绰致孙中山电[①]

（1924 年 10 月 2 日）

直军第一军总司令彭寿莘被奉飞机炸毙，齐弹竭援绝将弃昆山。叶恭绰。冬。

（《叶恭绰电告奉浙军情》，《广州民国日报》1924 年 10 月 4 日）

樊钟秀致孙中山电[②]

（1924 年 10 月 2 日）

大兵过中站，距庾岭三十里。

（长沙《大公报》1924 年 10 月 12 日，“快信摘要”）

---

① 报纸报道中说明此电为叶恭绰由上海致大本营电，按之事理，孙中山当为收电人之一。——编者

② 报纸报道中说明此电为樊钟秀 2 日致孙中山电。——编者

卢永祥致孙中山电

（1924 年 10 月 2 日）

孙大元帅鉴：

顷接张雨帅冬电，文曰：据李军长电称：张副军长宗昌、邢旅长埃廉已于三十日攻克凌源。该处敌军最多，所有王怀庆之十三师、董政国之第九师、时全胜之十四旅均经我军歼灭，夺获枪械无算，热河全部十得其九，敌军已无险可凭，日内即由平泉、喜峰口进展。特电告捷。等语。谨以奉闻。卢永祥。冬亥。印。

（《陆海军大元帅大本营公报》一九二四年第廿八号，10 月 10 日，“公电”）

大本营内政部长徐绍桢呈孙中山文

（1924 年 10 月 2 日）

呈为呈请事：案奉钧府一〇四五号指令，职部呈覆遵令裁员减薪情形一案，内开：呈悉。应仍遵前令切实核减，以每月支出不超过四千元为度，仰将遵办情形呈报备查。此令。等因。奉此。自应遵照办理。惟查职部经费由谭前部长延闿拟定预算，月支九千六百三十八元。部长去岁接事后，即照此项数目开支。比较军政、财政各部本属减少，无如财政机关皆以军需紧急，置政费为后图，应领经费初已拖延，继成无着，日积月累，积欠职员薪俸常有六七个月之多。今岁一月后，财政部承允担任职部经费，实际仍支付无几。本年七月，奉钧座裁员减薪之令，当经裁去多员，并自八月份起扣成给发，力求撙节，计每月节省三千一百余元，实应支六千四百余元。惟裁去各员欠薪未给，已不免向隅之嗟，留部各员枵腹从公，仍皆抱长饥之苦。七月起，始由财政委员会议决，本部经费由市政厅、公安局各担任一千五百元，财政部担任二千五百元。乃各处仅照案拨付一个月，近日长官迭易，前案已等于空言。现计本部积欠经费，算至九月底，实共欠六万七千余元，困难情形已达极点，非将积欠稍为清理，现状实难维持。至前日呈复预算四千五百余元，本属权宜办法。兹奉前因。自当再加裁减，以符四千元之通案。惟部长窃思政府草创，百端待兴，设官分职原属各有专责，若弗加维持，听其艰窘，不惟无以坚人民之信仰，亦难以督职员之事功。如此后规定极少之四千元仍然无着，职部既非征收机关，自无挹注之法，长此以往，实属不能再支。为此，恳请钧座俯念职部历月为难情形，饬下财政机关将积欠六万七千余元先行支拨半数，以便将裁员欠薪补给，留部各员薪俸及外欠债务亦得稍为清理。以后额定之四千元，指定的款，按月照拨，庶免虚悬无着，部务藉可进行。所有本部预算遵令再加裁减及经费困难情形，理合陈明，伏祈察核，指令示遵。谨呈

大元帅

大本营内政部长徐绍桢（印）

中华民国十三年十月二日

（《陆海军大元帅大本营公报》一九二四年第廿八号，10月10日，“指令”）

樊钟秀致孙中山电[①]

（1924年10月3日）

二、三旅由封门坳进崇义时，天晚敌未备，我军袭击，缴枪五百、炮四尊，获方部团长马龙标，敌退赣州。

（长沙《大公报》1924年10月13日，“快信摘要”）

---

① 报纸报道中说明此电为樊钟秀3日致孙中山电。——编者

唐继尧致孙中山、谭延闿等电

(1924年10月3日载)①

十万火急。广东孙中山先生、谭组安先生，惠州陈竞存先生，长沙赵炎午先生鉴：

民国不幸，盗窃相循。我西南数省，共誓同仇，屡举义师，法纪得以伸张，国命赖以不坠。尔者苏浙之战既开，奉直之争复启，风云扰攘，国势益棼。此诚我西南各省同心御侮之秋，努力救国之时也。诸公皆国家柱石、共和中坚，前此或因政见之不同，以致趋向之各别。夫操戈同室，智者不为，众志成城，何图不就？所望捐弃小嫌，同趋一致，儆阋墙之衅，咏偕作之诗。庶几摧大憝于崇朝，伸正义于天下，乂安兆庶，奠定邦基，端在于此。继尧不敏，窃愿执鞭以随其后焉。夙与诸公同经患难久历屯艰，敢尽忠言，伏惟鉴纳。唐继尧叩。歌。印。

（《滇唐联结西南之通电》，《广州民国日报》1924年10月3日）

国立广东大学校长邹鲁呈孙中山文

(1924年10月3日)

为呈请事：查粤省各县田赋附加地方警、学等费，照章不得超过正额百分之三十，其或已附加未达百分之三十之额，均一律加至百分之三十为率。除将原有警、学各费照额扣出外，其余款拨为国立广东大学经费，由本年下忙十月十日开始征收起。凡粮户缴纳十三年分新粮，均须附加大学经费。所有各县原有附加之警、学各费，以民国十二〈年〉度县地方预算曾经列报财政厅有案者为限，其未

① 电文日期署“歌”为“五日”。疑误。——编者

列入十二年度预算者，永远尽数归入大学经费，由各县按月迳解。业经函请广东省长令行财政厅转饬各县遵照在案。惟是本校每筹各项经费，均为军政暨民政各机关任意挪移截收，名为教育经费，实为军民各费，致使明令指定大学经费私［丝］毫不能收受，我西南最高学府因是未能发展，诚非意料所及。长此以往，自非设法制止，将何以副大元帅兴学育材之至意也。为此恳请大元帅分令军政暨民政各机关，遵照转饬所属将此项田赋附加百分之三十，由本年十月十日开始征收起，除各县于十二年度预算列报财政厅有案原有附加警、学各费扣出外，其余款悉数迳解大学经费，无论军饷如何困难，各机关不得挪移截收，各县亦不得以抵纳券及一切债票抵解，以维教育。所有拟将各县田赋附加拨为国立广东大学经费，及各军民机关不得挪移截收，亦不得将抵纳券、债票抵解各缘由，理合备文呈请大元帅察核，准予分令军民各机关转饬所属遵照，仍候指令祇遵。谨呈
陆海军大元帅

国立广东大学校长邹鲁（印）
中华民国十三年十月三日

（《陆海军大元帅大本营公报》一九二四年第廿八号，10月10日，“指令”）

广州卫戍总司令杨希闵呈孙中山文

（1924年10月3日）

呈为呈报遵令撤销并请核示祇遵事：案奉帅座第四八八训令开：查前据广东财政厅长陈其瑗呈称，火柴捐苛细病民，请予撤销前来。当经核准，并令军政部通行各军，以后对于土造火柴永远不得巧立名目抽取捐款，以维国货在案。前经查得火柴检验所所长及各职均经该部加委，所有收入向系解缴该部以充军费，为此令仰该总司令即将火柴捐一项遵令停收，具报勿违。此令。等因。奉此。自应遵

照办理。惟其间先后复杂情事，有不能不缕呈睿鉴，请予明示者。窃查火柴制造原系危险性质，而所用药料亦属于轰烈物品，中西各国多有严密取缔之法规，并寓保护之意。前经财政部提出，交财政委员会议决，设所检验即规定验证折费，其取数亦甚轻微，所计日收尚未有过百元，有非苛捐恶例可比。已经呈准帅座，并经改为火柴捐，饬财政厅遵照办理在案。月前，据火柴检验所所长罗天觉等呈请妥予保护前来。职部以职责所在，未便诿卸，即予批准，随即加委咨行省长公署转饬财政厅在案。旋准财政厅财政委员会同大本营军需处迭次来函，以统系上仍请归财厅管理。惟该所每月收入证费可指定概归职部验收，出具印领，以抵财政部、财政厅应所拨给之军费等情。亦经同意妥协，中间并无异议。后据该所稽征员杨孝纯报告称：接前财政厅长其瑗来函，内开：顷据火柴商人拟呈请批准永远撤销，则愿报效公礼洋万元，财厅与职部平分等情。当以事近暧昧，未便答复。又有传言陈厅长得商人公礼，实数不止万元，但事无左证，即属有之，自有省长监察纠正，职部未便过问。后不日即见报载帅座训令：准将土造火柴捐取销，以恤商艰等因。职部自应遵照办理。当经派员迭次往访陈前厅长，商议撤销手续，孰意始终匿不见面，无从接洽。继闻陈厅长已出香港。且闻有财政人员拟议，帅令取销土造火柴捐，是指以手工土法所造者而言，至照西法与采用外国药品及用机器所造者，则不在取销之列，不日财厅当另立名目续行开办征收云云。总之，取销检验所应有财政厅出面相商行之，职部所愿，望有该厅承认发给军费与目前火食维持现状为必要。职部在广州为军事主要机关，素以守法奉公仰体大元帅德意，始终不敢自立名目，有所横征暴敛搆怨商民，事实昭彰，共闻共见。前承帅令每月指拨经常费万元，无如自五月以来各机关久已相继停发，以致伙食亦无着落，伙食既无，又何以强部中职员枵腹从公。即使火柴检验不撤，计月间每日收入仅有五十元上下，以充伙食，尤多不足。自此遵照明令停止，此后职部每月经常费与日日伙食应从何处拨取。又火柴检验事宜，是否准财厅巧避土造二字，另立名目设局征收之处。理合具文，恳祈明令示遵。再，陈前厅长函允分给职部公礼洋五千元，亦尚未见如数分拨，是否准职部充作军费。应备具印领之处，统祈睿鉴指令，俾有遵循，至□德便。谨呈
陆海军大元帅孙

兼卫戍总司令杨希闵（印）
中华民国十三年十月三日

（《陆海军大元帅大本营公报》一九二四年第廿八号，10月10日，“指令”）

大本营财政部长叶恭绰呈孙中山文

（1924年10月3日）

呈为呈请事：窃据本部泉币局长李承翼，秘书胡鲁、陈敬汉、黄乃镛，佥事鲍镤等呈请辞职，应即照准，理合备文呈请钧座准予免职，实为公便。谨呈
陆海军大元帅

大本营财政部长叶恭绰（印）、代次长杨子毅代
中华民国十三年十月三日

（《陆海军大元帅大本营公报》一九二四年第廿八号，10月10日，“指令”）

樊钟秀致孙中山电[①]

（1924年10月4日载）

前锋二十四日抵南雄，已令布阵。

（长沙《大公报》1924年10月4日，“快信摘要”）

① 报纸报道中说明此电为樊钟秀致孙中山电。——编者

广西省议会致孙中山电[①]

（1924 年 10 月 4 日载）

桂省迭遭兵燹，民不聊生，陆、谭离境，烽烟暂息。江、浙战起，义师纷兴，请令沈、李两总司令抽调劲旅出赣南，轻桂担负。

（长沙《大公报》1924 年 10 月 4 日，“快信摘要”）

许世英致孙中山电

（1924 年 10 月 4 日）

大元帅钧鉴：

此次恭聆训诲，荷承优礼相加，感佩交并。今日赴港，并闻。许世英叩。豪。（四日）

（《许世英电告赴港》，上海《民国日报》1924 年 10 月 14 日）

大本营财政部长古应芬呈孙中山文

（1924 年 10 月 4 日）

呈为呈请事：窃本部秘书一职查有叶次周堪以荐任，文书科科长一职查有廖朗如堪以荐任，库藏科科长一职查有刘秉纲堪以荐任。除先由部令分别派充外，理合呈请鉴核施行。谨呈

大元帅

大本营财政部长古应芬（印）

中华民国十三年十月四日

① 报纸报道中说明此电为广西省议会致孙中山电。——编者

（《陆海军大元帅大本营公报》一九二四年第廿八号，10 月 10 日，“指令”）

广东省长胡汉民呈孙中山文

（1924 年 10 月 4 日）

呈为呈报就职日期事：案奉大元帅令开：特任胡汉民兼广东省长等因。奉此。旋准前任省长廖仲恺咨送印信、文卷等项前来。汉民经于十月三日就职视事。所有遵令就职日期，理合具文呈报大元帅鉴察。谨呈

陆海军大元帅

广东省长胡汉民（印）

中华民国十三年十月四日

（《陆海军大元帅大本营公报》一九二四年第廿九号，10 月 20 日，“指令”）

建国军事通讯团致孙中山、张作霖等电

（1924 年 10 月 5 日）

韶关孙大元帅睿鉴：奉天张总司令、浙江卢总司令、云南唐总司令、四川熊总司令、各军总司令、各军总指挥、各省长、各军长、各师旅长、天津段芝泉先生、各法团勋鉴：

大盗移国，黩武残民，吴□辽蓟，锋镝已接。大元帅观兵湘赣，饮马江湖，期定神州而戢虏焰。敝团于以应时组织，冀捷露布而□宣传。俾全国人民晓然于国军节节胜利，则贼氛渐衰，起义者源源济饷助师，则军储有着，庶张国势而定人心。敝国［团］已于本日实行成立，除分派专员驰赴各战区采访捷报外，为此电达，恳贵□所得各方战事官报随时送交敝团转发各报登载，至纫公谊。

建国军事通讯团总□叩。歌。

（《建国军事通讯团成立》，上海《民国日报》1924年10月13日）

卢永祥致孙中山电[①]

（1924年10月5日载）

各路主守，待各方发动，迅□入赣。

（长沙《大公报》1924年10月5日，“快信摘要”）

卢永祥致孙中山电[②]

（1924年10月5日载）

请令飞机队长陈庆云赴浙助战。（本馆四日香港电）

（上海《时报》1924年10月5日，“电报”）

大本营内政部长徐绍桢呈孙中山文

（1924年10月6日）

呈为呈请事：窃部长前因家事面恳钧座给假赴沪一行，即日回粤，当蒙允准。不意抵沪后江浙战兴，交通阻滞，家事未能办理，又中途为海风簸荡，感受头痛，医治二十余日尚未见愈，用是未能遄返任职。正值钧座北伐兴师，弗克趋赴行间，尤深愧愤。不得已，

① 报纸报道中说明此电为卢永祥致孙中山电。——编者

② 报纸报道中说明此电为卢永祥致孙中山电。——编者

惟有恳请钧座准予续假三星期，所有部中日行事务暂委总务厅长陈树人代行，一俟病状稍愈即当来粤供职，用副廑垂。所有部长因病续假及派员代行部务缘由，理合具文呈请察核，指令祇遵。谨呈

大元帅

大本营内政部长徐绍桢（印）

中华民国十三年十月六日

（《陆海军大元帅大本营公报》一九二四年第廿八号，10 月 10 日，“指令”）

大本营财政部长古应芬呈孙中山文

（1924 年 10 月 6 日）

呈为呈报就职日期事：窃奉钧令，特任应芬为大本营财政部长等因。奉此。遵于本月四日正午十二时到部接印视事。理合备文呈□察核。谨呈

大元帅

大本营财政部长古应芬（印）

中华民国十三年十月六日

（《陆海军大元帅大本营公报》一九二四年第廿九号，10 月 20 日，“指令”）

大本营财政部长古应芬呈孙中山文

（1924 年 10 月 6 日）

呈为遵令减费开列清折呈请鉴核事：案查接管卷内，前奉钧令，各部经费每月不得超过四千元等因。奉此。当经叶前部长呈复遵照办理在案。惟对于四千元经费如何支配尚待规定。部长接事伊始，当即悉心筹划，切实撙节，务期员无冗滥，款不虚縻，以符帅令而

裕军用。案查职部经费，成立至今，时有更变，最近组织则总、次长之下设局长二员、参事三员、秘书三员、佥事十员，其余谘议、科长、顾问、参议、局员、科员、办事、书记官、录事综计约数十员，每月经费数逾万元。奉令前因，自非力加裁减，另行改组不可。拟将所有参事、佥事、办事等职一律裁撤，顾问、参议、谘议一律改为名誉职，局长、秘书科长、局员、科员、书记官、录事等则按照现在情形分别汰留，从新酌定员额，列呈鉴核。除将新定员额分列派委呈荐请简外，其余则统□裁汰，分别予以名誉之职，以示优异。至各员薪俸，前经奉令减成支给在案，自当一体遵照办理，以符每月支出不超过四千元之数。所有遵令裁员减费，从新规定职部每月额支经费各缘由，是否有当，理合备文呈请鉴核施行。谨呈
大元帅

计呈职部每月额支经费清折一扣。

大本营财政部长古应芬（印）

中华民国十三年十月六日

（《陆海军大元帅大本营公报》一九二四年第廿八号，10月10日，“指令”）

大本营财政部长古应芬呈孙中山文

（1924年10月6日）

呈为呈请事：窃本部秘书一职查有岑念慈堪以荐任。除由部令先行派充外，理合呈请鉴核施行。谨呈
大元帅

大本营财政部长古应芬（印）

中华民国十三年十月六日

（《陆海军大元帅大本营公报》一九二四年第廿八号，10月10日，“指令”）

广东省长胡汉民呈孙中山文

（1924 年 10 月 6 日）

呈为呈报事：案奉大元帅任命李文范为广东政务厅厅长等因。兹据该厅长具报，遵于本月三日就职任事，请予转报察核前来。理合具文转呈大元帅鉴核。谨呈

陆海军大元帅

广东省长胡汉民（印）

中华民国十三年十月六日

（《陆海军大元帅大本营公报》一九二四年第廿九号，10 月 20 日，“指令”）

谭延闿致孙中山电[①]

（1924 年 10 月 7 日载）

湘军尽已开拔赴韶，请解除东江前线第二路湘军司令职。

（上海《时报》1924 年 10 月 7 日，“电报”）

蒋作宾致孙中山电

（1924 年 10 月 7 日）

孙大元帅钧鉴：

方本仁可望其必反正，惟不敢速动。祈以兵力压迫，一面派员接洽，当极力欢迎大军也。蒋作宾叩。阳。（广州国民政府档案）

① 报纸报道中说明此电为谭延闿致孙中山电。——编者

（《蒋作宾等关于方本仁在赣反正驱逐蔡成勋密电》，《中华民国史档案资料汇编》第四辑，第800页）

卢永祥致孙中山电

（1924年10月9日载）

（七日广州电）孙中山接卢永祥电，促与奉张等合同抗议吴佩孚以关余为新外债之抵押品。

（《申报》1924年10月9日，“特约路透电—南方近闻”）

附[①] 卢永祥致孙中山电

（1924年10月9日载）

（广州十月八日电）孙文接到卢永祥电，请与彼及张作霖联合，协力抵抗北方，并以关余为抵押品，筹借外债。

（《卢永祥求助于孙文》，北京《晨报》1924年10月9日）

林俊廷致孙中山电[②]

（1924年10月9日载）

三十日水陆一路攻高州，截邓本殷琼崖路。

（长沙《大公报》1924年10月9日，“快信摘要”）

① 北京《晨报》报道之电文与上电意思相反，附录于此。——编者

② 报纸报道中说明此电为林俊廷致孙中山电。——编者

蒋介石致孙中山函

（1924 年 10 月 9 日）

先生钧鉴：

今日鲍顾问来校就商革命委员会之人选问题，其语意甚不愿展堂与季新加入，彼实不明本党内情，致有此见解。中意展堂不在其内或以其成见太深，难以相处，而乃必欲将季新亦一并去之，未知其果何意，此中期期以为不可也，否则不惟以后进行诸多阻碍，而内部亦立召纠纷。彼以为胡、汪不加入组织可免麻烦，而不知其不加入之麻烦更多也，若恐其主张不一或反对执行，则最后决定仍在先生，任何委员不能违反，何必先拒人于千里之外也？中以为必须展堂与季新之名列入为妥，若列入以后，彼自不来，则为另一问题，而组织名单万不可无胡、汪，否则不如暂缓组织之为上也。务望尊裁核复为祷。

中正　谨上

（《蒋介石年谱初稿》，第 243 页）

蒋介石致孙中山函

（1924 年 10 月 9 日）

先生钧鉴：

手谕祗悉。叛军与奸商联成一气，其势益凶，埔校危在旦夕。中决死守孤岛，以待先生早日回师来援，必不愿放弃根据重地，致吾党永无立足之地也。如果坚忍到底，日内叛奸或不敢来犯，再过数日，则我军准备完妥，乃可转守为攻，果能渡此难关，则以后当入坦途。以现有枪械练成一旅之众，三月之后必有一支劲旅可做基干之用，以之扫荡一切残孽，先图巩固根据地之广州，则吾党自不患其不能发展也。故此时中决不能离此一步，务望先生早日回省，是为今日成败最大之关键也。至于商团枪械之处置，前议以百万罚款赎还，今议以全交汝为兄专为整顿粤军之用，中意新枪既到，新练部队暂足应用，而商械并不精锐，以中之意不如仍交汝为，切不可再提条件，以免奸商挑拨，且不致因此丧失感情，然实不主张星分给各部耳。总之，保管此枪徒成怨府，而毫无补益，万恳从速处置，俾卸无谓之责守，或亦可减少各方觊觎黄埔之野心，未始非保全基本之一道也。钧意如何，立候示遵。敬请

钧安

中正　谨上

（《蒋介石年谱初稿》，第 244 页）

卸代理大本营参谋处主任余维谦呈孙中山文

（1924 年 10 月 9 日）

呈为卷款潜逃请求通缉事：窃职备员公府，值李参谋长奉命使日，遂责由职主任处中一切事务。九月二十九日奉到明令，将参谋处裁撤等因。遵经赶办结束。乃查七月分薪饷已由职处军事参议周东屏经手领过半数，而处中职员尚多未领，向其索取，该员藉口延宕，因而啧有烦言。职不得已，将其经手账目切实稽核，得悉账目含糊，弊端百出。正拟扣留以明真相而维公款，讵该员畏罪情虚，竟于七日卷款远飏，不知去向。比即四处侦察亦无踪迹，非严行侦缉不足以肃官常而儆效尤。除将经过情形一面呈报李参谋长外，理合备文呈请睿座鉴核，令行各军队机关遵照，一体查拿归案。究办职防范未周，咎有应得，迫切上叩，惶悚莫名。再职处文件、卷宗以及大小印信，经于本月五日具文呈缴，由秘书处派员点收在案。其图书、仪器，除石印机外无他可缴。至一切公物，比经前令饬副务课周参议东屏检查照交。讵查有电话机、电风扇等，为周参议东

屏之戚赖书记叔泉盗卖，业饬密查呈缴外，其他各物已饬黄副官远宾遵照点交，以重公物，合并声明。谨呈

大元帅

卸代理大本营参谋处主任余维谦（印）

中华民国十三年十月九日

（《陆海军大元帅大本营公报》一九二四年第廿九号，10月20日，“指令”）

两广盐运使邓泽如呈孙中山文

（1924年10月9日）

呈为呈请事：案奉钧府第四八五号训令开：据国立广东大学校长邹鲁呈请，援案在省河盐税项下每盐一包即二百斤带收大洋四角，拨充该校经费一案。除指原文有案应免复赘外，后开：除指令，呈及章程均悉。所请著即照准，候令行两广盐运使遵照办理可也。章程存。此令印发外，合将原章程抄发，仰该运使即便遵照办理。切切。此令。计抄发原章程一件。等因。奉此。遵查，此项省河盐税正在中央银行包缴期内，如果实行带收大学经费，究竟与该银行包缴盐税有无窒碍，自应先行会商妥办，以利推行。当经运使录令转函该银行宋行长子文核明见复，藉资考证在案。兹准宋行长复称：查广东大学经费支绌自系实在情形，惟查盐税附加一节关系重大，现在办理实多困难之点，不得不为贵署缕晰陈之。查敝行包缴盐税每日一万二千元，现在每日所收税项实祗三四千元。考其短绌原因，实因西江一带土匪抢劫，北江一带加抽军费，均在停运之中。且近日北江大军云集，每有封船拉夫之事，连州一带又因加抽军费发生商会罢业之事，加之运商请求军队保护，伙食有费，办公有费，甚之赏恤有费，故运商之损失逾多，担负日重，种种困难，实难备述。而推销方面，北江有淮盐侵入，西江又私贩竞争，而运

商成本加重，势将裹足不前。其结果必至商运失败、私销畅行，不特敝行包缴方面来日大难，即公家税收恐亦大受影响。揆诸情势，实有不宜再加何种名目，以免发生阻力。子文窃以为现在大军出发之际，饷需浩繁，若以加□经费而影响税收，必至贻误大局，殊非缓急相需之道。在该校加抽经费固为教育方面切要之图，究系经常经费性质，若于此时着手进行，恐不特于事无补，且于军事进行有碍，税收前途，徒滋纷扰。拟请转呈大元帅从缓实行，容俟西北两江运销畅旺，届时再行揆情度势，徐图施行。是否有当，相应函达贵署，请烦查照办理，实纫公谊。等由。准此。所有省河盐税带收大学经费一节，应否从缓实行，理合录函转呈钧府鉴核，指令祗遵。如蒙核准缓行，并请令行邹校长一体查照，实为公便。谨呈

大元帅

两广盐运使邓泽如（印）

中华民国十三年十月九日

（《陆海军大元帅大本营公报》一九二四年第廿九号，10月20日，“指令”）

广东财政厅长古应芬呈孙中山文

（1924年10月9日）

呈为呈请示遵事：窃维粤省库款收入，向以钱粮为大宗。民国以后，递年收数日减，当时为治标计，呈定章程，对于六年以前旧欠减成收纳。推行伊始，收入畅旺，嗣后□续数年，人民囿于习惯，群以欠粮有减征利益，新赋不完，旧欠愈增，流弊滋大。职厅体察情形，为救济目前财政及永久计画，先将减征旧粮期限定至本年夏历年底，逾期即实行征收滞纳罚金。嗣后省库无论如何困难，永远不准再将旧粮减征，以维税法。现将民人滞纳钱粮

章程厘定施行程序，分行各属，俾知遵守。理合列折呈请鉴核，指令饬遵。谨呈

陆海军大元帅

计呈厘定滞纳钱粮章程一件。

广东财政厅长古应芬（印）

中华民国十三年十月九日

（《陆海军大元帅大本营公报》一九二四年第廿九号，10月20日，“指令”）

蒋介石致孙中山电

（1924年10月10日）

万急。韶州。中密。孙大元帅钧鉴：

商团枪械昨夜移交李登同（福林）转发各户，子弹待其交足二十万元再发。今日登同言商铺明日决不罢市云，余容续报。中正叩。灰。

（《蒋介石年谱初稿》，第246页）

蒋介石致孙中山电

（1924年10月10日）

急。韶州孙大元帅钧鉴：

密。顷据许总司令电话，言工团军及学生游街时，被商团击伤数人，现已了事云。而据鲍尔廷[①]君来电话，言工团及学生被商团击毙数十人，现在尚有工团军潜伏各处，不敢出来者。属中正代问

① 即鲍罗廷。——编者

总理如何处置？中正之意，非责成许总司令及李登同严办商团不可。如何？乞覆。中正叩。灰戍［戌］。

孙中山批：代答并令：当着省长、总司令、民团统率处处长，严行查办。文。

（广州国民政府档案）

（《蒋介石请严办商团致孙文密电暨孙文批》，《中华民国史档案资料汇编》第四辑，第789页）

国民党中央执行委员会致孙中山电①

（1924年10月10日）

韶关孙大元帅钧鉴：

今日为辛亥武汉首义之日。念国本之未定，先烈遗志之未申，继往开来，惕厉无已。幸我大元帅整师北伐，扫除革命之障碍，完成中华民国之建设，端在此行。凡我党员，惟有竭尽心力，为民前驱，以求主义之贯彻。谨因节日，致此血诚。敬祝大元帅万岁！中华民国万岁！中国国民党万岁！

（《本年双十节国民党之表示》，上海《民国日报》1924年10月16日）

大本营军政部长程潜呈孙中山文

（1924年10月10日载）

呈为呈覆事：案奉钧座第四五五号训令，内开：据湘军总司令谭延闿呈请赠恤所部已故少将黄辉祖一案。除原文有案邀免冗录外，尾开：除指令：呈悉。候令饬军政部从优议恤可也。此令。

① 报纸报道中说明此电为中国国民党中央执行委员会致孙中山电。——编者

外，仰该部长即便遵照。此令。等因。奉此。查该已故少将黄辉祖久经战役，卓著辛勤，积劳病故，殊堪悼惜。拟请钧座准予追赠陆军中将，仍照《陆军战时恤赏章程》第六章积劳病故例，按第四表，给予少将恤金，以示优异，而慰英灵。是否有当，理合具文呈覆，伏乞鉴核，训示祇遵。谨呈

陆海军大元帅孙

大本营军政部长程潜（印）

中华民国十三年十月　日

（《陆海军大元帅大本营公报》一九二四年第廿八号，10 月 10 日，“指令”）

两广盐运使邓泽如呈孙中山文

（1924 年 10 月 10 日载）

大元帅睿鉴：窃照运使日前拟具《大本营特设北江军盐督运处办法》八条及护照式一纸，业经函呈钧核在案。兹据曾专员镛报告：盐商对于军盐名义尚有疑虑，似以定名大本营特设北江盐务督运处较为妥洽。此外各条亦请酌予改订查核。不为无见，自可照办，以顺舆情。至督运处应设专员一员，原拟由运署遴员委任，现拟改为运署遴员荐请钧府任命，以昭慎重。又督运军队，自以权利关系较切、地方情形较熟者担任为宜。查乐昌、坪石为运盐赴湘孔道，驻粤湘军不特于该处道途熟悉，且该军每月由运署筹拨之给养费又较别军为多，是此项督运职务似以责成驻韶湘军担任较为妥善。拟请钧座即指派驻韶湘军数营为督运军队，俾资得力。至原拟办法现既略有变更，理合另将办法改善，并订正照式各照录一纸恭函呈请钧座核定明令颁行，以便遵办，实为公便。肃此。恭颂

崇绥，伏维

垂鉴

计抄呈改定盐务督运办法及护照式样各一件。

运使邓泽如谨禀（印）

（《陆海军大元帅大本营公报》一九二四年第廿八号，10月10日，“指令”）

蒋介石致孙中山电

（1924年10月11日）

十万火急。韶州。孙大元帅钧鉴：

中密。本日省城尚未开市，某军从中作祟，且对商家言，罢市方有话说之语。中正料不久逆敌必来反攻韶关，各军非先准备南下，击灭逆敌，断难北伐。中正当死守长洲，尽我职务，尚请先生临机立断，勿再以北伐为可能，而致犹豫延误。前以枪易北伐费二十万元，今则枪既缴去，而罢市更剧，商团排队巡街，布告煌煌，痛骂政府，亦复成何景象。闻其将有要求造币厂、兵工厂、公安局皆归商团管理之举。二十万枪费既无望，北伐更难。为今之计，惟有集中驻韶兵力，南下平乱之一途也。如何盼复。中正叩。真。

（《蒋介石年谱初稿》，第247页）

华侨联合会致孙中山电

（1924年10月11日）

广东孙大元帅钧鉴：

顷接广东商团电，知枪械问题尚未解决。公素重民权，恳体恤商情，迅予发还，免激他变。华侨联合会叩。真。

（《华侨联合会电粤请还商团扣械》，《申报》1924年10月12日）

范石生致孙中山电

（1924年10月11日）[1]

韶州大元帅钧鉴：

蒸电暨手谕俱奉到。十日午前登同已将存械领转，商人志在得械，或可免罢市实现。石生之愚，固尝谓械一日不还适以为造谣挑拨之资，双方俱蒙不利。吾人已看到不还械必罢市，即足以致联军于死地。或虑商团而为敌用，则还械不啻为虎傅翼。譬如家人有病，群医束手咸定必死，为之家人者尚皇皇然尽力觅人参或吗啡针，以图多延片刻，未有因其病之不可救，而遂举刃以断其喉以速其死之理。是还械纵足扰我后方以陷联军于不利，而时间上则较迟于不还械之罢市，此石生主张还械之愚见也。石生服从主义已十五年，无日不本乎良知以期贯彻吾党主义。间关跋涉，以至于粤，中经九阅月，以孤军行绝域，无接济补充之可言，困苦颠连而无悔，以主义故也。兹克粤将二载，未能肃清东江乘时北伐，上无以对帅座，下无以对粤人。所以小心翼翼不敢非理妄为者，以吾党既以三民主义号召于天下，则举凡党人行为当然尊重民意，苟违逆民意，不啻自破其主义。此石生十五年来所孜孜汲汲以自绳，而转以励率部下者也。用是所到之处，与人无侮，兵民相安。石生可死，而党纲不敢或渝。今敢预言，奉职一日，此志不懈，此石生所以忠于本党者忠于帅座也。特此呈臆，敬乞钧鉴。范石生叩。印。

（《广州二次大罢市三志》，《华字日报》1924年10月14日）

---

① 日期据陈锡祺主编《孙中山年谱长编》第2029页确定。——编者

兼理大本营参军处事宜吴铁城呈孙中山文

（1924 年 10 月 11 日）

为呈请事：窃查职处少校副官王焕龙呈请辞职，业经照准，所遗之缺亟应遴员荐请任命，以专责成。兹查有上尉差遣黄松俦一员，历在大本营服务数年，勤劳颇著，堪以补充王焕龙之缺。理合呈请鉴核，伏乞俯准任命，实为公便。谨呈

大元帅

兼理参军处事宜吴铁城（印）

中华民国十三年十月十一日

（《陆海军大元帅大本营公报》一九二四年第廿九号，10 月 20 日，“指令”）

禁烟督办谢国光呈孙中山文

（1924 年 10 月 11 日）

呈为职署□粤军总司令部订约，设立西江十九县禁烟总局，会委局长，恳请赐准照简□职官加给派状事：窃职署与粤军总司令部商订合办西江十九县禁烟条件一案，所有接洽情形略呈鉴核在案。事经数月，始底于成，于昨本月一日双方遣派代表订定条件十一款，全体签字盖印。现正履行条件，设立西江十九县禁烟总局，会委吴枡为局长。该局管辖多县，防军交涉綦繁，局长官职宜稍尊崇，以昭慎重。拟恳钧座俯赐察核，准予按照简任职官加给派状，实为公便。谨呈

大元帅

禁烟督办谢国光（印）

中华民国十三年十月十一日

（《陆海军大元帅大本营公报》一九二四年第廿九号，10月20日，“指令”）

中央直辖福建各军总指挥何成濬呈孙中山文

（1924年10月11日）

呈为呈请通缉事：案据职部第五师师长苏世安呈称：据职师十八团团长李雪一呈称：职团现据第一营营长叶标呈称：窃职营第三连连长蔡荣初相从有年，素能服务，近以军需困乏，屡生烦言，迭经营长慰藉，讵彼冥顽无知，竟敢于九月十八夜十二时诱逼该连官兵携械潜逃。营长随据该连第一排长李国彬、第二排长张文、第三排长王志德，率同尚未附逆之士兵二十四名报告，当即由营长亲率所部侦查。立即分派第一连就地严加防范，第二、四两连四出追缉，不获，天明始还。计被该逆诱逃双筒七九枪十一杆、粤造七九枪十三秆、粤造六八枪五杆、吹鸡枪一秆，子弹共三千九百八十颗，士兵、伕四十五名，司务长一名，司书一名。至该逆等籍贯、年龄暨枪弹、服装数目另单粘呈。窃查该逆等转战赣、闽，患难与共，人心叵测，防不及防，突反素昔之行为，忽来背叛之举动，实属罪无可逭。应恳俯赐转呈踩缉究办，以儆逃风，而肃军纪。伏查尚未附逆之官兵临乱不苟，深明大义，具见该排长等督率有方，应恳转请传令嘉奖，以昭激劝。营长对于此案既未能预防于事先，尤未能缉获于事后，疏忽之咎，责所难辞，应恳转请赐予处分。所有仰恳转请严缉暨嘉奖，并仰恳转请赐予处分各缘由，理合备文呈请察核，指令祇遵。等情。并附粘在逃官兵姓名、年、籍暨挟带军装清单一纸到团。据此，除责成该营长赶紧侦缉，务获该逆等归案究办外，理合据情抄单转呈钧部察核。伏乞俯赐转呈通缉，并乞明令处分，以昭炯戒。是否有当，仍候指令，俾得转饬祇遵。等情。据此。伏查该连长蔡荣初竟敢诱逼官兵挟械潜逃，实属目无法纪，除

饬该管官长严行缉拿，务获归案法办外，理合抄录该逃官兵姓名、年、籍，备文转呈鉴核，仰祈准予令饬各军协缉，实为公便。谨呈
大元帅

中央直辖福建各军总指挥何成浚（印）

中华民国十三年十月十一日

（《陆海军大元帅大本营公报》一九二四年第三十号，10月30日，“指令”）

林警魂致孙中山、胡汉民等电

（1924年10月12日）

韶关大本营分送孙大元帅睿鉴：广州胡代帅兼省长、许总司令钧鉴：

本日职属地方治安、商场秩序一切如常，请抒廑念。署香山县县长林警魂叩。侵。印。

孙中山批：当严行防，如有煽动罢市之人，即行枪决，罢市之店，即行充公，切勿姑息为要。文。

（广州国民政府档案）

（《林警魂报告香山县属安静如常致大元帅等电及孙文批》，《中华民国史档案资料汇编》第四辑，第757页）

李福林致孙中山电[①]

（1924年10月12日）

昨据商团副团长李颂韶、总稽查黄砺海面禀称：扣留团械一

① 报纸报道中说明此电为李福林致孙中山等人电。——编者

案，政府日久尚无解决方法，现在各团友愈加愤激，诚恐风潮复起，殊非地方之福。请督办出任维持，力请政府将现存枪弹发还，无论三千或四千五千，但能一次发还各团友，则无事不可商量，断无再复苛求之理。对于政府方面，请督办担任，对于商团方面，则责成副团长、总稽查担任等情前来。福林以该副团长等所称各节亦属一片苦心，事尚可行，当即请求胡省长转呈大元帅察核，得蒙照准，并责成福林办理此事。遵即星夜约同商团代表黄砺海、分团长团友崔缉堂、林清义、黄安泉、谢伟民、李庸刍、总商会代表陆卓卿、刘成耀、爱育善堂潘锦藩、善界萧国宾暨公安局局长、商民谭礼庭、招介臣诸君同赴黄埔，将扣留团械现存长短枪共四千枝、子弹二万四千五百余颗载运回省，点交商团代表李颂韶、黄砺海领还。迭经该代表坚称，械已发还各团友断无意外举动等语。讵枪弹收领既毕，而罢市风潮即接踵而生，似此情形，实难叵测。昨十一日，福林亲到商团公所，召集各分团长谆谆诰［告］诫，晓以大义，而若辈仍不肯刊发传单，布告开市，毫无维持商场之诚意。福林向来忠厚，待人以诚，讵料该代表等竟报我以诈。福林德不足以服众，才不足以御奸，此次办理失宜，负咎重大，为此电恳我大元帅、许总司令、胡省长严加议处，各袍泽、各社团、诸君子实施教训。福林血性男子，此次为乡为团，光明磊落，可表天日，竟致堕人术中，民情如此，夫复□言。涕泣陈词，伏维鉴察。民团统率处督办李福林叩。文。印。

（《李福林关于还械案之通电》，《华字日报》1924年10月15日）

福建建国军总司令方声涛呈孙中山文

（1924年10月12日）

呈为呈报就职日期及启用印信日期仰祈鉴核事：案奉大元帅特

任状，内开：特任方声涛为福建国军总司令。此状。等因。并发下印信一颗，文曰“福建建国军总司令印”，小章一颗，文曰“福建建国军总司令”。奉此。声涛遵即于十月十二日就福建建国军总司令之职，同日启用印信。理合将就职日期及启用印信日期，呈报鉴核备案。谨呈

大元帅

福建建国军总司令方声涛

中华民国十三年十月十二日

（《陆海军大元帅大本营公报》一九二四年第廿九号，10月20日，“指令”）

国立广东大学校长邹鲁呈孙中山文

（1924年10月12日）

敬肃者：窃本年二月六日奉令派鲁为国立广东大学筹备主任，经即召集海内外各教育名流筹备开办。并于六月九日复奉令派鲁为国立广东大学校长，亦经将到差日期禀陈钧座有案。查筹备期内一切交际等费动支不少，且多系涉及个人交际之款，未便列入公款开支。惟筹备主任一职每月应支交际费若干元，校长一职每月应支薪俸若干元，均未奉有明令饬遵，未敢擅议。理合具呈钧座，恳将大学校长月支薪额及筹备期内月支交际费若干明定示遵，实为公便。谨呈

陆海军大元帅

国立广东大学校长邹鲁（印）

中华民国十三年十月十二日

（《陆海军大元帅大本营公报》一九二四年第廿九号，10月20日，“指令”）

湘军总司令谭延闿呈孙中山文

（1924年10月12日）

呈为遵令呈报事：案奉钧座训令：据两广盐运使邓泽如呈请，运盐赴湘由职部派军督运一案。除原文有案应免重叙外，尾开：合行抄录办法八条，令仰该总司令即便遵照，迅派得力军队数营担任督运，并与运使商定督运军队权限，仍将遵办情形报查。切切。此令。等因。奉此。当经录令并抄奉发办法八条，令饬职部第三军军长谢国光迅速酌派得力军队担任督运职务，以专责成。至督运军队应守权限，并饬与该运使妥商办法，以清界限而明责任。所有奉令派军督运各缘由，理合备文呈报钧座鉴核示遵。谨呈
陆海军大元帅孙

湘军总司令谭延闿（印）

中华民国十三年拾月十二日

（《陆海军大元帅大本营公报》一九二四年第廿九号，10月20日，"指令"）

何丰林致孙中山函①

（1924年10月13日载）

本日孙市长、谢参议来沪枉顾，交奉惠函并由孙、谢两君转述盛意，曷胜感佩。近年以来，国家不孛，神奸窃位，法纪荡然，先生以手造民国之人奋斗坚持，久为国民之先导。卢总司令主张正义，不为权利所摇，卒以邪正不能相容，遂有此次兵戎之举。丰林追随鞭镫，愤慨同深，负驽前驱，义无返顾。奉天张总司令志同道

① 据报纸报道，孙科奉孙中山命出使奉天，顺道过淞，将孙中山亲缮函交给浙沪联军第一军总司令何丰林，何丰林复此函与孙中山。——编者

合，披发撄冠，整率大军，申讨国贼。旬日之间，两处战事均臻胜利，足征天心所在，众志成城。乃闻□节韶关，誓师北伐，声威所播，遐迩欣欢，同抱救国之忱，早成犄角之势，益见艰难共济，奠定中原，行看旍□□临，会师□表，民国前途，庶几有豸。大军报捷，尚祈随时赐示，藉壮士气，是所企盼。

（《作战中之影响与杂讯》，上海《时报》1924 年 10 月 13 日）

胡汉民致孙中山电

（1924 年 10 月 13 日）

（13 日）下午，胡省长电请大元帅以杨希闵为戒严总司令，并下令解散商团。

（《民国十五年以前之蒋介石先生》，第 347 页）

两广盐运使邓泽如呈孙中山文

（1924 年 10 月 13 日）

呈为呈报事：窃照运使拟具大本营特设北江盐务督运处办法八条呈奉，钧座第二〇四号指令核准施行在案。所有督运处职员组织及月支经常费，现经运使核实，规定预算每月应支经常费大洋一千〇三十元。理合编列预算表，具文呈报钧座察核备案，指令祗遵。谨呈
大元帅

计呈《北江盐务督运处职员组织及月支经常费预算表》一纸。

两广盐运使邓泽如（印）

中华民国十三年十月十三日

（《陆海军大元帅大本营公报》一九二四年第廿九号，10 月 20 日，“指令”）

大本营军政部长程潜呈孙中山文

（1924 年 10 月 13 日）

呈为呈请事：案据林祖涵、余韶呈称：窃查故大本营军务处少校科员鲁广厚、故湘军营长刘德昌两员，服务西南，历有年所，颇著劳绩。民国十一年陈逆炯明称兵谋叛围攻帅座时，钧座方代理陆军部务，奉令派遣妥员密入赣境，檄调前敌黄司令大伟所部回粤靖难。该员等慷慨奉命，携带前居内务部长密函，由韶州乐昌间道赴赣，不幸遇贼，死于中道。迄今三年，骸骨未归，老亲弱息失所依恃，茕茕惨苦，至堪怜悯。祖涵等同处患难，见闻较确，未便听其湮没，致寒志士之心，理合呈请钧座转呈帅府将鲁广厚、刘德昌二员追赐抚恤，以彰忠荩，实为德便。等情到部。据此。查该已故少校科员鲁广厚、故营长刘德昌两员因公殒命，情殊可怜，拟请钧座准予援照《陆军战时恤赏章程》第五章因公殒命例，照第三表，分别给予少校恤金，以示矜恤。是否有当，理合具文呈请鉴核，指令祇遵。谨呈

海陆军大元帅

大本营军政部长程潜（印）

中华民国十三年十月十三日

（《陆海军大元帅大本营公报》一九二四年第廿九号，10 月 20 日，“指令”）

两广盐运使邓泽如呈孙中山文

（1924 年 10 月 13 日）

呈为呈请事：窃照运使拟具《大本营特设北江盐务督运办法》八条呈奉，钧府第二零四号指令核准施行。该督运处并经荐任专员组织成立，克期开办在案。所需运盐护照亟应预为刷就，呈请印

发，以备填用。兹经饬匠依式刷就运盐四联护照共五百张，编列号数。理合具文派员赍呈钧座察核，俯赐如数盖印，发交来员赍回，以便转发督运处备用，实为公便。谨呈

大元帅

计呈空白运盐四联护照五百张。

两广盐运使邓泽如（印）

中华民国十三年十月十三日

（《陆海军大元帅大本营公报》一九二四年第廿九号，10 月 20 日，“指令”）

禁烟督办谢国光呈孙中山文

（1924 年 10 月 13 日）

呈为呈赍本署九月分及所属各检查所本年十月分经常费支付预算书并比较表仰祈睿核备案事：窃职奉命接办禁烟事宜，对于用人行政无不力求减省，爰将原设厅处取销七科并为五科，所属各检查所其不扼要者均皆裁撤，业经呈报在案。旋奉大府裁员减薪训令，复将薪金五百元以上奉令以七折发给者改为五折，三百元以上八折发给者改为六折，二百元以上九折发给者改为七折，总期款不虚靡人无滥用，以副我钧座裁员减政之至意。查本年九月分本署经常费支付预算数共计二万零五百二十八元，较前任减少四千七百十三元二角。所属各检查所支付预算数，除九月分各职员未及裁汰仍照前任开支外，自十月起其支付预算数已减至二千六百六十三元，较前任减少五千三百八十九元。合计减少一万零一百零二元二角。此外则无再可节减之余地，除临时增设局、所并本署发生特别用费另文随时呈报外，理合备文连同本署九月分及所属各检查所十月分经常费支付预算书，及与前任本署支付预算数比较表，呈赍大府，伏乞察核，指令祗遵。谨呈

陆海军大元帅

计呈本署九月分支付预算书二份、所属各检查所十月分支付预算书二份、比较表二份。

禁烟督办谢国光（印）

中华民国十三年十月十三日

（《陆海军大元帅大本营公报》一九二四年第廿九号，10月20日，“指令”）

大本营财政部长古应芬呈孙中山文

（1924年10月13日）

呈为恳辞军需总监事：窃应芬前承任命军需总监一职，昨经将势难兼顾情形列函具呈鉴核。兹准胡省长函开：转奉钧批，内开：刻难其人，应毋庸议等因。奉此。闻命之下，感悚莫名，惟有再将愚衷渎陈清听。查军需总监一职，核其名，实本有监核各军饷械出纳之权，责重事繁，非有威望大员实难胜任。然应芬极力所能，不外接济饷需绸缪飞挽而已。惟现在已领财政部长兼广东财政厅长，凡属部内、厅内范围所及，莫不竭力搜集，匀配军需。若再兼领军需总监之名，于事实上毫无所裨，因名义上恐反生枝节，与其虚名徒拥，无补戎机，何如另简贤能，或可多资臂助。应芬既以身许国，何敢畏难，特再四思维，实有未能兼顾之势。夫陨越一身名誉之事小，贻误六师征伐之罪深，即使勉竭驽骀，终未能有裨鸿业也。务恳俯察诚悃，准予开去军需总监一职，俾得专心经理部务、厅务缘由，理合再行渎呈，伏乞批示施行。谨呈

大元帅

大本营财政部长古应芬（印）

中华民国十三年十月十三日

（《陆海军大元帅大本营公报》一九二四年第廿九号，10月20日，“指令”）

蒋介石致孙中山电

（1924 年 10 月 14 日）

韶州。孙大元帅钧鉴：

各军联合一致解决商团，约今、明两日内开始行动云。昨日解送之子弹，务乞贮存一处，暂勿分给，否则临急无所补充，困难更甚。如逆敌反攻省城，先生可否率队南下平乱。中正之意，必如此方有转机也。解弹来韶之学生，何日返省，乞复。中正叩。寒戌[戌]。

（《蒋介石年谱初稿》，第 250 页）

张继致孙中山电

（1924 年 10 月 14 日）

广东韶州大元帅钧鉴：

自八月大会以来，共产派背行无忌，继耻与为伍，请解继党职兼除党籍为叩。张继。寒。

（《张溥泉先生全集》，第 116 页）

附　张继致孙中山电①

（1924 年 10 月 14 日）

广东韶州大元帅钧鉴：

自八月大会以来，共产派背行无耻，耻与为伍，请解党职并除

---

① 此批示标题为《总理批张继自沪上来电》，日期为“十三年十月十七日”。——编者

党籍。

孙中山批：交中央执行委员会执行革除之。

（孙修福、喻春生：《新发现的中国国民党总理批文（三）》，《民国档案》2001 年第 3 期）

广州市公安局长李朗如呈孙中山文

（1924 年 10 月 14 日）

呈为恳请准予辞委事：窃奉帅座派状开：派李朗如为财政委员会委员。此状。等因。奉此，本当遵即受委任事，惟朗如自念才识谫陋，深虞陨越。兹谨将派状一件呈缴，伏恳准予辞去财政委员会委员职，另选贤能派充，实为公便。谨呈

大元帅孙

计呈缴派状一件。

广州市公安局长李朗如（印）

中华民国十三年十月十四日

（《陆海军大元帅大本营公报》一九二四年第廿九号，10 月 20 日，“指令”）

广州各公团致孙中山电

（1924 年 10 月 15 日载）

（十三日广州电）各公团电大元帅，请严办击毙工农之商团军。帅覆电，以机械业经发还，犹复猖獗，已电令许崇智、胡汉民严办。

（《大元帅下令严办商团》，上海《民国日报》1924 年 10 月 15 日）

唐继尧致孙中山电[①]

（1924 年 10 月 15 日载）

此间筹备已竣，分路进行。

（长沙《大公报》1924 年 10 月 15 日，“快信摘要”）

鲁荡平致孙中山、谭延闿等电

（1924 年 10 月 15 日）

韶州大元帅睿鉴：湘军总司令谭钧鉴：（余衔略）上海全国报界联合会公鉴：

荡平随我湘军总司令□军□间关来粤，蒙我总司令不以菲材见弃，委为湘军第三路司令。十月以来，兢兢业业，夙夜焦虑，亟思勉竭驽骀，□供驱策，冀□北伐讨贼大业稍补万一。近日叠奉我总司令电，着各军速赴雄、韶听候后命，故将所部各营星夜开赴马坝候令前进。惟因给养无着，困苦万分。总部军需处独对敝部视同秦、越，故意陷我于消灭地位，欠发给养□十八天之多，而开拔军服费、医药各费尤分文无着。已开马坝队伍，因绝火食，枵腹难行，元晚哗变，将军需李淇绑逼，连电告急。荡平不得已于寒日特电赴总部军需处，要求稍发给养，以救燃眉。不图周军需处长汇清，不特分文不发，并且怒目相看，大肆咆哮，置电报于不顾，因是彼此口角，周即拳殴荡平，并唤卫队把守头门。荡平为正当防卫计，以致互殴，狂奔外出。周犹不甘，欲置荡平于死地，商量其同学之参谋长岳森，以□敏捷□毒手解决荡平。岳森与平素有私嫌，前日因他事口头冲突，怀恨愈深，因此为之鼓

---

① 报纸报道说明此电为唐继尧致孙中山电。——编者

动，遂乘我总司令在韶，假窃名义，免荡平第三路司令职。窥荡平束装待发，复派武装兵士□数十名至敝司令部，强索荡平，声言拿人，倾箱倒箧，到处检查，如临大敌。荡平即邀请缪顾问笠仁随往总部说明一切，当被该参谋下令扣留，后得二军王参谋长具结担保，始脱虎口。而敝司令部已被岳森无故派兵解散，围缴枪枝。□人膏血，充己实力，狼子野心，一至如此。惟临别赠言，有不得不为我湘军全体将士及各友军告者。查周汇清身为总部军需处长，意犹未满，又复兼总指挥部军需处长，昼伏夜动，不负责任，公家款项以私人名义存放银行生息，一年之间顿成巨富，买田置业随处传闻，账不公开人所共晓，聚敛刻薄实等盗寇。对于各军给养措置乖方，与彼有私人感情者每每逾格先发，若稍有不满彼□者则掯不照发。荡平兵已出发，一切给养开拔各费，皆从借贷典质得来。因借无从借，典无可典，迫而哀恳其稍发数日以救危急，彼且狂肆讪骂，致发生口角互殴之事。荡平是否有罪，自有总司令处分，乃岳森等违法专擅，有如是之荒谬，不请示总司令电示，竟将荡平免职，更派兵押荡平至部扣留，不由分说，光天化日之下，胆大妄为，莫此为甚。（中略）第六师暨三十一团，均为给养欠发，逼迫降敌之结果。查岳森所兼警备司令，仅有废枪□□十枝，沐猴而冠，靦然人面。除给养□□原额外，与周汇清狼狈为奸，秘密开支□□费及交际费，外间谣传有十二万元之多。□□所领子弹近□十余万，私□售卖，以充贪囊。（中略）尤可痛者，岳森平日在东堤大香、怡红各妓院、花□流连，乐而忘倦，所费之资常一夕数百金，抹牌动以百元或五十元计。其所包名妓老四者，月费四百金。□伊□留沪□法学费，月付数百元，均仰给于总部。无钱不要，为［无?］款不吞。我湘军前敌士兵，生者无衣无食，病者死者无药无棺，而岳森竟浪糜公费，任意挥霍，毫不吝惜。综上数端，如此纵情□欲，罔上无畏，视人不惭，实尧代之共公、鲁邦之少卯，庆父不去，鲁难无已。我总司令素□神明，屡为若辈所欺朦，把抵操纵，言之令人堕泪。

（中略）尤有言者，我湘军数万军士间关来粤，餐风宿露，艰苦备尝，原冀于国于湘共图建树，断不容岳森、周汇清等重重黑幕，藉公肥私，至负我大元帅筹付军饷之苦心，堕我总司令令名，伤毁我湘军士卒。尚希我湘军全体将士同为检举核算账目，公请我大元帅、我总司令从严惩办明正典刑，各友军总司令、各军长主张公道，为生者雪冤、死者雪恨，而快人心。庶□湘军全部瓦解，非特荡平一人之幸，实我湘军数万人生死安危所系也。（下略）鲁荡平叩。删。

（《湘军内讧之一事（续）》，《华字日报》1924年10月21日）

古应芬致孙中山电

（1924年10月16日）

万急。韶州大元帅钧鉴：

咸申电奉悉。粤省财政状况搜刮已尽，未易维持。芬自奉令，终夜彷徨，计无自出。嗣奉严责，始觍颜就职，希冀接事后寻出办法，稍分帅座之忧。无奈就任迄今旬有四日，所收仅二千二百余元，支出已迄四万有奇。款皆从挪借而得，自逆团罢市，无可挪借，支拄更难。自奉电后，与邓运使协商，亦苦无策。今勉强思得一计，拟向南洋烟公司商借十万。彼如不承，则彼公司有陈廉伯之股正多，应责令缴出。其不足之款，则决向电灯公司提取。并拟向商团中之附逆者责缴罚款，或有所得。以上三种均已分途办理，先以奉闻。古应芬叩。铣。[1]

（《古应芬家藏未刊函电文稿辑释》，第42页）

① 据该书所刊电稿照片校对。——编者

古应芬致孙中山电

（1924 年 10 月 16 日）

万急。韶州大元帅钧鉴：

潮密。（一）陈可钰由港回，报告陈军内部多龃龉，洪、熊均赴港，无反攻意。自得曹、吴败耗，气益颓丧。（二）铁城今日由罚款提出万元解韶，明日可再解万元。（三）电力公司呈复，以官股出售，溢利应随股票移转为言。查中国判例及外国法例，溢利非有特别契约，无随股票移转者，已驳斥之。（四）南洋公司如星期三不缴款，决将其烟草禁止入口。古应芬叩。[1]

（《古应芬家藏未刊函电文稿辑释》，第 43 页）

王用宾致孙中山电[2]

（1924 年 10 月 16 日）

北方以冯（玉祥）、胡（景翼）两军为主，孙岳、王承斌各部辅之，有兵十万，倒吴（佩孚）而不附张（作霖），倒曹（锟）而不拥段（祺瑞）。以各同志努力结果，一致倾向钧座，推宾到沪，专请集中兵力直取江西，赣州一下，立地响应。刻暂观望，使吴、张多战几日，双方精锐多消灭几分，然后一举而并制之，迎钧座入京正位。请派徐谦为冯军慰问使、续桐溪为陕军慰问使、张继为直军慰问使。

（《“谏三”密电与孙中山北上》，《团结报》1988 年 3 月 15 日）

---

① 据该书所刊电稿照片校对。——编者

② 该文作者王世燮、王世霖在文章中说明，此封密电为王用宾 10 月中旬从北方到上海后发给孙中山，称“谏二”密电。——编者

王用宾致孙中山电①

（1924 年 10 月 16 日）

（三）为目下联络与发动后，暂维京畿秩序，应设北方建国军军事委员会，请电派张继、刘守中、续桐溪、焦易堂及宾为该会筹备员，使各将领一致加入，在钧座未莅京前，以会议形式处理机要。（四）到此忽闻钧座返回广州。前者北伐阻于内乱，今误于商团。小不忍则乱大谋，长此迁延，纵不患有入关先王之人，独不患举国志士之灰心解体乎！今日之事，一言可决。顾广州，即请中止北伐，要北伐，即请放弃广州。盖兵力合之则有功，分之则两败。徘徊歧路，甚非计也。况商团小事，陈（炯明）逆小丑，胜之不武，不胜贻天下笑。何不掉转旌旗，向北直指，中枢在握，粤事一纸命令可了。商团既叛，即请□□缴械，短期结束，回戈北上。如所陈不符，愿负误党之责，请正典刑，以谢同志。速电复示，便转遵照。如有未详，当趋粤面呈。王用宾。

（《“谏三”密电与孙中山北上》，《团结报》1988 年 3 月 15 日）

唐继尧致孙中山、谭延闿等电

（1924 年 10 月 16 日）

广东孙中山先生、谭组安先生、陈竞存先生，长沙赵炎午先生，天津段芝泉先生，奉天张雨亭先生，上海卢子嘉先生、唐少川先生、

① 王世燮、王世霖在文章中说明：“谏二”发出后，王用宾在沪得知孙中山先生因广州发生商团暴乱事件，已从北伐大本营所在地韶关返回广州。紧接着他又发出第二封密电（后被称为“谏三”）。“谏三”电文除重述“谏二”的内容外，又增加了上述两项内容。——编者

章太炎先生、褚慧僧先生、旅沪国会议员诸先生鉴：

自上年贿选之事发生，舆论激昂，友邦腾诮。继尧痛四维之不振，罹国命之将倾，曾于十月号日通电揭明，认为无效。一年以来，国事益棼，民生益困，水旱灾祲蔓延各省，嗷鸿遍野，盗贼满山。稍有人心者，宜如何恐惧修省，勤修内政，与民休息。乃彼昏不悟，肆意妄为，德债票案，金佛郎案，只图中饱，罔顾国权。近更于天灾流行之际，民命不堪之时，凭藉淫威，称兵黩武。四省攻浙，沪杭之兵祸既开，三路出师，东北之战端复启。人民涂炭，国事垂危。为今日计，非有摧陷廓清之功，仍无彻底解决之望。继尧与国休戚，义难坐视，谨即简派部伍，克期出发，并亲出督师，期与各友军会师武汉，直捣幽燕，剪灭凶残，奠安国本，成败利钝，非所计也。敬布悃忱，统希鉴察。唐继尧。铣。印。

（《唐继尧讨曹通电》，《申报》1924年11月11日）

大本营建设部次长伍学熀呈孙中山文

（1924年10月17日）

呈为呈请鉴核备案事：查职部林部长前奉钧帅派委为太平洋粮食保存会委员，所有本部部务经派学熀代拆代行在案。兹因学熀在港呈［养］疴，一时遽难返省，所有本部部务暂派本部工商局局长李卓峰代拆代行。除令行外，理合备文养［呈］请钧座鉴核备案。谨呈

大元帅孙

大本营建设部长林森（印）、次长伍学熀代

中华民国十三年十月十七日

（《陆海军大元帅大本营公报》一九二四年第廿九号，10月20日，“指令”）

大本营财政部长古应芬呈孙中山文

（1924 年 10 月 17 日）

呈为呈请事：现据两广盐运使邓泽如呈称：拟委李藩国为特派北江盐务督运处专员等情前来，理合呈请鉴核，俯赐任命，以重职守。伏候指令祇遵。谨呈

陆海军大元帅

大本营财政部长古应芬（印）

中华民国十三年十月十七日

（《陆海军大元帅大本营公报》一九二四年第廿九号，10 月 20 日，“指令”）

上海粤侨商业联合会等致孙中山等电

（1924 年 10 月 18 日）

广州分送孙中山先生暨报界公会、商团联防总部、总商会并转各善堂、各团体均鉴：

各报专电，粤东军队攻击商团，纵火焚掠，西关一带尽成焦土，人民伤亡遍地，尸血充途，为古今中外历史未有惨劫。以粤垣数千年精华所聚之区，一旦遽遭糜烂。龙济光、莫荣新所不忍为者，不料见诸今日。自民国以来，以粤东为护法之区，军府经费吾粤民之脂膏也，军人衣食吾粤民之血汗也，凡军府兴一捐筹一饷，莫不取给粤民，粤民莫不奉命惟谨。我粤民何负于军人，想军人当不忍以粤民为寇敌也。孙公三民主义中外咸知，亦断不忍残民、害民、杀民也。报载若确，殊失孙公平时利国福民之主义。同乡等梓桑东望，魂梦俱飞。军府与商团扣械事，尽可筹商解决，粤民何辜，遭此涂［荼］毒。所有此次粤民所受损失，应请抚恤赔偿。

所有残杀人民之军队，应请依法惩治。一面妥筹善后，抚慰流亡，为粤民留一线生机，即为国家留一分元气。临电涕泣，不知所云。上海粤侨商业联合会、广肇公所、潮州会馆、肇庆同乡会、大埔同乡会、南海会馆、番禺会馆、顺德会馆、香山同乡会叩。巧。

（《旅沪粤人团体致粤港之两电》，《申报》1924 年 10 月 20 日）

广东省长胡汉民呈孙中山文

（1924 年 10 月 18 日）

呈为呈请备案事：现据广东财政厅呈称：现据南海县长李宝祥呈称：民国十三年十月一日奉钧厅令：发定于十月十五日起钱粮加二搭收纸币布告章程，仰即遵照办理，并将奉文日期具报察核等因。自应遵照办理。惟查县属各业户完纳钱粮均皆就近在乡完纳，然乡间所存纸币甚少，若遽责加收纸币二成，于征收前途必生障碍。拟俟明年上忙始行加收，免误下忙旺征。是否之处，理合备文呈请察核。等情前来。此事前准维持纸币联合会函请职厅定期搭收加二纸币，以便减少额数筹备兑现等由。业经王前厅长定期本月十五日起，所有税捐、厘金、各县钱粮暨官产缴价等项，均搭收加二纸币，并呈报钧署及通令布告在案。惟查本省厘税甫经加二征收，若再搭收加二纸币，似于人民负担不无过重。矧纸币存储省市居多，乡间存者极少，而完纳钱粮多在乡站，若遽责以搭缴纸币，亦属窒碍难行。据呈前情，所有定期本月十五日开始搭收加二纸币一节，拟请缓办，俟由职厅通盘筹画，妥订办法呈报。理合将暂缓搭收加二纸币缘由，具文呈请钧署察核令遵。等情。据此，查加二搭缴纸币系经各法团议决，呈由本署提交政务会议通过，呈奉大元帅照准通行公布有案。现据呈请缓办，并拟由厅通盘筹画、妥订办法再行呈报，似可照准。除令复外，理合备文

呈请钧座鉴核，准予备案。仍乞指令祗遵。谨呈
陆海军大元帅

广东省长胡汉民（印）
中华民国十三年十月十八日

（《陆海军大元帅大本营公报》一九二四年第三十号，10月30日，“指令”）

韶城联合巡查处处长韦杵呈孙中山文

（1924年10月18日）

呈为呈请鉴核备案事：窃处长于本月十六日奉滇军第一师部令开：案准大本营参军处本日函开：顷奉大元帅面令：现在各军云集，难免发生事端，兹为维持市面安宁计，特组织韶城巡查处，派建国军第一师第二旅长韦杵为处长。所有巡查步队如左（下）组织：建国滇军第一师、建国湘军、建国第一军、建国鄂军。右（上）各部每日派士兵二十五名、官长两员，归处长派遣巡查。至如何分段巡查，及一切细则，由该处长酌情规定，呈请备案。等因。奉此，相应函达贵师长，希为迅即查照办理等由。准此，合即令仰该旅长遵照妥为计画，克日成立，并将各情详呈转报。此令。等因。奉此。处长遵即拟就韶城联合巡查处办事条例，定于本月十九日成立。其办公处附设韶州城防司令部内，以资派遣。除咨呈各军并分令韶州各机关暨布告外，理合将成立日期及办事条例，备文呈请大元帅俯赐鉴核备案，实为公便。谨呈
大元帅孙

附呈建国军韶城联合巡查处办事条例一份。

兼韶城联合巡查处处长韦杵（印）
中华民国十三年十月十八日

（《陆海军大元帅大本营公报》一九二四年第三十号，10月30日，“指令”）

兼理大本营参军处事宜吴铁城呈孙中山文

（1924 年 10 月 18 日）

呈为呈请事：据职处少校副官林志华呈称：窃副官连接家电，父病危，极俯准给予长假，以尽孝思等情。据此，查该副官自任命以来久未到处办公，殊为不合。自应遴员荐请任命，以专责成。兹有陈言一员，历年为革命政府效力，勤劳颇著，堪以补充林志华之缺。理合呈请鉴核，伏乞俯准分别任免，实为公便。谨呈

大元帅

兼理大本营参军处事宜吴铁城（印）

中华民国十三年十月十八日

（《陆海军大元帅大本营公报》一九二四年第三十号，10 月 30 日，“指令”）

英国共产党致孙中山电

（1924 年 10 月 19 日载）

（十七日伦敦电）英国共产党电致孙中山，贺其荡除中国资本家所组泛系军之胜利。

（《英国共产党电贺大元帅》，上海《民国日报》1924 年 10 月 19 日）

熊克武致孙中山电

（1924 年 10 月 19 日）

大元帅钧鉴：

赤密。前在遵□及奉命由遵出发，均有函电呈报，未审一一得

达钧座否？武已于删日索［率?］部到达黔东与湘西边境之铜仁县城。铣日江浙战讯，即已传来，此于大局所关至巨。业已迭电请呈锯［?］司令，如能得其同意，便可大举出兵，会师武汉，否则武率川军全部及蔡军各部径出湘西，以达湖北上游，牵制武汉以上之敌，不令加入下游战事，俾浙得以专力对苏，亦于大局辩［?］万一之补。现在帅定大计如何，闻已出赣攻闽，确否？务恳时颁训示，俾有遵式。此后武处情况，仍当随时奉呈。克武叩。皓。（广州国民政府档案）

（《熊克武为江浙战起请示大计密电》，《中华民国史档案资料汇编》第四辑，第803页）

国民党越南海防支部致孙中山电

（1924年10月20日载）

广州孙大元帅钧鉴：

顷读西报快电，惊知广州商团军于双十节日向巡游队徒手工人、学生乱枪截击，死伤男女数十人，失踪又数十名，当堂被割肚挖心脏、割阳具、耳朵之工人一名。同人等骇闻之下异常悲愤，此种无人道之行为世界各国所未见，今竟出于广州商团，实与野蛮生番之残忍无异。工人何罪？学生何罪？双十巡游与商团何干？乃商团竟于光天化日之下，罔顾法纪，惨杀工人、学生，举世界之人所不敢为不忍为而为之，丧心病狂一至于此。况复私运军械，接济贼党，四出造谣，强迫罢市，断绝粮食，危及人民，其私心无非欲制我北伐义军后方之经济，希图倾覆政府。此种甘为祸首，大逆不道，实属罪无可逭。天理人道，尚复何存。凡有血气，莫不切齿愤恨，皆曰可杀。用特电达，伏望诸公振发严威，同申天讨，迅电各军殄灭此种藉商为名叛乱为实之匪徒，以谋我党政府之巩固、百粤人民真正之自卫，而申正谊于天下。我义军此举，为公理，为人道，不得不出此非常之军事行动。同人等虽营商海外，关山远隔，而羊石尚有产业与亲戚故旧，固爱乡之情犹耿耿不忘也。大义所在，难以姑惜，宁为玉碎，不愿瓦存。敢竭忠诚，誓为诸公后盾。临电陈词，不胜悲愤。中国国民党越南海防支部同人叩。

（《陆海军大元帅大本营公报》一九二四年第廿九号，10月20日，“公电”）

颜德基致孙中山、唐继尧电

（1924年10月20日载）

大元帅孙、副元帅唐钧鉴：

现奉、直鏖战于山海关，彼此实力均已损失十分之四五，长江一带早已空虚。两公若放弃粤、滇，直捣武汉，则曹逆不足平，中原不难定矣。务恳两公乾纲独断，勿失是机为祷。颜德基叩。

（《颜德基电促北伐》，上海《民国日报》1924年10月20日）

英法美共产党代表致孙中山电①

（1924年10月20日载）

英、法、美共产党代表一致欢迎中国民族革命运动之崛起，以敬服与同情之心，追随阁下对英、法、美帝国主义阴谋之英勇的奋斗，并向阁下保证：吾人将尽全力向劳动群众揭破马克诺赫礼欧顾礼治之恶行，及铲除其阴谋。英国共产党代表麦曼诺斯、法国共产党代表特来恩、美国共产党代表安尔。

---

① 报纸内容说明此电为致孙中山电。——编者

（《英法美共产党援助孙中山》，长沙《大公报》1924年10月20日）

建国第二军军长柏文蔚呈孙中山文

（1924年10月20日）

呈为呈复事：案奉本月十三日训令，内开：自吾党□行革命以来垂二十年，满州［洲］政府固已颠覆，唯因军阀与帝国主义者狼狈为奸，致吾党□□达此素志。今北方友军为时势之转移与人义之所在，同时并起挞伐曹、吴。卢永祥抗长江数省之敌于嘉、杭，张作霖进攻旬日，殆占热河全部，罄曹、吴之爪牙已形左支右绌。各地向义之士皆在观□欲动，西南各省深知团结之必要，吾党内势更形巩固。此诚数年来未有之良好时机，吾党应集合全力□打破此恶劣军阀，再进而图〈建国〉之策。爰编建国军如左（下）：

一、谭延闿所部编为建国湘军；

一、杨希闵所部编为建国滇军；

一、许崇智所部编为建国粤军；

一、刘震寰所部编为建国桂军；

一、沈鸿英所部编为广西建国军；

一、樊钟秀所部编为建国豫军；

一、朱培德所部编为建国第一军；

一、卢师谛所部编为建国第三军；

一、柏文蔚所部编为建国第二军；

一、刘玉山所部编为建国第七军；

一、何成浚所部编为建国鄂军；

一、李明扬、董福开所部编为建国赣军；

一、吴铁城所部编为建国警卫军；

一、邓彦华所部编为建国军大本营卫士队；

一、路孝忱所部编为建国山陕军；

一、黄明堂所部编为建国第四军；

一、唐继尧所部编为云南建国军；

一、熊克武所部编为建国川军；

一、唐继虞所部编为贵州建国军；

一、方声涛所部编为福建建国军。

右（上）列各节仰即迅速遵编，所有印信后发、未发之前，准用从前所颁发者。至其各部之编制，着准用原有建制编成之。等因。奉此，职军所部编为建国第二军。除遵令暂用前颁印信，并转饬所属一体改编外，理合具覆，伏乞垂鉴。谨呈

大元帅

建国第二军军长柏文蔚（印）

中华民国十三年十月二十日

（《陆海军大元帅大本营公报》一九二四年第三十号，10月30日，“指令”）

国立广东大学校长兼中上七校经费委员会主席邹鲁呈孙中山文

（1924年10月20日）

呈为呈请事：查省河筵席捐指定为中上七校经费，并由中上七校经费委员会直接管理，迭经政务会议议决有案。嗣因市厅请令变更办理，招商投承，由二十二万元之额超为九十万元。市厅遂以溢出原额，争此项筵席捐三分之一三十万元为市教育经费，其余三分之二为中上七校经费。经奉大元帅核准，著为定案。现自永春公司于二月二十一日抽收起饷，至市厅收回办理以迄今日，共计七个月有奇。以年饷九十万元计算，每月应收七万五千元，则中上七校占三分之二，每月应得五万元，合七个月计应得三十五万元。现只收过一万六千二百五十七元四角九分，两相比较，相差太远。迭经派

员前赴市厅取阅收支数目，惟未准市厅会计处抄录过会，无从查考。似此收入不能起见，无非由市厅办理不善，致令中上七校职教员新旧之积薪延欠未能清发。若不筹有妥善之方，终难期收良好之效。拟请将省河筵席捐交还中上七校经费委员会直接派员办理。至应拨市厅之教育经费及其他经费，须办理超过前政务会议决批商之原案二十二万元为七校经费以外，溢出二十二万元之数目，始能照三分之一分拨。恳请大元帅迅饬财政委员会、广东省长转行市厅遵照，将各月所征收筵席捐数目抄送到会，并饬现办省河筵席捐总办潘麟阁即日结束，交会接办，以维教育。所有拟请省河筵席捐由会直接办理，及依原案二十二万元以内悉归为七校经费，溢出二十二万之余额方能照三分之一分拨市教育经费及其他经费各缘由，理合呈请大元帅核准，仍候指令祇遵。谨呈

陆海军大元帅

国立广东大学校长兼中上七校经费委员会主席邹鲁（印）

中华民国十三年十月二十日

（《陆海军大元帅大本营公报》一九二四年第三十号，10月30日，“指令”）

大本营建设部部长林森呈孙中山文

（1924年10月20日）

呈为转递遗呈仰祈睿鉴示遵事：窃本年十月十八日据职部伍次长学焜之嗣子于凰呈称：窃先父学焜于本月初得病赴港就医，服药罔效，业于十四日申时在港宅病故。是日弥留之际，曾口授于凰意旨，代递遗呈，理合缮正，呈请钧部转呈大元帅矜鉴。等□到部。查该次长老成谋国，迭著勋劳，兹闻溘逝，殊深悼惜。据呈前情，除指令外，理合备文连同该次长遗呈一扣呈请鉴核，伏乞训示祇遵。谨呈

陆海军大元帅孙

计附呈遗呈一扣。

大本营建设部长林森（印）

中华民国十三年十月二十日

附：大本营建设部次长伍学熀呈孙中山遗文

（1924年10月14日）

呈为深恩未报，危疾难痊，伏枕哀鸣，仰祈睿鉴事：窃学熀遭逢时会，渥荷恩施，初任两广盐运使，继迁建设部次长，两载以还，勉竭驽骀，以报帅座而报国。奈年逾六十，精力就衰，黾勉从公，时虞覆悚。七月间，林部长奉命出差，学熀暂权部篆，既事繁而责重，益力竭而神疲。自维许国以身，不敢稍萌退志。不料本月初间，北风新厉，触发畴昔气喘之症，日夜咳嗽，精神不支，赴港查疴，迭医罔效，药虽中西杂进，病且日入膏肓，现在气息奄奄，势将不起。窃念学熀追随帅座赞襄革命垂数十年，家既毁而难未纾，心有余而力不足。当此国家多故，敌焰孔张，帅座出驻韶关誓师北伐，学熀呻吟床蓐，未预鞭镫，命在须臾，哀痛奚极。伏望帅座惩前毖后，扶危定倾，收已失之人心，裁苛细之捐务，辟天下之贤路，黜奸佞之佥壬，将来饮马长江，澄清宇内，跻政治于三民五权之盛，措国家于泰山磐石之安，学熀虽死之日犹生之年矣。再，建设部职掌重要，部长既在外未回，学熀复因病出缺，不可一日无人主持，经将部务权委本部工商局长李卓峰代拆代行，并呈帅座在案。查该员老成练达，资望甚深，前任海外奔走革命，迭著勋劳，供职本部卓有成绩，拟请明令简任该员升署本部次长仍兼任工商局长，以重职守，而节部费。所有学熀临危易篑并荐贤自代各缘由，谨口授小儿于凰缮具遗呈，由建设部代递，伏乞鉴察。谨呈

大元帅

大本营建设部次长伍学熀（印）

中华民国十三年十月十四日

（《陆海军大元帅大本营公报》一九二四年第三十号，10月30日，“指令”）

广东财政厅长古应芬呈孙中山文

（1924年10月20日载）

呈为呈报事：窃奉大元帅令：特任应芬兼广东财政厅厅长等因。并准王前代厅长将印信、文卷等件移交前来。厅长遵于十月四日接任视事，合将接任日期具文呈报，伏乞睿鉴。谨呈

陆海军大元帅

广东财政厅长古应芬（印）

中华民国十三年十月　日

（《陆海军大元帅大本营公报》一九二四年第廿九号，10月20日，“指令”）

兼理大本营参军处事宜吴铁城呈孙中山文

（1924年10月20日载）

为呈请事：案奉帅座发下据广州市公安局局长李朗如，呈请将职处上校副官黄梦熊调省任用等情呈文一件，奉批准，等因。奉此。自应遵照办理。除令该员遵照外，理合呈请鉴核，伏乞俯准将职处上校副官黄梦熊一员明令免去本职，实为公便。谨呈

陆海军大元帅孙

兼理大本营参军处事宜吴铁城（印）

中华民国十三年十月　日

（《陆海军大元帅大本营公报》一九二四年第廿九号，10月20日，“指令”）

建国军第一军军长朱培德呈孙中山文

（1924 年 10 月 20 日载）

呈为呈请事：窃维整饬军事，端资佐理之才，鼓励贤能，实赖酬庸之典。查职部少将参谋长黄实出身军学，久历戎行，器识深宏，才堪大任，护法靖国，出征川黔，事功卓著。上年北伐至于回粤，尤尽勋劳。自随职军次以来，赞画戎机，厥功甚伟。顾名位所以立贤，懋赏原以举善，职所知既久，讵能缄默。拟恳将该员晋级中将，以资奖激，俾益奋勉。是否有当，伏维垂鉴，祗候示遵。谨呈
陆海军大元帅

建国军第一军军长朱培德（印）

中华民国十三年十月　日

（《陆海军大元帅大本营公报》一九二四年第廿九号，10 月 20 日，“指令”）

田桐、谢持、林业明致孙中山、胡汉民等电

（1924 年 10 月 21 日）

先生钧鉴：展堂、精卫、仲恺、汝为、介石诸兄同鉴：

溥泉诚洁赣直，入党以来，忠党忠先生，历历有据。此次电请辞职，请准出党，实因爱党，爱先生太过，激于上海党事，《民国日报》事。然在先生应加优容，俾得共国事，今竟允其出党，人将谓非溥泉离先生，是先生弃溥泉，且北方事变急，冯、胡势成骑虎。孙岳有连带关系，溥泉于北所系最巨，转移孙岳，非溥泉不能，当此图北之时，尤应同志团结一致，不宜龃龉。伏恳先生收回成命，并加派溥泉为军事委员。诸兄于党休戚与共，务希一致力请。再，王用宾所请令慰问各使，亦恳速下明令。田桐、谢持、林

业明叩。马。(上海来电)

(广州国民政府档案)

(《田桐谢持等为党团结请收回成命加派张继为军事委员致孙文电》,《中华民国史档案资料汇编》第四辑,第631页)

杨希闵、谭延闿等致孙中山等电

(1924年10月21日载)

韶州大元帅钧鉴:广州国民党中央执行委员会、胡留守、大本营各部长、胡省长、各机关、各法团、各报馆,香港、上海、天津、北京、汉口各报馆鉴:

前月商团因扣械事件运动罢市,政府以为商团目的只在得械,为体恤商情起见,虽其在前有瞒领护照私运军火之嫌疑,在后复有鼓动商民挟持政府之罪恶,仍曲予宽宥,分命军事长官与商团代表开诚商榷发还枪械手续□。十月九日,已由民团督办将第一批枪械子弹发还商团首领。乃商团于领械之后,仍继续运动罢市。复于十月十日午后二时集合大队,荷枪实弹,在普济桥一带,对于国庆巡行〈徒〉手民众肆行轰击。当场倒毙十余人,伤者无数,赴水及失落未知生死者无数,余众惊逸。复追击捕缚,□送殴辱。甚至对于尸首,用枪上刺刀割开胸腹,挖出心肝,割去阳具。似此野蛮举动,实非人类所忍为。该商团既搆此罪恶,尚不知畏惧,竟敢于十日之夜在西关及各马路遍放步哨,以恫吓市民,威劫商店,遂其第二次罢市之谋。善良商民为其凶焰所逼,莫敢支吾。数日以来,商场损失不可数计。凡此种种,不但大多数人民之蟊贼,亦为商民之败类。当前月酝酿罢市时,各方面消息,均谓商团此等举动不在得械,实含有通敌作乱之重大作用。当时犹未敢深信,证以今日得械以后所为如此,则反形已具。若任其猖獗,则广州市内治安无法维持，人民生命财产无由保障。且当此北伐大军出发之际，罢市运动一再实现，扰乱后方，断绝饷源，扰惑军心，关系安危，不能复忍。政府为保护地方及人民计，不得不为正当之处置，将广州市内商团一律解散，并没收其武装军械。希闵等惟各尽其能力，以奉行命令，除暴安良。谨将经过情形及此次不得已而用强制手段之理由据实宣布，诸维共鉴。杨希闵、谭延闿、许崇智、刘震寰、范石生、胡思舜、李福林、廖行超叩。

（《大元帅电令解散商团详记》，上海《民国日报》1924年10月21日）

广东电政监督黄桓呈孙中山文

（1924年10月22日）

呈为呈请事：窃报局收入短绌，经费支出不敷，以致电政日坏，整理维难，实缘军电、官电多而商电、民电少。且各军事行政机关以拍电可以记账不交线费，甚至例事、闲文亦交电局为之发表。此不惟影响电局收入兼能窒碍报务，若不设法稍加限制，其何以裕经费而维交通。查商、民拍电，普通本省每字收本线费大洋六分，另附加三分，计共九分，外省加倍。今拟所有军电、官电本省每字收费大洋一分，外省每字二分，以资弥补。在各军政机关，虽同财政支绌，然不至绝无收入。在职署，则只有电费收入，以资维持。况各电局办理往来电报所需电料及笔墨纸张、寄送等费为数不鲜，更□无米为炊。如军电、官电每字只收费一分至二分，各机关当能见谅而不以为过取。如蒙俯准施行，通令各军遵照，庶电政赖此维持，藉资整顿。所有拟于军电、官电酌收线费缘由，理合备文呈请睿核，是否有当，伏乞指令祇遵，实为公便。谨呈

陆海军大元帅孙

广东电政监督黄桓（印）

中华民国十三年十月二十二日

（《陆海军大元帅大本营公报》一九二四年第三十号，10 月 30 日，“指令”）

大本营财政部次长林云陔呈孙中山文

（1924 年 10 月 22 日）

呈为呈报就职日期事：十月九日，奉大字第五九二号钧令，任命云陔兼代财政部次长等因。奉此，遵于本月十三日到部就职视事。理合备文呈报察核。谨〈呈〉

大元帅

大本营财政部次长林云陔谨呈（印）

中华民国十三年十月二十二日

（《陆海军大元帅大本营公报》一九二四年第三十号，10 月 30 日，“指令”）

管理粤汉铁路事务陈兴汉呈孙中山文

（1924 年 10 月 22 日）

呈为呈报事：窃职路前拟具救济养路办法呈请帅座核示，旋准大本营秘书处函开：顷奉大元帅交下贵管理呈一件。奉谕：所呈尚属可行，着先商之各提款机关，再行呈报核办。财政收支统一，前已明令各机关遵照在案。查呈内尚列有建设部向该公司每日提款二百元，殊不合手续，应即日截止。现在大本营需款浩繁，着将该款迳解韶关大本营会计司应用。等因。奉此。除录谕函知建设部外，相应函达查照办理。等由。准此，当经分函提款各机关查照，并于十月二十一日在南堤小憩公同会议。理合将议决案呈报帅座鉴核。是否有当，仍候指令祇遵。谨呈

大元帅

计呈议决案一扣。

管理粤汉铁路事务陈兴汉（印）

中华民国十三年十月二十二日

（《陆海军大元帅大本营公报》一九二四年第三十号，10月30日，“指令”）

李烈钧致孙中山电

（1924年10月23日载）

（廿一日广州电）李烈钧电大元帅，报告抵日本后接洽情形。日本民间要人多主助帅推倒曹、吴，中日联合，与英美帝国主义相抗。

（《李烈钧抵日报告》，上海《民国日报》1924年10月23日）

冯玉祥、胡景翼、孙岳等致孙中山、王士珍等电

（1924年10月23日）

北京王聘卿先生、熊秉三先生、汪伯唐先生、田焕亭先生、梁任公先生、王儒堂先生、刘霖生先生，天津段芝泉先生、张敬舆先生、严范孙先生、王一堂先生、陈二庵先生，上海唐少川先生、岑云阶先生、章太炎先生、徐季龙先生、柏烈武先生、于右任先生，南通张季直先生，广东孙中山先生、陈竞存先生、谭组庵先生、李协和先生、熊锦帆先生，各巡阅使、各省督军、督理、督办、省长、护军使、海军各司令、各都统、各镇守使、各师旅长、各法团、各报馆暨全国父老昆弟同鉴：

国家建军，原为御侮，自相残杀，中外同羞。不幸吾国自民九

以还，无名之师屡起，抗争愈烈，元气愈伤。执政者苟稍有天良，宜如何促进和平，与民休息。乃者东南衅起，延及东北，动全国之兵，枯万民之骨。究之因何而战，为谁而战，主其事者恐亦无法作答。本年水、旱各灾饥荒遍地，正救死之不暇，竟耀武于域中，吾民何辜，罹此荼毒，天灾人祸，并作一时。玉祥等午夜彷徨，欲哭无泪，受良心之驱使，为弭战之主张。爰于十月二十三日决意回兵，并联合所属各军另组中华民国国民军，誓将为民效用。如有弄兵好战，殃吾民而祸吾国者，本军为缩短战期起见，亦不恤执戈以相周旋。现在本军已悉数抵京。首都之区，各友邦使节所在，地方秩序最关重要，自当负责维持。至一切政治善后问题，应请全国贤达急起直追，会商补救之方，共开更新之局。所谓多难兴邦，或即在是。临电翘企，伫候教言。陆军检阅使第十一师师长冯玉祥、陕西陆军第一师师长胡景翼、大名镇守使陆军第十五混成旅旅长孙岳、热河都统米振标、旅长岳维竣、田玉洁、邓宝珊、李纪才、李云龙、冯宸东、曹世英、张之江、李鸣钟、宋哲元、刘郁芬、鹿钟麟、孙良臣、蒋鸿遇、孙连仲等同叩。梗。印。

（《冯玉祥等主张和平之通电》，北京《晨报》1924年10月24日）

李烈钧致孙中山、唐绍仪电①

（1924年10月23日）

奉直战剧，直军被压迫濒于海滨，形势危殆，北京动摇。

（《李烈钧电告奉直战况》，《申报》1925年10月25日）

---

① 报纸报道中说明此电为李烈钧致唐绍仪、孙中山报告奉直战况电。发电日期为："前日午后一时自东京发，五时到达沪上"，报纸为25日报道，故电文发出日期当为23日。——编者

虎门太平墟商团长尹聘如等致孙中山、许崇智等电

（1924 年 10 月 23 日）

大元帅睿鉴：粤军许总司令、胡省长钧鉴：

敝墟商团成立不满百日，只图自卫，一致服从政府，此次并无罢市，买卖如常。兹报载帅令，各县商团既未附乱，应予一律保护，实深感激。现将敝团遵照民团条例改组，呈请东莞县全属民团总局长即粤军第十六旅旅长王若周管辖。特电表明心迹，恳赐转知虎门防军、东莞梁县长保护。虎门太平墟商团长尹聘如、李健臣叩。梗。印。

（《虎门商团通电表明心迹》，《广州民国日报》1924 年 10 月 27 日）

中央直辖西路讨贼军总司令刘震寰呈孙中山文

（1924 年 10 月 23 日）

呈为呈复事：窃职顷奉钧府第六号训令开：为训令事：案据广州市市商会代电称：现据广州糖面商业联合公会投称：窃敝会前以湘桂滇军战时军需筹备处第五分处抽收面粉捐，当经投请贵会转达大元帅暨省长、各军总司令将面粉捐撤销，以苏商困而重民食在案。旋于八月二十六日接奉大函开：现奉省长公署第二二四三号指令：已准取销。理合录批函达，请为查照等由。敝会当即通告各号安心营业矣。讵料该第五分处始终未布告撤销面捐。又于十月二日，面客曾富有面来省，尚须缴纳捐款。岂该分处尚未奉命撤销面捐乎？抑有意故违帅谕，而置商困与民食而不顾乎？迫得再具投

词，吁恳贵会再电大元帅迅赐明令湘桂滇各军总司令转核该第五分处，即将面粉捐一案取销，不独救敝行之垂亡，百粤人民咸当拜赐不浅矣。等情。据此。伏查此项面粉捐经奉帅令取销，已奉廖前省长第二二四三号指令到会饬令转知在案。不料该分处尚未遵令撤销，仍旧抽捐，不独妨碍民食，抑且关系国信。据投前情，势迫电陈钧听，恳即饬令该战时军需筹备处第五分处将面粉捐一案实行永远撤销以维民食，不胜迫切待命之至。等情。据此。除分令外，合行令仰该总司令转饬湘桂滇战时军需筹备处第五分处，迅将抽收面粉捐一案即行撤销。切切。此令。等因。奉此。遵即严饬该处迅将抽收面粉捐一案即行撤销。所有奉令转饬缘由，理合备文呈复钧座，伏乞鉴核。谨呈

大元帅孙

中央直辖西路讨贼军总司令刘震寰（印）

中华民国十三年十月二十三日

（《陆海军大元帅大本营公报》一九二四年第三十号，10 月 30 日，“指令”）

大本营内政部长徐绍桢呈孙中山文

（1924 年 10 月 23 日）

呈为呈请褒扬事：现据云南省民庾恩荣呈请：先祖妣庾常氏，世居云南墨江县，考讳治，夙有令德，为邑贤绅。我曾祖考讳登第公，与同里居，知为贤女，遂为祖考讳明珠公致聘焉。年十七来归，上和下一准诸礼，勤供妇职，巨细必周。曾祖考妣益爱重之，委操家政，内外肃雍，祖考得专心向学，应童子试，辄冠其曹。无何回乱起，科岁试停，祖考忧时局悲伤世，婴疾日剧。祖妣仰天祈代，刲股和药以进，无效，祖考遂卒。时同治癸亥五月九日也。年二十有八，遗一子，即先考讳国清公，八龄，

甫就学。祖妣大恸几绝，然恐伤堂上心，犹强起视事。翌日，忽私告叔祖父母曰：余为未亡人矣。今乱事方殷，靡知所届，茕茕以居，惧辱门户。顾自处非难，特此后以衰亲弱子累叔婶，于心滋戚耳。家人共惊异，方谋所以防护之者，不知祖妣已仰药，无能救，至夜遂卒，年二十有七。内外老幼伤之且叹其有古烈女风，不然何从容若此也。乱平后，始与祖考合葬于县北须立村。未几，曾祖考以疾终，曾祖妣力抚孤孙，含辛茹苦，竟睹其成立，迁居县城，后年晋九秩无疾而终。论者谓，祖妣节烈，故天相之云。孙四人，恩荣云南巡按使署实业调查委员，捐资创办地方公益，蒙大总统题褒"造福地方"匾额；恩沦早卒；已故恩晹，勋三位，陆军上将；恩锡，云南全省水利总局局长。方祖妣殉节时，里中绅耆请旌未果。洎民国成立，始具状呈黎大总统，蒙旌表，并题"嵊岭风高"四字以褒扬之。孙恩荣等食德不忘，今迁居省城，恭就滇省会建立节烈坊，恳请大部转呈大元帅俯赐褒扬，不胜沾感之至。等情。附缴褒费大洋六元、行述清册一本该呈，并经由大本营军政部参事杨友棠、滇军总司令部参谋处长刘国祥署名盖章证明属实前来。部长查庾常氏青年丧夫，仰药殉节，洵为贞烈可嘉。核与《褒扬条例》第一条第二款尚属相符。既据杨友棠、刘国祥二员签印证明，核与《褒扬条例细则》第十一条所载：得由亲属取具同乡官二人证明书等程序亦尚相合。应准照章办理。拟请钧座题颁"芬烈长存"四字以示褒扬。所有拟请褒扬民妇庾常氏各缘由，是否有当，理合具呈恳请钧座察核示遵。谨呈

大元帅

大本营内政部长徐绍桢（印）

中华民国十三年十月二十三日

（《陆海军大元帅大本营公报》一九二四年第三十号，10月30日，"指令"）

署理清远县县长赵宝贤致孙中山等电

（1924 年 10 月 24 日）

十万火急。韶州孙大元帅睿鉴（余衔略）：

本月皓日，朱师长奉令来清办理县城商团缴械事宜，被缴者四分之一，其余散叙县城附近各村庄。复有歹徒从中煽惑，鼓动乡团，联络土匪，纠合数千人于苛［哿］（二十）日午刻围攻县城。幸朱师长督率所部官兵奋勇击退。而商、乡团等复于马（廿一）日再攻县城，旋经朱师长官兵分途击退。县长恐事延长，生灵涂炭，经会同驻清美教士义理士出任调解。并经手谕商团停止攻城行动，速将各乡团先行解散，听候解决。至商团未缴枪枝者，遵照省长颁布民团条例从新改组。养、梗两日正在调解，如何情形，容续电陈。大本营高级参谋、署理清远县县长赵宝贤叩。廼［迥］。印。

（《清远商团叛乱之经过》，《广州民国日报》1924 年 10 月 28 日）

蔡巨猷致孙中山、谭延闿电

（1924 年 10 月 24 日）

大元帅睿鉴：湘军总司令谭钧鉴：

职督部于前日由晃州开始向湘境进攻，敌军叶师邹旅在便水、草鞋坳之线顽强抵抗。激战两昼夜，敌势不支，纷纷向芷、黔、洪节节溃退。夺获枪枝两百余杆、子弹无算，击毙敌军官兵百余人，俘虏无算。我军伤亡官兵约廿余员。遂于养（廿二）日占领洪江。敌分向武冈、高河市方面窜走，刻正跟随追击中。伏乞飞令湘南联军猛力进攻，以期歼灭敌人，戡定湘局，克日会师北伐，毋任祷恳。职蔡巨猷叩。敬（廿四）。

（《蔡巨猷占领洪江捷电》，《广州民国日报》1924年11月20日）

谢远涵致孙中山电

（1924年10月24日）

广州孙大元帅钧鉴：

外舰接京无线电，冯、胡、孙岳等七人通电停战，尊民意。曹有出走说。远涵。廻［迥］。

（《曹锟出亡之确报》，《广州民国日报》1924年10月27日）

许崇智致孙中山电

（1924年10月24日载）

粤军总司令昨电韶大本营，力辞军政部长兼职。孙中山复电不准，并着赶速就职。

（《许崇智力辞兼职不准》，《华字日报》1924年10月24日）

财政委员会主席委员胡汉民、古应芬呈孙中山文

（1924年10月24日）

呈为呈覆事：窃于本月六日承准大本营秘书处第五三二号公函开：奉帅座交下滇军杨总司令转据赵师长成梁呈请暂准截留财政厅

新增商捐加二专款，奉谕：交会妥议办理。等因。当于六月二十一日第六十三次常会时提出会议，议决：财政厅现在收入只有此种捐款，碍难准予截留，应由会呈请大元帅令行杨总司令转饬赵师长成梁，不得将该项商捐截留等在案。除议决案另专案呈报外，理合备文呈请钧座鉴核，迅赐令行杨总司令转饬赵师长成梁不得截留该项加二捐款，以重税款而维统一，实为公便。谨呈

大元帅

财政委员会主席、委员胡汉民、古应芬（印）

中华民国十三年十月二十四日

（《陆海军大元帅大本营公报》一九二四年第三十号，10月30日，“指令”）

袁祖铭致段祺瑞、孙中山等电

（1924年10月25日）

天津段芝老上将军、韶关孙中山先生钧鉴：各省军民长官、各省议会、各报馆钧鉴：

有日致吴玉帅一电，文曰：窃维立国有经，政策贵顺应环境，识时之务，俊杰所以成功名。古之圣人，知进知退，知存知亡，知得知丧，知柔知刚，宁屈己以伸人，不执一以求胜，盖穷变通久，大易教人之道，彰彰明也。将军执权，当仁不让，龙骧虎视，高下在心。武力统一，今回为末次之试验。东南虽幸告结束，而元气凋伤，已非三五十年不能恢复。益之东北事起，倾天下之兵力财力，以侥幸于孤注之一掷。果如将军所预期，六星期而平定，犹可说也。今则情现势绌，无智愚皆知其不可。若犹弗忍一朝之愤，迷而不悟，迁流所极，将陷国家于万劫不复，内则人心有土崩瓦解之忧，外则强邻有□衅伺隙之警，累卵倒悬未足喻其危殆。为今之计，莫若弃仇释嫌，与民更始，敦请中外信仰、军民爱戴之段芝老

出主国事，妥筹善后，将军本其素志，专任练兵，蓄养十万健儿，预备对外作战。传闻皖直战时，有主用重炮者，芝老坚持不许，谓三师为国家精锐，奈何以小小误会遽付煨烬。是芝老对于将军，戎衣相见犹且引重若此，此次出任收拾，决不至不为将军地。将军得志则独行其是，不得志则引避贤路，磊落光明，亦不失政治家风范。祖铭蒿目时艰，谬附诤友，逆耳之言，伏惟照察。等语。诸公热忱爱国，百倍祖铭，抄电奉闻，伫候明教。袁祖铭叩。径。

（《袁祖铭忠告吴佩孚》，《申报》1924 年 11 月 7 日）

王承斌等致孙中山、王士珍等通电

（1924 年 10 月 25 日）

北京王聘卿先生、熊秉三先生、汪伯唐先生、田焕亭先生、梁任公先生、王儒堂先生、刘霖生先生、参议院、众议院，天津段芝泉先生、张敬舆先生、严范孙先生、王一堂先生、陈二庵先生，上海唐少川先生、岑云阶先生、章太炎先生、徐季龙先生、柏烈武先生、于右任先生，南通张季直先生，广东孙中山先生、陈竞存先生、谭组庵先生、李协和先生、熊锦帆先生，各巡阅使、各省督军、督办、省长、护军使、海军各司令、各都统、各镇守使、各师旅长、各法团、各报馆暨全国父老昆弟同鉴：

漾电计达。本日中华民国国民军会议，公推冯公玉祥为国民军总司令兼国民军第一军军长，胡公景翼为国民军副司令兼国民军第二军军长，孙公岳为国民军副司令兼国民军第三军军长，业于本日一体就职，启用关防。特电奉达，并盼匡教。直鲁豫巡阅使副使王承斌、热河都统米振标、旅长岳维峻、田玉洁、邓宝珊、李纪才、李云龙、冯宸东、曹世英、张之江、李鸣钟、宋哲元、刘郁芬、鹿钟麟、孙良臣、蒋鸿遇、孙连仲等同叩。有（二十五日）。印。

（《王承斌亦有通电》，北京《晨报》1924 年 10 月 27 日）

各省旅沪商帮联合会致孙中山、段祺瑞等电

（1924年10月25日）

广州孙中山先生，天津段芝泉先生，奉天张总司令，北京冯检阅使，云南唐省长，广东胡展堂、汪精卫、伍朝枢，上海章太炎、唐少川、徐季龙、褚慧僧诸先生暨各省军政长官钧鉴：

曹锟恶贯满盈，仓皇出走，吴佩孚穷兵黩武，穷蹙□归。大憝既去，法统重光，凡我国人，同深欢忭。惟国事棼乱如麻，内政上之设施，外交上之折冲，实业之提倡，民生之救济，一切建设事宜端赖邦人君子顺应潮流，根据民意，开诚布公，共谋百年大计。诸公类皆民国元勋，海内贤硕，名孚中外，薄海同钦。尚祈以天下苍生为念，慨然出膺艰巨，规划建设，以国是为前提，予吾民以更始，国利民福，实利赖之。区区愚忱，伏希察纳。各省旅沪商帮联合会叩。有。

（《旅沪各省商帮之通电》，长沙《大公报》1924年11月2日）

禁烟督办谢国光呈孙中山文

（1924年10月25日）

呈为转呈事：据西江十九县禁烟总局局长吴枏呈称：十月十六日奉大元帅派状第二八三号开：派吴枏为广东西江十九县禁烟局局长。此状。等因。奉此。并先奉钧署第一八号委任令开：案照本署与粤军总司令订约合办部属防地禁烟，原文有案邀免冗叙外，后开：为此令委，仰该局长即便遵照设局任事，仍将视事日期呈报备案。等因。又奉钧署令开：西江十九县禁烟事宜，业经令委该员为总局局长在案。兹刊就木质关防一颗，文曰“西江十九县属禁烟总局之关防”，随文颁发，仰该局长祗领启用，仍将启用日期呈报备案。等因。奉此。局长遵即暂在广州市设局办公，于十月二十日

视事并启用关防。除将办理情形随时具报外，理合将视事暨启用关防日期呈报察核，并乞转呈大元帅备案，实为公便。等情。据此。除指令外，理合备文呈报钧座察核备案，实为公便。谨呈
陆海军大元帅

禁烟督办谢国光（印）
中华民国十三年十月二十五日

（《陆海军大元帅大本营公报》一九二四年第三十号，10月30日，“指令”）

广东省长胡汉民呈孙中山文

（1924年10月25日）

呈为呈复事：现奉帅座第五二二号训令开：此次商团作乱，事前威胁商店罢市，致政府与国民经济同受重大损失。复纵枪轰击农民、工人、学生、妇女，杀伤多命。作乱之际，藉市尘庐宇以为荫蔽，狙击军队，将士阵亡及负伤者至数百人，民居商店同受摧残。败窜之余，犹敢屠杀理发工人数十名，并放火延烧，遂其抢掠。复因雇用土匪之故，于穷凶极恶之后携带枪械，三五成群，窜往村乡，留贻后患。凡此种种，既贻国民以祸殃，而政府当出师北伐之际，后方生此扰乱，饷源受其影响，贻误军机，至堪痛恨。厕名商团者虽未必尽系作乱分子，然平日纵容为恶，不加纠正，以致酿成巨患。临事复瞻循观望，不肯出首自洁，律以同流合污实不为过。政府虽从宽大，不予深究，亦当加以薄惩，俾知反省。饬广州市公安局长按照商团名册，责令每名罚缴毛银一百元，汇解大本营，以济军用。其民居、商店受害者并应妥筹抚恤。等因。奉此。自应遵照办理。除布告并转令广州市公安局遵办外，理合呈复察核。谨呈
陆海军大元帅孙

广东省长胡汉民（印）
中华民国十三年十月二十五日

（《陆海军大元帅大本营公报》一九二四年第三十号，10月30日，“指令”）

广东省长胡汉民呈孙中山文

（1924年10月25日）

呈为呈请事：查近日省乡交通梗塞，商货停滞，直接使商人停止营业，间接影响国家税收。揆厥原因，一由各江匪患未清，来往船只时被劫扰；一由各军滥设机关抽收各种货捐、护费，商人苦于征敛重叠、负担过巨，遂致相戒裹足。虽经省长随时咨饬营、县严剿匪徒、制止苛抽，并迭奉帅令撤销私设护商机关，严禁勒抽捐费。然匪徒此拿彼窜，出没靡常，各私设征收机关亦随撤随复，莫可究诘。现在冬防将届，又值筹办广州市善后之际，自应将匪患设法弭息，蠲除烦苛，以便商旅，而维治安。兹由广州市善后委员会议决：严剿各江股匪，规复段舰，严禁各军抽收货捐及保护费等项。并准该会伍主席朝枢函请执行前来。省长覆加查核，该委员会议决各节实系目前切要之图，拟请帅座颁发明令，责成南番顺剿匪司令迅速协同江、海防各舰，将各江股匪一律剿缉尽绝，并饬江防司令赶将段舰复。一面令行各军总司令即日将所部滥设之护商机关实行撤销，禁止抽收各种货捐及保护费，违者得由剿匪司令作为匪徒剿办。庶交通可期恢复，商货得以流通，于地方善后前途裨益匪浅。理合呈请鉴核，是否有当，伏候指令祇遵。谨呈

大元帅

广东省长胡汉民（印）

中华民国十三年十月二十五日

（《陆海军大元帅大本营公报》一九二四年第三十一号，11月10日，“指令”）

广西总司令沈鸿英呈孙中山文

（1924年10月25日）

呈为呈报事：本年十月二十三日奉大元帅训令开：自吾党倡行革命以来垂二十年，满州［洲］政府固已颠覆，唯因军阀与帝国主义者狼狈为奸，致吾党终难达此素志。今北方友军为时势之转移与大义之所在，同时并起挞伐曹、吴。卢永祥抗长江数省之敌于嘉、松，张作霖进攻旬日殆占热河全部，罄曹、吴之爪牙已形左支右绌。各地向义之士皆在观机欲动，西南各省深知团结之必要，吾党内势更形巩固。此诚数年来未有之良好时机，吾党应集全力破此恶劣军阀，再进而图建国之策。爰编建国军如左（下）：一、沈鸿英所部编为广西建国军。仰即迅速遵编，所有印信后发。未发之前，准用从前所颁发者。至其各部之编制，着准用原有建制编成之。右令。等因。奉此。除抄令转发所部遵照外，合将奉令日期及着手遵编情形先行呈报察核。谨呈

大元帅

广西总司令沈鸿英（印）

中华民国十三年十月二十五日

（《陆海军大元帅大本营公报》一九二四年第三十一号，11月10日，"指令"）

张作霖复孙中山电

（1924年10月26日）

孙大元帅睿鉴：

□密。敬电奉悉。榆关小胜，遏荷揄扬。目下劲敌已祛，吴逆率残部八百余人仓皇西窜，釜鱼瓮鳖，能有几时？我军既下榆关，

同时又命热境诸军出窭口以捣滦州，敌无归路矣。冯、胡入京，曹逆已失自由，行将授首。公志存匡复，已命劲旅入赣，钦佩万分。饮马长江，计日可待，复贺捷喜。张作霖。宥戌。

（《张作霖电告军情》，《广州民国日报》1924 年 10 月 30 日）

建国军攻鄂总司令程潜呈孙中山文

（1924 年 10 月 26 日）

呈为呈报事：案奉钧府特任状开：特任程潜为建国军攻鄂总司令等因。并奉钧府秘书处转发木质镶锡印信一颗，文曰“建国军攻鄂总司令印”，又象牙小章一颗，文曰“建国军攻鄂总司令”。奉此。遵于本月二十六日在韶州就职，启用印信。理合备文呈报钧座察核备案。谨呈

大元帅孙

建国军攻鄂总司令程潜（印）

中华民国十三年十月二十六日

（《陆海军大元帅大本营公报》一九二四年第三十号，10 月 30 日，“指令”）

张作霖致孙中山电

（1924 年 10 月 27 日）

孙大元帅睿鉴：

顷据报我第二军李军长景林、张副军长宗昌已率队出冷口，第二十□第九师已全部缴械投降，第二十三师有一旅降附、一旅溃逃，王维城逃无下落，时全胜十四旅半数缴械，余溃散。我军

已自昌黎、滦州急进。榆关方面，靳云鄂全部并携带其他之两旅均向我军投降，并多数缴械。据俘虏云，十五师已全部歼灭，彭或死或逃，尚未证明。吴贼所部军队必摇动，不肯用命。统计吴之军队廿余万人，目下只剩万余，何能为力。现我军已分道截其归路，就擒之期当已不远，弟不日即入关矣。张作霖。感（廿七日）申。印。

（《张作霖再报军情》，《广州民国日报》1924 年 10 月 31 日）

张作霖致孙中山电

（1924 年 10 月 28 日）

（奉天专电）张作霖昨（廿八）电粤孙（中山）、津段（祺瑞）请派代表，会议善后。

（天津《益世报》1924 年 10 月 31 日，“国内专电”）

冯玉祥、胡景翼、孙岳致孙中山等通电

（1924 年 10 月 28 日）

北京各部院、参众两院、王聘卿先生、熊秉三先生、汪伯棠先生、赵次珊先生、田焕亭先生、梁任公先生、王儒堂先生、刘宗［霖］生先生、张亚农先生，天津段芝泉先生、黎宋卿先生、徐菊人先生、张敬舆先生、严范荪先生、孙伯兰先生、吴莲伯先生、陈二庵先生、王一堂先生，上海唐少川先生、岑云阶先生、章太炎先生、蔡孑民先生、李印泉先生、徐季龙先生、柏烈武先生、于右任先生、汪精卫先生，南通张季直先生，广东孙中山先生、陈竞存先生、谭组庵先生、李协和先生、熊锦帆先生、伍梯云先生、程颂云

先生，云南唐蓂赓先生，贵阳刘如舟先生，盛京张总司令，各省巡阅使、各省督军、督理、督办、省长、护军使、海军总副司令、各都统、各镇守使、各师旅长、各法团、各报馆暨全国父老昆弟同鉴：

民国创造，十有余年，兵戎迭兴，迄无宁日。军阀强藩，棋居鼎峙，分据国疆，自擅威福，意见参差，干戈即起，逞其武力，□快已私，以多数之国民，徇一己之私意，美其名曰讨逆，文其过曰义师，实皆睚眦之争，全与国家无涉。旱潦频仍而忿兵叠起，度支困竭而黩武不休，以致九有疮痍，四方困瘁，哀鸿遍野，群盗如山，工商窒阻，农亩荒芜，万众倒悬，群伦涂炭，不特共和之真谛未获实现，反致国际之地位日益堕落。祥等睹此颠覆，忧心如捣，恐稍瞻狗，必致沦胥，内受良心之驱迫，毅然为和平之主张，使国人知武力不足恃，开彻底改造之新机。其目的纯在救国，其办法纯取公开，为全国统一之先导，定全国永久之大计。期以此次改革，完成历来改革未竟之事业，解决历年纠纷之根本，永绝将来隐伏之祸胎，确立健全民治之基础。决非局部之争、恩怨之报，更无钓名沽誉之心，尤无倒甲拥乙之意。愿国事之安全，不屑愿个人之利益，知万人之困苦，不敢避一己之艰辛。返京以来，叠次通电，区区微忱，谅荷洞察。现在京师安堵，商民乐业，友邦谅解，群情翕辑。如有反抗和平，武力是逞，愿为国人公敌者，则祥等惟力是视，誓与国人共弃之。政府暂维现状，企免国际纠纷，此特为过渡之初步，并非最后之办法。当兹军兴多乱之际，自不免有多少委曲求全之处，此不得不求国人谅解者也。玉祥等以为此后一切政治善后问题，国家建设计划，非一二人所能集议，亦非一二党派所能把持，必须一国贤豪同集京师，速开和平统一会议，将一切未决问题悉数提出共同讨论。以多数人之主张为宿归，以最公平之办法为究竟，期得最良结果，实力奉行，以绝内争，以安邦本。为今之计，莫急于此。惟此和平会议，究应如何组织为美善，如何产生为适宜，海内贤豪，南北硕彦，匡时共切，宏画应多，务祈不吝谠言，迅予指导，恢张伟论，见锡嘉猷。玉祥等虽戎行稚鲁，素知从善，德音早赍，虚己景从。时机迫切，披沥掬忱，引领陈言，诸维鉴察。国民军总司令冯玉祥、副司令胡景翼、孙岳叩。勘。印。①

（《冯、胡、孙又一通电》，北京《晨报》1924 年 10 月 29 日）

广东新学生社致孙中山等通电

（1924 年 10 月 28 日载）

孙大元帅、国民党中央执行委员会、上海学生总会、上海大学学生会、各地学生会暨各团体公鉴：

国民革命在中国今日之需要已无待言。国民革命最主要之口号，即是反抗一切帝国主义、打倒一切军阀，亦夫人皆知。此次双十节日，上海国民大会主席喻育之、职员童理章等，禁止学生总会代表郭寿华、上海大学学生黄仁、林钧、郭伯和等为打倒一切军阀、反抗一切帝国主义之宣传，是即反对国民革命。喻育之本为军阀走狗，童理章乃是帝国主义之包打，然其尽忠于军阀和帝国主义也，自无待言。雇用流氓毒殴学生，摧残革命势力，自是军阀走狗。勾结帝国主义走狗之暗算、反对国民革命，殴杀学生，是国民之公敌，尤其是我学生界之大仇。本社为国民革命前途奋斗之学生团体，对此尤深愤激。除先电慰吊外，特此通电，愿全国一致申讨。广东新学生社叩。

（《新学生社申讨军阀电》，《广州民国日报》1924 年 10 月 28 日）

① 《天津益世报》1924 年 10 月 30 日第三版《冯玉祥等俭日通电》电文日期署“俭（28 日）”。——编者

粤军总司令许崇智呈孙中山文

（1924年10月28日）

呈为呈报事：现奉钧座敬电开：梗电悉。罗案应照办理。等因。奉此，遵于本月二十五日将该逆犯罗检成（即罗卓孚）一名，饬提法庭验明正身，捆赴刑场，执行枪决。理合将遵电执行日期呈报察核。谨呈

大元帅孙

粤军总司令许崇智（印）

中华民国十三年十月二十八日

（《陆海军大元帅大本营公报》一九二四年第三十一号，11月10日，“指令”）

赣南善后委员会委员长孔绍尧呈孙中山文

（1924年10月28日）

呈为呈请任命事：窃大军近日分途齐发，征发事宜亟应办理。前奉公布关于征发各章以县知事为中枢，而虔南、大庾、信丰、崇义、上犹各县尤为大军前进之第一线路。兹特遵章遴选合格人员胡芳辉、邱汉宗、谢寅、刘锐、蔡舒五员，经善后委员会审查通过，俟明令颁发，催促各员克日就道，积极进行，庶军队不受困难，地方得以安全。所有呈请任胡芳辉等为虔南各县知事缘由，理合具文呈请核夺施行。谨呈

大元帅

附履历一纸。

赣南善后委员会委员长孔绍尧（印）

中华民国十三年十月二十八日

（《陆海军大元帅大本营公报》一九二四年第三十一号，11月10日，“指令”）

刘成勋、熊克武等致孙中山电

（1924年10月29日）

急。上海联席会议迅转韶关大元帅钧鉴：

顷者冯、胡、孙军入京戡乱，中枢主持无人。昨见合肥及南北要人通电，推请钧座北上，与合肥协商一切。成勋等以合肥近在津沽，昨曾电促先行入京，并请电催钧座北行。兹特电陈钧座早日启行，以奠国本，是所切祷。刘成勋、熊克武、赖心辉、石青阳、但懋辛叩。艳。

（《四川将领敦促大元帅北上》，上海《民国日报》1924年11月2日）

全国青年同志社等致孙中山、冯玉祥等电

（1924年10月29日）

北苑冯检阅使、奉天张总司令、各省巡阅使、督办、督军、督理、省长、各法团、各报馆、天津段芝泉先生、上海柏烈武先生、广州孙中山先生、云南唐蓂赓先生钧鉴：

冯军返旆，再睹和平，凡属国民，莫不额庆。当兹仁暴递嬗之交，宜有大慰民望之举。同人等以为，非曹锟即日下野不足以巩固和平之基，非解散国会不足以励廉耻而伸正义，非段公芝泉出任艰巨不足以调和各方而谋建设。谨陈三义，与邦人君子共商榷焉。溯自曹氏以贿选僭窃国权，久已腾笑列邦，实贻吾国数千年历史以至大耻辱。秉政以来，嬖佞专横，秽乱白宫，贿赂公行，纪纲坠地。辛亥之岁，曹氏部卒曾焚掠京师。现虽身跻大位，犹不思晚盖［节］，纵其卫队骚扰市廛，惨杀警士。近复包藏祸心，穷兵黩武，只求一己之尊荣，罔顾兆民之利害。喋血东南，江浙之精华已尽。用兵辽蓟，数省之村落为墟。似此凶顽，亟宜驱逐，若令其久踞总

座，则和平永无可冀。一也。曹氏虽恶，然非国会之受贿选举，何由僭窃大位。是以今日之国会，论正义则已失人格，论法律则适为共犯。况期间已过，犹复恋栈不去，寡廉鲜耻莫此为甚。亟宜解散，以餍民心。二也。段公芝泉手创民国，洪宪帝制力排众议洁身而退，复辟之役独起义师，剪除国贼。民国元勋，当推此老。而廉介公正，环顾当世，罕出其右。论私德则国民表率，论勋劳则功在国家。亟宜敦请出山，主持大计，调和南北，图谋建设。一面召集国民大会解决国家根本问题。此外如孙中山先生之首创革命，冯检阅使之治军严明、酷爱和平，政治家如王揖唐、朱深、汪精卫、黄郛、许世英、庄蕴宽，外交家如王正廷、汪荣宝，法律家如张耀曾、王宠惠、姚震，财政家如周作民、王永江、龚心湛、薛笃弼，教育家如李石曾、张一麐、范源廉，军事家如柏文蔚、胡景伊［翼］、卢永祥、李烈钧、熊克武、刘湘、蒋方震、李景林之数先生者，乃国内贤豪，均宜仔肩国事，辅弼段公，共图治理。三也。嗟乎，民国成立，十有三载，破坏时闻，建设未遑。今者天心厌乱，人心悔祸，从此解南北之纷争，图人民之幸福，期人才之蔚起，谋国运之昌隆，尤同人等馨香以祝者也。临电神驰，不尽欲言。全国青年同志社、北京市民自治协进会、江浙和平促进会。艳。

（《各法团应冯之通电》，天津《大公报》1924 年 10 月 30 日）

国民党安南滀臻支部致孙中山电

（1924 年 10 月 30 日载）①

孙大元帅钧鉴：

曹贼窃国，倏近一稔，卖官鬻爵，弁髦法律，种种罪恶，已不

① 报纸报道中称："驻安南滀臻支部昨电大元帅。"因未标确切发电日期，故标报载日期。——编者

胜诛。乃复纵任齐、吴穷兵〈黩〉武，大军到处，庐舍为墟。人民际此，方苦沦于水深火热中。我大元帅毅然移师北指，此正顺天应人，全国黎庶自应箪食壶浆以迎者也。逖听佳音，曷胜欣跃。惟祝义师早发，扫□妖孽，奠定国基。同志等愿竭棉薄，略助糇粮。肃此，敬候钧安。中国国民党驻安南滀臻支部全体党员叩。

（《滀臻支部赞助北伐电》，《广州民国日报》1924年10月30日）

张作霖致孙中山电[①]

（1924年10月30日）

敝军已抵滦州，即日西进，直指京津。保贼残部仅有三五千人，已无斗志。冯、胡入都，曹锟已被看管，山东、山西同举义旗，大局解决之期计已不远。

（《张作霖来电报捷》，《广州民国日报》1924年11月4日）

蔡巨猷致孙中山、谭延闿电

（1924年10月30日）

大元帅孙睿鉴：湘军总司令谭钧鉴：

敬电计呈。职于艳（廿九）日进驻洪江，联部刻正与武宝之敌在梅口、枫门岭、李滨桥、杨柳溪之线相持中。恳催北伐军迅速进攻湘南，以靖内寇而便会师。职蔡巨猷叩。（卅）。

（《蔡巨猷占领洪江捷电》，《广州民国日报》1924年11月20日）

---

① 报纸报道中说明此电为大本营所接到张作霖“卅电”，按之事理，孙中山当为收电人。——编者

丘汉宗致孙中山函

（1924 年 10 月 30 日）

呈述：军政时期，军行所至，即党部亦应成立，先给赣州次第设立。凡服务者必加入本党，庶使人知所趋。请派专员办理中国国民党江西支部。

孙中山批：中央执行委员会办理。

（《新发现的中国国民党总理批文（三）》，《民国档案》2001 年第 3 期）

张继、王用宾等致孙中山电

（1924 年 10 月 30 日）①

请转电主座。奉入滦，吴退津，或死抗，或退走，即日明晰，政治问题未定。有主张段为大元帅者，孙、胡力拥钧座，兵力雄厚。继、勤、汾、宾。

（《“谏三”密电与孙中山北上》，《团结报》1988 年 3 月 15 日）

佛山商会致孙中山、胡汉民电

（1924 年 10 月 30 日载）

佛山商会电孙文、胡汉民，遵令缴械复业。

（长沙《大公报》1924 年 10 月 30 日，“快信摘要”）

---

① 王世燮、王世霖在文中说明：10 月 30 日，王用宾以张继、王法勤、丁惟汾和他们的名义，急电上海转孙中山。——编者

赣南善后委员会委员长孔绍尧呈孙中山文

（1924年10月30日载）

呈为呈请任命事：案奉大元帅公布《赣南善后条例》第三条开：赣南善后委员会，得于所辖道域十七县每县遴选委员一人，由委员长呈请大元帅任命。又奉大元帅公布之《赣南善后会议暂行细则》第二条开：凡有左（下）列资格之一者，得呈请为善后委员会委员：一、地方声望素著，曾在高等专门大学毕业者；一、曾任省议会议员者；一、曾任县知事以上无劣迹者。等因。遵此，兹照前章，先行呈请任命陈翊忠、邱汉宗、谢寅、胡芳晖、刘锐、陈一炜、卢师谍七员为赣南善后委员会委员，其余各县现正遴选合格人员陆续呈请。所有呈请任命善后委员缘由，理合备文呈请伏乞鉴核施行。谨呈

大元帅

附呈各员姓名履历表一扣。

赣南善后委员会委员长孔绍尧（印）

中华民国十三年十月　日

（《陆海军大元帅大本营公报》一九二四年第三十号，10月30日，“指令”）

段祺瑞复孙中山电

（1924年10月31日）

广州孙中山先生鉴：

感电奉悉。时机初转，百废待兴，洵如来教，应加擘划。公元功照耀，政想宏深，命驾北来，登高发响，此天下之所想望，尤南北合力统一之先声。祺瑞野处有年，见闻鄙陋，愿承安教，伫迓行

旌。段祺瑞。三十一。印。

（《大元帅与段芝泉往还电》，上海《民国日报》1924年11月8日）

王芝祥致孙中山、曹锟等电

（1924年10月31日）

北京曹大总统、广州孙中山先生、天津段芝泉先生钧鉴：天津吴总司令、王副司令，奉天张总司令，北京冯总司令、胡副司令、孙副司令，各巡阅使、各省督军、督理、省长、都统、护军使、镇守使、各师旅长均鉴：

祥于苏浙初有衅端，先通一电，即谓洪水为灾，上天示警，再开战事，大局更不堪设想，今竟实现。祥与诸公皆为同志同道，谊同骨肉，敢再垂涕而道，望速主和停战，同心一致，挽回浩劫，保国安民，切莫以千古不朽之业，激而为一时气愤之争。古今中外历史，惟道德常存，功名富贵，朝露浮云，因果轮回，丝毫不爽，一部易经，悔吉吝凶，谦卦六爻皆吉。祥惟有祈天永命，勉竭愚忱，掬诚忠告。愿诸公平心静气，一再思之。如以祥言为然，愿牺牲衰老之年，奔走呼号，共谋统一，以遂诸公之夙愿。企盼复教，无任待命之至。王芝祥。卅一。

（《王芝祥通电主和》，《顺天时报》1924年11月1日）

冯玉祥致孙中山函[①]

（1924年11月初）

爰于十月二十三日班师回京。并联合所属部队，另组中华民国

① 引书指出："接到孙中山感电后，冯等立即回电，并派马伯援为代表，持亲笔信前往欢迎。"即此函。——编者

国民军，暂为民效用，先生党国伟人，革命先进，务祈即日北上，指导一切。除请马伯援代表欢迎、晋谒面陈外，特备此缄，以表微忱。

（《冯玉祥将军》，第57页）

冯玉祥、王承斌等致孙中山电

（1924年11月1日）

韶州孙大元帅勋鉴：

顷奉感电，深荷关垂，捧读之余，无任感佩。祥等军人，负捍卫国家之责，第念数载以来，每经一次战事，国家人民受莫大损失，而国是毫无进步，愈演愈坏，民国几将不国，扪心隐痛，愧对国民，实不忍再事战争，以速国家之亡。惟武人不谙政治，所望海内贤达，共维国是，竭诚呼吁，至再至三，迭次通电，谅邀鉴察。钧座国家元勋，爱国情切，宏谟硕画，佩仰夙深，万乞发抒谠论，俾国内人士知所遵从。并盼早日莅都，指示一切，共策进行，无任叩祷之至。肃电奉布，伫盼教言。冯玉祥、王承斌、胡景翼、孙岳同叩。东（十一月一日）。印。

（《陆海军大元帅大本营公报》一九二四年第三十一号，11月10日，“公电”）

国民党印尼巴达维亚支部致孙中山电

（1924年11月1日收）[1]

总理钧鉴：

---

① 《孙中山全集》第十一卷第263页《批巴达维亚同志电》注：“来电系英文，孙中山在译文上批示。原批文未署日期，译文注明‘十一．一．三点到’”。——编者

直系大溃，冯、吴相杀，本支部遵照全国大会决议，国民党当依此最小限度政纲为原则，组织政府案及总理训告同志打销妥协手段之演说，一致呈请总理，速组政府，实施政纲。巴达维亚支部执行委员会。

（《中华民国史事纪要》1924 年 11 月 1 日条）

旅港鹤山商会会长叶兰泉等致孙中山、胡汉民电

（1924 年 11 月 1 日）

孙大元帅、胡省长均鉴：

伏读钧署牌示，鹤山县长崖浚荣另候差委，遗缺委易廷彦署理等谕。具见政府能俯顺民意，地方咸庆得人，四境胪欢，同深庆幸。目下萑符［苻］遍地，掳劫频闻，吁恳即促易县长早日履新，以维地方，而苏民困，不胜切祷翘企之至。旅港鹤山商会会长叶兰泉（冯爵臣代）、易光石。东。印。

（《旅港鹤山商会致省政府电》，《华字日报》1924 年 11 月 3 日）

铜鼓开埠筹备委员李卓峰等呈孙中山文

（1924 年 11 月 1 日）

呈为呈请鉴核事：窃卓峰等奉令派充铜鼓开埠筹备委员，遵于九月五日开成立会，经呈报钧座在案。窃念开埠一举，于吾国商业前途裨益甚大，亟宜积极进行。兹经卓峰等公同商议，草订组织条例都十三条，理合具文连同条例呈请察核批准施行。谨呈

大元帅

附铜鼓开埠筹备委员组织条例一扣。

铜鼓开埠筹备委员李卓峰、伍大光、陆敬科、徐希

元、谢适群、林子峰、薛锦标、徐绍棪等（印）

中华民国十三年十一月一日

（《陆海军大元帅大本营公报》一九二四年第三十一号，11月10日，“指令”）

大本营内政部长徐绍桢呈孙中山文

（1924年11月1日）

呈为呈请褒扬事：案奉钧座发下滇军总司令杨希闵原呈，内开：据第二师长廖行超呈：据七团长李春华呈：据三等军需正董继昌报称：以伊祖母寿妇姚氏，年届九十九岁，五代同堂，精神康健，整理家政、抚育儿孙井井有条。谨具事略清册，请给褒奖匾额以示褒荣。等情。由该管长官具呈钧座发部核办等因。部长查该寿妇董姚氏，年届期颐，精神尚健，子孙繁衍，亲见曾、玄，寿域同登，洵称难得。核与《褒扬条例》第一条第九款，尚属相符。拟请钧座题给“共和人瑞”四字匾额，并给银质褒章一枚，以示褒扬。所有拟请褒扬寿妇董姚氏缘由，是否有当，理合具文呈请钧座察核，指令祇遵。谨呈

大元帅

大本营内政部部长徐绍桢（印）

中华民国十三年十一月一日

（《陆海军大元帅大本营公报》一九二四年第三十一号，11月10日，“指令”）

大本营审计处处长林翔呈孙中山文

（1924年11月1日）

呈为呈复事：窃奉帅座交下大本营秘书处呈送十二年十一月分

起至十三年九月分止，秘书处暨电报室收支表册单据，令饬审查核销等因。计发呈文一件、表册二本、单据簿三本。奉此。遵查该处收入部分，自十二年十二月至十三年八月，在大本营会计司领过毫洋二万五千六百元；又十二年十二月至十三年七月，收入粤汉铁路公司毫洋五万四千五百元；又十三年二月至七月，收入两广盐运署毫洋二万七千元；又收入杂款毫洋一千四百六十五元二毫二仙。合计收入毫洋一十万零八千五百六十五元二毫二仙。其支出部份，自十二年十一月至十三年九月止，支秘书处职员俸给共毫洋一十万零二千七百七十三元八毫三仙；又十二年十二月至十三年八月，支电报室员生薪饷共毫洋五千七百七十五元。合计支出毫洋一十万零八千五百四十八元八毫三仙。收支对抵，尚盈余毫洋一十六元三毫九仙。列数明晰，核与原呈数目均无错误。复证以各月份付款单据，亦属相符。拟请准予核销，表册、单据留处备案外，所有奉命审核缘由，理合连同原呈备文呈请钧座鉴核，伏乞指令祗遵。谨呈

大元帅孙

大本营审计处处长林翔（印）

中华民国十三年十一月一日

（《陆海军大元帅大本营公报》一九二四年第三十一号，11 月 10 日，“指令”）

大本营内政部次长杨西岩呈孙中山文

（1924 年 11 月 1 日）

呈为病体未痊久旷职守请准辞职仰祈鉴核事：窃西岩海滨伏处，问世无心，猥承谬采虚声，擢升今职。本冀勉从钧命，力图报称，只以驰驱国事，形神交瘁，即经面请给假调养。转瞬半年，元气未复，加之私冗纷缠，亟待清理，深恐贻误要公，有负知遇。用特呈

请俯准辞去内政部次长一职，俾得专心静养，弗胜感激之至。谨呈大元帅

内政部次长杨西岩（印）

中华民国十三年十一月一日

（《陆海军大元帅大本营公报》一九二四年第三十二号，11月20日，“指令”）

冯玉祥致孙中山电

（1924年11月2日）

孙中山先生勋鉴：

本日下午六时，曹已宣告退职，并将玉玺派员送交国务院保管矣。特电奉闻。冯玉祥叩。冬。印。（十一月五日大本营秘书处抄发）

（广州国民政府档案）

（《中华民国史档案资料汇编》第四辑，第806页）

江苏国民军第一军总司令李铠致孙中山、段祺瑞等电

（1924年11月2日）

韶州孙大元帅、天津段上将、奉天张总司令、浙沪联军卢总司令、川滇黔唐联帅及各省、各总司令均鉴：

慨自曹锟窃国，民怨沸腾，凡我同仁皆与贼誓不两立。故江浙战起，讨贼之师举国响应，即山野豪杰，皆揭竿奋起，以杀贼为己任，乡村愚夫亦握拳磨掌，欲击贼以为快。乃者马、胡、孙、王诸军仗义入京，平贼戡乱，举国欣然。惟吴佩孚、齐燮元诸逆犹拥众

数万，欲图困斗，吾人若不绝其根株，势将前功尽弃。铠曾于卅日电致京师，请冯、胡诸军先去元凶，继剿余逆，铠愿率所部誓为后盾。特此布达。尚祈诸公共本斯旨一致锐进，务使国贼尽除，乱源塞绝，作一劳永逸之举，而诸公之功绩亦得千古不朽矣。江苏国民军第一军总司令李铠叩。冬。

（《李铠昨日之通电》，上海《民国日报》1924年11月3日）

摄政内阁致孙中山、王士珍等通电

（1924年11月3日）

北京王聘卿先生、熊秉三先生、汪伯棠先生、赵次珊先生、□焕亭先生、梁任公先生、张仲仁先生、刘霖生先生、王幼珊先生、张亚农先生，天津段芝泉先生、黎宋卿先生、徐菊人先生、张敬舆先生、严范孙先生、孙伯兰先生、陈二庵先生、王一堂先生，上海唐少川先生、孙□□先生、岑云阶先生、章太炎先生、□孑民先生、李印泉先生、陆干卿先生、徐季龙先生、柏烈武先生、于右任先生，南通张季直先生，广东孙中山先生、□□□先生、汪精卫先生、谭组安先生、李协和先生、熊锦帆先生、[①] 均鉴：[②]

惟念事机危迫，不许□□，不得已，勉□民付，共维现状。一俟军事粗定，自当奉身告退，谨避贤能。第建设虽在未遑，即传栈亦□不逮，迷□在道，全倚南□。诸公元勋宿□，薄海具瞻，至恳不吝发言，随时随地，加之指示，庶藉老成之启迪，俾资后进之遵循，公谊私情，实同衔佩。□□在望，倾耳听音，掬臆□陈，伏维照察。黄郛、王正廷、李书城、张耀曾。江。印。

（《摄阁就职通电》，《顺天时报》1924年11月5日）

① 中间数字不清。——编者

② 中间数字不清。——编者

杨度致孙中山电

（1924 年 11 月 3 日）

广州孙大元帅钧鉴：

时局转关，曹已去位，社会舆情均盼钧座即日来京主持大计。乞勿牵于一隅，而误全局改造之机会。专电速驾，立盼复音。杨度叩。江。印。

（《杨度电请帅座北上》，《广州民国日报》1924 年 11 月 7 日）

焦易堂、王用宾致孙中山电

（1924 年 11 月 3 日）

上海法界环龙路 44 林绪密转帅座鉴：

吴已溃走，冯、胡军占津，孙军占保定。请速北上。易堂、用宾。江。

（《“谏三”密电与孙中山北上》，《团结报》1988 年 3 月 15 日）

建国第四军第一混成旅包翔等致孙中山电

（1924 年 11 月 3 日）

广州孙大元帅钧鉴：

窃以北京政变，义声四起，军阀瓦解，贿选解体，正可扫除妖氛，保障民主。请大元帅整饬义师，大伸挞伐，早竣全功，以图建设。即令顾军长迅即驰返，指示一切。大局幸甚，国家幸甚。建国第四军第一混成旅旅长兼二路游击总指挥包翔、第一团团长兼一路游击司令周玉笙、第二团团长兼二路游击司令傅德林暨全体官佐叩。江。

（《旅沪顾忠琛部下通电》，上海《民国日报》1924年11月6日）

全国铁路协会会长关赓麟等致孙中山电[①]

（1924年11月3日）

元恶锄夷，统一有望，海内贤哲正宜不分党派，息争互助，俾集建国之勋。我公功在国家，举足为时局推重。伏乞早日来京，与合肥诸公共商国是，不惟一隅惫敝之商民得稍苏息，即交通救国之计划亦获图成。谨与本会同人掬诚以请。全国铁路协会会长关赓麟等叩。江。

（《欢送大元帅北上电汇志》，《广州民国日报》1924年11月17日）

全国青年同志社等致孙中山、冯玉祥等通电

（1924年11月4日）

北苑冯检阅使、孙镇守使、胡师长，天津段芝泉先生，上海唐少川先生、柏烈武先生，广州孙中山先生、汪精卫先生，奉天张总司令，各省巡阅使、督办、督理、督军、省长、三特别区都统、各省议会、各法团、各报馆暨全国父老昆季同鉴：

① 报纸报道中说明此电为关赓麟邮呈孙中山的快邮代电。——编者

曹氏下野，□□□□，首义诸公，□□伟谋，无任钦佩。惟元凶虽□，而余氛未泯，江浙鄂豫，尚待绥□，主客各军，亟应安□，□兵各省，□宜抚慰。际兹善后方殷，百端待理，中枢为出令之府，京师乃首善之区，内阁势□久□，元首不宜□□。段公芝泉，既经国民军推举为大元帅，□请克日入都，主持国政，以一观听，而慰群情。一面由各省推举代表来京会议，解决政治问题；一面召集国民大会另制国宪，以图永久治安。盖现在宪法，乃非法国会所产出，法统未明，永续难期，自宜立予廓清，俾十数年之葛□，扫除净尽，期成根本改造之图，用奠国家万世之基。同人等忧国心切，惶迫陈词，邦人君子，幸垂鉴焉。全国青年同志社、北京市民自治协进会。豪。

（《全国青年同志社电请段大元帅入京》，《顺天时报》1924 年 11 月 5 日）

段祺瑞、张作霖、冯玉祥致孙中山电

（1924 年 11 月 4 日载）

（一日广州电）段祺瑞、张作霖、冯玉祥皆电大元帅，请速入京，并请以大元帅名义主持国政，段愿为副元帅兼总司令。

（《大元帅决定对时局态度》，上海《民国日报》1924 年 11 月 4 日）

冯玉祥、胡景翼等致孙中山电

（1924 年 11 月 4 日）

辛亥革命，未竟全功，致令先生政策，无由展施。今幸偕同友军勘［戡］定首都，此后一切建设大计，仍请先生指示，万望速驾北来，俾亲教诲是祷。冯玉祥、胡景翼、孙岳、田［续?］桐溪、刘守中、景定成、凌毅、李石曾、李含芳、岳维峻、张之江、李鸣钟、鹿钟麟、邓宝珊、李云龙、刘霭如、史宗法、何遂、李乾三、李仲三、周耀武、李养倬、赵［胡?］德夫、刘廷森、张壁［璧?］、刘贤、刘士养、续范亭、徐永昌。支。（大本营秘书处抄发　十一月七日）

（广州国民政府档案）

（《中华民国史档案资料汇编》第四辑，第806页）

附1　冯玉祥等致孙中山电

（1924年11月2日）

广州孙中山先生鉴：

感电敬悉。辛亥革命，未竟全功，致令先生政策无由展施。今幸偕同友军戡定首都，此后一切建国方略仍赖先生指示。万乞速驾北来，俾亲教诲是祷。冯玉祥、胡景翼、孙岳、续桐溪、刘守中、景定成、凌毅、岳维峻、邓宝珊、张之江、李鸣钟、鹿钟麟、胡德夫、续范亭、张璧、刘廷森叩。冬。

《顺天时报》1924年11月5日《孙文允清理粤事后北来》

附2　冯玉祥等复孙中山电[①]

（1924年11月3日）

感电敬悉，辛亥革命，未竟全功，以致先生政策无由施展。今幸偕同奉军勘［戡］定首都，此役既平，一切建国方略尚赖指挥。

① 报纸报道对发电日期的表述为：“冯玉祥、胡景翼昨覆孙文一电”。——编者

望速命驾北来，俾亲教侮［诲］，同深企盼。

（《冯请孙文来京》，北京《晨报》1924年11月4日）

附3 冯玉祥等致孙中山电

（1924年11月6日）

中山先生大鉴：

辛亥革命，未竟全功，致令先生政策，无由展施。今幸偕同友军戡定首都，此后一切建设大计，仍希先生指示，万望速驾北来，俾亲教诲是祷。冯玉祥、胡景翼、孙岳、续桐溪、刘守中、蒯定煌、凌毅、李石曾、李含芳、岳维峻、张之江、李鸣钟、鹿钟麟、邓宝珊、李云龙、刘霭如、史宗法、何遂、李乾三、李仲三、周耀武、李养宗、胡德夫、刘廷森、张璧、刘汝贤、刘士霖、续范亭、徐永昌。（民国十三年十一月六日自北京发）

（《国民军将领等请总理北上指示大计电》，《革命文献》第十辑、第80页）

胡景翼致孙中山电

（1924年11月4日）

翼军江晚到津，地方安堵。请先生命驾北来，谨率三军欢迎。胡景翼。支。（大本营秘书处抄发，十一月七日）

（广州国民政府档案）

（《中华民国史档案资料汇编》第四辑，第806页）

浙江省宪协会委员庞镇中致孙中山电

（1924年11月4日）

广州孙大元帅钧鉴：

慨自曹、吴祸国，正谊摧残，大元帅痛国统之沦胥，悯斯民之涂炭，号召英贤，举义东粤，有志之士罔不欢欣鼓舞冀睹成平。乃洛阳吴氏为虎作伥，扰乱大局，致大元帅堂堂正正之旂不能飘扬于全国，言念及此，愤慨何如。兹幸天眷吾民，冯、胡反正，朝野有识之士罔不欲乘此时机妥筹改革。然而党系纷歧宗旨庞杂，即军阀之此仆彼兴，其始虽皆藉口和平号召天下，其终罔不醉心武力荼毒生灵，追溯前车，显然可鉴。今曹、吴势力虽已推翻，而军阀声威依然存在。若徒知麇集北京冀图改革，窃恐未离武力之范围，难保不受军阀之支配。故处今之时，苟各方均有救民之诚意，则应就军阀势力所不及者，择一相当地点，由大元帅指定发表，召集建国会议，分电各方领袖派员与议，讨论一切。政府宜若何组织，财政宜若何整顿，外交之手续、军事之善后及一切庶务之均宜若何处置？令各代表各抒所见，由大元帅折衷而取之。勿鹜［骛］虚而忘实，勿图远而忽近，脱离军阀之范围，发挥真正之民意，事事务求切于吾国国情，俾坐而言者可以起而行，则废者可兴乱者可治矣。至受贿议员及守正诸公，亦宜辨别贤奸，实行赏罚，俾天下之人知有所儆劝，以收移风易俗之效。浙江省宪协会委员、黄岩分会委员长庞镇中叩。支。

（《民意属望大元帅》，上海《民国日报》1924 年 11 月 6 日）

上海工商友谊会总部致孙中山电

（1924 年 11 月 4 日）

广州孙大元帅钧鉴：

曹锟伏罪，吴佩孚宵遁，元恶虽去，时局尚有纠纷。我公民国元勋，功盖寰宇，应请顺从民意，克日移节北上，规画建设大计，奠定邦国安宁，实现民治，以竟全功。民国前途，唯公是赖。临电迫切，无任待命。上海工商友谊会总部叩。支。

（《工商友谊会通电》，上海《民国日报》1924年11月5日）

苏皖鲁豫国民自治军尹耀五等致孙中山、段芝泉等通电

（1924年11月4日）

天津段芝老、黎宋卿先生、陈一厂先生、王揖唐先生、张少卿先生、张星五先生、奉天张总司令、北京国民军冯总司令、胡副司令、孙副司令、广东孙中山先生、陈竞存先生、李协和先生、谭组庵先生、昆明唐总司令、四川熊锦帆先生、山西阎督军、陕西刘督军、山东郑督理、天津王督理、上海岑春萱先生、章太炎先生、汪精卫先生、柏烈武先生、唐少仪［川］先生、各督军、各省长、各法团、各报馆钧鉴：

东电所陈，计邀洞鉴。顷阅报章，曹锟下野，吴逆潜逃，战事于兹可告结束。惟闻吴逆逃时带有残兵数千、官员数十，不赴苏、鲁，必赴鄂、豫，窥其祸心，殊难叵测。本军现驻山东临城，并分布苏、皖、鲁、豫各要区，作最密之防范。尚望各友军一致进行尽力堵击，务期祸根净绝死灰勿再复燃。并望芝老早日出山维持大局，以慰水深火热人民之望，国家幸甚，民军幸甚。苏皖鲁豫国民自治军总司令尹耀五、第一旅旅长周炳辰、第二旅旅长冯虚忱、第三旅旅长魏炯光、第四旅旅长杨锡□、第五旅旅长薛玉楼、第六旅旅长曹□金、第七旅旅长张永庆、第八旅旅长张殿五、第九旅旅长王家奎、团长蒋先洲、尹承武、朱从伦、曹文行、董福楼、张东胜、邢景文、赵荣九、张九卿、刘友三、高寿山仝叩。支。

（《苏皖鲁豫国民自治军支电》，天津《大公报》1924年11月5日）

李烈钧致孙中山电

（1924 年 11 月 4 日载）

（汉口电）李烈钧电孙（文）支（四日）返国。

（长沙《大公报》1924 年 11 月 4 日，“专电”）

广东省长胡汉民呈孙中山文

（1924 年 11 月 4 日）

呈为呈报事：现据广东警务处□□李福林呈请辞职，应予照准。遗职查有吴铁城堪以接充。除令委暨分别咨饬外，理合呈报察核。谨呈

大元帅孙

广东省长胡汉民（印）

中华民国十三年十一月四日

（《陆海军大元帅大本营公报》一九二四年第三十一号，11 月 10 日，“指令”）

大本营建设部长林森呈孙中山文

（1924 年 11 月 4 日）

呈为转呈鉴核事：案据职部代理次长李卓峰呈称：案奉大元帅第五九九号简任状开：任命李卓峰代理大本营建设部次长。等因。复奉大本营建设部第一五九号训令开：案奉大元帅第二零四四号指令：据呈报，该部次长伍学熀因病出缺并代递遗呈由。奉

令开：呈悉。伍学焜已有明令着内政部从优议恤矣。至所遗该部次长一缺，已任命李卓峰代理，仍兼工商局局长。仰即分别知照。遗呈存。此令。等因。奉此，合行令仰知照。此令。等因。奉此。卓峰遵于十月二十八日就代长职，理合具文呈报，伏乞鉴核，转呈大元帅备案，实为公便。等情。据此。理合具文转呈鉴核备案。谨呈

大元帅

大本营建设部长林森（印）

中华民国十三年十一月四日

（《陆海军大元帅大本营公报》一九二四年第三十一号，11月10日，“指令”）

大本营内政部长徐绍桢呈孙中山文

（1924年11月4日）

呈为呈报事：窃自《管理医生暂行规则》奉准施行后，业将照章审查核准注册之中西医生人数及征费数目列表统计至第五期止，呈报钧核在案。查医生中之产科师、牙医生在东西各国列为专科，原与内外医科并重。自《管理医生暂行规则》施行以来，迭据该两种医生请求援例办理。当经酌订《产科师注册征费办法》、《管理牙科医生暂行规则》先后公布，俾资遵守。兹查十三年七月一日起至十月底止，第六期中医生注册领照共收入照费毫银一千□□□元；第六期西医生注册领照费共收入照费毫银二百八十元；又自十三年一月二十五起至十月底止，第一、二两期产科师注册领照共收入照费毫银六百二十元；又十三年七月二十一日起至十月底止，第一期牙科医生注册领照共收入照费毫银三百三十元。经督员司分期别类造具统计表，以资考镜。除将注册领照人姓名、人数照案公布，咨行广东省长备案外，理合缮具征费统计表各一分呈请钧

核，伏乞备案。再，前项照费业经拨支部费，列入计算书，另文报请核销。合并陈明。谨呈

大元帅

计呈《中医领照征费第六期统计表》一分、《西医领照征费第六期统计表》一分、《产科师领照征费第一、二期统计表》一分、《牙科医生领照征费第一期统计表》一分。

大本营内政部部长徐绍桢（印）

中华民国十三年十一月四日

（《陆海军大元帅大本营公报》一九二四年第三十一号，11月10日，“指令”）

大本营内政部长徐绍桢呈孙中山文

（1924年11月4日）

呈为遵令议恤恭祈鉴核事：案准大本营秘书处第五六九号公函开：奉大元帅令：故大本营建设部次长伍学熀志虑忠纯，才识谙练，历年革命效力不遑。上年擢授两广盐运使，旋任建设部次长并代行部务，均能留心整顿，无忝厥职。倚畀方殷，遽闻溘逝，弥留之际犹殷殷以讨贼为念。批阅遗呈，曷胜悼惜。伍学熀着由内政部按照定例从优议恤，用示笃念老成之至意。此令。等因。由处录令函达到部。部长伏查该故建设部次长伍学熀志虑忠纯，才识谙练，效力革命国尔忘家，自应遵令从优议恤以励来兹。惟现行文官恤金令系民国三年颁发，其中条款与革命政府时代情形不尽相合。该故次长受命于艰危之际，毁家纾难，懋著勋劳，自与寻常积劳捐躯者不同。拟请从优比照部长月支俸额给予一次过两个月恤金二千元，并特令颁给治丧费一千元，以示崇德报功之意。如蒙俞允，即乞令饬财政部分别照发。所有遵拟故建设部次长代行部务伍学熀恤典缘由，是

否有当，理合具文呈请钧座察核，指令祇遵。谨呈

大元帅

大本营内政部长徐绍桢（印）

中华民国十三年十一月四日

（《陆海军大元帅大本营公报》一九二四年第三十一号，11月10日，“指令”）

孙科致孙中山电

（1924年11月5日载）

孙科前晚电广州，促中山速来京。

（天津《大公报》1924年11月5日，“本埠重要消息”）

海军保卫沿海渔业监督刘昌言致孙中山电

（1924年11月5日）①

广州孙大元帅钧鉴：

曹去吴走，此诚国家危急之秋。非得全国属望之老成，不足以压群心而定国是。京中各团体望公之来切于望岁，伏祈早日命驾以苏霓望。海军保卫沿海渔业监督刘昌言叩。

（《刘昌言电请帅座北上》，《广州民国日报》1924年11月18日）

安徽逃亡学生王步文等致孙中山电

（1924年11月5日）

广州孙大元帅钧鉴：

① 报纸报道说明此电为刘昌言歌日（5日）致孙中山快邮代电。——编者

曹、吴两贼既倒，国是亟待解决。我公为民国元勋，负天下重望，即乞命驾北上主持大计，以慰群望而奠邦基。临电神驰，伏乞睿督。安徽逃亡学生王步文、王同荣、姚光鼐、刘文友、刘旭光、濮德治、郑鼎叩。微。

（《筹备欢迎大元帅》，上海《民国日报》1924年11月8日）

上海女子参政会、上海工商友谊会致孙中山电

（1924年11月5日）

上海女子参政会、上海工商友谊会分电孙中山、段祺瑞、冯玉祥等，要求率师穷追，肃清长江以南诸省之直隶爪牙。

（《中华民国史资料丛稿·大事记》第十辑，第197页）

旅京国民党党员、冯玉祥、胡景翼等致孙中山电

（1924年11月5日载）

（北京电）旅京民党同志及冯、胡司令等联衔电邀孙中山来京，筹商国是。

（天津《大公报》1924年11月5日，“国内专电”）

熊克武、刘成勋等致孙中山电

（1924年11月6日载）

（四日广州电）川熊克武、刘成勋、赖心辉、石青阳、但懋辛

等再电大元帅，劝北上主持国政。

（《各方纷促大元帅北上》，上海《民国日报》1924年11月6日）

冯玉祥、王承斌等复孙中山电

（1924年11月6日）

支电奉悉，无任欢迎。吴佩孚已于江日乘海舰他往，我军完全占领天津，京津交通恢复。万请先生早日来都共维国是，不胜叩祷之至。冯玉祥、王承斌、胡景翼、孙岳同叩。鱼。印。

（《冯玉祥三次电请大元帅北上》，《广州民国日报》1924年11月10日）

张继、丁惟汾致孙中山电

（1924年11月6日）

国民军主动，刘允臣、续西峰最有力。两君意先生缓来为妥。冯已推段为大元帅，段派毫无诚意，将用釜底抽薪计，使西南各省脱离先生。妄自尊大，欲总揽全国军权。张继、惟汾。鱼。

（《与丁惟汾报告北方情形上总理电》，《张溥泉先生全集》，第116页）

大本营内政部长徐绍桢呈孙中山文

（1924年11月6日）

呈为据情呈请察核令遵事：现据第二局局长徐希元、科长吴衍

慈、郑德铭呈请辞职，理合据情呈报钧座察核，俯赐准予免去各该员本职，仍候指令饬遵，实为公便。谨呈

大元帅

内政部长徐绍桢（印）

中华民国十一月六日

（《陆海军大元帅大本营公报》一九二四年第三十二号，11月20日，“指令”）

冯玉祥、胡景翼等致孙中山电

（1924年11月7日）

（八日广州电）大元帅再接冯玉祥、胡景翼、王承斌、孙岳等阳电，促即日北上。

（《冯玉祥等再促大元帅北上》，上海《民国日报》1924年11月10日）

澳门华侨书报社、香港国民书报社致孙中山、唐继尧等电

（1924年11月7日）

广州孙中山先生，云南唐蓂赓先生，天津段芝泉先生，奉天张雨亭先生、卢子嘉先生，北京冯焕章先生、胡景翼先生，上海、天津、北京守正议员、全国各报馆、海外各埠华侨总商会暨书报社同鉴：

此次奉、浙用兵，实由去年曹锟贿选祸国事件而起，观于张、卢两公数次通电足以证之。是此次战事之因果，仍不外法律问题之存废。曹、吴以贿选而犯法，张、卢以守法而用兵，今曹、吴既败，贿选之总统及贿制之宪法当然取消，而中华民国根本大法之约

法亦必须继续有效，庶可以维持民国于不坠，此天经地义之论也。乃自冯、胡返戈以来，国内异说蜂然并起，或主张召集元老勋旧及各省法团会议以解决国是，或提倡改组委员制政府以杜纷争。要其用意，无非鉴□贿选议员之误国，而思有以根本改造之，是固不失为一种之革命论也。然自实际而言，此种革命方法之实施期间，将根据何种标准而进行之乎？以言元老，则非亡清之遗孽，即复辟之祸首。以言勋旧，则当此青黄不接是非未定之际，谁为罪魁尚无定评，试问举国人中谁有判决之资格。以言法团，则二十一行省中何一非供军阀之利用品，吴佩孚数年前所主张之庐山会议即主是说，奈何今尚剿袭其说而不自觉乎。至言委员制，则与元年约法相抵触，其为应改订与否，当由他日国会定之，此时提议似嫌过早。由上种种观察，此种革命论，既无根据，亦启纷争。窃谓居今日而言和平救国，舍维持元年约法外无他道也。或谓维持约法即当保存法统，而人民所厌恶之贿选议员亦幸而免，于法律公道均为未当。不知贿选者，国会之分子也，非国会之机关也。分子不良可以改选，不能因其分子不良，遂并此法律机关而废弃之也。况贿选分子虽占过半数，而国会中守正不阿者尚存二百九十五人。是此二百九十五人，实为全国民意及正义所寄托。若因一部之不良而株连及于全体，揆诸事理，岂得谓平。况□此二百九十五人中，众议院所属约二百余人，参议院所属约九十人，众院已届期满，瞬将改选，是两院中可以保留之议员不过九十人而已。参众两院之组织法及任期原各不同，今若将国会组织法全□修订而一律改选，毋乃多事，此侨等所期期以为不可者也。愚见今后弭乱统一之方，必当循法律上之正轨，依次进行，然后可以渐臻治理，而绝争端。谨贡刍荛，用供采择。

一、贿选总统及贿制宪法既已失效，则今后正式宪法未颁布以前，元年约法乃继续有效。

二、贿选议员及贿选官吏应一律逮捕，由法廷［庭］依法裁判。

三、国会由反对贿选之守正议员召集开会，惟因应除名之贿选分子属多数，而递补及改选手续不能从速举行，故应根据民六先例，召集国会非常会议代行国会职权。

四、由国会非常会议选举非常或临时大总统。

五、限期改选众议院议员，及补选参议院议员，及召集国会第四届会议。

六、正式大总统由国会第四届会议选举之。

七、宪法由国会第四届会议制定之。

以上七项简而易行，以较在法律毫无根据而易滋纷扰之某某会议，相去何可以道里计。本社等忝属历届华侨选举会之一分子，职责所在，不容缄默，特抒所见，以告国人。如荷赞同，尚希一致主张，以维法统，而息纷扰。

澳门华侨书报社、香港国民书报社同叩。阳。

（《澳门华侨主张恢复临时约法阳电》，天津《大公报》1924 年 11 月 20 日）

赣南善后委员会委员长孔绍尧呈孙中山文

（1924 年 11 月 7 日）

呈为呈请任命事：本会善后委员刘锐、邱汉宗、谢寅、胡芳辉四员，已委署虔南、信丰、大庾、崇义等县知事。所有该县善后委员一缺，查有钟华廷、洪彝、胡谆、廖刚资格与定章相符。又查曾澳、钟腾瀚、尹伦三员资格亦与定章相符。均请任命为赣南善后委员会委员。各员履历并呈察核。所有呈请任命钟华廷、洪彝、胡谆、廖刚、曾澳、钟腾翰、尹伦为赣南善后委员会委员缘由，理合备文呈请，伏乞帅座核夺施行。谨呈

大元帅

附各员履历一纸。

赣南善后委员会委员长孔绍尧（印）

中华民国十三年十一月七日

（《陆海军大元帅大本营公报》一九二四年第三十一号，11 月 10 日，“指令”）

大本营内政部长徐绍桢呈孙中山文

（1924 年 11 月 7 日）

呈为据情转请开缺事：据本部总务厅长兼侨务局长陈树人□呈：树人承乏厅长员缺，对于部务已无成绩之可言，复奉简命兼任局长，而于侨务更无发展，清夜思维，自惭尸素。拟请转呈开去本兼各职，免碍政务之进行。等情前来。理合备文转呈帅座鉴核，准将内政部总务厅长兼侨务局长陈树人本兼各职一并开去，另行简员接任，以重部务。伏乞照准施行。谨呈

陆海军大元帅

内政部长徐绍桢（印）

中华民国十三年十一月七日

（《陆海军大元帅大本营公报》一九二四年第三十二号，11 月 20 日，“指令”）

大本营审计处处长林翔呈孙中山文

（1924 年 11 月 7 日）

呈为呈复事：案奉钧帅先后发交广东兵工厂厂长马超俊呈送十二年七月份至九月份收支计算书暨附属表及证据粘存簿到处，饬令审计等因。奉此。遵查该厂长所送册列各数大致相符，惟查购置栏内列镕铜锅三个，计毫洋四十九元五毫。嗣查对第一千一百三十号单据，镕铜锅三个，该港纸三十三元。若照其时加一五伸水，应合毫洋三十七元九毫五仙。原列毫洋四十九元五毫，实浮支十一元五毫五仙。又查第一千一百三十四号单据，黄铜枝等项，共该毫洋四

百二十三元八角。原单内注明收回铁锅法条两项，共该毫洋十六元，应付毫〈洋〉计四百零七元八角。原□四百二十三元八角，实浮支十六元。以上两项，共浮支二十七元五毫五仙，自应如数核减，以重公帑。计该厂十二年七月份原列出经常费毫洋十万零九千八百零三元一仙九厘，应核减毫洋二十七元五毫五仙，实核销毫洋十万零九千七百七十五元四毫六仙九厘。又八月份支出经常费毫洋一十二万零七百三十五元七毫四仙。又九月份支出经常费毫洋一十三万七千零三十五元七毫四仙五厘，证以表簿核数，均属相符。以上各数尚无浮滥，拟请准予核销。其七月份核减之二十七元五毫五仙，应请饬令该厂长列入新收款项，以清手续。是否有当，除将计算书表及证据粘存簿留处备案外，理合具文连同原呈三件呈请钧帅察核示遵，实为公便。谨呈

大元帅

计呈缴原呈三件。

大本营审计处处长林翔（印）

中华民国十三年十一月七日

（《陆海军大元帅大本营公报》一九二四年第三十二号，11月20日，“指令”）

革命纪念会呈孙中山文

（1924年11月7日）

呈为请拨给公地建设烈士孤儿院事：窃查职会干事赵士觐前于中国国民党党务讨论会提出筹设烈士孤儿院一案，业经议决，呈请钧座俯准执行。又前中国国民党广东支部长邓泽如等查，有广州市小北郊外，东自四区三分署侧桥边沿大道以西暨听泉山馆地址全部，南自城门口城基沿至八角井以北，西自大小西竹等冈以东，北自宝汉茶寮以南，有官田及能仁寺、三元宫等处寺庙产业百余亩，为前

清咸、同年间恶僧劣道串同衙署吏役私擅据有。及宣统年间复为小北一带土豪串同僧道、书吏等私相授受，巧立名目，□□官厅强占，投税管业，实行□据。经沥情呈请钧座令派干员专办将该地契照调验，果属确实，即行拨充以一半为建筑烈士孤儿院地址，以一半为该院□远基金。业奉令行查办理合在案。乃迄今日久，尚属虚悬。职会以事关重要，必应举办，愿竭棉力负其全责。拟请钧座令行广东①广州市政厅迅速妥办，勿稍宕延。庶先烈遗孤获沾仁泽，实为德便。谨呈

大元帅

革命纪念会（印）

中华民国十三年十一月七日

（《陆海军大元帅大本营公报》一九二四年第三十二号，11月20日，“指令”）

冯玉祥致孙中山电

（1924年11月8日）

国家大计端赖贤豪共议。我公为创造民国之人，熟［热］忱毅力全国同钦。特请马伯援先生代表前往欢迎。万乞早日来都，以慰众望，不胜叩祷之至。冯玉祥叩。庚。

（《冯玉祥专电促帅座北上》，《广州民国日报》1924年11月11日）

刘成勋致孙中山、段祺瑞等电

（1924年11月8日）

广州孙大元帅、天津段上将军、陈二庵夫子钧鉴：北京冯总司令、

① 此处数字不清。——编者

胡副司令、孙副司令、各省军民长官、各法团、各报馆均鉴：

前布勘电，□段公入镇京师，孙公命驾北上，度邀公鉴。成勋待罪西陲，识陋见隘，何敢妄有论列。惟追念祸源，蒿目民困，以为戡乱之机虽启，而徙薪之谋宜预，苟袭故步则后患莫穷，不明是非则奸宄靡止。谨掬愚忱，胪陈一纲六目，以备甄择。

一以建置临时军府为纲也。当兹革故鼎新之会，宜置总枢办理临时要政。孙、段两公，丰功伟烈，众望所归，领袖一席当仁莫让。其此次兴师戡乱，及频年东南、西南守正抗伪诸公，自应联袂一堂，共同主持。在野名流，如太炎先生，及上年拒绝贿选诸议员，并宜延致，赞画枢机。兵事如薙狝余孽、收束军队，政事如筹备国是大会、拯恤被灾黎元，统由军府负责处置。府属分曹治事，专任贤才，不问党派。一俟国是大会议定建设之方，正式政府成立，即行取消。其在临时期间，南北军队共归统帅，从前各处所立名目悉予废止，号令既一，派别胥化。至以国民大会、公民大会解决国事，近人频有建议。第言之匪艰实行则易致窒碍，应如何始免隔阂而无偏重，非博采群言途以积心，似未可冒昧集事。

斯纲既举，众目照张，更为列举如次：

一曰惩恶宜严也。自曹、吴坚主武力统一，藉锄异己，初发难于粤、川，继称兵于浙、奉，倾国帑以兴戎，视民命如草芥，衡情定罪，应服上刑。而微闻曹锟尚安处白宫，吴氏将移屯青海。刑宪不彰，何以立国。藉谓吴长治军，材堪节取，而议员议功之条既难用诸民国，况其练兵备战专事内争，平日则强孩提以入伍，临陈［阵?］则以标枪为断后，驱若鹿豕，不少爱惜，残贼同袍数余二十万，即在军界亦属罪人。总之，不惩曹锟，无以止奸庸窃位之渐；不惩吴佩孚，更无以谢东北、西南横死之军民。至兵祸种于贿选，则行贿、受贿者宜并付司败，安能听其盘踞议会玷我首都。助乱固实繁有徒，则弄兵祸国者宜迅予褫夺，安能听其首鼠两端，致贻滋蔓。胁从罔治之说，施诸穷饿附盗之氓则可，而非所论于强藩。投鼠忌器之说，实敷衍因循者之托辞，未可援之以刑乱。本众恶以锄奸，因定乱而用武，理固大公，宁待再计。

二曰拯菑宜速也。本年暵潦之菑遍于南朔，北庭冥顽，未闻拯救，益以兵祸，琐尾流离。松沪焚掠之惨，备见报章。此时不亟求恤济，弱者□尽填沟壑，强者附和散兵，必挺而走险。曹锟久据要津，拥资亿兆，分厥什一，即澹沈□。诸公既不忍加以刑诛，亦当勒令其蠲资自赎，以活孑黎。至各省因战事加派勒捐之款，并宜速令停止。其已经输纳者，由各戎首照数清偿，尽充拯费。他如恢复交通，收束散兵，当责所司切实办理，亦救民恤商之要图，未可少事稽迟。

三曰革旧务尽也。约法无效，过在束缚执政者过严，国会腾羞，由于议员自身人格沦亡，不谋黜旧，何以布新。况承认上年所颁宪法，不啻承认贿选政府，即贻彼党以称变之机。第凭法律解释，则辩论必多出入，即百端皆无解决之望。至民六已酿复辟，而迄今清室帝号未除，亦宜善筹处置，庶弭乱源。

四曰军藩宜废也。巡阅使之名，项城权宜授之张勋，近曹、吴用以奖乱，几等滥竽。偏裨小校不数年即跻此阶，坐拥连疆，恣其兼并，不及时废止，更待何时？移戡乱讨奸之胜兵，去划地自雄之害马，事犹拉朽，无事迟迴。又近岁军人专政，或久据封圻，或自为留后，跋扈骄横，俨同五季。甚者如吴佩孚以两湖巡阅而驻军洛阳，直、鲁、豫军官而辖及川、陕，河南省长不得仍居省垣，湘本自治，两湖突置使节。坐是之故，省长等于处置。故无论督军、督理之名胥应废除，军务善后当任省长兼办。苟有藉词抗拒，即是甘心祸国，临以兵甲，义自当正。观子嘉督办，守正拒曹，徒以重惜民命，中道下野，而其去杭表示，固举浙还浙。斯言不践，匪特民治莫彰，抑令守正者短气。

五曰财政宜理也。自洪宪僭号，暗挪国帑以供私用，至于今日，内外之国债、交通等项之积亏数等河沙，将来筹还，何一不取之吾民，究之其用途之公私，数目之多寡，吾民则绝少知闻。近王克敏等处分德债票，及苏、鄂等省之揭债以充军用，病国害民，为祸尤烈。诚宜召集南北正人，设立专处，从事清厘。剔弊当穷及豪末，数目当无一星漏，和盘托出，以示国人。何者应急筹归结，何者可徐图清理，何者宜责经手者赔偿，何者当令朋比分肥之政客、奸商负责。综核蒇事，夙弊既揭，庶来者亦有所措手。

六曰蒙藏宜筹也。曹锟孜孜于封殖，吴佩孚营营于内讧，蒙藏阽危，置而弗问。然论名义则五族去二，国体何存？论形势则屏藩尽撤，行及堂奥。俄约既定，收蒙讵可置之缓图。往者，又铮筹边，已著成效，徒以得罪曹、吴，褫罢以去。保藏之基，全在川边，陈遐龄移师内争，坐令全边沦陷，而以依附曹、吴，矜宠有加，协济恐后，功罪既淆，金瓯任阙。夫俄之于蒙，英之于藏，处心积虑，仍在蚕食，舍今不图，边患靡已。肠地本苦兵多，裁汰又鲜良策，量移实边，一举而备三善，似亦军府应负之全责也。

至于委员制之是否可行，实多疑问。如以总统名位太崇，易召攘夺，然今日之争督军、省长者，已实繁有徒，中央行政之委员，似又在督长之上，安必其无营求争夺之人。且置员过少则虞偏枯，过多则易懈责任，广州总裁之已事，殷鉴固未远也。地方分权尤属救时名论，而中央权力太薄，外省设有内争，孰为制止。近如湖南既成省宪而复启衅端，川省已行自治而莫弭兵祸。岂更新统一之后，亦仍听各省之党派报复、叛将称兵，中央即置而不过问乎？又如废止武力、实行民治，更海内喁喁以望者。而若豫、鲁、川、淮、滇、黔，萑苻遍野，非仗军队大举清乡，则潢池祸烈。即大局初定，而争权攘地之习已深中人心，苟无精良国军，将何以销反侧。所恶于吴佩孚之武力统一者，以其费帑劳师，压迫国人，以奉一淫昏猥鄙之曹锟耳。若夫定变除奸，防止暴乱，何一不资兵力？然则节制之师固宜保存，布防之区未容弛备。凡兹三者，佥未来之大计，非独断所能藏。是所望于筹建置者审慎以图，毋专事补苴，毋弥缝目前，深求根本，庶获澄清。敬献刍荛，莫补万一。临电迫切，诸□荃察。刘成勋叩。庚。

（《刘成勋之解决时局意见》，《申报》1924 年 11 月 11 日）

大本营财政部长古应芬呈孙中山文

（1924 年 11 月 8 日）

呈为呈报事：现奉钧座发下美洲华侨代表陈可扬等折称：侨民等旅居美洲旧金山及些路等埠，年中需用内地龙芽、丝苗米甚夥。每因政府禁米石出口，购运维艰，仅凭米商偷运，规费既多。本自贵华侨既已出相当价值，徒饱不肖军队及关员私囊，于政府毫无收益，漏卮甚巨。特举代表驰回祖国，请求俯念华侨历年捐资协助政府内向之殷，俯赐批准该项龙芽、丝苗等上米每年出口五十万担，每担报效政府照费毫洋一元。庶几化私为公，藉济要需。等情。应予照准。着财政部妥筹办理。等因。奉此。复据该华侨代表等呈同前情到部。据此。除揭示外，当经遵奉钧令设局办理，并由职部规定米商贩运龙芽、丝苗各上等米谷出口，须到本部检查局领取运照，并限原运商号于一月内须购回相当别种米石入口。庶几籴贱粜贵，公私交益。除令委周少棠为财政部检查出口谷米总局局长，并在东莞、新会、香山等处酌设分局就近办理，暨分别咨行外，理合呈报大元帅鉴核施行。谨呈

大元帅

财政部长古应芬（印）

中华民国十三年十一月八日

（《陆海军大元帅大本营公报》一九二四年第三十二号，11 月 20 日，“指令”）

孙岳致孙中山、段祺瑞等电

（1924 年 11 月 9 日）

天津段大元帅、韶关孙中山先生、天津王督理、北京冯总司令、京奉

路探投张雨帅、张、李总司令、北京胡军长、各衙门、各团体均鉴：

敝队自歌日攻下保定后，所有十六混成旅官兵一概缴械改编，各师、旅留保营底枪械无存，目兵分别资遣。罪魁首恶之王用中罚军饷三万元，曹士杰罚军饷洋十万元，其私人财产概不干预，仍派兵护送出境。商民安谧如初，地方秩序交通一律恢复。谨此奉告。孙岳叩。佳（九日）。印。

（《孙岳惩罚首恶通电》，天津《益世报》1924 年 11 月 13 日）

赵恒惕致孙中山等通电

（1924 年 11 月 9 日）

各省省议会，北京、天津、上海参众两院议员，北京各行政机关，各省军民长官，北京王聘卿先生、熊秉三先生，天津黎黄陂先生、段合肥先生、梁任公先生，广州孙中山先生，上海岑西林先生、章太炎先生、唐少川先生，苏州陆干卿先生，各报馆均鉴：

比年以来，干戈四起，帜统一者反促分崩，帜戡乱者益增扰攘。其始本出谋国之忠忱，其极乃涉私人之恩怨。长此激荡，其何能淑。湘省痛时局之蜩螗，顺世潮之新趋，民九以还，标举联治，创制省宪。实施数年，虽成效未彰，无以启各方观感之心，而孤危自励，始终弗渝。盖早憬然于地大民众之中国，非共趋一平衡之政制，无以解纠纷而开新治。况当云诡波谲之际，宜作惩前毖后之图。惟望各省区弃时奋起，速定省宪，为新建设之基础，以促和平统一之实现。兹全国鼎沸，统治久虚，恐影响于国际地位，宜急起组织临时总揽机关维系内外。合肥再造共和，万流仰镜，于联治主义，夙所倡导，敢望就近即日莅京，合国内元老、名流商组临时联省政府，一面召集各省区会议，决定建国方案，及收拾时局一切重要事宜。似此本标并治，开诚协作，或足以挽劫运而臻郅治。谨布下怀，伏维裁教。赵恒惕叩。佳。印。

（《赵省长电促段合肥入京》，长沙《大公报》1924年11月13日）

宋鹤庚、朱培德等致孙中山电

（1924年11月10日）

火急。广州大元帅睿鉴：

我军经于鱼午攻击大庾、青龙、新城之敌。是晚将各处完全占领，敌向赣州退却，我军跟踪追击，于佳日午后二时克复赣州，敌向云都方面溃退，我除以一部尾追外，军部均向吉安前进中。谨电闻，余续详。宋鹤庚、朱培德、鲁涤平、谢国光、吴剑学、陈嘉佑、何成浚、方鼎英、谭道源、张辉瓒、戴岳、吴家铨、王均、李明扬、廖湘芸、路孝忱、唐支厦叩。蒸。印。

（《陆海军大元帅大本营公报》一九二四年第三十四号，1924年12月10日，“公电”）

张继致孙中山电

（1924年11月10日载）

大元帅不北上段亦不出，北京陷于无政府地位，正予帝国主义以好机会。为国家计，为国际计，为本党计，务恳大元帅克日北上，以便解决一切。[1]

（《大元帅北上与北伐布置》，上海《民国日报》1924年11月10日）

① 报纸报道称：“张溥泉迭来两电，详告北方各派现势”。——编者

段祺瑞致孙中山电

（1924 年 11 月 10 日载）

大元帅为手创民国之人，万流镜仰，非亲自来京，不足以解一切。[1]

（《大元帅北上与北伐布置》，上海《民国日报》1924 年 11 月 10 日）

樊钟秀致孙中山电[2]

（1924 年 11 月 10 日载）

三十一日由泰和占吉安，总指挥部移万安。

（长沙《大公报》1924 年 11 月 10 日，“快信摘要”）

段祺瑞复孙中山电

（1924 年 11 月 10 日）

急。广州孙中山先生鉴：

虞电敬悉。荷承奖誉，惭悚交并。国事艰难，端资伟画，高轩莅止，无任欢迎。段祺瑞叩。蒸。印。

（《段祺瑞欢迎孙大元帅北上》，《广州民国日报》1924 年 11 月 13 日）

---

① 报纸报道称孙中山自 10 月 30 日由韶关返回广州后，接到段祺瑞等人请北上主持国政的电报，此电为段祺瑞经许世英转发给孙中山。——编者

② 报纸报道说明此电为樊钟秀致孙中山电。——编者

河南建国军总指挥任应岐等致孙中山等通电

（1924年11月10日）

广东孙大元帅、天津段上将军、云南唐副元帅、熊总司令、奉天张总司令、北京冯总司令、胡、孙两副司令、天津王省长、山东郑督理、山西阎督理、广州胡省长、各部长、各总司令、各军师旅团长、各省督理、省长、总司令、师旅团长、各法团、各报馆鉴：

河南苦曹、吴虐政极矣，变本加厉，实较赵氏为尤甚。直皖之战、直奉之战、湘鄂之战，与近今东南、东北之战，无非刮河南之财政以为战，驱河南之民以为战。祸乱相寻，灾害并至，欲生不得，欲死不能，互［亘］古及今，人民之憔悴，未有如是之甚者也。执政者无非贪赃卖法之徒，拥兵者尽是藉势凌民之辈，以致民不畏匪而畏兵，民不惧贼而惧官。剥削攘夺，惟日不足，民益穷而官益富，民愈苦而官愈乐。乱拉车马，城乡为之一空。豫征钱粮，贫富因而两窘。弱者驱之于死，强者铤而走险，致使河南成匪世界，全省之中无一片干净土。人民呻吟号呼于虐政之下、催科之中，咸不乐生而乐死。谚云时日曷丧及汝偕亡，殆为今日河南人民言焉。今幸冯、胡、孙、王诸先生仗义执曹，吴贼南窜，而长江上下与河南各省附逆余孽又七省联盟，尚颇抗拥吴，以图死灰之复燃。应岐等不忍人民久苦兵祸，国家亡于内争。为国家除贼计，为人民自卫计，不得不纠合父老，统率子弟，于十一月六日誓举义旗，据京汉中枢，覆吴贼巢穴，断逆党声援，本三民之主义，雪亡省之痛苦。一俟大局解决，国是底定，即当解甲归田，愿赋初服。凡我师友，谅表赞同。特电奉闻，伫候明教。河南建国军总指挥任应歧［岐］、第一师师长张得胜率全体军官等叩。蒸。

（《河南发现建国军》，上海《民国日报》1924年11月13日）

唐继尧致孙中山电

（1924年11月10日载）

（上海专电）滇唐电孙，促其北上，中有主持中枢，芝老是属，望早启行，共襄建树语。

（天津《益世报》1924年11月10日，“国内专电”）

大本营财政部长古应芬、广东省长胡汉民呈孙中山文

（1924年11月10日载）

为呈请鉴核事：窃以中央银行开始发行货币，前奉钧座训令：所有征收田赋、厘捐、租税及其他公款一律收受该行货币；其报解公款非该行货币不收；至商民交易，准其照额通用。等因。当经遵令分行布告各在案。查[①]币起见，当会订《各征收机关收解新币暂行章程》呈奉，核准施行迄今，对于推行新□□渐收效。现值中央银行发行货币，自应将该项暂行章程修正为《征收机关收解国币章程》，以利推行而资遵守。是否有当，理合将该项章程草案附抄清折呈请钧座鉴核，训示祗遵。谨呈

大元帅

附呈章程一扣。

大本营财政部长古应芬（印）、广东省长胡汉民（印）

中华民国十三年十一月　日

（《陆海军大元帅大本营公报》一九二四年第三十一号，11月10日，“指令”）

① 中间数字不清——编者

大本营财政部长古应芬呈孙中山文

(1924 年 11 月 10 日载)

呈为呈请事：现据两广盐运使邓泽如呈称：现据广东北江盐务督运处专员李藩国呈称：窃藩国现奉湘军谭总司令委充总司令部军需处处长，所有督运专员一差力难兼任，应请辞职等情。据此，自应照准。所遗督运专员一职，查有廖燮稳练耐劳，堪以荐任，理合具文呈请钧部察核，俯赐转请免去李藩国督运专员本职，另行任命廖燮接充，以昭慎重而专责成。等情。据此。查北江盐务督运处专员李藩国既呈请辞，继任人员复据该盐使呈荐廖燮堪以荐任，理合据情转呈钧座鉴核施行。谨呈

大元帅

大本营财政部长古应芬（印）

中华民国十三年十一月　日

（《陆海军大元帅大本营公报》一九二四年第三十一号，11 月 10 日，“指令”）

大本营财政部长古应芬呈孙中山文

(1924 年 11 月 10 日载)

呈为呈报接收烟酒公卖局，暨派委正副局长事：案于日前曾准范石生军长通电，将滇军辖内征收各种税款交还财政机关办理。当经派出伍嘉城一员往接烟酒公卖局，赵硕、李光业二员往接航政局。兹据各该员面称经已接收前来。查粤省财政未臻发展，缘由皆由不克统一所致。今范军长首倡交还，坐言起行，见诸事实，公忠体国，清白无私，财政前途实深利赖。除由职部即派伍嘉城为烟酒

公卖局长、李思辕为航政局局长、周雍能为副局长外，理合呈报大元帅鉴核施行。谨呈

大元帅

大本营财政部长古应芬（印）

中华民国十三年十一月　日

（《陆海军大元帅大本营公报》一九二四年第三十一号，11 月 10 日，“指令”）

兼理大本营参军处事宜吴铁城呈孙中山文

（1924 年 11 月 10 日）

为呈请事：窃职处少校副宫葛昆山向来供职勤慎，勇于任事。□大本营移驻韶州，职处组织成立，诸凡设施，均资臂助。此次北伐大军陆续来韶，职处奉令办理饷糈事项，所有派委该员筹备开拔费、军米等事，尤能不辞怨劳，卓著成绩，实属不可多得之员。拟请明令准予升充职处中校副官，以示鼓励。是否有当，伏候指令祇遵。谨呈

大元帅

兼理大本营参军处事宜吴铁城（印）

中华民国十三年十一月十日

（《陆海军大元帅大本营公报》一九二四年第三十二号，11 月 20 日，“指令”）

大本营内政部长徐绍桢呈孙中山文

（1924 年 11 月 10 日）

呈为呈请褒扬事：案据汪精卫、胡汉民等呈称：已故广东番

禺县捕属张泽棠之妻俞淑华，夫死守节二十三年，抚孤成立，亲仁爱国，贞善孝慈，例合旌表。缮具册结，呈请援例褒扬。等情前来。部长核其事状，与现行《褒扬条例》第一条第二款及第五款尚属相符。拟请钧座题颁“节孝仁慈”四字匾额，并照《褒扬条例》第七条之规定加给褒词，以示褒扬。所有呈请褒扬广东番禺县捕属节妇张俞淑华缘由，是否有当，理合具文呈请钧座察核示遵。谨呈

大元帅

大本营内政部长徐〈绍〉桢（印）

中华民国十三年十一月十日

（《陆海军大元帅大本营公报》一九二四年第三十二号，11月20日，“指令”）

管理粤汉铁路事务陈兴汉呈孙中山文

（1924年11月10日）

呈为呈请事：窃兴汉前因脑病遽发，呈请帅座给假调养，幸蒙俯准，得以渐次安痊。似海恩深，已难图报，乃仍不以兴汉为驽钝，复令管理粤汉铁路事务，闻命之下，益切悚惶。只以大军当北伐之秋，铁路负运输之责，车行或误，奚利戎机。是故受命以来，夙夜忧虑，军车络绎，劳瘁固不敢辞，罢市再三，影响亦非所计。差幸上藉帅座威福，尚免陨越，车行原状渐庆复元。方谓着手经营路政，妥筹发展，庶竭棉薄，或冀稍报涓埃，何图贱体不耐驰驱，旧病竟因复发。旬来精神恍惚，脑痛逾恒，虽力疾以从公，奈病魔之不敌，中外医士则又均以静养一月为词，再四思维，惟有仰恳帅恩给假一月。至管理粤汉铁路事务一职，祇请另派贤能代理，俾重职守。所有请给病假及派员代理缘由，理合

备文呈请鉴核。是否有当，仍候指令祇遵。谨呈

大元帅

管理粤汉铁路事务陈兴汉（印）

中华民国十三年十一月十日

（《陆海军大元帅大本营公报》一九二四年第三十三号，11月30日，“指令”）

湘军第四军军长吴剑学致孙中山电

（1924年11月11日）

大元帅睿鉴：

人心效顺，元恶出亡，日月重光，欢腾薄海，奠定国是，在此一行。剑学奉命北伐，出发在途，未克躬亲道贺，恭送霓旌。谨此电呈，敬祝万岁。湘军第四军军长吴剑学叩。真亥。印。

（《吴剑学欢送帅座北上电》，《广州民国日报》1924年11月13日）

广东省长胡汉民呈孙中山文

（1924年11月11日）

呈为呈请事：案查《广州市市长选举暂行条例》前奉大元帅制定公布，经即刷印通行。嗣奉帅令：限十日内照公布条例选举市长，不得再延等因。复经令委黄子聪、姚礼修、赵士觐三人为选举事务委员，饬即按照条例组织选举事务委员会，依限妥为办理各在案。现据该委员等呈报：暂假广东省教育会为会址，业于本月七日组织成立。当经督饬该会恪遵帅令，限期将选举一切事宜迅速举办。兹据该会呈称：查现颁《市长选举暂行条例》内载：宣示人

名册以三日为期，各项当选人答复愿否应选各以五日为期，选举起诉以五日为限，约计法定期限已达二十日。合之调查、造册、通告以及投票、开票等日，通计非一月不能蒇事。现委员等经公同会议，以最速时间拟定清单呈请察核，并请将限于法定时期实不能于十日内选举各缘由转陈帅座，恳予准照单开期限举办，俾易进行而免贻误。是否有当，伏乞指令祇遵。等情。并缴选举市长期限清单一纸前来。省长伏查此次选举市长，所有名册、宣示、投票、开票以及当选、答复、选举、诉讼等日期，未能于十日内选举，尚属实情。查核所拟选举期限清单系按照条例所定日期酌量厘订，从速举办，事关选举要政，应否准如所拟办理之处，理合具呈连同期限清单呈请鉴核令遵。谨呈

陆海军大元帅

计呈选举市长期限清单一件。

广东省长胡汉民（印）

中华民国十三年十一月十一日

（《陆海军大元帅大本营公报》一九二四年第三十二号，11月20日，“指令”）

大本营财政部长古应芬呈孙中山文

（1924年11月11日）

呈为内政部欠薪未能代筹事：窃奉钧座第五四八号训令，内开：饬筹拨内政部欠薪一万元等因。奉此。查职部现在每月收入只有爆竹、印花一项，均已指定用途，并无丝毫余款。昨经本月八日，于未能代筹内政部经费案内呈复在案。且查职部于郑洪年次长去粤时，已呈准钧座不复由部再担任各机关款项。即职部自裁员减薪后，其前任欠发各员薪俸为数亦复不菲，皆因限于收入无从支付。盖事属无可如何，当亦为员司所共谅也。所有内政部欠薪实无

闲款可拨缘由，理合呈覆钧鉴。谨呈

大元帅

大本营财政部长古应芬（印）

中华民国十三年十一月十一日

（《陆海军大元帅大本营公报》一九二四年第三十二号，11月20日，“指令”）

大本营会计司司长黄昌穀呈孙中山文

（1924年11月11日）

呈为呈报事：案奉大元帅令开：大本营会计司司长黄昌穀另有任用，应免本职，遗缺着林直勉兼理。等因。奉此，遵于本月七日卸职，随将奉颁锡包木质方印、象牙小章各一颗，结存毫银一万四千一百十元零三毫一仙七文，并镍币一千元暨卷宗等项移交新任接收。查昌穀自十二年十二月八日接任起，至本年十一月六日止，计接收黄前司长隆生移交毫银一万一千四百五十九元七毫九分二厘，卫士队五百元，镍币一千元，另收入各机关解款一百零四万九千九百十二元零八仙五文，合计收入毫银一百零六万一千八百七十一元八毫七仙七文，镍币一千元。除先后支出各机关职员薪俸、公费，津贴各军军费、伙食暨转账等项，共毫银一百零四万七千七百六十一元五毫六仙外，实存毫银一万四千一百十元零三毫一仙七文并镍币一千元。业经照数移交新任接收清楚。所有昌穀任内经手收支数目，除按月报告呈请令发审计局核销外，理合具文呈报，伏乞鉴核，准予核销，实为公便。谨呈

大元帅孙

卸大本营会计司司长黄昌穀（印）

中华民国十三年十一月十一日

（《陆海军大元帅大本营公报》一九二四年第三十二号，11月20日，“指令”）

大本营军政部长程潜呈孙中山文

（1924年11月11日）

呈为呈报事：窃本月二十八日上午九点半钟，长堤广泰来栈后面之万利号洋楼失火。适值东北风甚猛，约十八时许有火焰飞来，落职部总务厅旁之葵蓬顶上，瞬被延烧，施救无及。计烧去房屋约占全部三份之二，损失案卷及器物甚多。当火起之际，职部监印员廖楚材适因公外出，以致所有大小印信均化灰烬。该员职司典守，自应予以相当惩处。惟此次火灾实属飞来天外，为人力所不及防，事实上亦尚不无可原之处。拟请钧座察谅，宽其责究，现在种种要公亟待清办，需用大小印信，业经职部仿照旧式暂行刊用，墨摹模式呈核。仍恳钧座饬即另铸新印颁发，以昭信守。一俟领到新印，再将现刊之印销毁。谨将职部因民居失慎被火延烧情形恭文具呈察核，毋任惶悚之至。谨呈

大元帅

附呈部刊大小印信模乙纸。

军政部长程潜（印）

中华民国十三年十一月十一日

（《陆海军大元帅大本营公报》一九二四年第三十二号，11月20日，“指令”）

禁烟督办谢国光呈孙中山文

（1924年11月11日）

呈为呈报承办广州市禁烟事宜之万益公司呈请退办暨将抵余按饷报效军费仰祈睿鉴备案并恳特予嘉奖事：窃职署于本月一日据广州市禁烟局局长李士光呈称：窃职局自开办以来，备受种种障碍，

无日不在亏折之中，只以事关饷源，苟能为力，犹勉强支柱［拄?］，以冀收之桑榆。不意连受两次罢市风潮，销额更形短绌，迭次呈请减饷及退办均未蒙核准。而血本已竭，各股东又不允附充，虽欲勉为其难，奈势已不能复振，迫得于本月一日宣告歇业，以免亏累日深，重受股东之责备。除布告外，理合具文呈报察核，即请准将承办原案撤销并发还缴存按饷，以清手续而恤商艰，实叨公便。等情前来。正在核办间，旋于五日又据该局长续呈，内称：窃职局前因资本亏折净尽，无力周转，于十一月一日自行停闭。当经具文呈报退办，请予核准发还按饷在案。查职局承办期间，只因十月间兵燹后营业锐减、收入短绌，前后短缴饷项一万六千元。除呈奉核准减饷八千元外，余八千元请在按饷项下预扣。此外每日应缴饷款均经按日扫数清解，并无分毫短欠。计原日缴存按饷四万五千元，除预扣上项欠缴八千元外，尚存三万七千元。原应呈请发还以归血本，惟是际兹军饷紧急，局长为仰体时艰起见，自愿将此扣余按饷三万七千元如数报效钧署拨充军费，藉补时艰于万一，以表赞助之微忱。所有职局自请退办，并经缴饷款除扣足办理期间应缴饷数外，尚存按饷三万七千元自愿拨为报效军费各缘由，理合具文呈请察核，伏乞俯赐批准退办，并予明示并无手续未清之处，及将驻局监察员兵早日撤退，俾得从事结束，实为德便。等情。据此。伏查该局长肩承巨饷，办理市内禁烟，军糈攸关，本难准其辞退。惟据称资本亏折无力维持，查系实在情形，殊难设法挽救。至缴存按饷，照章自应发还，今既报效情殷，似未便没其急公之念。除由职署指令：先后两呈均悉。昨据该局长呈报于本月一日宣告歇业，请准将承办原案撤销等情。本督办披阅之余，深为惋惜，正拟设法维持，俾得挽救而免亏折。兹又据呈前情，坚请退办，并称愿将缴存本署按饷毫银四万五千元，除欠缴月饷八千元外，所余三万七千员［元］悉数报效军费等语。足见该局长暨各股东均属深明大义，慷慨为怀，殊堪嘉尚，应即准如所拟办理。仰候专案呈报帅府察核备案，并恳特予嘉奖，以为急公好义者劝。此令。等词。印发外，理合将万益公司退办暨自愿将抵余按饷三万七千元悉数报效军费各缘由，备文呈报钧座鉴核备案。该局长及各股东此次承办期内，对于认缴饷项尚无贻误，复于退办之后，慨然报效军费三万七千元之多，洵属深明大义。合无仰恳鸿施特予嘉奖，以示优异，而励将来。是否有当，仍候裁夺施行，实为公便。再，该局结束以后，所有市内禁烟事宜亟应继续进行，督办正在督率职署各科科长等筹商办法，容俟计画妥备后再行另文呈报，合并陈明。谨呈
陆海军大元帅孙

禁烟督办谢国光（印）

中华民国十三年十一月十一日

（《陆海军大元帅大本营公报》一九二四年第三十二号，11月20日，“指令”）

国会议员致孙中山、冯玉祥等通电
（1924年11月12日载）

北京冯总司令、胡副司令、孙副司令，天津段芝泉先生，奉天张总司令、卢总司令，上海何副司令、唐少川先生、岑云阶先生、章太炎先生，广州孙中山先生，各省军民长官、省议会、各法团、各报馆均鉴：

元凶窃国，召祸兴戎，不戢自焚，致有今日。回念去岁大选，行贿舞弊，种种不法，举世皆知。同人等苦口力争，始终拒绝参与，良以逆取，理所难忍，反动势有必然。转瞬一年，不幸言中，祸机四起，宁弗疚怀。曹锟之来，论法律则干犯国家刑章，言道德则破坏社会廉耻。此次擅开战祸，牺牲国家人民生命财产更难数计。仅令退避，不足蔽辜，应行严加监视，依法诉追，方足以申纲纪而正人心。至于如何善后，千端万绪，切望全国父老急起直追，共筹根本澄清之方，免贻将来流血之祸。同人等恪守正义，永矢弗

渝，仍本奋斗之精神，以谋政治之改造。硁硁愚见，他非所知。先此电闻，余容续布。吕复、阎秉真、窦应昌、王源瀚、张则川、范熙壬、张宏铨、何海涛、梁登瀛、王宗尧、白瑞、克兴额、吴渊、张光祎、逯长增、刘映奎、彭建标、刘景晨、黄攻素、朱溥恩、刘盥训、张我华、张善舆、李为纶、彭施涤、张相文、张僅雯、李文治、陈国玺、黄序鹓、张鸿炎、谭启柱、钟允谐、孔昭晟、金兆倏、潘久德、李肇甫、杨择、王正廷、周兆沅、胡鄂公、高中和、覃寿公、李英铨、童杭时、周恭寿、黄金声、陆祺、李庆芳、林绳武、寇遐、彭邦栋、翟富文、洪国垣、廖辅仁、韩玉辰、阮毓松、叶兰彬、王兆离、胡钧、向乃祺、彭养光、周震麟、唐支厦、罗上霓、蒙民伟、时功玖、吴子青、张大昕、汪秽鸾、焦易堂、冯自由、续桐溪、郭同、王绍鏊、王堡真等叩。

（《国会处分曹锟辞职案》，《盛京时报》1924 年 11 月 12 日）

大本营外交部长伍朝枢呈孙中山文

（1924 年 11 月 12 日）

为呈请事：窃现据特派广东交涉员傅秉常折称：窃秉常仰承拔擢，受任今职，夙夜祗惧，以图报称。惟才轻责重，陨越恒虞，绾符将届两年，成绩绝无一睹，贻讥尸位，自觉汗颜。即如收回盐务稽核、调停沙面罢工、办理越督炸案诸大端，樽俎几费，折冲绵力，深防竭罄，幸承榘训，得免业脞。倘再虚縻［糜］禄位，实恐有负海山，且当秋燥风高，旧疾复作，病躯孱弱，不耐烦劳，拟请准予辞去交涉员之职，即日赴港调治，铭感实深。再，交涉局副局长陆敬科老成持重，谙练外交，交涉员职务刻由其代拆代行。等情前来。查该交涉员受任年余，办理交涉尚称得力，现当多事之秋，未便任其辞去。惟据称因病赴港就医，应否准予给假调治之

处，理合备文转呈帅座鉴核，伏乞指令祇遵。谨呈
陆海军大元帅

大本营外交部长伍朝枢（印）
中华民国十三年十一月十二日

（《陆海军大元帅大本营公报》一九二四年第三十二号，11 月 20 日，“指令”）

李景林致孙中山、段祺瑞等电

（1924 年 11 月 13 日）

北京国务院，天津段统帅、冯总司令，广东孙中山先生，各巡阅使、各督军、督理、各省长、各都统、各司令、各师旅长、各报馆、各省议会、各法团均鉴：

直隶省议会及全省各法团代表开联席会议，公举景林为直隶保安司令兼代行省长职务，并屡促就任。景林本属武人，不谙政治，材轻任重，自问弗胜。加之直隶频年以来，巨党秉政，罔恤民艰，牟利营私，搜刮无遗。去年大选费，因之荡家败产者更仆难数。本年直省水灾，七十八县寸草未收，又勒摊军事各费，并出大车三万余辆、车夫十余万，人畜均丧于硝烟之下，敲肌剥髓，竭泽而渔，市井萧条，直省凋敝。以直隶百余县之大省，竟亏至六七千万之公债，元气伤残，已濒破产地位。此后补苴挽救，棘手万端，虽长于政治之人犹恐难以善其后，景林以一介武夫，曷克任此千疮百痍之残局。且景林承乏镇威军第二军军长，上有统帅府，直接有总司令，凡事奉命而行，是我军人天职，何能擅自去就，以贻职责之讥。军事未定，正景林执戈待命之日，民政纷繁，势难兼顾。除向直隶省议会及各法团力辞，请其另举贤能外，又恐宵小假此播弄是非，惑人听闻，不惟与景林个人名誉有关，更恐因致波及大局，特电奉闻，伏乞垂察。李景林。元。印。

（《一去一辞之直省长》，天津《大公报》1924年11月15日）

民治急进社总部干事彭光武等致孙中山等电

（1924年11月13日载）

《民国日报》转孙大元帅、各路讨贼义师将领钧鉴：

读护法浙军代表陈参赞无咎微电，于正式国会未行选举、合法国宪未曾公布以前，遵照约法，请护法总统孙公执行临时大总统职权，用定一尊，而明国是。光武等非常赞同，除陈请大元帅俯允舆情晋京就职外，尚希一致主张，拥护法统而一民志，无任盼切。民治急进社总部干事彭光武、吴子垣、吴桢、刘辅民、任雷军、董霖、李挥戈、华秉言等同叩。

（《各界赞成大元帅入京》，上海《民国日报》1924年11月13日）

国会议员黄元白、张大昕致孙中山电

（1924年11月13日载）

《民国日报》转孙大元帅钧鉴：

前读护法浙军代表陈无咎先生微电，主张请大元帅晋京执行总统职权，语重心长，至为钦佩。大元帅艰贞蒙难，揭护法讨贼之旗，任靖国戡乱之巨，牢笼万汇，号召群伦，八载于兹，法统岂可中断，庶政应入常轨，欲解纠纷，先定国是，恢宏让德，首定一尊，至理名言，莫之易也。国会议员黄元白、张大昕叩。

（《各界赞成大元帅入京》，上海《民国日报》1924年11月13日）

京师治安联合会致孙中山、张敬舆等电

（1924年11月13日载）

孙中山、张敬舆、唐少川、梁燕荪、李协和、汪精卫、章太炎、蒋伯器、徐固卿、王[①]、次庵、汪伯唐、王铁珊、陈二庵诸先生、国务院、参众[①]、国民军总副司令、各部总次长、各厅署、各机关、[①]各督军、督理、省长、各法团、各公团、各报馆公鉴：

天祸中国，灾乱相寻，建国十有三年，吾民未获一日之安。言国政则宵小弄权，日趋混浊。言民生则疮痍遍地，莫解倒悬。乘此天灾匪患相逼而来，而军阀之专恣，兵燹之蹂躏，使吾民有时日偕亡之□，无乐土可适之方。积威之下，悲痛难伸，乐死忘生，已非朝夕。兹者江南构兵，榆关激战，快一人之恩怨，动全国之干戈，师出既属无名，祸至将不旋踵。幸冯公仗义，首唱和平，挫暴民之专制，出群众于倒悬，春雷一震，四海欢腾。今曹总统既引咎退位，时局前途或由此展一线之曙光，而□□世之长策。惟此后根本建议，须本国民之公议，方得永久之和平。际兹过渡时期，群龙无首，窃愿海宇豪杰，审安危之大计，促万象以更新。段芝泉先生谊高云日，功在河山，举义诸公既已一致推戴。倘荷慨然允许，担负大任，则收拾中原残局，必成大一统之功，铲除祸乱根源，藉造亿万民之福，国家社稷，利赖曷极。海内明贤，想同此心。望一致兴起，共舒伟画。临电神驰，不胜翘企，谨此布悃，诸希谅察。云云。[②]

（《京师治安联合会来电》，天津《益世报》1924年11月13日）

① 中间数字不清。——编者

② 报纸报道中说明此电为京师治安联合会所发。——编者

黄绍雄致孙中山电

（1924年11月14日）

大元帅睿鉴：

曹、吴窃国，黩武穷兵，破坏和平，神人共愤，卒至众离亲叛，前途倒戈。义军一呼，群小遁窜，足见天心悔祸，人谋克臧，统一寰区，其在斯举。钧座为共和元勋，万流景仰，当宗邦离折［析］分崩之际，值斯世拨乱反正之机，旋乾转坤，匪特人任。伏望命倌夙驾，秉钺麾旌，北指燕京，主持国计，奠大局苞桑之固，救民国磐石之安，共和前途良深利赖。珠江翘首，不尽依驰。谨电陈词，伏祈鉴察。黄绍雄呈。寒。印。

（《欢送大元帅北上电汇志》，《广州民国日报》1924年11月17日）

广东财政厅长古应芬呈孙中山文

（1924年11月14日）

呈为呈请事：现据航政局局长李思辕呈称：窃查各江轮船、渡船关系交通至为紧要，年来军事频兴，盗风猖獗，航业凋零实达极点，几经维持，仅保现状。而军队在省河一带封用船只之事常有发生，各航商闻风畏避，将所有轮渡纷纷停歇，不敢驶泊省河。不特交通顿受影响，国课立形短绌，尤恐不肖之徒乘机假名索诈，实于船政前途大有妨碍。局长为维持交通、国课而杜弊端起见，合无仰恳钧厅俯赐转呈大元帅重颁禁令，通饬各军总司令分行所属严予取缔，如非因公必要，不得擅将各江轮渡封用，倘万不得已，宜向商船公会订约雇用，以杜滥冒。庶于国课、交通两无妨碍。是否有当，理合具文呈请察核，伏乞指令祗遵。等情前来。查核该局长所请，系为维持交通顾全国课起见，似应照准。据呈前情。除指令外，理合具文呈请大元帅察核，俯赐重颁禁令，通饬各军总司令分行所属严予取缔，如非因公必要，不得擅将各江轮渡封用，倘万不得已，只可向商船公会订约雇用，免碍交通用维船课。是否有当，伏候指令祇遵，实为公便。谨呈

大元帅

广东财政厅长古应芬（印）

中华民国十三年十一月十四日

（《陆海军大元帅大本营公报》一九二四年第三十二号，11月20日，“指令”）

建国北伐第四军第一路司令刘英等致孙中山电

（1924年11月15日）

孙大元帅钧鉴：

国乱频年，民生凋敝，国人望治甚于云霓。兹大憝既去，新几待理，我大元帅开国元勋，救国如焚，万恳速驾都门，咸理庶政。俾法统重光，山河生色，国利民福，曷其有极。建国北伐第四军第一路司令刘英、副司令兼第一旅旅长王冠华、第二旅旅长许棪暨全体官佐同叩。咸。

（《各界敦请帅座北上电》，上海《民国日报》1924年11月17日）

革命纪念会呈孙中山文

（1924年11月15日）

呈为呈请事：窃查民国纪元前一年辛亥正月初三日广东新军之

役，倪烈士映典多所戮力。及举义时敌军拒战，倪烈士单骑至牛王庙说敌附义，被乱枪集击，遂及于难。其奋不顾身，为国流血，忠勋实足千古。表扬先烈，后死之责也，应请钧座核准拨款六百元，就烈士殉难地点建立纪念碑，以垂永久而资景仰。理合备文呈请鉴核施行，不胜屏营待命之至。谨呈

陆海军大元帅孙

革命纪念会（印）

中华民国十三年十一月十五日

（《陆海军大元帅大本营公报》一九二四年第三十二号，11 月 20 日，“指令”）

沈鸿英致孙中山电

（1924 年 11 月 16 日载）

冯、胡戡乱，元首他逃，解纷靖难自属亟图，帅驾北上，道远不克亲送。[1]

（长沙《大公报》1924 年 11 月 16 日，“快信摘要”）

广州工人代表会执行委员会呈孙中山文

（1924 年 11 月 16 日）

为呈请事：案查《广州市市长选举暂行条例》第廿一条第二项，内开：“工在广东总工会或总工会择定之地点”之规定。查市长选举问题，我工人占市民之大多数，且为政治实力之中心，对于选举问题岂能放弃。惟选举条例所载工界市长选举会设在广东总工

① 报纸报道说明此电为沈鸿英致孙中山电。——编者

会或总工会择定之地点，殊堪诧异。窃思市长选举以广州市民为限，广州［东］总工会之组织其范围包含广东，其不可者一也。现在广州工会隶属于广东总工会者廖廖［寥寥］无几，若以总工会〈为〉选举会办事处，必不能号召各工会使之共同组织，则选举前途必为少数人所把持，其不可者二也。职会为广州多众［众多］工人最高之机关，广州工会隶属于敝会者共计一百三十余团体。据理言之，工界选举总办事〈处〉当由本会组织毫无异议。职会经于本月十五日召代表大会，决议对于广东总工会或总工会所择工界选举总办事处一律否认。理合备文呈请钧座察核，恳请克日修正《广州市市长选举暂行条例》第二十一条第二项，明令颁布，以昭核实，实为公便。除通电全国社团周知外，谨呈

陆海军大元帅

广州工人代表会执行委员会（印）

中华民国十三年十一月十六日

（《陆海军大元帅大本营公报》一九二四年第三十二号，11月20日，“指令”）

中华全国民权后援会致孙中山、段祺瑞等电

（1924年11月17日载）

广州孙大元帅、天津段芝老、奉天张总司令、北京冯总司令、胡副司令、孙副司令钧鉴：

民国肇成，宪属民权。军阀作恶，假议会伪造民权，持立法擅窃高位。议员受贿，献媚态而得利禄，弃民权见好军阀。曹三贿选，廉耻尤无。今年水旱各灾，饥荒遍地，筹赈者呼吁无门，用武者继之又起。动全国之师，枯万民之骨。掷万众之头颅，护一己之尊荣。括人民之财力，供无名之战争。干戈扰攘，苍痍满目。推其祸始，不外权利地盘。贿赂公行，毫无顾忌。天良丧尽，纲纪荡

然。黩武残民，罪恶昭灼。起义诸军与民除奸，和平障碍既除，民国澄清可望，扫除旧恶，计画更新。本会忝为全国民意机关，公同议决，民权所在，民意攸归，一致恭请孙大元帅刻日玉驾北上，及合肥段公出任艰巨，俾统全国，以收统一之效而张民权。敢剖腹心，屏营待命。中华全国民权后援会叩。

（《各界敦请帅座北上电》，上海《民国日报》1924年11月17日）

国民党广西省执行委员会致孙中山电

（1924年11月17日载）

大元帅睿鉴：

元凶窃政，国本飘摇，军阀穷兵，民生水火，群偏望治，如渴且饥。今幸冯、胡憬悟，附义京畿，狐鼠仓皇，失依城社，弥天霾暗陆现曙光，举国元黎均呈快色。我大元帅曦车北上，神略允施，收拾时艰，建设国是，达三民主义的最后之功，竟三十载奋斗的最初之志。苍□霖雨，固庆昭苏，世界声威更深景企，瞻依云汉，慰忭无疆。奈南天地隔，欲亲握送而莫由，当北上期间，谨此电呈而贡意。临电胪欢，尚乞为民珍重。中国国民党广西省执行委员会叩。

（《欢送大元帅北上电汇志》，《广州民国日报》1924年11月17日）

广西联合总工会李血泪等致孙中山电

（1924年11月17日载）

大元帅睿鉴：

冯、胡附义，朝野从风，曹、吴寒心，彷徨末日。我大元帅乘时北上，策奠国基，洗十三年共和假面之羞，开亿万岁民治实行之局。阴霾蔽国，一旦昭苏，霖雨苍生，群喁冀望，胪欢祝送，无任倾情。广西联合总工会李血泪、何冀剑、李天和、何煜堂、聂秀松、杜泽民、周根泉、蔡美利六千人同叩。

（《欢送大元帅北上电汇志》，《广州民国日报》1924年11月17日）

刘震寰致孙中山函

（1924年11月17日载）

桂局纠纷，势难统一，请收回长桂成命。①

（《刘震寰不容易回桂》，长沙《大公报》1924年11月17日）

段祺瑞致孙中山电

（1924年11月17日）

中山先生鉴：

台从想已抵沪，何日启节北上？特请曾云沛、李赞侯两总长欢迎，希告知行期为幸。段祺瑞。筱。

（《敦促孙先生北上》，上海《民国日报》1924年11月21日）

① 报纸报道称：“刘震寰拟在梧州设省长行署。八日，接赴梧代表电，实力派一致反对。刘震寰遂函孙文。”——编者

平湖县各区教育会联合会致孙中山电

（1924 年 11 月 17 日）

孙中山先生睿鉴：

军阀祸国，变乱相寻，拯民水火，惟我国父。兹闻北上，特电欢迎。平湖县各区教育会联合会叩。霰。

（《民众欢迎孙先生》，上海《民国日报》1924 年 11 月 20 日）

大本营内政部次长、代理部务谢适群呈孙中山文

（1924 年 11 月 17 日）

呈为呈报就职日期事：案奉大元帅令开：任命谢适群代理大本营内政部次长仍兼第一局局长。又令：派代理大本营内政部次长谢适群代理部务。等因。适群兹于十三年十一月十七日就职视事，除秉承钧训随时整理部务，兼接收交代另行呈报外，所有就职日期理合呈报钧座鉴核示遵。谨呈

大元帅

内政部次长、代理部务谢适群（印）

中华民国十三年十一月十七日

（《陆海军大元帅大本营公报》一九二四年第三十二号，11 月 20 日，“指令”）

卸任内政部长徐绍桢呈孙中山文

（1924 年 11 月 17 日）

呈为遵令交替事：本月三日案奉钧命开：大本营内政部长徐绍

桢呈请辞职。徐绍桢准免本职。此令。又奉令派大本营内政部次长谢适群代理部务。此令。各等因。奉此。部长遵于本月十七日经将任内经管印信、文卷、器具、款项暨职员、弁役姓名分别列册，咨交新任大本营内政部次长、代理部务谢适群接收清楚，即日交卸。理合具文呈报钧座察核备案，实纫公谊。谨呈

大元帅

卸任内政部长徐绍桢（印）

中华民国十三年十一月十七日

（《陆海军大元帅大本营公报》一九二四年第三十二号，11月20日，“指令”）

建国桂军总司令刘震寰呈孙中山文

（1924年11月17日）

呈为呈报事：窃奉钧令：以所有讨贼靖国各军名目一律取销，职军着改称建国桂军，印信后发，至其编制准用原有军队编成等因。奉此，遵于本月六日就职军原有各部队改称建国桂军。除分咨并令行外，理合呈请鉴核备案，实为公便。谨呈

陆海军大元帅

建国桂军总司令刘震寰（印）

中华民国十三年十一月十七日

（《陆海军大元帅大本营公报》一九二四年第三十二号，11月20日，“指令”）

大本营卫士队队长卢震柳呈孙中山文

（1924年11月17日）

呈为呈报事：窃奉大元帅大字第六一〇号任命状开：任命卢振

柳兼大本营卫士队队长。此状。等因。随准邓前卫队长将任内官佐、士兵、伕姓名暨军械、服装、器具、饷项等分列清册共五本咨移等由。当经于本月十六日接管就职。理合将就职日期，并将原册另缮一本备文呈报鉴核备案，实为公便。谨呈

胡代帅

计附呈清册五本。

兼卫士队队长卢振柳（印）

中华民国十三年十一月十七日

（《陆海军大元帅大本营公报》一九二四年第三十二号，11 月 20 日，“指令”）

两广盐运使邓泽如呈孙中山文

（1924 年 11 月 17 日）

呈为呈请核示事：窃本年十一月十四日奉钧府第二〇九五号指令：据使署呈为省河盐税不能照加二五补水，乞予核示由。奉令开：呈悉。大洋补水改加二五，事关通案，万难变更。仰仍遵照财政部通令办理，勿任商人藉口包缴要求减轻。此令。等因。奉此，自应遵照办理。惟使署现在与商人所订按日依额包缴盐税合约，系承历任运使因地方多故、运道梗塞核减税率之后。近更因罢市风潮，虽经恢复交易原状，而市面银根尚未能照常周转，运销仍然停滞。故商人所认包缴税率每盐一包仅得小洋四元六毫，以视□章每包加一五大洋五元，实只认到原定税率八成。今若以加二五大洋五元饬商按照八成缴纳，恐该商藉口负担过重，于订定合约期内要请退办，必致牵动全盘收入支出，于大局殊有关系。兹拟请于现届商人包缴盐税约内暂免置议，一俟下月十二月五日止，商人包缴满约后，如议订续办时，当即遵照部令以大洋加二五水饬商筹议办理，以符通案。奉令前因。所有拟请于现届商人包缴盐税满约后，即遵

部令以大洋加二五水饬缴税款各缘由，理合具文呈请钧府鉴核，指令祗遵，实为公便。谨呈

大元帅

两广盐运使邓泽如（印）

中华民国十三年十一月十七日

（《陆海军大元帅大本营公报》一九二四年第三十二号，11 月 20 日，“指令”）

广东财政厅长古应芬呈孙中山文

（1924 年 11 月 17 日）

呈为呈请事：现据承办省河猪捐维兴公司商人钟恒升、广州西税厂合兴公司商人陈振等呈称：现奉滇军第二师司令部训令：饬将加二抽收专款拨解该部充饷等因。呈请核示办理等情前来。并据省河补收土丝两厘厂承商先后以前情具报前来。查厘税项下征收加二专款一案，系奉钧座核准由厅专案办理，无论何项机关不得截留，历经办理有案。嗣以各属专款均被驻军截收，又经职厅呈请钧座严饬各军不得截收，以符原案而应支付又在案。况此项专款业经职厅指定用途，如病兵医药、湘豫军给养及其他煤费暨种种开支均所从出。职厅原有各种收入已尽为各军截收，则职厅各种要需从何应付。职厅掌管财政，责有专司，倘或贻误，谁尸其咎。据呈前情。除咨行批复外，理合具词仰恳钧座俯赐严令滇军总司令暨廖师长行超，嗣后对于厘税专款不得截收，拨过之款如数提还解库，俾资挹注而维原议。所有吁恳严令滇军第二师不得截收省河猪捐、广州西税〈厂〉省河补抽局、省河土丝厂加二专款各缘由，理合具文呈请鉴核训示施行。谨呈

大元帅

广东财政厅长古应芬（印）

中华民国十三年十一月十七日

（《陆海军大元帅大本营公报》一九二四年第三十二号，11月20日，“指令”）

段祺瑞、张作霖致孙中山电

（1924年11月18日载）

（十五日天津电）段祺瑞、张作霖知孙中山今日到沪，均再发电表示欢迎，请即北上。

（《天津已预备孙先生行辕》，上海《民国日报》1924年11月18日）

广州市郊农民协会致孙中山等通电①

（1924年11月18日载）

读海陆军大元帅颁布之《广州市市长选举暂行条例》第五条规定，（中略）并无农民之参与。查市郊区域内之农民不下数十万，且有团体之组织，对于市长问题竟无选举权及被选权，揆之公理，岂得谓平。夫市长与市民，其关系之密切，夫人皆知。今士、工、商三种团体皆有参与权，而于农民团体独付缺如，是弃农民于化外也。民选之谓何？援助被压迫之谓何？想为农民利益而奋斗之革命政府，必能容纳我农民之正当要求，即刻将条文修改，加入农民团体一项。同时饬广州市市长选举事务委员会，暂待条文修改后乃行选举，以免歧视农民，以符民选而昭党义，实为公便。除呈请大元帅要求修改外，特此通电，尚希鉴察。广州市郊农民协会。

（《市选见闻种种》，《广州民国日报》1924年11月18日）

① 报纸报道说明此电为致孙中山及各法团电。——编者

广东工农兵学革命大同盟致孙中山电

（1924 年 11 月 18 日载）

查敝联盟第一次全体大会对于双十节农、工、兵各界警告大巡行，惨遭勾结军阀之帝国主义走狗陈廉伯、陈恭受指挥下之商团屠杀案，有如下之决议：

（一）请求政府抚恤死者家属每名三万元，因伤残废者每名一万元，伤而经愈者赔偿医药费及失业的损失，每名供给一千元为休养费。上项请政府于一月内办妥。

（理由）此次对商团之暴乱行动，业经执行解散科罚，加入商团者每名百元，作死伤者抚恤费。明察英断，曷胜钦仰。惟现死者未理，伤者待理，各人家属啼饥号寒，自应请速予抚恤，以彰忠烈。

（二）东西壕口为被难者立像，并在公园立纪念碑。

（理由）诸烈士为警告同胞醒觉，候国民革命进行之巡行运动而被难，虽直接死于商团之手，实即死于帝国主义与反动军阀之手。盖无帝国主义与军阀为其后盾，商团断不敢恣行凶残。是诸烈士之死，乃系代表农、工、兵、学四个大群家［众］为国民革命而牺牲者。其死之意义既极深重，自应立像立碑，以资纪念。

（三）惩办李朗如、李福林。（事略）。

（四）由政府明令通告，定双十警告节为公祭日。

（理由）双十警告节既为广东农、工、兵、学群众联合作国民革命运动而牺牲之纪念日，于革命史上之意义极为严重，自应定为公祭日，予国民以深刻之革命印像，由政府明令公布之。

（五）请政府向英、法等国交涉，限令在解除商团武装时，英、法等帝国主义者应调舶白鹅潭之兵舰离粤。

（理由）帝国主义者动辄以军舰停舶内港，为反革命者之声援，尤其于商团暴动时影响更大，自应严重交涉，限令刻即离粤，以利国民革命之进行而保存国家独立之精神。

所有敝联盟请求政府抚恤双十警告节为革命运动而死伤诸人及对内对外之处理办法，除分呈孙大元帅暨广东省省长外，特此电闻。

广东工农兵学革命大同盟叩。①

（《广东工农兵学大联盟之通电》，天津《大公报》1924年11月18日）

段祺瑞致孙中山电

（1924年11月19日）

孙中山先生大鉴：

巧电敬悉。大旆将临，欢声雷动。行期有日，请先电示，以便欢迎。祺瑞。效。

（《渴望大元帅北上》，上海《民国日报》1924年11月22日）

山东省议会议员郝凤城等致孙中山、段祺瑞等电

（1924年11月19日）

天津段上将军、卢督办、广东孙中山先生、奉天张总司令、北京冯总司令、胡副司令、孙副司令、各省督理、省长、省议会、天津吕镜宇、靳翼青、北京柯凤荪、赵次珊、王鸿一诸先生、各报馆均鉴：

---

① 上述电文为致国民党中央执行委员会等团体电，然电文中提及“分呈孙大元帅”，故此收录。——编者

民国肇造，十有三年，祸乱相寻，迄无宁日。推原其故，固由于野心家权利思想之冲动。然自改革□来，朝野上下剽窃欧化，放弃礼教，实为酿乱之绝大原因。夫国与天地必有与立。中华为文明旧国，伦理名教之美备，经数千年大圣大贤之斟酌损益，而始有此范围天地曲成万物之极则。弃固有之国粹，袭欧化之皮毛，迄无谋国根本政策，明示天下以正轨，遂使乘便逐利之习中于人心，蒸为风尚，浸至扰攘纷争，骨骸积山，膏血遍野，流弊所及，未知胡底。诚以德治主义为立国之根本，建国施政若不循此以进，则人民必至为风俗所靡，廉耻道丧，纲常扫地，滔滔皆是，何从□救。此同仁等所以痛心疾首，猪口哓音而不能自已者也。乃者天心厌乱，时局翻新，举国贤豪咸抱觉悟。同仁等纵览古今，默察国情，窃以为非刷新东方文化无以建国，非确立德治主义无以立政。我中华垂统五千年之古国，自有其立国之道在，一切伦理名教实足以维持人心风俗于不敝。所谓循之则治，背之则乱，亘古迄今，绝无或爽也。今诸公远瞻高瞩，思有以收拾时局，将来海内贤达，萃于一堂，公同讨论，应请厘定国是，同心同德，为彻底澄清之改造，建长治久安之丕基。以德治主义推行政策，坚持到底，贯彻主张，与民更始，以表示良心救国之纯洁本怀。倘为左右所蹴，驰骛于虚荣浮利而不为露骨之革新，以定建国之大计，则不惟无以折服反对者之心，且必有以越轨之嫌，掩回天之续者矣。四维不张，国乃灭亡，殷鉴不远，人心在兹，五族喁喁，万目睽睽，拨乱返治，国基底定，今其时矣。临电神驰，无任翘企。山东省议会议员郝凤城、贾乃宽、朱名焯、颜承瀚、赵树枋、胡子冲、李鸣诗、李长德、鲁景龙、孟传瑾、吕德镶、杜纯□、毕明先、周茂生、侯延芷、高恩溥、徐来楫、鲁显功、朱炳焜、朱鸿涵、李繁英、崔培恩、崔俊萺、王雪田、石磊、鹿彭龄、杨业昌、陈玉三、梁德孝、梁彝、刘怡庵、郭有训、董毓璋、张文泉、郑鹤年、李天倪等同叩。效。

（《山东省议会效电》，天津《大公报》1924年11月23日）

胡景翼致孙中山电

（1924 年 11 月 19 日）

急。上海探投孙中山先生大鉴：

巧电敬悉。公道德名世，经济匡时。万民有倒悬之忧，四海切云霓之望。尚祈迅速命驾，惠然首来，不胜盼祷之至。胡景翼叩。皓。

（《渴望大元帅北上》，上海《民国日报》1924 年 11 月 22 日）

杭州印刷工人俱乐部致孙中山电

（1924 年 11 月 19 日）

《民国日报》转孙中山先生钧鉴：

近年列强帝国主义死光返照的毒焰日炽，国内被帝国主义者勾结而驾御的军阀战争之祸海日深，而我工界同胞受这两层压迫尤甚。（中略）我工人一切冤苦不平，何待多赘。幸我国民革命领袖始终代表民众利益与列强及军阀奋斗，使我们虽在压迫困穷之中，常抱求得解放之希望与努力。现在军阀已见内溃，我国民利益拥护者的先觉领袖发表宣言，负责而唱导真正的“国民会议”，俾各界国民皆得行使其国家主人之权利。热诚灼见，较之军阀分赃而置我人民利害于度外者真不可同年而语。本部工人等特以国民份子的资格，对于此种开真正国民会议的宣言主张完全表示赞成，愿从指导而为后盾，以福我国而利吾民。特此电请钧鉴。杭州印刷工人俱乐部。十九日。

（《杭州工人致孙先生电》，上海《民国日报》1924 年 11 月 22 日）

江苏省教育会致孙中山、段祺瑞等电

（1924年11月19日）

天津段芝泉先生并转张雨亭先生、北京黄膺白先生并转摄政诸先生、南京齐抚万先生、武昌萧珩珊先生并转吴子玉先生、上海孙中山先生均鉴：

冯师回京，主张和平，雪贿选之国耻。姑勿□此事之发源何如，要其举动，未始不合国民心理。所未尽惬者，既推倒行贿之曹氏，而迄未严惩受贿之议员，将使是非不明，报复无已，迁延时日，变态愈多。各省既一致拥戴芝泉先生于前，而武昌忽复有护宪军政府之发起，且对于大多数贿选议员盘踞之国会，早为全国舆论所痛心疾首者，尚称之为合法，一言之不慎，不免为扶持正义者所厌弃。芝泉先生既为海内所属望，而一般曾受卖国嫌疑开罪民国之人尚环绕左右，未忍拒绝。子玉先生苦心以谋统一，既以拥曹失败，而尚未醒武力之迷梦，究竟为国家利害？为个人利害？几令国民坠五里雾中，无从认辨其宗旨。本会硁硁之见，以为薰莸共器，则十年有余臭，恩怨两忘，则万事可公开。自今以后，惟有本和平之主张，为统一之倾向，各方拥戴者应以诚意相结合，而被拥戴者宜有病切之宣言，先饬军队各回原防，停止招募，共议裁兵，俾各省财政达收支适合之限度，而后国家之政治始可革新，人民之身家始有保障。若犹以复仇为主义，扩充地盘为主义，则既大背国民之公意，已败者宁有胜理，幸胜者亦伏败机。深盼获有实权之当局自炯良知，共谋救国，维持外交之地位，遏制内乱之萌芽，以保境安民始，以和平统一终，则全国人民所渴望，岂惟江苏一省之公言。迫不择词，诸维亮察。江苏省教育会。皓。

（《关于时局之文电》，上海《时报》1924年11月20日）

大本营审计处处长林翔呈孙中山文

（1924年11月19日）

呈为呈覆事：案奉钧帅发交大本营会计司长黄昌穀呈送该司及庶务科十三年三月收支计算书暨附属表及证据粘存簿到处，饬令审计等因。奉此。查核该司长所送会计司及庶务科收支册列各数尚无浮滥。计十三年三月分该司收入各财政机关拨解毫洋九万四千一百元，连同二月分结存，该司及庶务科、卫士队存款共计六千九百三十一元九角九分七厘，合计收入毫洋十万零一千零三十一元九角九分七厘。支出各机关职员薪俸及购置等费，共计毫洋八万四千八百五十五元五角六分八厘。收支比对，应结存毫洋一万六千一百七十六元四角二分九厘，证以表簿核数亦属相符。拟请准予如数支销。除将计算书表簿留处备案外，理合具文连同原呈一件呈覆钧帅察核示遵，实为公便。谨呈
大元帅

计缴呈原呈一件。

大本营审计处处长林翔（印）
中华民国十三年十一月十九日

（《陆海军大元帅大本营公报》一九二四年第三十三号，11月30日，“指令”）

冯玉祥致孙中山电

（1924年11月20日）①

此间安谧如常，各方极洽，足释悬念。沪谣不足信，速请先生北上为盼。

（《冯玉祥将军》，第58页）

① 引书记述此电为冯玉祥11月20日致孙中山电。——编者

北京民中俱乐部致孙中山电

（1924 年 11 月 20 日载）

《民国日报》转孙总理钧鉴：

钧座北来，群情渴望。谨派代表部缄恭迓，敬乞指示。民中俱乐部叩。

（《民众欢迎孙先生》，上海《民国日报》1924 年 11 月 20 日）

大本营军政部长程潜呈孙中山文

（1924 年 11 月 20 日载）

为呈报事：窃潜奉令攻鄂，原任军政部长一职业经钧座任命粤军许总司令兼摄。惟许新部长日久尚未接任，无从交代。部长出发在即，部务不可一日无人主持。在新部长未莅任以前，已暂派职部军务局长云瀛桥代拆代行，以维部务。理合具文呈请察核。谨呈
大元帅

军政部长程潜（印）

中华民国十三年十一月　日

（《陆海军大元帅大本营公报》一九二四年第三十二号，11 月 20 日，“指令”）

国立广东大学校长兼管理中上七校经费委员会主席邹鲁呈孙中山文

（1924 年 11 月 20 日）

呈为呈请事：窃省河筵席捐自奉钧令拨回职会自办后，经于本

月十四日设所开收。各酒楼、菜馆等尚多遵章缴纳，惟间有一二商店凡数元以上之筵席，称军人定购不肯纳捐，加以质问，则出各机关免捐字据以为抵抗。兹据稽查员缴呈核办前来。忖思凡属宴会下箸动则万钱，军界长官断无吝此区区之捐款故违定章，难保非奸商取巧假托吞瞒。惟市内军队如云，其直接、间接之亲故何止恒河沙数。若乞得片纸只字便可免捐，固无以示公平，且商店藉一瞒百，流弊更不胜问，长此以往，势必收入愈微，教费将无从挹注。鲁为维持学款起见，合无仰恳大元帅俯准通令军政各机关，嗣后如有宴会须一律附加教育经费，不得给用免捐字据，致各店藉以瞒吞。并令行广东省长布告各酒楼、菜馆等遵照，对于此项捐款务饬负责抽收，所有各界免捐字据概作无效，否则作包庇违抗论，从严处罚，以维教费而杜取巧。是否有当，理合具文连同各机关免捐字据五纸呈请鉴核，并候指令祇遵。谨呈

大元帅

国立广东大学校长、兼管理中上七校经费委员会主席邹鲁（印）

中华民国十三年十一月二十日

（《陆海军大元帅大本营公报》一九二四年第三十三号，11月30日，“指令”）

黄攻素致孙中山电[1]

（1924年11月21日载）

先生素日主张革命。新政府命名执政，已革命矣，惜未得革命办法。合肥诚意相邀，请即命驾北上协商办法。素亦有办法，当面献。

（天津《大公报》1924年11月21日，“本埠特讯”）

---

① 报纸报道中说明此电为国会拒贿议员黄攻素致孙中山电。——编者

大本营内政部次长代理部务谢适群呈孙中山文

（1924 年 11 月 21 日）

呈为呈请事：窃职部前设总务厅长一职佐理部务，嗣开办侨务局，经徐前部长呈请，以该总务厅长陈树人兼充局长，奉令简任在案。查陈树人现在辞职奉准，本部经费支绌异常，总务厅一缺拟暂不请补，所有总务厅事务由适群以次长职权督率经理。惟侨务局略有对外性质，局长名义未可虚悬，可否暂由适群兼摄，以资维持。如蒙允准，伏祈明令示遵，实为公便。谨呈

大元帅

内政部次长、代理部务谢适群（印）

中华民国十三年十一月二十一日

（《陆海军大元帅大本营公报》一九二四年第三十三号，11 月 30 日，“指令”）

孙科致孙中山电

（1924 年 11 月 22 日载）

（廿一日上午十点半钟上海发）孙科电孙文促北上。

（《华字日报》1924 年 11 月 22 日，“京津要讯汇录”）

广州市长选举会工界总办事处等致孙中山、胡汉民等电

（1924 年 11 月 22 日）

孙大元帅睿鉴：大本营各部长、胡省长、大理院长、高等审判厅

长、检察厅长、地方审判厅长、检察厅长、市公安局长、教育会、学生联合会、总商会、商联会、市商会、报界公会、善团总所、九善堂院、各报馆、各工会、工友、各社团均鉴：

现届广州市市长选举，敝处组织□起，先由市长选举事务委员会于八日致广东总工会，函告七日组织委员会成立，随于十日又来函着通告各工会组织市长选举会，随由总工会通函各工会会议□决组织，敝处即于十二日成立。因委员会十日所来公函无声□截册期限，是以敝处登报通告各工会，定二十三日为截册之期（同时商会亦登报定二十一日截册）。乃十二日接委员会函，内开：十一月十三日以前，会同各调查员编成选举人名册，一律呈送到会等词。计敝处成立之翌日，即为截册之期。随将各情呈请省长公署及函委员会展缓时日，未蒙答复。延至十七日下午八时，接委员会来函四件，内三件系十六日所发，十七日乃到者。内开：□奉胡省长批令，展期至十七日止截。是值接文之时，即已过截册之期间，使敝处无从着手，实属不明所以。然无论如何，敝处□已于□□十八日下午三时，赶紧□造□□名册送委员会。为迅速起见，将工人住址填写各该工会会所。及送至委员会，不□接收，即谒胡省长面诉实□，蒙批令委员会收册，始获点收。随后未逾二时，续送□工会第二次名册，竟被委员会□□，并将第一次名册挑剔，指称册有□填写全数工人住会者，概作□效。敝处□即函复，声叙工人□□□处所，与商人之商店不同，□工□住址，填写住会，即已有该工会负责。系为正当之声请，未蒙允许，乃□向□署委员会请示办法。已奉面谕，派人到会□填住址。及□□日□时派人往委员会填写时，□事务员将各工会名册故意苛求，甚至不允将全数名册□填。□□□等迫得□处布告。会议结果，仍因限期在即，特举代表□□录事三十名前往请求填写。本拟连夜填写，讵□委员会时，事务员□委员不□，□允填。□□□□两次，乃于廿□日□午八时，接委员会公函，内开：准于宣示期内，已列名选册之□人表会声请更正等由。查敝处第一次所送选册共二十五工会，人数达三万名。若由本人于宣示场内声请更正，能否办□，不言可喻。其为任□操纵，垄断选举，留难挑剔，故意延缓，使□宣示期限，□敝处工人不获选举，已可概见。现在期限更□□□□可设□，□第二次所送之各工会选册又不允接收。即使准第□□之册有效，而第二次列名之工友已无选举权。敝处抚心自问，殊难对我工友，惟有趁未及确定期内，联同各工团请愿胡省长准予令行委员会展期十天截册，并准予期内继续送册，及准第一次选册一律有效。如不能达到请求目的，是政府无诚意赋□工人选举权，惟有实行不投工界市选票以示决心。惟敝工人软弱受愚，伏乞转达大元帅、胡省长准□请求，使敝工人知此次市长选举公开诚意，庶达工人隐情而维选政，无任迫切待命之至。市长选举会工界总办事处暨报册团体广东总工会、中国机器总会、广东机器工人维持会、广州市工团总会、(□衔同。仝) 等仝叩。祃。

（《市选中之工界文电》，《华字日报》1924 年 11 月 29 日）

头山满复孙中山电[①]

（1924 年 11 月 22 日）

几时得抵东京？

（《孙文与日本史事编年》，第 656 页）

大本营建设部长林森呈孙中山文

（1924 年 11 月 22 日）

呈为转呈事：现据广三铁路管理局局长陈兴汉呈称：窃兴汉前以脑病初痊，复膺艰巨，连月以后不耐积劳，时际初冬旧病复发，

① 引书记载：11 月 22 日，孙中山致电头山满、犬养毅，告知由上海启程赴日，头山满复此电与孙中山。——编者

从公虽尚力疾，神气益觉迷离，理合呈请钧座鉴谅准赐给假一月以资调养。至假期内所有广三铁路事务，准由职局坐办潘鸿图代拆代行，俾重职守。并请转呈大元帅鉴核备案。等情。据此。除指令准如呈办理外，理合转呈钧帅鉴核备案。谨呈
陆海军大元帅

大本营建设部长林森（印）
中华民国十三年十一月二十二日

（《陆海军大元帅大本营公报》一九二四年第三十三号，11 月 30 日，“指令”）

大本营军需总局局长罗翼群呈孙中山文

（1924 年 11 月 22 日）

呈为呈报事：十一月十八日奉大元帅任命状大字第六一二号开：任命罗翼群为大本营军需总局局长。等因。并准大本营秘书处函送奉颁木质镶锡大印一颗，文曰“大本营军需总局局长印”，象牙小章一颗，文曰“大本营军需总局局长”。奉此。遵于本月二十二日先行在省就职任事，启用印信。理合具文呈报睿鉴。谨呈
大元帅

大本营军需总局局长罗翼群（印）
中华民国十三年十一月二十二日

（《陆海军大元帅大本营公报》一九二四年第三十三号，11 月 30 日，“指令”）

管理粤汉铁路事务陈兴汉呈孙中山文

（1924 年 11 月 22 日）

呈为呈报事：兴汉前因脑病复发，呈请钧座给假一月并派员代

理粤汉铁路事务。并奉第二一三七号指令开：呈悉。准予给假一月，已令派王棠暂行代理粤汉铁路事务矣。仰即知照。此令。等因。奉此，遵于本月二十二日，将管理粤汉铁路事务关防及象牙小章各一颗，移交代理王棠接收。理合备文呈报钧座鉴核备案。谨呈
大元帅

管理粤汉铁路事务陈兴汉（印）
中华民国十三年十一月二十二日

（《陆海军大元帅大本营公报》一九二四年第三十三号，11月30日，“指令”）

暂代理粤汉铁路事务王棠呈孙中山文

（1924年11月22日）

为呈报事：现奉钧座第二七二号派状开：派王棠暂行代理粤汉铁路事务。此状。等因。奉此。遵于本月二十二日接印视事，理合具文呈报，恳请钧座鉴察备案。谨呈
大元帅

暂行代理粤汉铁路事务王棠（印）
中华民国十三年十一月二十二日

（《陆海军大元帅大本营公报》一九二四年第三十三号，11月30日，“指令”）

涩泽荣一复孙中山电[①]

（1924年11月23日）

所恳赴神户之事，有失贵望，敬请原谅。但贵电所嘱之事，正

① 《孙文与日本史事编年》记载此电为涩泽荣一复孙中山电。——编者

与诸同志磋商中。

（《涩泽荣一传记》资料第三十八卷）[1]

广州市工界选举请愿团致孙中山电

（1924年11月23日）

上海法界莫利爱路廿七号孙大元帅钧鉴：

此次市长选兴［举］，工界有选举权者仅得十余工会，此外百余工会因送册期迫不能参与，致令多数选权为少数垄断。恳请帅座电令胡省长俯准补册与选，不胜迫切待命之至。广州市工界选举请愿团百余工会同叩。漾。

（《工界关于市选之通电》，《华字日报》1924年11月26日）

广东总工会、广州市工团总会等致孙中山电

（1924年11月23日）

大元帅钧鉴：

民选市长，政在公开，少数垄断，形同包办。伏望帅座俯准我工人补缴名册，参与选举，实深感祷。广东总工会暨九十六工团、广州市工团总会暨三十四团同叩。漾。

（《工界关于市选之通电》，《华字日报》1924年11月26日）

① 转录自段云章编著《孙文与日本史事编年》，第658页。

中国机器总会、广东机器工人维持会致孙中山电

（1924 年 11 月 23 日）

大元帅睿鉴：

我机器工人全数不能与选市长，众难放弃，起而力争，迫得吁恳大元帅俯准维持，列名与选，无任企祷。中国机器总会、广业［东］机器工人维持会同叩。漾。

（《工界关于市选之通电》，《华字日报》1924 年 11 月 26 日）

程潜致孙中山电

（1924 年 11 月 24 日）

大元帅睿鉴：胡留守勋鉴：

潜奉命攻鄂，对于湖南军队事前原多接洽，大可直前进行。乃赵恒惕执迷不悟，甘心附逆。当吴佩孚败走之时，派员驰电与我周旋，潜方以其确有觉悟。及长江各省组织伪护宪军，吴氏抵宁，赵以为有恃无恐，态度又复突变，连日派遣心腹军队节节布防备战，阻我前进。潜为遵守任务期达目的起见，不能不以武力与之相见，因于本月二十四日向湘边进发。现据我军第一旅旅长李国柱、第二旅旅长王邦吉电称：职等进至宜章附近，遇敌阻止，激战四小时，敌部张元达一团完全击溃，缴枪三百余，机关枪二架，军用品无算，俘虏百余人。该团长张元达当被击毙，完全占领宜章，现向柳州方面追击中。等语。查湘西现为熊克武、蔡巨猷、杨源浚、贺龙等占领，湘南方面仅第四师分驻，各处兵力虽较我军稍厚，然已击破其一团，敌胆已寒，或不难渐次就范也。谨电奉陈。程潜叩。敬午。印。

（《粤省北伐军战讯》，《申报》1924 年 12 月 6 日）

李耀汉致孙中山电

（1924 年 11 月 24 日）

大元帅睿鉴：胡留守钧鉴：

民国肇建，十有三载，群雄竞争，祸乱靡宁。耀汉蒿目时艰，景行贤哲，夙佩我大元帅三民主义实为救国要图。自维廿载从戎，原欲竭股肱之力自效于国。前岁沈总司令追随帅座率旅东来，耀汉曾执鞭弭，以供驱策，帡幪共隶，心膂相依。嗣缘沈总司令军事进行少有误会，耀汉袍泽攸关，不能摆脱，实则对于大元帅正大之主义始终不淹，皎皎此心，可矢天日。今者大元帅对于沈总司令既已容纳，耀汉已往之事业成陈迹，当邀宽恕。自兹以往，仍以禀承大元帅为主义，凡有利于国有益于民者，必当尽力以赴之，以竟初志。掬诚布臆，尚祈鉴察不宣。李耀汉叩。敬。

（《李耀汉向大元帅悔过》，上海《民国日报》1924 年 12 月 4 日）

刘成勋致孙中山、段祺瑞电

（1924 年 11 月 24 日）

段合肥先生、孙中山先生均鉴：

窃查本军［年］三月驻汉边军哗变，陈使失踪，地方糜烂，本军迫于绅民之请，进驻汉城，维持秩序。一切始末情形，叠经三军各师、旅长通电详陈，一邀荃察。讵该使去职数月，迄无下落，所部各军，纪律益坏。迭据边民陈述，竟致私通夷匪，时肆骚扰，人民涂炭，边危岌岌等情，纷请迅予救济前来。成勋以川边重镇，关系国防，边民深热，未容坐视。况复情同手足，义救缨冠，藩篱一决，谁尸其咎。爰命驻汉部队兼程进发，相机区处。现据师长蓝世钰［钲］等报告，已于号日驰抵炉城，边军官长相率潜逃，其部众除溃散失踪，悉携械来归，愿受编制等情。除饬该师长等妥为待遇，一面收集散部，抚慰汉夷，听候解决。并对于驻在境内外国人士加意保护外，特恐远道传闻失实，藉明真象。特电布闻，即希其鉴。刘成勋叩。敬（二十四日）。印。

（《刘成勋据川边》，《顺天时报》1924 年 12 月 11 日）

革命纪念会干事主任林森呈孙中山文

（1924 年 11 月 24 日）

呈为呈请事：窃查旧模范监狱屋地拨为扩充黄花冈七十二烈士坟园，经呈奉钧座令准在案。职会现规划修筑经费尚属短缺，拟将该废狱上盖拆卸，择其砖木旧料适用者为修筑坟园，余外则尽行投变，所得之款即以充修筑经费。理合备文呈请钧座鉴核俯准施行，实为德便。谨呈

陆海军大元帅孙

革命纪念会干事主任林森（印）

中华民国十三年十一月二十四日

（《陆海军大元帅大本营公报》一九二四年第三十三号，11 月 30 日，“指令”）

大本营军政部部长程潜呈孙中山文

（1924 年 11 月 24 日）

呈为呈请事：案据中央直辖赣军司令李明扬呈，略称：所部上校副官沈寅宾此次奉命东征，途次新丰，御匪阵亡，请予转呈

帅座准予追加陆军少将衔，并照上校阵亡例给予恤金，以昭激劝。等情到部。查该已故上校副官长沈寅宾效命疆场，惨遭不恻［测］，殊堪悯悼。拟请钧座俯准追加陆军少将衔，仍照上校阵亡例给予恤金，以示优异。是否有当，理合具文呈请鉴核训示施行。谨呈

陆海军大元帅

军政部部长程潜（印）

中华民国十三年十一月二十四日

（《陆海军大元帅大本营公报》一九二四年第三十三号，11 月 30 日，“指令”）

山东欢迎孙中山先生北来大会筹备会致孙中山电

（1924 年 11 月 25 日）

上海《民国日报》转孙中山先生钧鉴：

慨自鼎革以还，共和成立，惜建设之功未竟，大权复被窃于群小，以致干戈扰攘，迄无宁岁。又加以帝国主义者隐在军阀的背后，肆其侵略的阴谋。在彼军阀与帝国主义者主奴结托之下，遂陷我中华民族于万劫不复之地矣。惟有先生救国之志始终不懈，领导我全国民众从事民族解放的斗争，日日与军阀战，日日与帝国主义战，一线正气卒赖我公以维持。现先生屡次宣言，及最近发表的建国主张，实为救中国的唯一道路。今自北京政变以来，祸国的曹、吴虽倒，而军阀的气焰仍张，虽一时有和平气象，而军阀与帝国主义者阴谋勾结，犹狡焉思逞。当此千钧一发之机会，只有希望先生毅然北来，本平素光明正大之主张，与诸元老商订戡乱定国之大计。务使国内军阀永久消灭，帝国主义的势力根本推翻，则中国始有独立自由之一日。本会□代表山东全省人民，敬致欢迎先生北上

之热忱。欢迎孙中山先生北来大会筹备会叩。有。

（《山东各界欢迎孙段》，《申报》1924 年 11 月 29 日）

国民党江苏省党部上孙中山书[①]

（1924 年 11 月 25 日载）

内容大致分治标、治本两部。属于治标者：（一）惩罪魁；（二）惩贿选议员；（三）惩附逆；（四）迁都；（五）废都裁兵；（六）废海军；（七）解散国会。其属于治本者为：打倒军阀，打倒帝国主义，根据该党第一次全国大会宣言所列举之政纲一一施行。末以苏省党部党务报告，并述该党部目前恳求指示南针，俾图发展云。

（《国民党党部上书中山》，上海《时报》1924 年 11 月 25 日）

广东高等审判厅厅长陈融、广东高等检察厅检察长林云陔呈孙中山文

（1924 年 11 月 25 日）

为呈请事：现据广东法官学校校长曹受坤呈称：窃查职校规程第二章分科名称、第三章修业年限、第四章入学资格、第七章毕业待遇各条，尚有未尽妥协之处，于本月十一日第二次评议会议决修正，以臻完善。理合检同修正规程二分备文呈报钧厅察核。至分科名称既经改正，现在之特别科、普通科拟照修正案改称高等研究部及专门部，以昭一律。惟现届普通科原定规程系三年毕业，既经奉准在先，未便变更，拟请照原案年限酌加历史等科以期完备。是否

① 报纸报道说明此为中国国民党江苏省党部上孙中山之意见书。——编者

有当，仍候核示祇遵。等情。据此。查核修正各条尚属妥协，除令准外，理合具文呈请钧府察核备案。谨呈

陆海军大元帅孙

计呈修正法官学校规程一分。

广东高等审判厅厅长陈融、广东高等检察厅检察长林云陔（印）

中华民国十三年十一月二十五日

（《陆海军大元帅大本营公报》一九二四年第三十三号，11 月 30 日，“指令”）

广东省长胡汉民呈孙中山文

（1924 年 11 月 25 日）

呈为呈复事：现奉训令内开：据革命纪念会呈称：窃查民国纪元前一年辛亥正月初三日广东新军之役，倪烈士映典多所戮力。及举义时敌军拒战，倪烈士单骑至牛王庙说敌附义，被乱枪集击，遂及于难。其奋不顾身，为国流血，忠勋实足千古。表扬先烈，后死之责也。应请钧座核准拨款六百元，就烈士殉难地点建立纪念碑，以垂永久而资景仰。理合备文呈请鉴核施行，不胜屏营待命之至。等情前来。除指令：呈悉照准。候令行广东省长转饬财政厅照数拨给可也。此令。印发外，合行令仰该省长即便遵照。此令。等因。奉此，自应遵办。除令行财政厅遵照办理外，理合呈复大元帅鉴核。谨呈

陆海军大元帅

广东省长胡汉民（印）

中华民国十三年十一月二十五日）

（《陆海军大元帅大本营公报》一九二四年第三十三号，11 月 30 日，“指令”）

安徽建国军李雨村等致孙中山电

（1924 年 11 月 26 日载）

北京孙元帅、段执政、广州留守、建国军各总司令、安徽旅外诸乡先生、各报馆均鉴：

自曹锟贿选窃国，直系弄兵潢池，大元帅砥柱南天仗义声讨，继以浙、奉举义，冯、胡回戈，拨乱反正，国本独立。但长江流域犹为贼守，乘瑕抵隙，伺机而动。祸根一日不拔，国难一日未已，和平统一之希望无由实现。吾皖据长江中枢，年来夷为附庸，去顺效逆，悉索敝赋，闾里骚然。近虽蚌埠有响义之师，祸首已委位而去，而安徽犹牵率于十省联防之内，隐然继承马联甲臣服政策，惟齐燮元之马首是瞻。匪仅皖人之耻，直是国家之害。雨村等以身许国，誓死靡他，爰结乡里同志组织安徽建国军，服从大元帅命令，与国民协同动作，以竟肃清直系余孽、弭除长江隐祸之责任。谨露布以闻。安徽建国军李雨村等二十四人同叩。

（《皖北建国军自沪通电》，上海《民国日报》1924 年 11 月 26 日）

广东省长胡汉民呈孙中山文

（1924 年 11 月 26 日）

呈为呈请事：现据广州市市长选举事务委员会委员姚礼修、赵士觐、黄子聪等邮电称：据各团体先后电称：查《广州市市长选举暂行条例》第十条规定：现役海陆军人及在征调期间之续备军人，停止其选举权及被选举权。等语。所谓现役军人，指现在从事军务之官佐、士兵而言，或谓凡授实官，并未令其退休者亦属军人，或有谓凡曾充军职者亦是。事关选举资格疑义，谨请明白批示。等语前来。案关选政，理合转请察核示遵。等情。据此。查所称各节条例内并未明白解释，事关选举资格疑义，理合备文呈请鉴核，伏乞指令祇遵。谨呈

陆海军大元帅

广东省长胡汉民（印）

中华民国十三年十一月二十六日

（《陆海军大元帅大本营公报》一九二四年第三十四号，12月10日，“指令”）

粤军总司令许崇智呈孙中山文

（1924年11月26日）

呈为呈报事：窃照职部叠奉令饬整理粤军军政、财政，并将所辖西江十九属收入一切粮税、什捐、防费、赌饷各项税收拨充职军饷糈。业经遵照办理，并将各部队分别改编就绪。及在西江、江门、香、顺等属分设财政处、局，整理收入，而便拨支，经将六、七、八等月份收支各款汇列报告表呈核在案。兹据各处、局呈报九月口收支数目，并由军需处连同职部收支各款汇列报告表，呈请察核前来。经职复核，数目尚符，自应饬将表印刷，公开查核，俾知职部收支情况，而于应支薪饷尚属不敷，且犹可免隔阂之虞也。除将计算书据另行编订呈核并分别咨行外，理合具文连同报告表呈请钧帅察核。谨呈

大元帅

计呈职部十三年九月份收支报告表一份。

粤军总司令许崇智（印）

中华民国十三年十一月二十六日

（《陆海军大元帅大本营公报》一九二四年第三十四号，12月10日，“指令”）

赣南善后委员会委员长孔绍尧呈孙中山文

（1924 年 11 月 26 日）

呈为呈请任命事：兹查王紫剑、平宝善、张卓立、张一熙、李之煊、蒋镛、赖天瓒、刘清湘、萧钰等，资格与大元帅颁发《江西任用文官暂行条例》相符，特开具各员履历，经善后委员会审查通过，俟明令颁发，催促各员即日就道，亟办征发事宜，以利军行，而维秩序。所有呈请任命王紫剑等为知事、局长缘由，理合呈文呈请核夺施行。谨呈
大元帅

附各员履历一纸。

赣南善后委员会委员长孔绍尧（印）
中华民国十三年十一月二十六日

《陆海军大元帅大本营公报》一九二四年第三十四号，12 月 10 日，“指令”）

建国豫军第二师师长陈青云呈孙中山文

（1924 年 11 月 27 日）

呈为呈报事：窃青云于本月廿七日奉大元帅利字三十一号任命状开：任命陈青云为建国豫军第二师师长兼第三旅旅长。此状。等因。奉此，遵于廿七日就第二师师长之职。只以未谙韬略，恐误军机，伏乞时加训勉，俾效驰驱，则稍报涓埃于万一也。理合备文呈报仰祈鉴核，实为公便。谨呈
大元帅

建国豫军第二师师长陈青云（印）
中华民国十三年十一月二十七日

（《陆海军大元帅大本营公报》一九二四年第三十三号，11 月 30 日，“指令”）

大本营建设部长林森呈孙中山文

（1924 年 11 月 27 日）

呈为据情转呈仰祈鉴核事：案据职部秘书伍大光呈称：窃秘书备员建设瞬将两年，昕夕趋公，时虞复悚。盖蒲柳之质，繁剧本所难胜，多病之余，建设犹非可任，与其素餐尸位，孰若辞职让贤。所有秘书辞职缘由，理合备文呈请察核，伏乞转呈帅座照准，无任迫切待命之至。等情。据此。当经指令：呈悉。该秘书经验素富，勤慎办公，历事经年，深资臂助。兹因多病辞职，曾经面加慰留，惟辞意甚坚，未便维□，应即照准。除转呈外，仰即知照等语。缮发外，理合备文转呈，伏乞鉴核照准。谨呈

大元帅

大本营建设部长林森（印）

中华民国十三年十一月二十七日

（《陆海军大元帅大本营公报》一九二四年第三十四号，12 月 10 日，“指令”）

广东印花税分处处长宋子文呈孙中山文

（1924 年 11 月 27 日）

呈为遵令呈赍职处本年十一月一日至十五日半个月收支各款数目清册，暨十七日至二十二日每日收支各款数目清册，呈请鉴核事：案奉钧座第五七五号训令开：查各财政机关向例有旬报、月报，以资比较，而便考核。现在军需浩繁，更应详密稽核，以期收入增加，饷糈有赖。着各财政征收机关，自本年十一月十六日起，将每日经征收入及支出各数目按日分款列表，报告留守府备核。其十一月一日至十五日收支各数目，仍汇列一并补报。事

关整理财政，其各凛遵毋违。除分令外，仰该处长即便转饬所属一体遵照。切切。此令。等因。奉此。自应遵照办理。兹将职处本年十一月一日至十五日半个月收支各款汇列清册一本，十七日起至二十二日按日填列清册一本，理合备文呈赍察核备案。再，二十四日起，每日填列一册赍送，不再备文，以期简捷。合并声明，谨呈

大元帅

计呈本年十一月一日至十五日半个月收支各款数目清册一份，又十七日至二十二日每日收支各款数目清册六份。

广东印花税分处处长宋子文（印）

中华民国十三年十一月二十七日

（《陆海军大元帅大本营公报》一九二四年第三十四号，12 月 10 日，“指令”）

建国豫军总指挥兼第二混成旅旅长任应岐呈孙中山文

（1924 年 11 月 28 日）

呈为呈请事：窃当职军待命粤边，查有诪张为幻，串通职旅书记官王之屏盗用职旅关防，并暗刻私章，标签职名，呈请帅府声恳将职军改隶豫鲁招抚使节制。此事全属凭空捏造，职实毫不知情。除该书记官畏罪潜逃，正在踩缉外，合恳准将该项呈文注销，免淆观听。是否有当，理合具文呈请伏祈鉴核施行。谨呈

大元帅

建国豫军总指挥兼第二混成旅旅长任应岐（印）

中华民国十三年十一月二十八日

（《陆海军大元帅大本营公报》一九二四年第三十三号，11 月 30 日，“指令”）

大本营军需总局局长罗翼群呈孙中山文

（1924年11月28日）

呈为呈请事：案奉大元帅指令第二一三九号开：职局呈送大本营军需总局暂行条例，请批准施行由。奉令：呈及条例均悉。第五条应改为：军需总局设于北伐军总司令部所在地，办理一切军需之接济事宜，并设办事处于留守府所在地，办理经收军需款项事宜。余均准如所拟施行。仰即知照。条例存。此令。等因。奉此，遵即将原呈条例第五条修正，理合缮呈睿察备案。谨呈

大元帅

附呈《修正大本营军需总局暂行条例》一扣。

大本营军需总局局长罗翼群（印）

中华民国十三年十一月二十八日

（《陆海军大元帅大本营公报》一九二四年第三十四号，12月10日，“指令”）

建国第二军军长柏文蔚呈孙中山文

（1924年11月28日）

呈为呈复事：现奉大元帅第五九号训令，内开：除原文有案邀免复叙外，下开：合行令仰该军长即转饬所属立刻停止拆变，并分别查究，以杜滋扰，而维民业。等因。奉此，窃查此事其中既有纠葛，自应遵令即行停止拆变，并分别查究。奉令前因，理合备文呈覆，伏乞察核，谨呈

大元帅

建国第二军军长柏文蔚（印）

中华民国十三年十一月二十八日

（《陆海军大元帅大本营公报》一九二四年第三十四号，12月10日，“指令”）

大本营审计处处长林翔呈孙中山文

（1924 年 11 月 28 日）

呈为呈覆事：案奉帅座交下大本营秘书处呈报民国十三年十月份收支表册单据，令饬审核等因。计发支出决算册一本、收支对照表一扣、单据粘存簿一本、原呈一件。奉此。遵查该处十月分收入部份，计领到大本营会计司长毫洋七千一百元，又上月流存镍币二十元零五毫六仙。其支出部分，计支薪俸毫银五千零五十元，支杂役工饷毫银三百一十七元一毫九仙四文，支文具、印铸、邮电、购置杂支等项共毫银一千七百三十一元四毫四仙，合计毫银七千零九十八元六毫三仙四文。收支对抵，盈余毫银一元三毫六仙六文、镍币二十元零五毫六仙。列数明晰，与原呈数目均无错误，复证以付款单据，亦属相符，拟请准予核准支销。除表册、单据留存敝处备案外，所有奉发审核缘由，是否有当，理合连同原呈备文呈请钧座鉴核，伏乞指令祇遵。谨呈

大元帅孙

计呈缴原呈一件。

大本营审计处处长林翔（印）

中华民国十三年十一月二十八日

（《陆海军大元帅大本营公报》一九二四年第三十四号，12 月 10 日，“指令”）

国民党上海女党员致孙中山函[①]

（1924 年 11 月 29 日载）

总理钧鉴：

① 据报纸报道标题知此函为上海国民党女党员致孙中山函。——编者

（中略）女党员等对于总理所提议之国民会议，认为解决目前国是之唯一途径，但女党员等尚有不能不冒昧陈述于总理之前者。据总理宣言，国民会议系以现代实业团体、商会、教育会、大学学生联合会、工会、农会、共同反对曹、吴各军、政党等九团体组织而成，女党员等则认为有加入妇女团体之必要。其理由请得而言之：

（一）中国国民四万万，女国民占二万万，既名国民会议，当然不能将占半数之妇女除外。

（二）在理论上所谓九团体，自然妇女亦包括在内。而实际上九团体的妇女分子乃占绝对的少数，甚且有无一妇女者。故理论上九团体个个团体可以包含妇女，而实际上国民会议席上必无代表妇女利益之代表。

（三）纵使有三几个特别妇女能在工会、学生会当选为代表，参加国民会议。然而工会的代表只能代表工人的利益，学生会的代表只能代表学生的利益，因为一种团体有一种性质，一种团体代表负有一种团体的使命。然则，妇女的利益将以何而提出之乎？

（四）中国妇女在法律上、经济上、教育上、社会上均处特殊的被剥夺的地位，妇女本身利益非有妇女团体不能提出。为尊重女团［国］民意见与利益计，国民会议实有加入妇女团体之必要。

（五）吾党对内政纲十一条明白规定：于法律上、经济上、教育上、社会上确认男女平等之原则，助进女权之发展。此次国民会议应以此条政纲为根据，于九团体外加入妇女团体。

（六）此次总理对于时局之宣言及主张，实为救国救民之良药。然利于国家与人民者，必不利于军阀与帝国主义（真诚意悔祸的军阀当然不在此例）。故总理主张之胜利全靠民众之拥护。妇女既占全国民众之半数，其力亦自不可忽视。列宁说：“非有成千成万的妇女参加，无产阶级的革命是不会成功的。”女党员等亦敢。说：“非有成千成万的妇女参加，中国国民革命是不会成功

的。”女党员等以为向妇女民众宣传总理之主张起见，亦非将国民会议加入妇女团体不可。（下略）

（《上海民党女党员致中山函》，上海《民国日报》1924 年 11 月 29 日）

建国桂军第二师师长严兆丰呈孙中山文

（1924 年 11 月 29 日）

呈为呈报事：案准大本营秘书处公函开：迳启者：顷奉大元帅颁发贵师长木质镶锡大印一颗，文曰“建国军桂军第二师师长印”，象牙小章一颗，文曰“建国军桂军第二师师长”。相应函送，希为查收见复，至纫公谊。附木质镶锡大印一颗，象牙小章一颗。等由。准此。当经祗领函覆，并于本月二十九日敬谨启用。至旧颁之木质镶锡大印一颗，文曰“中央直辖西路讨贼军第二师师长印”，象牙小章一颗，文曰“中央直辖西路讨贼军第二师师长”，等印章，经已截角销毁。所有祗收新颁印章，除分呈暨分令外，理合将祗领及启用日期呈报察核备案。谨呈

大元帅

建国桂军第二师师长严兆丰（印）

中华民国十三年十一月廿九日

（《陆海军大元帅大本营公报》一九二四年第三十四号，12 月 10 日，“指令”）

大本营军政部长程潜呈孙中山文

（1924 年 11 月 29 日）

呈为呈复事：案奉钧座发下湘军总司令谭延闿呈一件，以

所部第一军第一师师部军需长成汉随军来粤从事饷糈，竭尽心力，积劳致疾，于十月二十二日在新街行营病故，请照陆军上校阵亡例从优议恤。等情。查该已故军需处长成汉供职辛勤，积劳病故，殊堪悼惜。拟请俯准追赠陆军上校，仍照《陆军战时恤赏章程》第六章积劳病故例，按第四表给予上校恤金，以示优异。是否有当，理合具文呈复，伏乞鉴核，指令祗遵。谨呈

大元帅

军政部长程潜（印）

中华民国十三年十一月二十九日

（《陆海军大元帅大本营公报》一九二四年第三十四号，12月10日，“指令”）

大本营军政部长程潜呈孙中山文

（1924年11月29日）

呈为呈请事：案奉钧座发下建国湘军总司令谭延闿呈一件，以所部第五军第三十二团团长柳大训转战湘粤，迭著殊勋，随军东征，积劳成疾，于八月二十四日病故，请予追赠陆军少将，并照《陆军战时恤赏章程》从优议恤。等情。查该已故团长柳大训卓著辛勤，积劳病故，殊堪悼惜。拟恳钧座准予追赠陆军少将，仍照积劳病故例，按第四表给予上校恤金，以示优异。是否有当，理合具文呈复，伏乞鉴核，明令施行。谨呈

陆海军大元帅

军政部长程潜（印）

中华民国十三年十一月二十九日

（《陆海军大元帅大本营公报》一九二四年第三十四号，12月10日，“指令”）

代理广东兵工厂厂长黄骚呈孙中山文

（1924年11月29日）

呈为呈报接收事：案奉钧座简任状开：任命黄骚代理广东兵工厂厂长。等因。奉此，职遵即于十月二十五日到厂视事，业经将就职日期备文呈报察核在案。旋复准前厂长马超俊续将文卷、饷项数目及一切公物等薄册共五十本，并石井轮船一艘，备文咨交前来。业经分别派员按册点收完竣，理合将接收情形备文呈报察核备案。谨呈

陆海军大元帅

代理广东兵工厂厂长黄骚（印）

中华民国十三年十一月廿九日

（《陆海军大元帅大本营公报》一九二四年第三十四号，12月10日，“指令”）

赣南善后委员会委员长孔绍尧呈孙中山文

（1924年11月29日）

呈为呈请任命事：兹查杨允恭资格与大元帅颁发《江西地方官吏任用条例》第一条第二项相符，拟请任命为龙南县知事。除本月二十八日电请外，特开具履历呈请察核，电示施行。谨呈

大元帅

附履历一纸。

赣南善后委员会委员长孔绍尧（印）

中华民国十三年十一月廿九日

（《陆海军大元帅大本营公报》一九二四年第三十四号，12月10日，“指令”）

广东总工会等致孙中山电

（1924年11月30日）

分送大元帅、胡省长、各机关、各报馆、各团体均鉴：

三十日，工界选举市长投票所内职员否认工界市选会凭纸票，不发选票并拒绝工界市选会职员在场服务，及勒令各选民举林云陔为市长，且阿护非工界市选会发票之选民。场外把守警戒，如临大敌。迹□行为，非徒明目张胆恃势舞弊，实则愿与市民宣战，殊有负我大元帅以市政还诸市民之至意，我工界百余团体决认此次市选为无效。情迫待命，谨此呼吁。广东总工会、工团总会、机器总会、互助社所属百余工会全体叩。卅。印。

（《工界对昨日市选之□电》，《华字日报》1924年12月2日）

上海两粤侨商同志会致孙中山函

（1924年11月30日载）

天津中山先生钧鉴：

历年变乱，胥为曹、吴武力统一之野蛮政策阶之厉也。今武力统一之梦既已打破，和平前途无复障碍。务请先生即莅京华，督促当道，迅速召集国民会议，与民更始。本会当号召民众为先生后盾。

两粤侨商同志会谨启

（《上海两粤侨商同志会致函孙中山先生》，上海《民国日报》1924年11月30日）

建国滇军总司令杨希闵呈孙中山文

（1924年11月30日载）

呈为呈报事：案准大本营秘书处公函，内开：顷奉大元帅颁发贵总司令木质镶锡大印一颗，文曰“建国滇军总司令印”，象牙小章一颗，文曰“建国滇军总司令”。等因。奉此，相应函送查收见复等因。并大印、小章各一颗函送到部，当经祗领，即日启用。至于旧印，另文呈缴，除咨令外，理合将领到新印启用日期呈报钧座察核。谨呈

陆海军大元帅孙

建国滇军总司令杨希闵（印）

中华民国十三年十一月 日

（《陆海军大元帅大本营公报》一九二四年第三十三号，11月30日，“指令”）

广西建国军总司令沈鸿英致孙中山电[①]

（1924年12月1日）

奉孙大元帅命令，特任鸿英为广西建国军总司令，遵于十二月一日在柳州行营就职。谨电奉闻。广西建国军总司令沈鸿英呈叩。东。印。

（《陆海军大元帅大本营公报》一九二四年第三十四号，12月10日，“公电”）

大本营建设部长林森呈孙中山文

（1924年12月1日）

呈为呈请鉴核事：案据职部工商局科长卫鼒呈称：窃科长在部供职年余，毫无成绩，久欲辞职，以让贤能。近因感冒风寒，经已请假四天。据医生言，病难速痊，尚须调养。若再续假，诚恐贻误

① 《陆海军大元帅大本营公报》所标此电标题为“广西建国军总司令沈鸿英呈大元帅东电”。——编者

公务。且既奉帅令裁员减薪，尤不忍以残病之躯坐糜国帑。理合呈请辞去本兼各职，并乞转呈帅座明令照准，至为公德两便。等情。据此，当经指令准予辞职外，理合备文呈请钧座鉴核，俯赐照准，并乞训示祇遵。谨呈

大元帅

大本营建设部长林森（印）

中华民国十三年十二月一日

（《陆海军大元帅大本营公报》一九二四年第三十四号，12月10日，“指令”）

大本营会计司司长林直勉呈孙中山文

（1924年12月1日）

呈为呈请辞职事：窃直勉前奉帅令，委兼大本营会计司司长，并任收支北伐各军军费。自惟才力棉薄，时惧弗胜，只以大局攸关，迫得勉为其难，以图报称。顷因会计事务至为繁冗，强行兼顾，力实难胜，理合具呈辞职，恳请另简贤能，以承斯乏。伏乞俯赐照准，不胜屏营待命之至。谨呈

大元帅孙

大本营会计司司长林直勉（印）

中华民国十三年十二月一日

（《陆海军大元帅大本营公报》一九二四年第三十四号，12月10日，“指令”）

卸大本营经界局督办古应芬呈孙中山文

（1924年12月1日）

呈为呈缴核销事：窃职局已奉钧令撤销，经于九月底实行裁

撤。所有职局公物及卷宗等项，已移送广东沙田清理事宜处就近保管。至前奉颁发木质印信一颗、官章一颗自应缴销，以清手续。除将收支数目列册咨送财政部查核外，所有呈缴印信及将公物、卷宗移送广东沙田清理事宜处保管各缘由，理合备文连同印信等呈请钧座鉴核示遵。谨呈

陆海军大元帅

计呈缴印信一颗、官章一颗。

卸大本营经界局督办古应芬（印）

中华民国十三年十二月一日

（《陆海军大元帅大本营公报》一九二五年第一号，1月10日，“指令”）

卸大本营经界局督办、兼办广东沙田清理事宜古应芬呈孙中山文

（1924年12月1日）

呈为呈缴核销事：窃职兼办广东沙田清理事宜，业经奉令归广东财政厅接管，所有该处事务文卷、经征支解数目等，复经分别咨交、抵解清楚。至前颁发木质镶锡关防一颗、牙质官章一颗，现该处已由财政厅另发关防，自应缴销，以清手续。所有呈缴关防官章请求核销各缘由，理合备文连同关防等呈请钧座鉴核示遵。谨呈

陆海军大元帅

计呈缴关防一颗、官章一颗。

卸大本营经界局督办兼办广东沙田清理事宜古应芬（印）

中华民国十三年十二月一日

（《陆海军大元帅大本营公报》一九二五年第一号，1月10日，“指令”）

大本营军需总局局长罗翼群呈孙中山文

（1924 年 12 月 2 日）

呈为拟具官员出差暂行规则呈请批准施行事：案照职局接济前方军需，运解员兵来往日众。此项出差规则及旅费数目亟应斟酌厘定，俾资遵守。兹饬科拟就官员出差暂行规则，经职覆核，尚属可行，理合缮呈衡核指遵，至沾公便。谨呈

大元帅

附呈《大本营军需总局官员出差暂行规则》一扣。

大本营军需总局局长罗翼群（印）

中华民国十三年十二月二日

（《陆海军大元帅大本营公报》一九二四年第三十四号，12 月 10 日，“指令”）

广西全省绥靖处督办李宗仁、会办黄绍竑等致孙中山电①

（1924 年 12 月 3 日）

本月冬日奉孙大元帅明令，特任李宗仁为广西全省绥靖处督办、黄绍竑为广西全省绥靖处会办等因。奉此，遵于十二月江日在邕就职视事。谨电奉闻。李宗仁、黄绍竑呈叩。江。印。

（《陆海军大元帅大本营公报》一九二四年第三十四号，12 月 10 日，“公电”）

① 《陆海军大元帅大本营公报》所标此电标题为“广西全省绥靖处督办李宗仁会办黄绍竑等呈大元帅江电”。——编者

大本营审计处处长林翔呈孙中山文

（1924 年 12 月 3 日）

呈为呈覆事：案奉钧府发交大本营会计司司长黄昌穀呈送该司及庶务科，十三年四月份收支计算书暨附属表及证据粘存簿到处，饬令审计。等因。奉此，遵查该司长所送会计司及庶务科收支册列各数尚无浮滥。计十三年四月份该司收入各财政机关拨解毫银五万三千六百元，连同三月份结存该司及庶务科、卫士队存款，共计收入毫银六万九千七百七十六元四角二分九厘。支出各机关职员薪俸及购置等费，共计毫银六万零九百四十七元九角三分四厘。核对收支各数，应结存毫银八千八百二十八元四角九分五厘。列数明晰，证以表、簿，均属相符，拟请准予如数核销。除将计算书、表、簿留处备查外，理合具文连同原呈一件呈覆钧帅察核示遵，实为公便。谨呈
大元帅

大本营审计处处长林翔（印）

中华民国十三年十二月三日

（《陆海军大元帅大本营公报》一九二四年第三十四号，12 月 10 日，“指令”）

大本营军政部长程潜呈孙中山文

（1924 年 12 月 3 日）

呈为呈复事：案奉钧座发下湘军谭总司令延闿呈一件，以所部第一军第九师第二十五团第一营中校营长孙谋、第九师师部中校副官长张明鉴、第九师第一旅旅部少校副官黄超白等三员，均于本年七月先后在东江军次积劳病故，请令行军政部按照各该故员原级分别晋级议恤，以安毅魄，而慰忠魂。等情。查各该故员参赞戎机，积劳病故，殊堪惋悼。拟请钧座准予援照《陆军战时恤赏章程》

第六章积劳病故例，按第四表分别给恤。故中校营长孙谋、故中校副官长张明鉴等二员，各仍照中校例。故少校副官黄超白一员，仍照少校例。分别各照原级给予恤金，以示矜恤。是否有当，理合具文呈复。伏乞鉴核，指令祗遵。谨呈

陆海军大元帅

军政部长程潜（印）

中华民国十三年十二月三日

（《陆海军大元帅大本营公报》一九二四年第三十四号，12 月 10 日，“指令”）

大本营军政部长程潜呈孙中山文

（1924 年 12 月 3 日）

呈为呈复事：案奉钧座发下海军练习舰队司令潘文治、永丰军舰舰长欧阳琳呈一件，以前海军驻汕舰队指挥兼肇和军舰舰长盛延祺，自随海军护法南来，矢身为国，艰苦备尝。民国十一年冬间，因反对舰队北归，率肇和、楚豫、永丰等舰驶赴汕头，严持正义，百折不挠。虽蒙大元帅电奖在案，讵料驻汕之际骤中奸谋。溯其忠烈，卓然可风，恳予追赠官勋，并从优议恤。等情。查该已故驻汕舰队指挥兼肇和军舰舰长盛延祺，为党为国，尽厥忠贞，不幸遇害，良堪悯悼。拟恳俯准追加海军中将衔，仍照海军少将因公殒命例给予恤金，以昭忠荩，而慰英灵。是否有当，理合具文呈复，伏乞鉴核，训示施行。谨呈

陆海军大元帅孙

军政部长程潜（印）、军务局局长云瀛桥代拆代行

中华民国十三年十二月三日

（《陆海军大元帅大本营公报》一九二四年第三十四号，12 月 10 日，“指令”）

广州市市长李福林呈孙中山文

（1924 年 12 月 3 日）

呈为呈请鉴核事：现据民产保证局呈称：案奉钧厅第三五七号训令开：现奉大元帅训令第五七五号开：查各财政征收机关向例有旬报、月报，以资比较，而便考核。现在军需浩繁，更应详密稽核，以期收入增加，饷糈有赖。着各财政征收机关，自本年十一月十六日起，将每日经征收入及支出各数目按日分款列表，报告留守府备核。其十一月一日至十五日收支各数目，仍汇列一并补报。事关整理财政，其各凛遵毋违。除分令外，仰该厅长即便转饬所属一体遵照。切切。此令。等因。奉此，除分行外，合行令仰该局即便遵照。等因。奉此，自应遵照办理。兹将职局自本年十一月十六日起至二十六日止，每日收入及支出各数目，按日分款列表，共填九张；其十一月一日至十五日收支各数目，亦经汇列一表。除二十七日以后收支各数按日造报外，理合具文呈报钧厅察核俯赐汇转，实为公便。计呈缴十一月一日至二十六日收支各日表共十纸。等情。据此。理合备文连同原表十纸转呈钧座鉴核。谨呈

大元帅

计呈收支数目表共十纸。

广州市市长李福林（印）

中华民国十三年十二月三日

（《陆海军大元帅大本营公报》一九二四年第三十四号，12 月 10 日，“指令”）

建国粤军总司令许崇智呈孙中山文

（1924 年 12 月 3 日）

呈为呈请事：案据恩平县县长黄其藩呈称：案奉钧部第七四七

号训令开：本年十月七日奉大元帅训令第五〇二号，内开：为令遵事。据国立广东大学校长邹鲁呈称：粤省各县田赋附加地方警、学等费照章不得超过正额百分之三十，其或有附加未达百分之三十之额，均一律加至百分之三十为率。除原文有案邀免全录外，后开：除分令外，合行令仰该县长遵照。等因。奉此，当查县属田赋地方附加适达正额百分之三十，惟此项三成附加向系保卫总团经费，其中能拨若干解为大学经费无凭悬揣，当经县长令饬县团总局查明呈复去后。兹据该局局长梁锡庆等呈复称：查县属田赋之三成附加地方税，系因民国初年解散民军，盗贼猖獗，爰集绅商学界公同议决倡办自治联团，案奉前县长甄批，准指定该三成粮捐专属募团经费，不得移挪别用。迨民国六年，奉省宪明令筹设保卫团局，以助警力之不足。邑人随将自治联团局改组保卫团局，并由县转呈备案，蒙准附加三成粮捐照旧拨归团局，历安无异。民国十一年，正式县议会成立保卫团局附设议会，现议会停顿，团局犹存。去年马县长莅新，适际时局纠纷，迅令绅等改组县团总局，并将该款照拨募团经费。忖思恩平贫瘠，附加三成粮捐外别无团费可筹，奉令前因，理合备文呈复县长，伏乞据情转呈列宪察核，以维团务而符原案。等情。据此，理合具文呈请察核转呈，实为公便。等情。据此，理合据情转呈钧帅察核，伏候训示祇遵。谨呈

大元帅

建国粤军总司令许崇智（印）

中华民国十三年十二月三日

（《陆海军大元帅大本营公报》一九二四年第三十五号，12月20日，“指令”）

段祺瑞致孙中山电

（1924年12月4日）

（四日北京电）段委许世英代表欢迎孙先生。今日再去电，请

即来京。

（《孙中山先生抵津盛况》，上海《民国日报》1924年12月5日）

各省旅沪公民叶冠千等致孙中山电

（1924年12月4日）

天津探送孙大元帅钧鉴：

年来国事蜩螗，民不聊生，干戈扰攘，变乱无已，皆因一二军阀争权夺利有以致之。我公提倡国民会议以解决一切纠纷，仁言利溥，寰宇同钦。务恳将祸民殃民之巡阅、督军、督理、督办等名目一律废除，以固国基而苏民□，[①] 坚持到底。引领北望，伫候明教。各省旅沪公民叶冠千、[②] 杨龙占、陈兆桓、叶蓁、周锡田、唐崇宴等一百二十六人同叩。支。

（《旅沪公民致孙先生电》，上海《民国日报》1924年12月5日）

天津市民欢迎孙中山先生大会致孙中山电

（1924年12月4日）

正在向导着民众向革命的道路突进着的孙中山先生：

（中略）市民们对于这次政变并不再生奢幻之望，只希望实现了三民主义、五权宪法与夫大会的宣言、政纲外，最低的限度，请先生作到下列各条：

一、收回海关权、租借地、领事裁判权，撤消一切不平等

① 此处文字不清——编者

② 此处文字不清——编者

条约。

二、取消一切苛捐杂税。

三、取消元年以来一切不合法的法令、治安警察法、盗匪惩戒条例、出版条例、罢工刑律……

四、将曹氏兄弟及其同党非法取得的财产没收，救济兵、水两灾。

五、将学校及民房之驻兵移出。

六、解散国会，取消伪宪。

七、取消督军及从前一切军职名称。

八、恢复教育原状，使教育经费完全独立。

天津市民欢迎孙中山先生大会

十二月四日

（《天津市民提出最低要求》，上海《民国日报》1925年1月8日）

大本营内政部次长代理部务谢适群呈孙中山文

（1924年12月4日）

呈为呈报事：现奉钧令：前外交总长兼财政总长、广东省长伍廷芳，功在国家，准予举行国葬典礼，以昭隆异。所有关于该项典礼应行事宜，着内政部查取成例，分别咨行办理。此令。等因。奉此，自应遵照《国葬法》及以前成例妥慎办理。查《国葬法》第五条：予国葬典礼者，由大总统亲往或派员致祭。又前北京内务部呈准国葬致祭礼节各项，内开：葬有日，内务部预以葬期呈报大总统，并请派简任以上官一员随带祭文、花圈前往会葬致祭。各等语。兹查伍故总长国葬典礼定于十二月六日举行，除由职部派员筹办并通知各官署、各团体一律照《国葬法》六、七两条办理外，合将该故总长葬期呈报察鉴，届期请特派大员前往致祭，以昭隆

重，实为公便。谨呈
大元帅

内政部次长、代理部务谢适群（印）
中华民国十三年十二月四日

（《陆海军大元帅大本营公报》一九二四年第三十四号，12月10日，“指令”）

大本营财政部长古应芬呈孙中山文

（1924年12月4日）

呈为呈覆事：现奉帅座第五九八号训令开：据台山县长刘栽甫呈请，自本年十二月起，将台山收入国家税准予酌留半数，拨充自治经费一案。除原文有案，邀免冗叙外，后开：查案关动支国库，应由财政部议覆，再行核夺。仰该部长即便遵照核议具复可也。此令。等因。奉此，伏查地方自治，国库拨款补助，各国具有先例。台属自治既奉帅座特许试办，该县长所请酌留国家税拨充自治经费之处，如能于现在所解各款不至短绌，似可照准，俾资整顿。奉令前因，理合备文呈复察核施行。谨呈
大元帅

大本营财政部长古应芬（印）
中华民国十三年十二月四日

（《陆海军大元帅大本营公报》一九二四年第三十四号，12月10日，“指令”）

国民会议湖南促成会致孙中山、段祺瑞等电

（1924年12月5日）

孙中山先生、段芝泉先生、各报馆、各机关、各团体鉴：

国事纷崩，病源有二：一为列强之侵凌，一为武人之专政。中山、合肥两公，主张以国民会议解决时局，主权还民，洵为至论，拨乱反正，在此一举。而孙公主张废除不平等条约，脱离列强压迫，尤为救国根本。本会对于两公主张深表赞同，急盼早日实现，以竟全功。惟主张国民会议之先之预备会议，亦须以人民团体之代表组织，不可以善后会议代用，以免假借而示公诚。本会由湖南全省农、工、商、教、律师公会，以及对外、学生、女界各团体发起组织，定名为中华民国国民会议湖南促成会，将以群力，共策进行。所望当局具改革之决心，毋贻以暴易暴之讥，民众除偷惰之积习，同为救国救民而起，国家前途，庶几有豸。谨此电告，愿共图之。中华民国国民会议湖南促成会叩。歌。印。

（《湘团体赞成国民会议电》，天津《益世报》1924年12月10日）

芜湖学生联合会致孙中山、段祺瑞等通电

（1924年12月5日）

各报馆转全国学生总会、各省学生联合会、各法团、北京孙中山先生、段芝泉先生、冯焕章先生、张雨亭先生暨全国父兄姑姐妹公鉴：

民国以还，战祸频年，溯其原因，无不由各帝国主义及军阀互争雄胜。有不特此也，他们更藉口条约，攫取我关税权，破坏我司法权，侵犯我教育权。瓜分之说方息，共管之声继起。爱国之士早知救国非用革命的手段不为功，兹在本会总会第六届全会代表宣言及决议案上已言之彰彰。迩者曹、吴贼首已去，国民会议召集在即。孙中山先生对时局宣言，更主张国民会议应由全国人民团体代表组织之，对外主张取消一切不平等条约，对内主张划定中央与省之权限。自该宣言公布后，全国公团函电赞助者日必数起，可知民意不死，是非自有公断。本会根据总会宣言，提出下列诸要求，望

诸君垂鉴之。

（一）废除一切不平等条约，收回租界权、关税权、司法权、教育权。

（二）废止法［治］安警察条例及罢工刑律，保障人民集会、结社、出版、言论、罢工之绝对自由权。

（三）废督裁兵，移民殖边。

（四）惩办贿选议员。

以上几条，本会认为为国民会议之最低限度。诸君爱国，谁不如我，尚希一致主张，庶国民得以早决，民困得以早除。临电迫切，伫盼明教。

芜湖学生联合会叩。歌。

（《皖人群起援助孙中山》，上海《民国日报》1924年12月11日）

北京朝阳大学学生致孙中山电

（1924年12月5日）

天津孙中山先生鉴：

先生革命元勋、国民领袖，创造民国，巩固共和，宏猷伟绩，薄海同钦。此次行旌北指，敬请莅校演说，俾聆硕论，藉壮后起。先此电达，鹄候明教。北京朝阳大学学生全体叩。歌。

（《北京欢迎孙先生热潮》，上海《民国日报》1924年12月15日）

广东电话总局局长陆志云呈孙中山文

（1924年12月5日）

呈为呈请事：窃职局自开办以来，所有常年经费向未列入行政支出预算案内，不能领取库款。历年所恃以挹注者，惟用户之月费及装机等费是赖。顾自商团叛乱，焚毁杆线甚多，因此报请销号者二百余户，月中收入顿形短绌，局中经费已有不可维持。况修理杆线需款逾万，筹划规复几费经营。无如各军事机关每多不明实情，以为职局有供给机料之义务，纷纷函请装设电话，不缴线费，或不相谅，责备诸多，或先允缴纳，后又食言。甚至供职军事机关人员于其住宅装设，亦尤而效之，实觉穷于应付。惟有吁恳帅座迅赐通令各总司令、各军长转饬所属知照，嗣后装设电话，必须照章缴纳装费及按月照交月费，以维局务。是否有当，理合备文呈请察核，伏乞指令祇遵，实为公便。谨呈

大元帅孙

广东电话总局局长陆志云（印）

中华民国十三年十二月五日

（《陆海军大元帅大本营公报》一九二四年第三十四号，12 月 10 日，“指令”）

大本营会计司司长余和鸿呈孙中山文

（1924 年 12 月 5 日）

呈为呈报接任日期事：案奉大元帅任命余明鸿为大本营会计司司长，等因。奉此，遵于十二月五日接任视事，除俟将文卷等件准前任移交接收清楚，再行呈报外，理合先将接任日期呈报察核。谨呈

大元帅孙

大本营会计司司长余和鸿（印）

中华民国十三年十二月五日

（《陆海军大元帅大本营公报》一九二四年第三十四号，12 月 10 日，“指令”）

卸兼大本营会计司司长林直勉呈孙中山文

（1924年12月5日）

为呈报事：案奉大元帅令开：兼大本营会计司司长林直勉呈请辞职。林直勉准免兼职。此令。等因。奉此，当经于本月五日将奉颁锡包木质方印暨象牙小章各一颗，交新任司长余和鸿接收。查直勉自本年十一月七日接任起，至本年十二月四日交卸止，计接收黄前司长昌穀移交毫银一万一千六百九十元零九毫五仙五文，又移交存韶关毫银二千四百一十九元三毫六仙二文，又移交镍币一千元。计由本年十一月七日起，至本年十二月四日止，收入各机关解款，毫银共一十二万三千零三十六元九毫三仙，又收港纸一千四百八十五元正。计由本年十一月七日至本年十二月四日止，拨给韶关经费共毫银一万七千二百元正，同时支给留守府各机关经费及职员俸薪共毫银一十一万零五百八十六元八毫七仙。收支比对，至本年十二月四日，结存毫银六千九百四十一元零一仙五文，又存港纸一千四百八十五元正，又存镍币一千元。亦经备文连同结存毫银六千九百四十一元零一仙五文，又存港纸一千四百八十五元正，又存镍币一千元，并单据、卷宗等件，均已咨交新任司长余和鸿接收清楚。直勉即于十二月五日交卸兼职。理合将交卸日期暨交代情形呈报察核备案。谨呈

大元帅孙

卸兼大本营会计司司长林直勉（印）

中华民国十三年十二月五日

（《陆海军大元帅大本营公报》一九二四年第三十五号，12月20日，“指令”）

建国山陕军司令路孝忱致孙中山电

（1924 年 12 月 6 日）

万火急。广州胡留守（余衔略）勋鉴：

忱部于鱼日午后五时已将仙人岭、大梅关各要隘完全占领，俘获敌人五名，夺获步枪十余枝及军用品无算，现正向大庾县追击中。查赣边险要已经克复，此后大军当可长驱直入。并恳谭司令、胡留守转报大元帅行在为叩。建国山陕军司令路孝忱叩。鱼酉。[①]

（《陆海军大元帅大本营公报》一九二四年第三十四号，12 月 10 日，“公电”）

段祺瑞复孙中山电

（1924 年 12 月 6 日）

孙中山先生鉴：

微电奉悉。大旆南临，正惭疏简，奚劳言谢。昨闻偶抱清恙，良深驰系。尚望加意珍摄，早占勿药。拱候高轩，无任延跂。祺瑞。鱼。

（《段执政致孙中山鱼电》，天津《大公报》1924 年 12 月 8 日）

段祺瑞致孙中山函[②]

（1924 年 12 月 6 日）

睽违英姿，瞬经数载，正怀风采，忽奉电音，始知贵体违和，

① 《陆海军大元帅大本营公报》所标此电标题为“建国山陕军司令路孝忱呈大元帅鱼电”。——编者

② 引书说明此函为段祺瑞 12 月 6 日致孙中山函。——编者

实以贤劳所致，吉人天相，调治得宜，定可早占勿药。不审近日所服何药？饮食如何？殊深系念。尚祈为国珍重，保卫政躬，是所至盼。鹄候莅止，论道匡时，敬备蒲轮，以俟君子。专肃，祗颂

痊安

（《孙中山先生北上与冯玉祥》，《孙中山生平事业追忆录》第480页）

中华自治协会致孙中山函[①]

（1924年12月6日载）

敬启者：前上佳电，谅邀洞鉴。此次首祸伏诛，南北携手，凡我国国民，共深庆幸，瞻望旌旗，如同饥渴。且敝会宿以民治为宗旨，与先生犹为道同志合。当兹北上，除派员已在码头欢迎外，转又公推代表王幼贤、鲁笃生、李永□、戴毅四君专诚叩谒。届时务祈赐予接见，恭聆鸿诲，至所欣幸。此上。

（《自治协会致孙中山函》，天津《益世报》1924年12月6日）

大本营军政部长程潜呈孙中山文

（1924年12月6日）

呈为呈覆事：案奉钧帅发下西路讨贼军总司令刘震寰呈一件，以所部警卫团前代团长刘策随军东下，转战三年，勋劳颇著。前以中校团附升代团长，时适值部队改编，内而团部组织，外而营连分配，悉心营画，夜以继日，遂致积劳致疾，医治罔效，于十月二十

① 报纸报道中说明此函为中华自治协会致孙中山函。——编者

六日在广州颐养病院身故。请予追赠陆军上校，并照阵亡例从优给恤。等情。查该已故警卫团前代团长刘策，久经战役，卓著辛勤，积劳病故，殊堪悼惜。拟恳俯准追赠陆军上校，仍照《陆军战时恤赏章程》第六章积劳病故例，按第四表给予中校恤金，以示优异。是否有当，理合具文呈覆，伏乞鉴核，指令祇遵。谨呈

陆海军大元帅

大本营军政部长程潜（印）

中华民国十三年十二月六日

（《陆海军大元帅大本营公报》一九二四年第三十四号，12 月 10 日，“指令”）

两广盐运使邓泽如呈孙中山文

（1924 年 12 月 6 日）

呈为呈报事：窃查运使筹办广东北江盐务督运处案内呈，奉钧府第二〇四号指令：督运军队应守权限，应由该运使与湘军总司令妥为商定办理，仍具报查考。等因。遵经转饬督运专员就近商同湘军总司令妥为拟定，报候核转在案。兹据督运专员廖燮呈复：业经拟具《护运军队暂行章程》，呈奉湘军总司令复核照准，理合缮章程一份呈候核转。等情前来。查核缴到章程九条，大致尚妥，自应暂准办理。除指令外，理合将章程照缮清折具文呈报钧府鉴核备案，指令祇遵，实为公便。谨呈

大元帅

计呈《广东北江盐务督运处护运军队暂行章程清折》一扣。

两广盐运使邓泽如（印）

中华民国十三年十二月六日

（《陆海军大元帅大本营公报》一九二四年第三十四号，12 月 10 日，“指令”）

建国军豫军第二师师长陈青云呈孙中山文

（1924 年 12 月 6 日）

呈为具报启用印章日期事：窃青云前奉大元帅简任状，简任为建国军豫军第二师师长兼第三旅旅长，业将就职日期呈报在案。兹奉颁发师长木质方印一颗，文曰“建国军豫军第二师师长印”，牙质方章一颗，文曰“建国军豫军第二师师长”。等因。奉此，遵于十二月六日敬谨启用。所有启用日期，除分报通电令行外，理合备文呈报恭请鉴核。谨呈

大元帅

建国军豫军第二师师长陈青云（印）

中华民国十三年十二月六日

（《陆海军大元帅大本营公报》一九二四年第三十五号，12 月 20 日，“指令”）

蒋梦麟致孙中山电[①]

（1924 年 12 月 7 日载）

中山北上，全国欢迎，学界同人对中山人格久所倾慕，更希望早日来京。

（《北大备旗一万面》，《顺天时报》1924 年 12 月 7 日）

广州工人代表会等致孙中山、段祺瑞等电

（1924 年 12 月 7 日）

北京孙中山先生、执政府各部院、大学、各报馆转各社团均鉴：

---

① 报纸报道称：“北京大学蒋代理校长昨晚已有电至天津孙中山。”蒋代理校长即蒋梦麟。——编者

曹、吴怙恶，遂至覆亡，军阀武力徒足肇乱，民生以敝，生产以凋，政乱牺牲，言之哀痛。溯自袁氏以后，国中政〈客〉来去几人，外有列强帝国主义之扶持，内有各省劣绅政客之朋比。然而凭藉虽强，□不旋踵，国权丧失，身亦随之。覆轸如斯，非急图易辙，以全国问题之解决谘诸全国各阶级之人民，不足以息纠纷而安民庶。今读孙公中山十一月十日所发对于时局之重要宣言，于国家乱原及其治道既详且尽，而先后召集阶级团体代表组织预备会议及国民会议，以谋中国之统一与建设，尤为定乱救国唯一之途。工人等份属职工，为社会生产之要素，国之治乱以较中产阶级休戚尤关，群情所趋，亟求其实现。预备会议及国民会议之召集期日请先决定，以慰喁喁。至各省之政治犯，应请即颁明令，用符民国主权在民之本旨。否则国乱无既，责有攸归，政府虽百其身亦将莫赎矣。广州工人代表会暨百余团体念余万人同叩。虞。印。

（《粤工会对国民会议之通电》，上海《民国日报》1924年12月14日）

上海法政大学学生会致孙中山、段祺瑞等电

（1924年12月7日）

天津孙中山先生、北京段芝泉先生、各报馆转全国同胞均鉴：

民国肇兴，十有三稔，军阀专横，潢池弄盗。去岁曹锟贿选违背民意，今夏苏齐搆衅竭耗民财，以致兵连祸结，民不聊生，积尸流血惨不忍睹，我民何辜，罹此荼毒。今幸天道好环，曹、吴下野，民意或可稍伸。元恶未能尽去，蔓草尚待芟除，乘时改造，刻不容缓。昔中山先生曾发起以九团体而开一国民大会，以国民之真意谋国家之幸福。此诚救国之方针，匡世之要举也。不图近有倡言国民大会由各省军民长官代表组织筹备会者，如此则仍为一包办会

议，何民意之有哉。夫国民大会云者，须经全国人民自由集合而成，然后民意得以宣扬，民权得以伸张。苟阳假美名阴行垄断，则后此纠纷将愈不可解矣。甚盼我全国同胞本国民之天职，竭力偾呼，促成九团体之国民大会，遏军阀之专横，俾民意之鬯达，拯人民于水火，奠国基于磐〈石〉，此则同人所深望者也。谨此电陈，伏维垂察。上海法政大学学生会全体叩。阳。

（《上海法大学生会通电》，上海《民国日报》1924年12月9日）

建国军北伐总司令谭延闿致孙中山电[1]

（1924年12月7日）

据鲁军长汤电称，职军会同第三军鱼夜占领马鞍山。并据戴师长捷报，今日拂晓已完全占领南安县城，刻正分途追击中等语。特闻。延闿。阳亥。印。

（《陆海军大元帅大本营公报》一九二四年第三十四号，12月10日，"公电"）

建国军湘军总指挥鲁涤平等致孙中山电[2]

（1924年12月7日）

职等于鱼日午后率队将大孜梅团马鞍山各要隘之敌击败，敌之田团向南安、宋团向崇义分窜，阳晨完全克复南安县城。此役夺获

① 《陆海军大元帅大本营公报》所标此电标题为"建国军北伐总司令谭延闿呈大元帅阳电"。——编者

② 《陆海军大元帅大本营公报》所标此电标题为"建国军湘军总指挥鲁涤平等呈大元帅阳电"。——编者

步枪百余，俘虏数百。谨电报捷。职涤平、孝忱、道源、岳、支厦、宗福先、明振、楚风、绍英、光耀同叩。阳午。

（《陆海军大元帅大本营公报》一九二四年第三十四号，12 月 10 日，“公电”）

北伐军总司令部参谋处致孙中山电[①]

（1924 年 12 月 8 日）

急。广州胡留守、中央执行委员会、各部长、许总司令、杨总司令、刘总司令、各军长、各司令、公安局吴局长、谢督办、岳参谋长勋鉴：

连接宋总指挥、鲁军长、路司令、唐司令捷电。路部鱼申占领仙人岭、大梅关，俘虏五人，得枪十余杆。鲁军戴师鱼午将马鞍山石阑坝之敌击退，阳日拂晓完全占领南安城，敌军田团由南安分向南康、崇义两方溃退，各部均在分途追击中。谨电奉闻。北伐军总司令部参谋处叩。齐。印。

（《陆海军大元帅大本营公报》一九二四年第三十四号，12 月 10 日，“公电”）

武汉学生联合会致孙中山、段祺瑞电

（1924 年 12 月 8 日）

北京孙、段二公钧鉴：

公主开国民会议解决国是，卓见殊仰。唯段公之善后会议请改

① 《陆海军大元帅大本营公报》所标此电标题为“北伐军总司令部参谋处呈大元帅齐电”。——编者

为孙公之国民会议预备会，并望急速进行。余详代电。武汉学生联合会叩。庚。

（《武汉学生会忠告段氏》，上海《民国日报》1924年12月17日）

粤军第三军军长李福林呈孙中山文

（1924年12月8日）

呈为脑病未痊再请辞职恳赐核准以资调养事：窃福林前以积劳成病，呈请开去本兼各职，未蒙恩准。见帅座格外栽成，感激之私，莫可名状。惟是福林自维追随帅座二十余年，奔走之役，向不敢规避责任之事，更何敢告劳。无如职任重要，脑病未痊，若再尸位而贻讥，势必覆餗以误国。迫得再呈帅座，恳请准予开去第三军长、剿匪司令、市政厅长、民团督办本兼各职，俾得安心调养，徐图报效。至职部各旅，仍请由许总司令直接统辖，以慰士心，实为恩便。谨呈

陆海军大元帅睿鉴

粤军第三军军长李福林谨呈（印）

中华民国十三年十二月八日

（《陆海军大元帅大本营公报》一九二四年第三十四号，12月10日，“指令”）

大本营军政部部长程潜呈孙中山文

（1924年12月8日）

呈为呈覆事：案奉钧座发下湘军总司令谭延闿呈乙件，以所部总指挥部秘书兼译电主任郭兆龙、书记官黄家唐、黄家右、余昌炳

等四员，服务前方，积劳病故，请予令饬军政部从优给恤等情。查该故员等积劳病故，情殊可悯。拟恳钧座准予援照《陆军战时恤赏章程》第六章积劳病故例，按第四表分别办理。故秘书兼译电主任郭兆龙一员照中校例，故书记官黄家唐、黄家右、余昌炳等三员照少校例，分别给予恤金，以示矜恤。是否有当，理合具文呈覆，伏乞鉴核，指令祇遵。谨呈

陆海军大元帅

大本营军政部部长程潜（印）

中华民国十三年十二月八日

（《陆海军大元帅大本营公报》一九二四年第三十五号，12 月 20 日，“指令”）

大本营参谋处谍报局局长赖天球致孙中山电①

（1924 年 12 月 9 日）

（一）湘军第二、三军于六日午后从仙人领［岭］、马鞍山、广头坑一带攻击，敌人溃退，即晚占领大庾县城。（二）宋总指挥亲率生力军进攻青龙墟，敌方主力集中顽强抵抗，六日午刻开始攻击，至下午十二时占领青龙墟，遮断敌人大庾城与新城间之联络。（三）路司令率山陕军从大梅关攻退之敌人同时达到大庾县城。（四）湘军第二路从小梅关侧间攻击搜索前进，六日晚占领之。（五）朱军长于六日午后八时占领新城。赖天球叩。佳。

（《陆海军大元帅大本营公报》一九二四年第三十四号，12 月 10 日，“公电”）

---

① 《陆海军大元帅大本营公报》所标此电标题为“大本营参谋处谍报局局长赖天球呈大元帅佳电”。——编者

国民党安徽党员洪慕尧等致孙中山电

(1924 年 12 月 9 日)

上海民国日报馆转各报馆钧鉴：致天津张园孙中山先生钧鉴：

我公民族自由先导，数十年来艰苦卓绝，扫除帝国主义与军阀勾结，谋实现三民主义、五权宪法。欣闻驺从北上，谋中国统一与建设，在国民会议召集以前，主张先召集预备会议决定国民会议基础条件。九种人民团体组织之主张，凡我党员当一致拥护。中华［国］国民党安徽国民党员洪慕尧等叩。青。

(《安徽国民党员致总理电》，上海《民国日报》1924 年 12 月 17 日)

广州市商民协会致孙中山、各省商会电

(1924 年 12 月 9 日)

北京孙大元帅、各省商会公鉴：

民国成立，已十三年，祸乱相仍，辗转不已，军阀政客，互争雄长，如此循环，何以为国？贿选告成，军阀政客之罪恶穷形尽相，国虽不亡，纪纲何在？幸而志士倒戈，曹、吴败窜。然死灰未灭，若非根本治疗，则此次政变必不能收革新之□，国事仍不免为少数人把持。原夫民国之成立，政本在民，十三年之变乱，皆由不循此正轨所致，及今不图，噬脐何及。乃者帅座提倡国民会议，以士、农、工、商、政党及共同〈反〉对曹、吴各军等团、党［?］组织预备会议，如此则国事在民，国本斯固。此诚救时良方，根本解决之善法。敝会同人厕身商界，在商言商，亦知非政治清明，决不能望其发展。年来战乱相寻，商贾裹足，皆由吾辈不问国事，一任军阀、政客操纵之咎。今幸授吾人以共同解决国事良机，凡属国民莫不称庆。乃昨阅京电，忽有善后会议之说，此等组织未知是何

用意。最可怪者为各省长官列席之条，如此办法，不特我商界不能列席，直分赃会议耳。故即联络全国商会共同反对，一致拥护孙中山先生国民会议之主张。非敢故为立异，实见非此不足以解决国事，不能逃政治循环之旧轨。凡我商界明达，其速起为正义之后盾。广州市商民协会。佳（九日）。叩。

（《广州市商民协会》，上海《民国日报》1924年12月16日）

北京学生联合会致孙中山电

（1924年12月9日）

天津孙中山先生钧鉴：

公抵天津，京中数万学生皆举足翘首，伫候莅临。比闻舟车劳顿，忽撄小疾，远道逖聆，忧烦实甚，尚望节劳珍摄，早复健康。近者上海、天津租界当局，因废止不平等条约之呼声日益高，而先生北来实肩此反抗帝国主义侵略之重任，乃遂逮捕欢迎群众，查抄国民党部，禁止讲演，干涉集会，凡所窘辱我公者，无所不用其极，罪实浮于军阀。更有东交民巷诸使，造作危言，淆耸观听，以阻我公入京。敝会无似，誓当联合群众，齐集我国民革命领袖之旗下，以争民族之独立自由。务恳即日命驾来京，以慰众望。国之大老，惟公一人。南望津沽，钦迟无任。北京学生联合会叩。佳。

（《欢迎中山入京之踊跃》，天津《益世报》1924年12月14日）

北京各团体欢迎孙中山先生会致孙中山电

（1924年12月9日）

天津孙中山先生钧鉴：

先生为国民革命领袖，举国同钦。此次命驾北上，至天津撄小病，深为系念，但愿早占勿药为祷。先生历经沪、津，备受帝国主义之压迫，解散群众，逮捕市民，检查党部，禁止演讲，其暴戾恣睢，令人发指。敝会谨代表数万群众，为先生打倒帝国主义之后盾，并代表数万群众，欢迎先生即日入京，主持一切。谨此电达，伫候行旌。北京各团体欢迎孙中山先生会叩。佳。

（《欢迎中山入京之踊跃》，天津《益世报》1924年12月14日）

北京国民会议促成会筹备会致孙中山电

（1924年12月9日）

天津孙中山先生钧鉴：

此次我公北来，道途劳顿，起居违和，至为系念，惟摩小疾，勿药早占。先生主张，素所钦仰。此间帝国主义者喧宾夺主，侵及主人，对我公北上多方阻抑，对群众欢迎多方压迫。同人等本爱护国家爱护先生之心，希望先生早日来京，指示一切。同人不敏，誓作后盾。临电神驰，不胜盼祷之至。北京国民会议促成会筹备会叩。佳。

（《欢迎中山入京之踊跃》，天津《益世报》1924年12月14日）

国立广东大学校长邹鲁呈孙中山文

（1924年12月9日）

为呈请事：窃查全省进口洋布匹头厘费前奉钧座核准，每月所入饷费由承商迳解职校，全数拨充大学经费，并奉令行广东省长转饬承商协隆公司遵照在案。现据该承商陈称：敝商承办进口匹头厘费，已租赁本市西堤兴隆大街五十四号三楼地方为稽征处所。惟现在冬防吃紧，掳劫频闻，敝局收款机关非有兵士驻局保护，诚恐歹人假冒军队横加骚扰，于征收前途必至大生窒碍。迫得陈请转呈大元帅察核，迅赐指派军队开赴敝局，常川驻守，用保无虞。等情前来。查核所陈系属实情，理合转陈察核，伏恳指定得力部队派赴该厘局切实保护。如有强徒横加索占情事，即由驻局队兵电报其总部加派大兵弹压，以策万全。并请通令各军政机关，对于此项厘费收入，不得索借提用，以重学款。是否有当，并候指令祗遵。谨呈

陆海军大元帅

国立广东大学校校长邹鲁（印）

中华民国十三年十二月九日

（《陆海军大元帅大本营公报》一九二四年第三十五号，12月20日，“指令”）

建国军北伐总司令谭延闿致孙中山电[①]

（1924年12月10日）

顷接南安、南康来电三件，照转如下：（一）板棚、新城之敌向南康退却，我军已占领新城，正派队追击中。特闻。朱培德叩。庚。南康发。（二）我军进攻南康，于庚日占领南康，敌向赣州退却，现正追击中。特闻。朱培德叩。庚。南康发。（三）宋先遣部队庚晚报告赣州之敌分向万安、云［雩］都退却，除派队分别追击外，刻已进至赣州附近，九号可占领赣州等语。特闻。朱培德叩。青辰。等语。除此间已承印通告外，特达。延闿叩。蒸未。印。

（《陆海军大元帅大本营公报》一九二四年第三十四号，12月10日，“公电”）

---

① 《陆海军大元帅大本营公报》所标此电标题为“建国军北伐总司令谭延闿呈大元帅蒸电”。——编者

建国军北伐总司令谭延闿致孙中山电[①]

(1924年12月10日)

我军青晚入赣州。谨闻。延闿。蒸。印。

(《陆海军大元帅大本营公报》一九二四年第三十四号,12月10日,“公电”)

建国桂军第一师师长韦冠英呈孙中山文

(1924年12月10日载)

呈为呈报事:本年十一月二十七日,准大本营秘书处公函开:顷奉大元帅颁发木质镶锡大印一颗,文曰“建国军桂军第一师师长印”,象牙小章一颗,文曰“建国军桂军第一师师长”。相应函送,希为查收见复,至纫公谊。等由。准此,遵将木质镶锡大印一颗、象牙小章一颗分别祗收,所有旧用之中央直辖西路讨贼军第一师师长印信一颗、牙章一只,照章经截角一并销毁。除分呈及通令外,理合将收到日期连同墨摹一纸具文呈报察核备案。谨呈

大元帅孙

师长韦冠英(印)

中华民国十三年十二月 日

(《陆海军大元帅大本营公报》一九二四年第三十四号,12月10日,“指令”)

---

① 《陆海军大元帅大本营公报》所标此电标题为“建国军北伐总司令谭延闿呈大元帅蒸电”。——编者

建国桂军第四师师长伍毓瑞呈孙中山文

（1924 年 12 月 10 日载）

呈为具报领到新颁印信暨启用日期仰祈钧鉴事：窃于本月二十七日案准大本营秘书处公函第六二八号，内开：迳启者：顷奉大元帅颁发贵师长木质镶锡大印一颗，文曰“建国军桂军第四师师长印”，象牙小章一颗，文曰“建国军桂军第四师师长”。相应函送，希为查收见复，至纫公谊。等由到部。准此，遵即祗领，并于本月二十八日敬谨启用。除分别呈报暨行知外，理合将启用印信日期备文呈报钧座鉴核备案。谨呈

大元帅孙

建国桂军第四师师长伍毓瑞（印）

中华民国十三年十二月 日

（《陆海军大元帅大本营公报》一九二四年第三十四号，12 月 10 日，“指令”）

建国军北伐第三军军长胡谦呈孙中山文

（1924 年 12 月 10 日）

呈为呈报事：窃职于本月九日准大本营秘书处第六五一号公函，内开：顷奉大元帅颁发木质镶锡大印一颗，文曰“建国军北伐第三军军长印”，象牙小章一颗，文曰“建国军北伐第三军军长”。相应送函，希为查收见复。等因。准此。遵即祗领启用，理合将启用日期及大印、小章印模呈报睿座伏乞鉴核备案，实为公便。谨呈

大元帅

建国军北伐第三军军长胡谦（印）

中华民国十三年十二月十日

（《陆海军大元帅大本营公报》一九二四年第三十五号，12 月 20 日，“指令”）

大本营内政部次长代理部务谢适群呈孙中山文

（1924 年 12 月 10 日）

呈为呈请加给褒词事：案奉钧座第二一一〇号指令：呈请褒扬广东番禺县捕属节妇张俞淑华由。内开：如呈。题颁“节孝仁慈”四字，仰即转给承领。并由部撰拟褒词，呈候核定加给，用示褒扬。此令。等因。奉此，遵经拟就节妇张俞淑华褒词，理合备文呈请钧座核定加给，以示褒扬。是否有当，仍候指令祗遵。谨呈

大元帅

（计呈节妇张俞淑华褒词一纸）

内政部次长代理部务谢适群（印）

中华民国十三年十二月十日

（《陆海军大元帅大本营公报》一九二四年第三十五号，12 月 20 日，“指令”）

大本营财政部长古应芬呈孙中山文

（1924 年 12 月 10 日）

呈为呈请事：案据广东印花税分处长宋子文呈称：窃查《印花税法》第二条内，虽将契据种类分别列举，究不免有遗漏之处，且社会之需用时有变迁，地方之习惯亦多岐［歧］异。兹查其中契约、簿据系属凭证性质；贴用印花税额，各省业已变更增加，而粤省尚未实行。如《税法》第二条第一类所列支取银钱货

物之凭折及各种贸易所用之账簿二种，原定每个每册年贴印花二分，各省区经于民国十年将上项凭折、帐簿更定为每个每册每年贴用印花一角，早经实行，粤省未便独异。应请依照将《税法》第二条第一类所列支取银钱货物之凭折及各种贸易所用之账簿二种，更定为每个每册每年贴用印花一角，以资推广，而昭一律。如蒙采择施行，即祈钧部呈请公布，自民国十四年一月一日起实行，俾资遵守。所有拟请依照更定凭册、账簿税额缘由，是否有当，理合呈请鉴核，训示祗遵。等情。据此，查核所呈，尚无不合。惟查市面习惯，率于夏历年关开始改换新簿，所请自民国十四年一月一日起实行，与市面习惯略欠斟酌，似应改为自民国十四年一月二十五日起实行。所有拟请改定凭折、帐簿税额各缘由，理合呈请鉴核施行。谨呈

大元帅

大本营财政部长古应芬（印）

中华民国十三年十二月十日

（《陆海军大元帅大本营公报》一九二四年第三十五号，12月20日，“指令”）

中华佛教联合会释太虚等致孙中山、段祺瑞电

（1924年12月11日）

芝泉执政、中山元老均鉴：

学佛津门，辞军粤海，必能湔除旧染，浚发光明，扬中国之独立威，启华民之作新路。大□真觉，植其本因，方便慈悲，竟其端裘，致人生安乐之枢域，开宇宙和平之纪元。略表欢忱，曷胜翘企。中华佛教联合会释太虚等叩。真。

（《佛教联合会致孙、段电》，上海《民国日报》1924年12月11日）

工界救国同志会致孙中山、段祺瑞等电

（1924 年 12 月 11 日）

天津孙中山先生、北京段芝泉先生、全国各报馆、各机关、各团体钧鉴：

民国创造，十有三年，北洋军阀盗政乱国，国事日非，民生涂炭。外侮日迫，争我疆土，如火益烈。军阀官僚屠宰人民，摧残工人、学生，为其得意之快举。国际列强又复居中操纵，助长内乱，以达其侵略之目的。遂致国运危于朝露，兵匪多于恒沙。吾民受此几重压迫，生活已无宁日。兹者孙公中山先生发表宣言，主张召集国民会议解决时局纠纷，实为今日救国救民之唯一方法。段公就职之通电，亦与中山先生主张相同，仅将预备会议易为善后会议，此固名义之改变。惟参加会议之份子，关系国是前途甚巨。中山先生主张由九种团体选举代表，较之少数人之军阀会议，确有霄壤之别。段公以爱护共〈和〉导扬民志为己责，自当采纳中山先生之主张，以产生真正之国民会议，民治早得实现，和平得以永固。段公倘若不肯遵从施行，本会全体工友追随服从国民革命领袖孙公中山先生之后盾，以促国民会议之速成。本会主张，提出要求者列下：

（一）废除一切不平等条约，收回租界领事裁判权，收回关税权。

（二）废止治安警察条例及罢工刑律，保护劳工法律，保障人民集会、结社、出版、言论、罢工之绝对自由权。

（三）废督裁兵，取消一切军阀、官僚行使职权，及移民殖边。

（四）惩办贿选议员及一切卖〈国〉贼和叛逆，一概治罪。

以上几条，本会认为国民会议之最低限度，必尽责任。诸君爱国，尚希一致主张，庶国是得以早决，民困得以早除为荷。临电不

胜迫切之至。

工界救国同志会叩

十二月十一日

（《工界救国同志会之主张》，上海《民国日报》1924年12月17日）

广东女界联合会工读女校致孙中山、段祺瑞电

（1924年12月11日）

天津孙中山先生、北京段执政钧鉴：

民国以还，变乱相寻，总统七更，军阀日起。高压之下，女权丧失，民气销沉。经济日渐破产，生计日渐困苦，而以女工为尤甚。循此以往，祸患伊于胡底。我国女子既被男权压迫，复受生计羁绊，此等情况势难维持不变。孙中山先生最近宣言召集国民会议，实属救国良方，不但为政治组织所关，且为经济生活所系。亟应定期召集全国人民代表组织预备会议，决定全国职业团体自由选举代表方法，以促和平之实现。本会更有进者，则女界亦属国民，忧戚相关，祸难与共，届时更应明定女界代表参加，不能漠视，则中国前途或可放一曙光，中华妇女幸甚，女工幸甚。广东女界联合会工读女校全体三千五百人叩。真。

（《粤工读女校致孙段电》，上海《民国日报》1924年12月20日）

广州市商民协会致孙中山、各省商会电

（1924年12月11日）

北京孙中山先生及各省商会公鉴：

夫民国之成立，政本在民，十三年之变乱，皆由不循此正轨而行所致，及今不图，噬脐何及。乃者孙中山先生提倡国民会议，以士、农、工、商、政党及共同反对曹、吴各军等团体组织预备会议，如此则国事在民，国本斯固。此诚救时之良方，根本解决之善法。敝会同人厕身商界，在商言商，亦〈知〉非政治底于清明，决不能望其发展。年来战乱相寻，商贾裹足，皆由吾辈不问国事，一任军阀、政客操纵之咎。今幸中山先生主倡国民会议，投［?］吾人以共同解决国事良机，凡属国民莫不称庆。乃昨阅京电，忽有善后会议之说，此等组织未审是何用意。最可怪者为各省长官列席之条，如此总［办］法，不特我商界不能列席，直分赃会议耳。故即联络全国商会共同反对，一致拥护孙中山先生国民会议之主张。非敢故为立异，实见非此不足以解决国事，非此不能逃政治循环之旧轨。凡我商界明达诸子，其速起为正义之后盾。广州市商民协会叩。真。

（《广州商民协会通电》，上海《民国日报》1924年12月20日）

广东省长胡汉民呈孙中山文

（1924年12月11日）

呈为呈请鉴核事：现准粤军总司令咨开：查各国无线电台多设于海岸要塞，其日常任务属于海上生活者居其大半，管理权则操诸海军部，诚以舰队行动最贵敏捷，延误须臾则偾事滋多。溯广东无线电局，前清创办时隶属于水师提督；及民国后，亦隶于海军司海防司令部；迨民国十二年，海防司令部迁至江门，相隔窎远，该局遂改隶电政监督管辖。复查该局原为海军机关，所有职员及各舰无线电报生，须具有海军知识者方克胜任。各舰队迭次战争得以应付裕如，迅奏肤功，端赖无线电传递迅速之效。现敝部从事整顿海军，积极进行大举肃清河道之际，每于各舰报告消息、传达命令辗转拍发，殊感不便。相应咨请查照，将无线电局拨回敝部管辖，俾得切实整顿，而捷戎机。并希见复。等由。准此，查广东无线电局原为海军机关，现在粤军总司令部既已设立舰务处，所请将该局拨回管辖，自为整顿海防、利便戎机起见。应否照准，除咨复外，所有请将无线电局拨回粤军总部管辖缘由，理合具文转呈大元帅鉴核，训令祗遵。谨呈

陆海军大元帅

广东省长胡汉民（印）

中华民国十三年十二月十一日

（《陆海军大元帅大本营公报》一九二四年第三十五号，12 月 20 日，“指令”）

广州市公安局局长吴铁城呈孙中山文

（1924 年 12 月 11 日）

呈为呈请事：查资遣残废官兵一案，奉钧帅第五六七号训令，饬职局办理等因。奉此，业经遵照筹办。现据该残废官兵李发达等到局面称：各人因公残废，此次回籍，拟请大元帅发给纪念徽章，藉资光宠，而留纪念。等情。查该官兵等尽瘁为国，致成残废，殊可矜恤，所请亦自正当。可否照准之处，理合连同徽章式样据情备文呈请察核，伏祈指令祗遵。俾得照式定购，以便发给，而资鼓励，实为公便。谨呈

大元帅孙

广州市公安局局长吴铁城（印）

中华民国十三年十二月十一日

（《陆海军大元帅大本营公报》一九二四年第三十五号，12 月 20 日，“指令”）

大本营会计司司长余和鸿呈孙中山文

（1924 年 12 月 11 日）

呈为呈报事：昨准大本营前会计司司长咨称：案奉大元帅令开：兼大本营会计司司长林直勉呈请辞职。林直勉准免兼职。此令。等因。奉此，当经于本月五日将奉颁锡包木质方印暨象牙小章各一颗，移交贵新任接收。查直勉自本年十一月七日接任起，至本年十二月四日交卸止，计接收黄前司长昌穀移交毫银一万一千六百九十元零九毫五仙五文，又移交存韶关毫银二千四百一十九元三毫六仙二文，又移交镍币一千元。计由本年十一月七日起，至本年十二月四日止，收入各机关解款，毫银共一十二万三千零三十六元九毫三仙，又收港纸一千四百八十五元。计由本年十一月七日至本年十二月四日止，拨给韶关经费毫银一万七千二百元正，同时支给留守府各机关经费及职员俸薪共毫银一十一万零五百八十六元八毫七仙。收支比对，至本年十二月四日，结存毫银六千九百四十一元零一仙五文，又存港纸一千四百八十五元正，又存镍币一千元。兹值交卸，相应备文连同结存毫银六千九百四十一元零一仙五文，又存港纸一千四百八十五元正，又存镍币一千元，并单据、卷宗等件，一并咨送贵新任查收。希为见复，足纫公谊。等由。并计咨送：毫银六千九百四十一元零一仙五文；又港纸一千四百八十五元正；又镍币一千元；又十二年十二月八日至十三年十一月六日十二个月收支单据共十二册；十三年十一月七日至十三年十二月四日止，收支单据共一束；卷宗共一百五十八宗，附清册一本。准此。当经职司派员将咨送之款六千九百四十一元零一仙五文，又港纸一千四百八十五元正，又镍币一千元，并各项单据、卷宗，分别点收清楚。理合备文呈报察核备案。谨呈
大元帅孙

大本营会计司司长余和鸿（印）

中华民国十三年十二月十一日

（《陆海军大元帅大本营公报》一九二四年第三十五号，12 月 20 日，“指令”）

中华民国学生联合会总会致孙中山电

（1924 年 12 月 12 日载）

天津孙中山先生鉴：

国民会议，举国赞同，救国救民，在此一举。本会现已通告各地学生会切实努力，务使全国学生为先生后盾，以观厥成。善后会议乃军阀会议，此等隔离民〈众〉垄断政权之私谋，正先生所痛恶，亦全国人民所不愿闻。务望先生坚持初议，奋斗到底，全国学生不胜厚望。中华民国学生联合会总会。

（《全国学生总会致孙先生电》，上海《民国日报》1924 年 12 月 12 日）

安徽省教育会等四团体致孙中山、段祺瑞电

（1924 年 12 月 12 日）

天津孙中山先生、北京段执政钧鉴：

国运方新，群言庞杂，非开国民会议无以定国是、正民志。孙公宣言、段公马电同此主张，恳速施行，以慰民望。安徽省教育会等四团体[①]叩。文。

（《安徽六重要团体之通电》，上海《民国日报》1925 年 1 月 8 日）

---

① 所说四团体分别为：安徽省教育会、学校联合会、律师公会、实业机关联合会。——编者

南陵县教育会、商会等致孙中山电

（1924 年 12 月 12 日）

北京孙中山先生钧鉴：

公对时局宣言，国民等深表同情，兹一致公决提出下列诸要求，望垂鉴焉。（一）取消一切不平等条约。（二）取消治安警察条例。（三）废督裁兵。（四）取消一切等［苛?］税杂捐。（五）惩办贿选议员。公手造民国，尚望贯彻初旨，坚持到底。国民等誓〈为〉后盾。特此电闻，并候起居。（署名同上）[1]

（《南陵各团体提出基本条件》，上海《民国日报》1924 年 12 月 16 日）

上海劳工青年会、淞沪机械职工同志会致孙中山、段祺瑞电

（1924 年 12 月 12 日）

天津孙中山先生、北京段芝泉先生钧鉴：

民国十三年来，政治窳败，战祸蔓延。吾人当此创巨痛深之余，应谋根本革新之路。今幸孙中山先生本天下为公之旨，主张以九种人民团体开一国民会议，以人民之真意谋国家之幸福，此诚解决国是之要举也。不图近有倡言国民会议组织法须由善后会议决定之，善后会议又以各省军民长官派遣代表组织之。此则军阀官僚包办之国民会议，何民意之有？夫既命名为国民会议，一切进行办法

① 据报道，此电署名与“致全国各法团电”相同，即：“南陵县教育会、商会、农会、劝学所、学生同志会、第一二三高小校、第一女高小校、东西南北区小校、江北会馆、通俗图书馆、电灯公司”。日期为“文”日，即 12 日。——编者

应由人〈民〉自决，然后民意、民权得以同时伸张。苟假借名义阳奉阴违，则异日纠纷必有甚于此时。是以敝会敢本天下兴亡匹夫有责之义，电请二公勿为谰言所惑，慨然举行全国国民所赞成之国民会议预备会，即以政权还诸国民，所有一切善后问题交由国民自决。迫切陈词，尚祈采纳。上海劳工青年会、淞沪机械职工同志会同叩。文。

（《上海劳工青年会等两团体》，上海《民国日报》1924年12月16日）

北京各团体欢迎孙中山联合大会致孙中山电

（1924年12月12日）

中山先生钧鉴：

京中团体奔赴于三民、五权旗帜之下，踊跃加入敝会，掬其热忱以欢迎先觉如先生者，达二百余团体。俱以云霓在望，霖雨来苏。务祈克日命驾入都，早与民众相见，藉释群疑，而慰民□。北京各团体欢迎孙中山先生联合大会。文。

（《北京欢迎孙中山先生之所闻》，上海《民国日报》1924年12月18日）

国民党湖北省党部致孙中山电

（1924年12月12日）

总理钧鉴：

国〈家〉历年来受尽列强之摧残、军阀之蹂躏，元气凋伤，国几〈不〉国。近益〈变〉本加厉，资助军火，私借外债，遂至战祸连天，哀鸿遍野。似此情形，危亡已在眉睫。我总理为国为民，奋斗历数十载，虽尚未□厥成功，然人民早倚赖如柱石。近睹总理提倡国民会议，尤属鼓舞异常。恳从速进行，以慰群情而奠国本。至鄂省人民方面，此间当极力宣传实际组织，以为我总理后盾。此项工作现已着手进行，甚为顺利。□□□□，特此奉闻。湖北省党部叩。文。

（《中国国民党鄂省党部通电》，上海《民国日报》1924 年 12 月 23 日）

广东电政监督兼理无线电局事务黄桓呈孙中山文

（1924 年 12 月 12 日）

呈为呈请开去兼缺，俾获专心供职以免陨越事：窃桓学植已疏，阅历尚浅，猥蒙钧座特达之知，畀以电政重任。受命惶惧，夙夜兢兢，深恐绠短汲深，贻羞覆悚。莅事以后，竭蹶从公，尽智索能，稍湔宿弊。乃重辱倚畀，复于九月八日接奉大本营秘书处第四八三号公函开：本日奉大元帅令：广东无线电报总局应即裁撤，所有该局事宜着由广东电政监督管理。此令。等因。奉此，除公布外，相应录令函达。等因。闻命悚惶，愈增感激。伏查该总局本无的款，窳败尤多，办理之难，早闻概略。但上感钧座逾常之知遇，下惟地方重要之交通，兼念学贵知行，义当服务，驱策所及，讵敢告劳。因是不揣驽骀，妄思整顿。兼职以后，力事刷新，数月经营，稍收微效，凡素来电报窒塞者，已一一复通，交通效用再呈灵敏。惟是款项支绌，无法扩张，加之军队庞杂，往往责以所难，以桓之疏拙违时，尤难应付。自忖微薄学力，精神所及，只能祛除积弊，规复交通，此外肆应之才，实所素短。况本任电政已有局长兼职，事繁责重，丛脞堪忧，兼顾再多，尤虞不逮。思维再四，惟有仰恳矜全，俯准开去无线电总局管理兼职，另简贤才，俾得专心本任，冀稍答钧座知遇之隆，逾格鸿施，永惟图报。再者，前奉钧座面谕，购买无线电机二架及安设黄埔无线电台两事，节经进行。现已由法国先行运到电机一架，即日由桓督饬员役起运清楚，并将黄埔电台应需电机修理配合完好，交由蒋校长中正核收，不日可以通报，合并附陈。所有恳请开去无线电总局管理兼职，并附陈购办无线电机、安设无线电台各情形，理合备文呈明，伏乞钧座察核，指令祇遵，实叨公便。谨呈

大元帅

广东电政监督兼理无线电局事务黄桓（印）

中华民国十三年十二月十二日

（《陆海军大元帅大本营公报》一九二四年第三十五号，12月20日，“指令”）

大本营审计处处长林翔呈孙中山文

（1924年12月12日）

呈为呈覆事：案奉钧府发交大本营会计司司长黄昌穀呈送该司十三年五月分收支计算书暨附属表及证据粘存簿到处，饬令审计。等因。奉此。查该司长所送会计司及庶务科收支册列各数，尚无浮滥。计十三年五月份，该司收入各财政机关拨解毫银七万六千六百元，连同四月份结存该司及庶务科、卫士队存款，共计收入毫银八万五千四百二十八元四毫九分五厘。支出各机关经费暨各职员薪俸及购置等费，计毫银七万七千一百六十一元九毫八分二厘。核对收支各数，应结存毫银八千二百六十六元五毫一分三厘。证以表簿，核与单据，亦属相符，拟请准予如数核销。除将计算书、表、簿留处存查外，理合具文连同原呈一件呈复钧座鉴核示遵，实为公便。谨呈

大元帅

计呈缴原呈一件。

大本营审计处处长林翔（印）

中华民国十三年十二月十二日

（《陆海军大元帅大本营公报》一九二四年第三十五号，12 月 20 日，“指令”）

建国军桂军总司令刘震寰呈孙中山文

（1924 年 12 月 12 日）

呈为呈请职部拟编三军并拟恳委任各军军长以资统率而专责成仰祈睿鉴事：伏查职部自随征以来，历次所编，已成六师，业经随时呈报在案。现在分防各处，非有专员统率难收指臂之效。拟委任职部原任第一师师长韦冠英为第一军军长，以第一师、第二师编组之；职部原任第四师师长伍毓瑞为第二军军长，以第四师、第六师编组之；职兼任第三军军长，以第三师、第五师编组之。昔晋作三军，再成霸业，楚分二□，遂规中原。以职庸愚，遭际隆遇，读史兴感，驽马思驰，从此于备战之中勤加训练，俾成劲旅，以待驰驱。所有职部拟编三军，并拟恳委任各军军长各缘由，理合备文呈请钧座鉴核施行，实为德便。谨呈

大元帅

建国军桂军总司令刘震寰（印）

中华民国十三年十二月十二日

（《陆海军大元帅大本营公报》一九二四年第三十五号，12 月 20 日，“指令”）

大本营财政部长古应芬呈孙中山文

（1924 年 12 月 13 日）

呈为呈请事：案据广东印花税分处长宋子文呈：以烟酒印花开办迄今尚未发达，虽因市面未能完全恢复，实由章制亦多窒碍之

处。拟订《修正烟酒印花税条例》暨《施行细则》各草案，呈请转呈钧座公布施行。等情。据此，查核所拟《修正烟酒印花税条例》及其《施行细则》草案，大致以修改税率、严订罚则为主，使贩烟者不惟不敢不贴用印花票，而且乐于贴用印花票，酌盈剂虚，大致尚无不合。其中有多少窒碍之处，经部长斟酌损益，期于可行。兹将《修正烟酒印花税条例》暨《修正烟酒印花税施行细则》各草案缮呈钧核，是否有当，理合备文呈请察核施行。谨呈
大元帅

计呈《修正烟酒印花税条例》一扣，《修正烟酒印花税施行细则》一扣。

大本营财政部长古应芬（印）
中华民国十三年十二月十三日

（《陆海军大元帅大本营公报》一九二四年第三十五号，12月20日，“指令”）

粤军第三军军长李福林呈孙中山文

（1924年12月13日）

呈为呈报事：案据岭南学校白监督、嘉医生等到部面称：本月六日夜九时许，来往省城岭南学校二号电船，由长堤珠光里码头开行回校。讵驶至中途鸭墩关河面，忽有身穿大褛长衫等匪徒六人伪作搭客，预先落船，由舱内穿出，各持驳壳左轮手枪，将司舵人及各员生指吓，不许声张，迫令驶往番禺属波萝涌河面。随将员生等三十余人掳过别船，上岸而去。留回工人二名、西妇一名、女生二人在船未掳，并有本校司理员徐艾平一人躲在船尾，潜身落水，未被掳去。是夜三时后，该电船方驶回校。翌日由匪放回叶贤才、钟宝旋、唐福祥等三人。尚被掳去员生三十人，请设法起掳。等情前来。职军长闻报后，当即饬令上校参谋陈伟图、民团统率处督察员

秦棠，协同李团长林、梁团长仪来、徐司令树荣、岑统领静波迅速购线，分投前往查缉起掳。旋据线人报称：岭南员生掳案系著匪徐振湖、大碌木、岑剂等所为，是晚掳劫后，匪等将员生分地匿藏。有二十余人藏在番禺属南湾下围附近，另有数人已渡狮子洋关，藏在莲花山附近村落。请赶速派队前往查起。等语。职军长据报，立令李团长林、梁团长仪来、徐司令树荣、岑统领静波，协同民团统率处督察员秦棠，率队千余人，前往南湾下围一带围搜。复一面分令黄旅长相，开队前往莲花山附近之石岐、沙涌等处严密搜查。同时去后，兹据李团长、梁团长、徐司令等呈称：职等队到下围后，将波萝村附近一带村乡包围搜索，匪见事急，各自逃散。现陈德芸等员生共二十二人业经脱险回校，尚有数人被匪预先携去，藏在别处，现再加紧查缉。等情。并据岭南学校白监督到称，情节亦同。正拟添兵加紧围缉，复据梁团长、徐司令、黄旅长等呈称：黄部开到石岐、沙涌围捕，匪见我军将到，一面出村拒捕，一面将被掳学生挟带过海，复回南湾。黄旅长派队渡海追截。是时，适梁团长所部及秦督察员仍在下围一带四面搜索。匪等挟持学生到南湾暂住一夜，为秦督察探悉，遂立即督队前往查起。计在南湾当堂起获学生黄涣仿、丘兰秀、刘耀枢、刘汝梗、张奕明、黄庆枢、赖瑁、何汉稻等八人，并拿获看掳匪犯刘耀、陈锦富、翟兴进等三名，嫌疑犯二十名，又起获另案被掳人梁启泰、郑荣祥等四名。理合呈解钧部察核。等情前来。窃查岭南学校员生被掳一案，计被掳未放者实共三十人，现幸业经先后完全查起。除将起获被掳人分别给领，并饬属踩缉逃匪外，理合将起掳始末情形备文呈请察核，实为公便。谨呈

大元帅

粤军第三军军长李福林（印）

中华民国十三年十二月十三日

（《陆海军大元帅大本营公报》一九二四年第三十五号，12 月 20 日，“指令”）

卸禁烟督办谢国光呈孙中山文

（1924 年 12 月 13 日）

呈为呈报遵令裁并，定期移交事：窃职署前准钧府秘书处公函开：奉大元帅令：筹饷总局、禁烟督办署着即合并为广东全省筹饷总局。此令。又令：禁烟督办署着即裁撤。此令。等因。奉此，相应函达查照。等由。当即将署内一应事项饬科清理结束，定十五日移交，并经函复钧府秘书处查照转知广东全省筹饷总局，届期接收在案。除将文卷、器具及一应移交事项，届期点交广东全省筹饷总局罗总办翼群接收，并俟职清厘任内收支款项，另行汇册呈报时随将禁烟督办署关防截角连同小章缴呈钧府外，所有遵令裁并、定期移交缘由，理合备文先行呈报钧府察核备案，指令祇遵。谨呈
陆海军大元帅孙

卸禁烟督办谢国光（印）

中华民国十三年十二月十三日

（《陆海军大元帅大本营公报》一九二四年第三十五号，12 月 20 日，“指令”）

广州市公安局长吴铁城呈孙中山文

（1924 年 12 月 13 日）

呈为呈请事：现据残废官兵杨桂秋、黄少春等呈称：桂秋等前因投身军队，身经战争，以致受伤送入医院调治。迄今日久，或已渐愈，或未全痾，流落此地，无资回家。所有种种困苦，曾经呈请帅府赐予维持在案。现闻此事已蒙批交钧长办理，日前本应即时报名，听候验办，无如桂秋、少春等或身患重病，入重病室调治；或暂赴前方，向友告贷；或被医官漏列未报，以致未能一致报名。今特邀集未报者共同呈请钧长，务恳俯赐补验，与前报者一视同仁，

并给川资，以便遄返故乡，而免流离之苦。等情。查该官兵等虽曾在两院留医，但核对最初奉发两院名册，并未列名字，与原令资遣办法微有不符。惟念该官兵等确系因公致成残废，情殊可悯，复经两医院查明属实，似未便任其向隅。应否援案资遣，列入第二期办理之处，理合据情连同清册备文转呈察核，伏祈指令祇遵，俾便办理，实为公便。谨呈

大元帅孙

计附呈清册一本。

广州市公安局长吴铁城（印）

中华民国十三年十二月十三日

（《陆海军大元帅大本营公报》一九二四年第三十五号，12月20日，“指令”）

上海女界致孙中山电

（1924年12月14日载）

中山先生钧鉴：

公所主张之国民会议及国民会议预备会，敝会同人极表赞成。惟敝会同人以妇女占国民半数，又处特殊的地位，故□进一步主张国民会议预备会应参加妇女团体。望公在京努力奋斗，使吾人期望中之国民会议预备会即日实现。敝会同人愿为后盾。

（《上海女界国民会议之表示》，上海《民国日报》1924年12月14日）

国民会议徐州促成会致孙中山电

（1924年12月14日）

天津孙中山先生钧鉴：

我公社会明星，人民保姆，岭海燕云，为国劳瘁，薄海人民，同伸爱戴。近闻段执政有以各省善后代表会议产生国民会议组织法之意。此事果行，难免少□专横之弊，将至违反国民公意。乞公坚持宣言之主张，敦促实现，民权国威系此一举。我全民一致为公后盾。遥祝健康，无任翘慰之至。国民会议徐州促成会叩。寒。

（《徐州促成会力争预备会议》，上海《民国日报》1924年12月17日）

旅粤江西同乡会致孙中山、李烈钧电

（1924年12月14日）

天津孙中山先生崇鉴：李协和先生鉴：

袁氏盗国，赣为先觉，义师挠败，沦胥迄今。军阀宰割，甲去乙来，敲精剥髓，民不堪命。迩者政治刷新，海内喁喁望治，而直系余孽尚犹跋扈飞扬，称兵构衅，盘踞省会。吾民何辜，重罹浩劫。应恳先生就商北京当道，速令残民以逞之方本仁刻日退出赣境，以解倒悬而息纷扰，赣民幸甚。旅粤江西同乡会公叩。盐。

（《孙段暗斗中之京赣问题》，《华字日报》1924年12月17日）

上海青年医学社致孙中山电

（1924年12月15日载）

天津孙中山先生鉴：

民国成立，十有三载，祸乱频仍，兵戎迭见，朱殷万里，荼毒生灵。寻其祸端，首推军阀。内则违反民心，肆行不法。外则勾结帝国主义列强，藉遂阴谋。群情之所共愤，正义之所不容。方今曹、吴既倒，民意可伸，前聆先生发起国民会议之宣言，知救国利民在此一举。乃段执政竟主张由各省军民长官组织善后会议。此种违反民意之主张，同人等为国家前途计，为民众利益计，不能不急起力争，誓死反对。一方面大声疾呼，唤醒民众。更望先生坚持主张，同人等誓为后盾。临电神驰，伏希垂察。上海青年医学社叩。

（《上海青年医学社通电》，上海《民国日报》1924年12月15日）

山东各校教职员联合会致孙中山电

（1924年12月15日载）

北京孙中山先生钧鉴：

直曹倾覆，强权□灭，大局俶扰，未就正轨。幸先生毅然北来，主张开国民会议解决政局，全国民众翘企属望，均认为解决历年纷扰之关键。敝会同仁逖听之下，佩仰莫名。惟念国民会议必须以真实国民代表为基础，即必须由民众团体选举代表组织，始符国民会议之本旨，始有解决纠纷之可能。近闻执政府拟定国民会议组织法，有由善后会议决定之说，实与民众代表之旨根本相左，不但有违先生主张之本旨，亦且深失国民望治之初心。前望先生始终坚持主张，□事退让以为民众谋福利。敝会同仁誓为先生后盾。专此奉达，敬希垂鉴。山东各校教职员联合会总会叩。

（《鲁教育界对国民会议表示方法》，上海《民国日报》1924年12月15日）

段祺瑞致孙中山电

（1924年12月15日载）

（北京电）段电中山问病，并请即日来京一面，再派许世英赴津促驾。（十四日下午八钟）

（《申报》1924年12月15日，“国内专电”）

松江县农会致孙中山、段祺瑞电

（1924年12月15日）

北京段执政、孙中山先生：

中华民国建国十三年，祸乱相寻，靡有宁日，军阀政客实尸其罪。此次东南北之战，杀人盈野，闾阎为墟，一般农民不但生产力荡然无存，其流离失业之苦，因迫于武力淫威之下痛无以诉。兹闻中山先生□国民会议之主张，以国是公诸人民，除却害群，扶植正轨，四千余年之古农国得建于磐石之固者舍此莫由。祈即俯顺舆情，迅予召集预备会议以资解决，不胜祈颂。松江县农会叩。删。

（《各方反对善后会议》，上海《民国日报》1924年12月16日）

湘军将领宋鹤庚、鲁涤平等致孙中山电

（1924年12月15日）①

出师浃旬，迭克名城，全赣指日底定，请任谭延闿为赣总司

① 报纸报道中说明此电为湘军将领宋鹤庚、鲁涤平等12月15日致孙中山电。——编者

令，俾专责任。

（长沙《大公报》1924年12月25日，“快信摘要”）

大本营军政部部长程潜呈孙中山文

（1924年12月15日）

呈为呈覆事：案奉钧座发下建国滇军总司令杨希闵呈一件，以所部兵站部广九运输站上校站长赵国泰供职辛勤，积劳成疾，于本年十月五日在浸会医院病故。赍呈该故站长赵国泰生平事绩册一本，请察核俯准援照积劳病故例从优赠恤等情。查该已故广九运输站上校站长赵国泰积劳病故，深堪悯悼。拟恳钧座准予援照《陆军战时恤赏章程》第六章积劳病故例，按第四表给予上校恤金，以昭激劝，而慰英魂。是否有当，理合具文呈覆，伏乞鉴核，指令祇遵。谨呈

陆海军大元帅

大本营军政部部长程潜（印）

中华民国十三年十二月十五日

（《陆海军大元帅大本营公报》一九二四年第三十五号，12月20日，“指令”）

杭州工人协会致孙中山、段祺瑞电

（1924年12月15日）

孙中山先生并转北京段芝泉执政钧鉴：

国民会议在军阀崩坏中发见，极易被有力者窃据，转为列强利用。故本会公议废除国际间不平等条约、废督军制，以清乱源，并公议收复海关、定劳动法第九个案件为会议目的，主张由各阶级自出代表组织预备会议，庶嘉会不致为奸寇劫持。案邮寄，先电闻。

杭州工人协会。删。

（《促进国民会议之专电》，天津《大公报》1924年12月22日）

广东工会联合会致孙中山等电[①]

（1924年12月16日载）

天津探呈孙大元帅（余衔略）睿鉴：

窃自市选条例颁布，敝会暨其他各工友遵章报名填册后，不肖之徒乘机运动。敝会所属及各工友以选举系属自由投票，本诸良心，人格所系，万难迁就，不得不严为拒绝。殆至选举之日，同人正当陆续投票之际，彼等以包办之谋不遂，恐吓之计难偿，一面则禁止工界投票，一面则掳殴敝会同人。夫抛弃选举，与人何尤，禁人投票，是何举动。西南首善之区，革命策源之地，光天化日之下，创行选举之时，一二奸人社蠹假藉名义，逞其暴力，挟其私图，以污辱政府凌迫工人，法律何在，正谊何存？伏望我政府严行惩治，以维纪纲。俾市选得以早日观成，民治因而从兹发展，以副我大元帅市政还诸市民之至意，市民幸甚，同人幸甚。

（《粤市选涉讼案近闻》，上海《民国日报》1924年12月16日）

广东全省商会联合会致孙中山、段祺瑞等电

（1924年12月16日载）

北京段总执政、孙中山先生、张雨亭先生、冯焕章先生、天津黎宋

① 报纸报道中说明此电为广东工会联合会致孙中山快邮代电。——编者

卿先生、上海唐少川先生、全国商会联合会、广州胡留守、总商会、市商会、商民协会、各省总商会、本省各总商会、商会、各报馆均鉴：

商民协会真电敬悉。十三年来，祸乱相寻，民无安息，皆由军阀把持国事，人民退处无权，遂致人为刀俎我为鱼肉。今幸冯、胡倒戈，曹、吴下野，正当以国事付之国民，一反向来军阀把持之故辙，乃闻先［善］后会议，各省长官皆得列席，而我出租纳税之商民反不得参与末议，共和政体主权在民之谓何？譬诸商店改组，股东自有权衡，若不召集股东会议而召集雇佣，太阿倒持，何有良果。敝会为国事前途计，为商民利害计，用特通电声明：此次会议应以民众为主体，苟吾商民团体不得参与，所有议决各案吾商民概不承认。仍望各商会一致力争为盼。广东全省商会联合会叩。

（《商联会力争政权之通电》，《华字日报》1924 年 12 月 16 日）

上海浦东少年社等致孙中山电

（1924 年 12 月 16 日载）

民国日报馆转北京孙中山先生钧鉴：

辛亥以后，军阀暴戾恣睢，为所欲为。草菅人命，箝制民意，残杀工党，封闭报馆，凭数万之健儿，逞一己之淫欲。敛计锱铢，扣及军饷，督、长未及数年而家资累万。民怨沸腾，置若罔闻。即无内战，而军丑之害民已甚矣。然军阀敢于残民以逞，又因暗受列强之庇护。贩运军火，接济金□，民国历来战祸无一不受其赐。二害不除，国无宁息。我公革命领袖，手造共和，对于经国大计，早有成竹。国民会议之召集，一以民意为依归，诚对症良药，非带有分赃色彩之善后会议所可同日而语。我公能贯彻主张，同人愿竭绵力，誓作后盾。上海浦东少年社、浦东旅沪劳工青年团、浦东旅沪商学友谊会同叩。

（《各方反对善后会议》，上海《民国日报》1924 年 12 月 16 日）

上海群社致孙中山电[①]

（1924 年 12 月 16 日载）

孙中山先生钧鉴：

十三年来，干戎［戈?］相寻，一言蔽之，军阀跋扈，民权剥夺。欲救其弊，主权归民。先生主张召集国民会议奠定国是，使时局之发展能适于国民之需要，与国民能自选择其需要，此实为今日救国救民唯一方策。惟国民会议须产生于由先生提出之九团体组用之豫备会议，若任军阀官僚所谓善后会议决定，则必有名无实，非徒无益，或更纷扰，人民誓不承认。望先生坚持初衷，毅然反对所谓善后会议。军阀若犹不知觉悟，本社愿作后盾，民众纵弱，亦能覆舟。

（《各方反对“善后会议”》，上海《民国日报》1924 年 12 月 16 日）

江苏六十县公民代表会、全苏协会等致孙中山、段祺瑞等电

（1924 年 12 月 16 日）

北京段执政、天津孙中山先生、张雨亭总司令钧鉴：

① 此电文由上海群社 12 月 15 日致各报馆通电中节出，在该电中上海群社称“顷上孙中山先生一电”，即此电。——编者

免齐令下，苏事乃得一部分之解决，嗣后有问题，全视政府实施方针若何。苏民昕夕所望者，在废事实上之督与化兵为工耳。导淮、筑路、屯垦三者并举，可养兵二十万人以上。以本省富有军事学识者为督办，以原有军官为会办，协力策进，则兵不裁而自裁，省库不裕而自裕矣。苏民公意，渴望钮公永建、冷公遹返苏，与顾公忠琛等会同原有各军事长官组织兵工委员会，并分任导淮、筑路、屯垦三督办，实行兵工政策，以解苏民倒悬而保东南永久和平。务恳中央俯从民意，立予明令任命。除推举陈、刘、李三君代表请愿外，特此电陈，不胜迫切待命之至。江苏六十县公民代表会、全苏协会、江苏民治建设会、苏籍军人同志会、江苏总工会、苏民自决会、江苏农工商联合会、江苏青年学会、沪商协会、沪社等同叩。铣。

（《苏公团苏事主张》，上海《民国日报》1924年12月17日）

广东省教育会致孙中山、汪精卫、段祺瑞电

（1924年12月16日）

孙中山先生、汪精卫先生、段芝泉先生均鉴：

民国肇造，祸变相乘，民无宁岁，教育事业益叹销沉。良由军阀、官僚、政客把持国是，以致真正民意无从发舒。乃者天心悔祸，强返和平。本正清源，端在民治。国民会议，诚为解决时局之不二法门。惟非于基本组织详慎规划，不足以昭大公而达民隐。中山先生荩虑周详，主张先由各种职业团体组织预备会议为根本救国之计。粤省学界极表同情，务恳一致主张，以慰民望而端治本，盼切，祷切。广东教育会。铣。

（《促进国民会议之专电》，天津《大公报》1924年12月22日）

广东省议会议长郑里铎致孙中山、段祺瑞等电

（1924年12月16日）

北京孙中山先生、段总执政、各部总长、各省议会、省长、各团体、各报馆公鉴：

民国成立，十有三载，迭次政变，均未获一良好结果，缘政变主动者每出于握有一种特殊势力之人，兴□循环，以暴易暴，全体国民终无与政治改善运动之机会故也。此次曹、吴败窜，孙中山先生鉴于覆辙不可再蹈，乃提倡召集国民会议以解决国事，深谋远虑，曷胜钦迟，共和真谛，实系于此。尚祈一致主张，以促此会议早日实现，民国前途，庶几有豸。广东省议会［议］长郑里铎叩。铣。印。

（《广东省议会议长之通电》，上海《民国日报》1924年12月30日）

广东省长胡汉民呈孙中山文

（1924年12月16日）

呈为呈请鉴核事：查此次办理资遣残废官兵一事，昨奉大元帅指令：饬即转行公安局遵照前令，将该项残废官兵点验清楚后，按照程途核实列册呈候覆核，再行拨款发给。等因。当经遵照转饬去后。兹据广州市公安局长吴铁城遵令开列清册，并拟具预算表报请转呈核办前来。理合检同原缴册表具文呈请大元帅鉴核，伏候训示祗遵。谨呈
陆海军大元帅

计呈清册三本、预算表一纸。

广东省长胡汉民（印）

中华民国十三年十二月十六日

（《陆海军大元帅大本营公报》一九二四年第三十五号，12月20日，“指令”）

大本营外交部长伍朝枢呈孙中山文

（1924 年 12 月 16 日）

为奉令国葬先父沥陈谢悃事：十二月三日伏读令开：前外交总长兼财政总长、广东省长伍廷芳，功在国家，应准予举行国葬典礼，以昭隆异。所有关于该项典礼应行事宜，着内政部查取成例，分别咨行办理，此令。等因。奉此。六日国葬之辰，又奉特派胡总参议代表致祭，恩施优渥，闻命若惊。窃念先父鞠躬尽瘁，为国驰驱，事变纷乘，疾终任所，阅时三载，始获奉安。乃荷帅座鉴其许国之诚，隆以饰终之典，彰忠荩于既往，示模楷于来兹，六合同悲，九泉感泣。朝枢谨当竭诚上告，仰慰先父在天之灵，没齿不忘，力图衔环结草之报。所有先父奉令国葬暨朝枢感激下忱，理合具文呈请鉴察。谨呈

大元帅

大本营外交部长伍朝枢（印）

中华民国十三年十二月十六日

（《陆海军大元帅大本营公报》一九二四年第三十五号，12 月 20 日，“指令”）

大本营审计处处长林翔呈孙中山文

（1924 年 12 月 16 日）

呈为呈覆事：案奉钧帅发下卸禁烟督办鲁涤平呈送十三年六、七、八等月分收支清册及计算书、表、单据簿暨各检查所计算书、簿、据等件，饬令审查。等因。奉此。窃查该卸督办所送六、七、八三个月收支清册内，各属承商按饷、借饷、牌照及检查所检查证费等项收入，共计四十三万四千六百零二元五角八分四厘，及五月

分结存一千零七十七元三角七分五厘，合共毫洋四十三万五千六百七十九元九角五分九厘。除支出该署及各检查所六、七、八等月分经常费八万九千二百七十五元九角六分，暨拨交各军给养费、退还各处按饷、借饷等项，合共支出毫洋十万六千零六十五元九角。出入两抵，尚存毫洋三百三十八元零九分九厘。列数明晰，证以各月分表册、单据，尚属相符，拟请准予核销。除将计算表、单据簿留处备案外，理合具文连同原呈一件呈请钧帅鉴核示遵，实为公便。谨呈
大元帅

计呈缴原呈一件。

大本营审计处处长林翔（印）

中华民国十三年十二月十六日

（《陆海军大元帅大本营公报》一九二四年第三十五号，12 月 20 日，“指令”）

大本营军政部部长程潜呈孙中山文

（1924 年 12 月 16 日）

呈为呈覆事：案奉钧座发下建国湘军总司令谭延闿呈一件，以所部第五军军需正陈洪蔚此次随军北伐，至仁化县属城口墟，忽患重病，医治罔效，于十一月二十七日病故。请照积劳病故例给予少校相当恤金，以资激劝。等情。查已故三等军需正陈洪蔚随军出发，中途病故，情殊堪悯，拟恳准予援照《陆军战时恤赏章程》第六章积劳病故例，按第四表给予少校恤金，以示优异。是否有当，理合具文呈覆，伏乞鉴核训示祇遵。谨呈
陆海军大元帅

大本营军政部部长程潜（印）、军务局局长云瀛桥代拆代行

中华民国十三年十二月十六日

（《陆海军大元帅大本营公报》一九二四年第三十五号，12 月 20 日，“指令”）

大本营财政部长古应芬呈孙中山文

（1924 年 12 月 16 日）

呈为呈报事：现据职部检查出口谷米总局局长周少棠呈称：窃职局奉令办理检查谷米出口事宜，业经呈报组织成立，并咨行军政机关暨水路要塞、税关、厘厂各在案。昨据本市安记店商人到局领照运载丝苗米八千斤出口，经核准发照。讵税务司不予验放，经职局再将奉令办理缘由函达税务司，并饬检察员李眷商前赴该关妥为交涉。兹据检查员覆称：本日往见税务司，据说禁止谷米出口系根据前清光绪二十八年《中英续订禁米出口条例》第十四款办理，现在尚未奉到总税务司命令，碍难放行等语。理合将交涉情形呈报察核。等情。据此，查职局此次奉令办理检查上等丝苗米出口，系为接济华侨起见，与普通贩运谷米出口有别。该税务司竟强牵条约，擅行制止，于我国政府威信实有妨碍。理合据情呈报钧座察核，伏乞转呈帅座并令饬广东交涉专员提出交涉，维持我政府威信，以恤侨胞而裕税饷，实为公便。等情。据此，查运谷米出口接济华侨粮食一案，系奉钧座交办，自应遵照办理。昨经令行粤海关监督转行税务司，如遇米商持有职部运照者，即验明照数相符，立予放行在案。据呈前情，理合呈请钧座察核俯赐转饬交涉员向税务司明白解释，实为公便。谨呈

大元帅

大本营财政部长古应芬（印）

中华民国十三年十二月十六日

（《陆海军大元帅大本营公报》一九二四年第三十五号，12 月 20 日，“指令”）

段祺瑞致孙中山电

（1924 年 12 月 17 日）

孙中山先生赐鉴：

□密。据暂行督办江西军务事宜方本仁删电称：属部进驻南昌，在粤湘赣各军违约侵赣，祈商请中山转电制止。等语。查赣省自蔡军溃走，已完全听从中央命令。方督办即抵南昌，当能收拾一切，已无军事动作之必要。在粤湘赣各军对于此项情形，容有未能瞭然之处，务请明白解释，设法制止。俾赣事得以早日大定，实为大局之幸。祺瑞。筱（十七）。

（《李烈钧即日入赣》，北京《晨报》1924 年 12 月 21 日）

山东各团体致孙中山电

（1924 年 12 月 17 日载）

（济南电）各团体合电中山，询何日南下莅东。

（《申报》1924 年 12 月 17 日，“国内专电”）

崇德县石湾镇女界国民会议促成会致孙中山电

（1924 年 12 月 17 日）

天津孙中山先生钧鉴：

军阀倡乱，殃民祸国，人民为国家之主体，岂容此辈久窃名器。此次先生发起国民会议，主张以九种人民团体组织预备会议，同人等极端赞成。唯女界自有其独立之要求与特殊之地位，对此根本解决国□之时，岂容袖手旁观。不揣浅陋，愿竭绵力。浙江崇德县石湾镇女界促成会叩。洽。

（《浙江崇德石湾镇女界之主张》，上海《民国日报》1924年12月18日）

美国费城华侨致孙中山、段祺瑞等电

（1924年12月17日）①

上海《民国日报》转北京孙、段、张诸公及各团体、各报馆均鉴：

直系已被推倒，当即招集各界代表组织预备会议，以产生国民会议，解决国是，以求真正和平统一，海外全体华侨当为尽力赞助也。费城全体华侨叩。筱。

（《美国费城华侨主张预备会议》，上海《民国日报》1924年12月19日）

广东大学、广东省教育会等致孙中山、段祺瑞等电

（1924年12月18日）②

北京孙中山先生、段芝泉先生、各省学生联合会、商会、工会、各团体暨全体国民公鉴：

吾民之陷于水深火热者久矣。外受列强之压迫，内苦军阀之专横，前若袁氏称帝、张勋复辟，近若奉直恶战、曹吴贿选，痛定思

① 此电与《善后会议》第12页录1925年1月29日费城华侨致孙中山等人电内容基本相同。——编者

② 据《申报》1924年12月26日《广大组织国民会议促成会》报道称：广东大学与广东省教育会、民权社、广州总商会、广州市商会、互助总社、女权运动会、法学共济会等及省内各大团体，发起组织广东国民会议促成会，于12月18日晚召集全体大会，由邹鲁主席，并发出致孙中山等人通电。《申报》登载电文与此基本相同，可知为同一电文，据此确定此电发电日期为12月18日。——编者

痛，能不怃然。现幸元憝已除，国是待行，自后必如何而后可以除军阀之跋扈，如何而后可以免政客之播弄，如何而后可以抵抗列强之压迫，如何而后可以令国计民生日臻完善，此我国民所当从速自决，以免一误每误者也。孙中山先生首倡国民会议，由各人民团体派出代表共筹国是。此诚解决时局之唯一办法，凡我国人自应一致赞助，共促厥成。敝会等谨竭智尽力以谋此议之实现。除联络各界组织广东国民会议促成会外，特此电布区区，敬希垂察。国立广东大学、广东省教育会、民权社、广州总商会、广州市商会、互助总社、女权运动会、法学经济会。

（《广州八大团体之通电》，上海《民国日报》1924年12月26日）

韶州国民会议促成会致孙中山、段祺瑞电

（1924年12月18日）

天津孙中山先生、北京段执政均鉴：

元凶覆败，政局革新。中山先生对时局主张，有召集国民会议，并由团体组织预备会议之宣言。韶州各界人士认为救国良方，舍此别无他道，誓□群策群力，一致拥护此项主张。当经即日成立国民会议促成会，冀以全力促其成功。如有阻挠此□救国大计者，愿与国民共去之。特此宣言，伏祈鉴核。韶州国民会议促成会。巧。

（《促进国民会议之专电》，天津《大公报》1924年12月22日）

暂行代理粤汉铁路事务王棠呈孙中山文

（1924年12月18日）

为呈请鉴察事：现准铁路董事局函开：迩因公司财政支绌，

积欠员司薪水已达半年，各员纷请维持，即于本月三日召集各处课长、主任会议，当时贵总协理亦曾列席。佥谓非酌加车脚断难清理，业经议决加收车脚二成，专为清发欠薪之用。惟迄今多日，尚未实行，现年关在即，各员事蓄无资，势难再缓，应请查照，刻日饬令车务处照案办理，以清欠薪而资接济。等由。准此，查职路积欠员司薪工之巨，实缘负担拨付军政各费过重有以致之。曾由职路全体员司联呈钧座，请准暂免提拨军费，俾得清理欠薪在案。未奉准行。是积欠员薪已无着落。似此，全路员工同罹困苦，长此令其枵腹从公，深恐有停车之虞。当兹军事时期，影响运输，关系甚重。兹准董事局将议决加车脚二成专为清理欠薪一案函送前来。查所议办法于客货所损无多，裨益清理欠薪甚大，事尚可行管理，再四思维，舍此绝无妥善办法。现拟自十二月廿五日起至十四年二月廿五日止，所有收入客车费加收二成，以两个月为期，期满后察看情形，然后取消以恤商艰。理合备具加收车脚二成日期、缘由，具文呈报钧座恳请鉴察备案，并乞指令祗遵。谨呈

大元帅

暂行代理粤汉铁路事务王棠（印）

中华民国十三年十二月十八日

（《陆海军大本营公报》一九二四年第三十六号，30日，“指令”）

卸海军练习舰队司令兼管海军三舰整理事宜潘文治呈孙中山文

（1924年12月18日）

呈为呈缴事：顷准大本营秘书处第六七三号公函，内开：本日奉大元帅令：海军练习舰队司令、兼管海军三舰整理事宜潘文

治，因病恳请辞去本兼各职。潘文治准免本兼各职。此令。又令：海军练习舰队司令及海军三舰整理事宜，着一并裁撤，所有海军事务着建国粤军总司令派员管理。此令。等因。奉此，相应录令函达，即希查照办理。等因。准此。查文治前呈请辞职时，曾将本兼各职印信交由飞鹰舰长田炳章代理，并经呈明在案。现既奉令将海军练习舰队司令及海军三舰整理事宜着一并裁撤，自应将印信缴销。即经文治令饬飞鹰舰长将代理印信缴部，呈请销毁，以符明令。除录令呈报粤军总司令部暨分令三舰遵照外，理合连同海军练习舰队司令关防一颗、小章一颗，及海军三舰整理事宜关防一颗，一并备文呈缴。伏乞鉴核饬销，实为公便，仍候指令祇遵。谨呈

大元帅

附缴海军练习舰队司令关防一颗、海军练习舰队司令小章一颗、海军三舰整理事宜关防一颗。

卸海军练习舰队司令、兼管海军三舰

整理事宜潘文治（印）

中华民国十三年十二月十八日

（《陆海军大元帅大本营公报》一九二四年第三十六号，12 月 30 日，“指令”）

大本营外交部长伍朝枢呈孙中山文

（1924 年 12 月 18 日）

为呈报事：窃查职部特派广东交涉员傅秉常前因患病呈请辞职，当经转呈帅座核示。嗣奉指令准予给假一月等因，亦经转饬遵照各在案。现据交涉员折称：秉常前因患病赴港就医，并以职任重要拟请辞职俾免误公，当经呈奉钧部转奉大元帅指令准予给假一月等因。仰见体恤属僚至意，感激莫名。兹者幸托帅座鸿祉，贱体得

获安全。适当假满之期，已于本月十五日返署办事。肃具折呈销假，伏祈察照转陈帅座睿鉴。等情前来。理合备文呈请核饬备案，实为公便。谨呈
陆海军大元帅

大本营外交部长伍朝枢（印）
中华民国十三年十二月十八日

（《陆海军大元帅大本营公报》一九二四年第三十六号，12月30日，“指令”）

杨希闵、范石生、胡思舜致孙中山、段祺瑞等电

（1924年12月19日）①

孙大元帅、段执政、各部长、各省督办、各省议会、各报馆均鉴：

顷致云南唐继尧电，文曰：云南唐蓂赓先生鉴：夫师出以名，古有明训。我公亦尝自豪曰：我以护法二字抵制段祺瑞、打倒刘存厚，以废督裁兵四字打倒熊克武。然则今兹借口北伐，不知所伐何人，所争何事，师经何路，欲到何地？尚乞宣示天下。如义正辞严，希闵等自当同仇敌忾，与子偕行。若如公左右所传，公嫌贵省穷苦难供挥霍，拟弃而图两粤，然两粤与天下人皆将拒公。希闵等同为中华民国，亦不忍坐视国家败类扰乱国家也。杨希闵、范石生、胡思舜同叩。皓。印。

（《杨希闵等质问唐继尧》，上海《民国日报》1925年1月11日）

① 电文日期署皓（19日），而报纸报道称“三日，中山先生及政府方面接杨希闵等来电云”。——编者

浙江双林教育会、平民教育促进会致孙中山电①

（1924年12月19日载）

孙中山先生钧鉴：

我公首创民国，为民众利益而奋斗，今复主张国民会议以解决国是，仁言利溥，寰宇同钦。务祈贯彻初衷，努力进行，不屈不挠，坚持到底。我国民誓为公后盾，一致援助。临电不胜迫切。

（《浙江双林教育界拥护中山先生》，上海《民国日报》1924年12月19日）

杭州工人协会致孙中山、段祺瑞电

（1924年12月19日）

天津孙中山先生并转北京段芝泉执政钧鉴：

国民会议在军阀崩坏中发见，绝易被有力者窃据，转为列强利用。故本会决议废除国际间不平等条约、废督军制，以清祸源。并决议收复海关、定劳动法规等九个案件为会议目的，主张由各阶级自出代表组织预备会议，庶嘉会不致为奸寇劫持。案邮寄，先电闻。杭州工人协会。皓。

（《杭州各界对国民会议之踊跃》，上海《民国日报》1924年12月20日）

① 此电由浙江双林教育会、平民教育促进会致上海民国日报馆电文中节出，该电称二团体“昨快邮代电致北京孙中山先生，赞成国民会议”，即指此电。——编者

沈定一等致孙中山电

（1924 年 12 月 19 日）

天津孙中山先生钧鉴：

杭各界咸接受宣言，已组织国民会议促成会，主张惟民众团体始能代表民众利益，不日有表示。一等转赴浙东。定一。效。

（《杭州各界对国民会议之踊跃》，上海《民国日报》1924 年 12 月 20 日）

广东省立第一中学学生会致孙中山等电

（1924 年 12 月 19 日）

天津孙中山先生、全国各团体暨各报馆、各通讯社转全国同胞公鉴：

昊天不吊，国是日非，攘扰纷纭，迄无宁日。自光复以还，垂十三年矣，而国步之艰难如故也，民生之凋疲如故也。观察现状，正与吾国之所期望相背而驰，共和其名，专制其实。推求其故，良由于万恶军阀与帝国主义者狼狈为奸，荼毒生灵，伤残国脉。吾民之困苦颠连，死于兵，死于匪，死于水旱，死于饥寒，而万恶之军阀目若不见，耳若不闻。噫！望彼竖之救国福民，是何异于与虎谋皮也，宁有济乎？故国民能任人鱼肉则已，如若不然，非本自决之精神与舞爪牙之恶魔奋斗不可也。迩者曹、吴虽倒，而军阀之跋扈，与夫帝国主义者之侵略政策仍未稍戢。我孙中山先生抱救国救民之心，毅然主张召集国民会议，组织真正民意之政府解决国是。同人等绝对赞成，并愿拼命奋斗，以为孙中山先生后盾，以期国民会议早日实现。至若其他军阀瓜分地盘善后会议，足以增加吾民疲苦而□，同人等极端反对。国家兴亡，匹夫有责，愿我父老兄弟姊妹速起图之，民国前途幸甚幸甚。广东省立第一中学校学生会。皓。印。

（《粤省立一中学生反对善后会议》，上海《民国日报》1924年12月27日）

中华民国留日学生总会致孙中山、段祺瑞电

（1924年12月19日）

天津孙中山先生、北京段执政钧鉴：

国难方殷，万端待理，处置失宜，祸乱随之。两公解决国是，如确欲以民意为依归，则孙中山先生所提倡之国民会议实为不二法门，舍此他图，皆属伪举。所谓善后会议等，适等聚众分赃，非所以图治者也。特电请愿，伏乞决行。中华民国留日学生总会叩。皓。

（《留日学生总会之快邮代电》，上海《民国日报》1924年12月28日）

中华民国留日学生总会致孙中山电

（1924年12月19日）

天津孙中山先生钧鉴：

国难方殷，万端待理，国民会议实为解决国是之不二〈法〉门，而预备会议尤为重要。先生既倡于前，伏乞力持于后。留东同人，誓为后盾。中华〈民国〉留日学生总会叩。皓。

（《留日学生总会之快邮代电》，上海《民国日报》1924年12月28日）

建国军第一师师长沈健飞呈孙中山文

（1924年12月19日）

呈为呈报事：窃十一月二十三日案奉钧座任命状开：任命健飞为建国军第一师师长等因。奉此，遵于十二月十三日在广州行营就职，并启用印信。理合备文呈请睿察，伏乞俯赐备案，实为公便。谨呈

大元帅

建国军第一师师长沈健飞（印）

中华民国十三年十二月十九日

（《陆海军大元帅大本营公报》一九二四年第三十六号，12月30日，“指令”）

暂代管理粤汉铁路事务王棠呈孙中山文

（1924年12月19日）

呈为遵令呈报事：窃奉帅座第六二三号训令开：据报，该路积弊甚深，冗员甚多。仰该代管理即将该路每月支出经费情形，暨现有职员名额、薪水分别列具详表，统于文到三日内呈送到府以凭核办，毋稍延匿。切切。此令。等因。奉此，遵即将职路每月支出经费情形暨现有职员名额、薪水表各一扣，呈送钧座，敬祈鉴核。谨呈

大元帅

计呈粤汉铁路每月支出经费情形暨职员名额薪水表各乙扣。

暂代管理粤汉铁路事务王棠（印）

中华民国十三年十二月十九日

（《陆海军大元帅大本营公报》一九二四年第三十六号，12月30日，“指令”）

大本营财政部长古应芬呈孙中山文

（1924 年 12 月 19 日）

呈为呈请销案事：案奉钧座令开：广东电力公司有隐匿吞没官股红利溢利情弊，着向该公司提取溢利二十万元以充北伐军饷，并清算八年以前溢利，另行补足。等因。奉此，当经分派委员分行提取账簿、证据等赶速核算。嗣据该公司总理谢作楷呈请，拟即遵缴二十万元，即作为原日官股暨官银钱局按断商股之溢利并溢利之息，民七以前及七年以后所有政府创办人花红与夫其他一切权利完全注销。等情。并据将款二十万元先后解缴前来。除批准予销案外，理合呈请钧座俯赐准予销案施行。谨呈

大元帅

大本营财政部长古应芬（印）

中华民国十三年十二月十九日

（《陆海军大元帅大本营公报》一九二四年第三十六号，12 月 30 日，“指令”）

江浙旅川同乡会致孙中山电

（1924 年 12 月 20 日载）

广东孙大元帅（衔略）钧鉴：省议会、教育会、农会、商会、各法团鉴：

民国肇造，十有三载，法治精神斩焉澌灭，权利熏心与日俱炽，盗贼纵横，民生倒悬，水旱为灾，哀鸿遍野。十年九乱，军队尽属个人之爪牙，名器假僭，勋位悉充党羽之赠品。明是帝制余孽，而曰公忠体国，显然破坏共和，偏谓功高望重。选

举以贿，卖国有证，法律不足以惩创，人格大都已破产。是非颠倒，黑白混淆，功罪弗明，廉耻丧尽。成斯乱象，胥由军阀流毒阶之厉，傀儡登场，帝国主义间接助其焰。儿戏国事，动摇邦本，怨声载道，置若罔闻，烽火弥天，劫甚红羊，开亘古未有之霸局，诚人类莫大之污点，是孟子所谓贼民，而同人视为洪水猛兽者也。此次国内大战，兴师动众，起于东南，延及东北，流血千里，牺牲无算。如为私党之争，应赔偿公私损失；如为进化之故，当彻底改良政府。今幸曹倒吴败，足征恶贯满盈，天夺其魄。然祸首罪魁现尚逍遥法外，不免遗害将来，亟宜严令各省引渡，明正其罪，以伸国法而儆效尤。其他直派军队、猪仔议员、卑鄙政客悉数解散，驱出境外，以免蠹国病民、为虎作伥。澄清中原，时不可失，万目睽睽，严格以绳。顷闻近畿少数武人竟以凭一己之私意、井蛙之浅见，妄议国是，大揽政权，助外人张目，种覆亡之因。敝会同人极端反对，誓不承认，艰难缔造之民国，决不能再容不学无术、昧于世界大势中外国情之人滥竽尸位，致覆成非驴非马之共和，且为功为罪、孰优孰庸天下共见共闻，无可掩饰，莫由幸致。敝会同人本良心真理之主张，赞成委员制之有利无弊，一致推戴中外公认为革命先觉、共和大母、正大光明、具有公共精神之孙大元帅为委员长，主持国政，以竟其宏中肆外之长才，而将［竟］打倒帝国主义及一切军阀之全功；敦请段芝老、蒋百里出山主持国政，收束军队，以副移驻边境屯垦之旨，永绝内讧之患。窃愿海内贤达、军界同袍懔竞争生存之匪易，感陆沉鱼烂之深痛，为民请命，早促慈驾，务达目的而后已。敝会同人实馨香祷祝之，沥此代电，伫候明教。江浙旅川同乡会一千八百九十三人同叩。印。

（《陆海军大元帅大本营公报》一九二四年第三十五号，1924年12月20日，“公电”）

中央直辖豫军讨贼军总司令樊钟秀致孙中山电

（1924 年 12 月 20 日）

孙大元帅钧鉴：

钟秀奉钧命北伐，由粤出发，直入赣州，进据遂川、万安一带，曾陈明座右。旋因江浙变化，蔡逆遂倾师来抗，激战数昼夜，我军接济不及，于是相机图取赣西，以待北伐军之继至，乃进取宁冈、莲花等县。而蔡逆复逞兵赣西，又经我军猛力击退。原逆乘势深入，直取洪都，伏闻东北战事吃紧，钟秀决心统率所部迅速北上以袭洛阳之后，为北伐军之前驱，用副我大元帅出师之至意。故星夜驱驰，不惜跋涉艰难，师行五千里，战斗数十次，冲过湘、鄂，袭渡长江，托庇于本月效日（十九）安抵豫境，暂驻洒川先固各属。惜路途太远，我军甫至，吴逆已逃，未得歼此元恶，是所恨也。沿途交通梗塞，邮电不通，兹将三月以来经过情形，慨陈颠末。惟行军才来，火食无着，军装全无，且病伤官兵无药医治，关于给养军装补充、子弹接济及我军驻防地点，应如何处理之处，除派员面呈一切外，谨此报告，请示办理。临电屏营，伫候示谕祗遵。中央直辖豫军讨贼军总司令樊钟秀。号（二十日）。叩。

（《樊钟秀忽又由赣西冲到河南》，长沙《大公报》1925 年 1 月 5 日）

广东国民会议促成会致孙中山、段祺瑞等电

（1924 年 12 月 20 日）

北京孙中山先生、段执政、张雨亭、冯焕章诸先生钧鉴：

本月二十日，广州农、工、兵、商、学、妇女各界二百余团体在第一公园召集大会，到会人数十万余，并举行巡行示威运动，宣

告广东国民会议促成会正式成立，群情激昂，誓与全国被压迫同胞一致拥护孙先生召集国民会议及其预备会议之主张到底。惟报纸传闻，北京将开所谓六头善后会议。吾人固望孙先生加入此会议中，坚持国民会议主张，但同时亦认此会议绝对不能替代孙先生所主张之国民会议之预备会。执政及诸公应万分重视民意所趋，克期依孙先生之主张，召集由全国人民代表组成之预备会。并请即明令宣布特赦全国政治犯，全国人民有充分发表意见及选举代表之自由，各省军民长官不得干预、参加国民会议及其预备会，严拒列强要求，用示天下以执政及诸公有与民更始之真心。否则执政马电将等空谈，久困于军阀及压迫下全国人民，亦唯有力求自决而已。孙先生为人民之革命领袖，尚望努力为国民会议及其预备会议奋斗，全国被压迫人民准备牺牲一切，为先生后盾。谨此电达。广东国民会议促成会[①]。智。叩。

（《申报》1924 年 12 月 30 日《广东国民会议促成会成立大会记》）

香山县立女子师范学校致孙中山、段祺瑞等电

（1924 年 12 月 20 日）

北京分送孙中山先生、段芝泉先生钧鉴：全国各报馆转全国同胞均鉴：

孙公费了三十余年精神奔走革命，建立共和国家。吾党同志追随孙公，不惜牺牲身命，奋然而起，为国民前驱，激进不已。爰至辛亥，然后颠覆满清，创造民国。佥以为满清已覆，可以从事建设，讵袁世凯擅窃政权，勾结列强，以帝国主义为后盾，横行中国，残伤党员，甚至解散吾党，卒以产生洪宪皇帝。吾党无已，又

① 此广东国民会议促成会与 12 月 18 日邹鲁等人发起的广东国民会议促成会构成团体不同，此促成会由廖仲恺担任发起大会主席。——编者

竖立青天白日旗讨袁。迨袁世凯已亡，军阀叠生，曹、吴诸恶继之而起，且得帝国主义各邦相勾结，利用助饷助械横行无忌，杀工人，戕学生。我粤陈炯明利令智昏，受曹、吴指使，六月十六日在观音山下起乱，围攻总统府，谋杀孙公。幸先烈英灵，孙公履险如夷，不致为反革命派所害。讵广州商团又中帝国主义之毒，受洋奴陈廉伯愚弄，致有十月十五之役。是民国十三年来，有此七糟八乱分崩离析之时局，士农工商无不受帝国主义与军阀相勾结之痛苦。今者曹、吴既倒，我同胞痛定思痛，大家要勿放弃主人职权，留心观看。孙中山先生十一月十日对时局重要宣言，主张召集国民会议以谋吾国之统一与建设，务使军阀与帝国主义结合之现象永绝迹于国内，扫除从前各军阀瓜分地盘及垄断政权之罪恶，更扫除从前各军阀隔绝民意及排挤舆论之罪恶，胥于国民会议是赖。本校员生对孙公宣言，无不雀跃欢呼倾心拜手。唯望全国各团体各同胞踊跃赞助促进开会，打倒帝国主义，收回海关管理权，收回租借地，废除一切不平等条约；永绝军阀派，实行选举权、罢官权、创制权、复决权；同时实行孙公实业计划，发展实业，节制资本，平均地权。庶我国士农工商同享自由、平等、博爱之幸福，永远无极矣。谨此电陈，希赐鉴察。香山县立女子师范学校全体教职员学生同叩。哿。印。

（《香山女师赞成国民会议电》，上海《民国日报》1925 年 1 月 8 日）

大本营参谋长方声涛呈孙中山文

（1924 年 12 月 20 日载）

为呈请任命职处参谋仰祈鉴核事：窃声涛自奉命后，经将各军保送来处服务各参谋，先由职处令饬分股办事，至今约二个月，未行呈请加委，殊不足以昭慎重。兹将各军所派参谋开列姓名、阶

级，备文呈请加级［给］任状，伏祈鉴核施行。谨呈
大元帅
（附呈参谋姓名一单）

参谋长方声涛（印）

中华民国十三年十二月　日

谨将职处主任参谋及各参谋姓名、阶级开列，呈请鉴核。计开：
主任参谋一员：张贞
参谋十四员：

上校　贺　斌　建国湘军总司令部保送
上校　林昌武　建国湘军总司令部保送
上校　粟显扬　建国湘军总司令部保送
上校　包顺健　建国滇军第一师司令部保送
上校　卢　汉　建国第三军司令部保送
上校　陈维远　福建建国军总司令部保送
上校　谢石醒　前参谋处调充
上校　万世勋　建国豫军总司令部保送
中校　吴　奂　建国第一军司令部保送
中校　林振夏　福建建国军总司令部保送
中校　贺国华　前参谋处参谋
中校　严钝摩　赣军司令部呈送
少校　贲　襄　建国第一军司令部保送
少校　周勃雄　福建建国军总司令部保送

（《陆海军大元帅大本营公报》一九二四年第三十五号，12月20日，“指令”）

大本营军政部部长程潜呈孙中山文

（1924年12月20日）

呈为呈复事：案奉钧座发下建国湘军总司令谭延闿呈一件，

以所部军务处少校处员邹光烈随征年余，备历艰苦，积劳成疾，于本年九月十五日在广州病故，请予援照积劳病故例给恤等情。查该已故少校处员邹光烈积劳病故，情殊堪悯。拟恳俯准援照《陆军战时恤赏章程》第六章积劳病故例第四表，给予少校恤金，以昭激劝，而慰幽魂。是否有当，理合具文呈覆，伏乞鉴核训示祇遵。谨呈

陆海军大元帅

大本营军政部部长程潜（印）

军务局局长云瀛桥代拆代行

中华民国十三年十二月二十日

（《陆海军大元帅大本营公报》一九二四年第三十六号，12月30日，“指令”）

大本营军政部长程潜呈孙中山文

（1924年12月20日）

呈为呈复事：

案奉钧座发下建国滇军总司令杨希闵呈一件，以所部干部学校同中校编修官陈见龙积劳致疾，在职身故，请予饬部援例给恤以慰幽魂等情。查该已故同中校编修官陈见龙积劳病故，情殊可悯。拟恳准予援照《陆军战时恤赏章程》第六章积劳病故例，按照第四表给予中校恤金，以昭激劝，而慰英魂。是否有当，理合具文呈复，伏乞鉴核训示施行。谨呈

陆海军大元帅

大本营军政部长程潜（印）、军务局局长云瀛桥代拆代行

中华民国十三年十二月二十日

（《陆海军大元帅大本营公报》一九二四年第三十六号，12月30日，“指令”）

宿县学生联合会致孙中山电

（1924 年 12 月 21 日载）

孙中山先生钧鉴：

十三年来，国事蜩螗，民不聊生，究原祸始，皆由帝国主义之侵入，军阀武人之专横，与夫民治不得实现所致也。今者曹、吴失败，民乐和平，我公只身北上，主张招集国民会议以解决国是，实为当今切要之图。惟执政者流多阳示赞同而阴谋阻挠，恐及时所招集之国民会议仅各省军民长官之代表，仍非民众之真意。还请我公贯彻初衷，勿稍迁就，敝会等誓作后盾。专此布达，即希鉴察。

（《宿县学生联合会致孙段电》，上海《民国日报》1924 年 12 月 21 日）

九江各公团致孙中山电

（1924 年 12 月 21 日）

天津探送孙中山先生鉴：

陈、蔡祸赣，怨毒沸腾，吾民憔悴虐政，何止阿刹地狱。中枢如果具宣导民意之真忱，则以李烈钧长赣兼办军事善后，庶合全赣人民之心理。乃苏皖问题均经解决，独于吾赣心存歧视，岂赣省民意何以不顾，而赣省军阀仍应根留耶。除迳电段执政外，恳请鼎力援助，以维赣局，无任翘企待命之至。九江地方各公团叩。个。

（《浔人拥戴李协和》，上海《民国日报》1924 年 12 月 29 日）

中华海员工业联合总会致孙中山等电

（1924 年 12 月 21 日）

北京孙中山先生及各省商会、学生会、各团体、各报馆公鉴：

十三年来，袁氏称帝、督团造反、张勋复辟、军阀祸国等等，均恃武力杀吾民之唯一器具。于是内乱相寻，民无宁日，饿殍载道，转为流氓。前者湖北铁路、湖南纱厂之惨杀，固为吴、赵所制造，至今思之，犹有余痛。呜呼！工人何辜，而受此残酷也。此则军人之惨无人道，已可概见者也。迩者，孙先生本国民党大纲，提倡由预备会议而组织国民会议，实行民主政治之基础，以正式解决时局之纷乱，凡属工人，罔不欢忭。吾海员工界得此自由选举代表之良机，列席发表政见，对于海员之利益与疾苦不至隔膜。乃京电忽有善后会议之传来，查其主张不外以政治家及官僚为归宿，倘果见诸实行，则与孙先生之宗旨绝对不能相容纳。为吾海员工人计，自当急起直追，联络全国工人积极反对，实行孙先生国民会议之主张。此非□□立异，实由不如此，则民治无由实现，吾工人事业末由发展也。吾工人其□起图之。中华海员工业联合总会全体同叩。马。印。

（《海员工会反对善后会议通电》，上海《民国日报》1924年12月30日）

广西旅粤同乡会致孙中山、段祺瑞等电

（1924年12月21日）

天津、北京探送孙大元帅、段执政钧鉴：上海《民国日报》、《申报》、《新闻报》转各省农工商学会、各机关、各学校、各法团、各报馆暨全国父老兄弟、诸姑姊妹均鉴：

民国成立十有三年，人民日陷泯棼忧惧之中，几于无力自拔。此其最大主因，良由国人偏信政治足以支配社会，不知社会足以转移政治。政党误于轻向实力派谋妥协，冀其容纳主张，或虚拟救国方案，对于施剂分量、治疗手术略未权衡轻重，以致药石未投病势转剧。于是军阀坚信武力万能，翻覆唯己，同时勾结国际野心家为后援，幸图一逞，置倒行逆施于弗恤。十三年来，国人但呻吟于政

治不良，从未奋起负责，亟谋自动改善之方。政党虽愤慨其主义之未能实现，亦终无万全策略训练民众使趋一轨，以完成革新工作。吾人目击身受，唯国内军阀与国际野心家重重压迫侵略，至于肢体尽僵呼吸垂绝，日久痛深，无可讳饰。今曹、吴败衄，武力迷梦既醒，全国军阀褫魄。吾四万万民众得此良好时机，乃投袂而起，决以国民会议根本解决国是。向之呻吟政治不良者，皆欲尽量发言，企图确定其团体之福利。向之愤慨主义未能实现者，亦皆精审处方纷陈丹饵，企图博取大多数人之同情，而收振废起衰之速效。纵有少数军阀余孽，仍持其勾结国际野心家之妄念，然处民众神圣威权集中之下，亦将俯首敛戢，不敢轻于尝试。故吾人不甘盲目结舌手拘足挛，当认定国民会议为民国十三年革命流血所铸成，为全国各阶级共谋利益而奋斗，应实行联合各界促成预备会。举军阀官僚所把持包办之元老会议、善后会议，及主张省议会推举代表，由各团体追认之种种谬论，均为吾人极端反对。再进则国民会议代表尤须注重人选，不受指派，不涉感情，庶几举当其人，议无私袒，内乱永绝，外侮潜消，大法于是乎立，民本于是乎安。愿国人急起图之。广西旅粤同乡会。马。叩。印。

（《广西旅粤同乡之通电》，上海《民国日报》1925年1月7日）

广州总商会致孙中山、段祺瑞等电

（1924年12月21日）

北京段总执政、孙中山先生、张雨亭先生、冯焕章先生、天津黎宋卿先生、上海唐少川先生、全国商会联合会、各省商会均鉴：

民国肇造，十有三稔，中经变乱，覆辙相寻。揆厥原因，胥由军阀专横，以及政客挑拨，只图权利之纷争，不知民心之所在，遂致国本动摇，民生凋敝，治丝愈乱，无可讳言。今者曹、吴下野，时局渐趋和平，欲长治以久安，当补偏以救弊。乃闻善后会议，各省民军长官皆得参与列席，而我商民独付缺如。共和国体，主权在民，皮之不存，毛将安附？敝总会惴前车之可鉴，念来轸之方遒，用特通电声明：此次解决国是，常［当］以民众为主体，无论何种会议，倘各商民团体不得参预，则是违反民意，有乖国体，议决各案我商民当然否认。大局安危，系于一发，还祈各商会一致力争，无任盼祷。广东广州总商会。马（廿一日）。印。

（《总商会力争参加国民会议电》，《华字日报》1924年12月25日）

广东大学国民会议促成会致孙中山电

（1924年12月21日）

孙大元帅钧鉴：

年来内乱日甚，外侮频侵，国是日非，危在旦夕。大元帅所主张之国民会议实为救济时局之惟一办法，亦为革命之要道。敝会极表赞同，且将更进一步，以谋民众之大联合，促此会议之早日实现。但国民会议之召集方法及其讨论问题，俱应按照大元帅对时局宣言所主张者为根据。倘有人心存破坏故意阻难，倘一息尚存，敝会誓与奋斗，以作大元帅之后盾。特此电达，伏希垂察。国立广东大学国民会议促成会。个。

（《各地国民会议促成声》，天津《大公报》1924年12月29日）

国民会议石庄促成会致孙中山等电

（1924年12月21日）

天津孙总理中山先生、各省军民长官、各法团、各团体、各报馆钧鉴：

天眷中国，元凶失败，昔被蹂躏之民党，今为天演潮流拥出于晨光化日之下，实为彼苍代表铎声唤醒同胞，促进三民主义。爰即联合各界各团体，伸张民意，巩固民权，必达救国拯民之目的。于是大声疾呼，凡我国人皆当发奋兴起，结不折不回之精神，组织国民会议促进会，以求真正国民之政府，奠定永久之邦基，冀伸民权，铲除军阀，是以同人等发起国民会议促成会。爱国诸君，曷兴乎来。国民会议石庄促成会电叩。个。

（《石庄国民会议促成会电》，天津《益世报》1925年1月5日）

建国军滇军第二军军长范石生呈孙中山文

（1924年12月21日）

为呈报启用印信日期事：案奉建国军滇军总司令部令：转奉大元帅颁发本军印信一颗，文曰“建国军滇军第二军军长印”，象牙小印一颗，文曰“建国军滇军第二军军长”。等因。奉此，遵即于十二月十九日敬谨启用。理合备文呈请鉴核备案。谨呈

陆海军大元帅

军长范石生（印）

中华民国十三年十二月廿一日

（《陆海军大元帅大本营公报》一九二四年第三十六号，12月30日，“指令”）

四川垫涪丰青年互助会致孙中山电

（1924年12月22日载）

天津孙中山先生钧鉴：

慨自反正至今，国无宁岁，兵匪恣肆，民困倒悬，百业凋零，外侮日迫。乃者政局剧变，战事告终，先〈生〉主张召集国民会议解决国是，全民政治此其初基。伏愿先生积极进行，促醒武人之执迷，唤起国民之觉悟，俾此会议早日成立，民国前途，其庶有豸。四川垫涪丰青年互助会叩。

（《四川垫涪丰青年互助会之主张》，上海《民国日报》1924 年 12 月 22 日）

广东妇女劳工学校致孙中山电[①]

（1924 年 12 月 22 日载）

吾国自辛亥革命以还，废专制为共和，就表面观之，似已进步矣。然夷考其实，内而军阀肆虐民不聊生，外而列强侵略国几不国，匪惟无进步可言，并已陷于次殖民地之境域。今幸代表民〈众〉真正为国民谋利益之孙中山先生，倡导□国民会议解决国〈是〉。我辈在此会未开会之前，愿以数事向我国民领袖陈之，幸垂察。

（一）曹、吴二军阀虽倒，而国内尚有不少军阀存在。国民会议开会时，彼辈必恃其武力强行参加。望吾国民领袖对此冒牌代表尽力反对，设法屏去之。

（二）先生对于国民会议之宣言内，规定参加之团体独无妇女，此不得谓非缺憾。盖中国四百兆人，女子实居半数，今先生未一言及，独不思吾女子对于政治亦有正确表示耶。现吾辈对先生之主张愿为诚恳之拥护，先生其有以谋吾人发言之机关焉。

（三）查代表国民利益之国民党政纲内，有一条规定为：于法律上、经济上、教育上、社会上，认男女平等之原则，促进女权之

① 此电由“妇女劳工第一、二、三学校五百余人”致报馆通电中节出，该电称“顷致孙中山先生一电”，即此电。——编者

发展。我辈更愿根据此条，参加此解决国是之国民会议及预备会，努力于将来之女权发展。

（四）列强所以能在中国纵横无忌，因前与中国订有诸多不平等条约。先生在国民会议宣言中有废除一切不平等条约一项，诸列强因利益所关，必来阻止先生进行。愿先生在开会前设法对抗，以废除吾国人民之卖身契约，使吾国人民解放，得永远之幸福焉。

以上诸端，为我辈促进国民会议之要旨，望先生努力前进。吾辈女子虽弱，均愿奋起作先生之后盾。

（《广东女工学校对中山之请求》，上海《民国日报》1924年12月22日）

浙江国民会议促成会筹备处致孙中山、段祺瑞电

（1924年12月22日）

北京孙中山先生、段总执政鉴：

国民会议以国民利益为归，惟民众团体选出之分子始合代表民众，一切国是当由该会议决定。军政为会议中要案之一，不得由其他机关议决。在国民一致主张对外废除不平等条约、对内废除督军制时，尤宜防国际的社会政策及军阀之死灰复燃。吾民决以全力建设保障自己利益之国家，公等急进毋馁。浙江国民会议促成会筹备处。祃。

（《浙江国民会议促成会之表示》，上海《民国日报》1924年12月25日）

国民党汉口市党部致孙中山电

（1924年12月22日）

总理钧鉴：

天佑吾民，后来其苏。本党汉口市党部宣传三五［民］主义，几于家喻户晓。刻以国民会议行将召集，公私数十团体开会研究，佥以民权不能伸张则民生、民族各主义无从着手，乘此会议期间，首先要求罢免权，而以创制、复决等权容纳于行使罢免权规则之中。除分电执政外，特电恳积极主持，以期本党主义早日完全实现，国家幸甚，本党幸甚。伏祈睿鉴。中国国民党汉口市党部叩。祃。

（《汉口国民党部主张预备会议》，上海《民国日报》1924 年 12 月 30 日）

宋鹤庚、朱培德等致孙中山、胡汉民等电

（1924 年 12 月 22 日）

特火急。韶州大本营大元帅睿鉴：广州胡留守（余衔略）均鉴：

我军于删、沔［?］两日先后占领遂勤、万安后，星夜尾敌前进，皓日占领泰勤、亶辉，进迫吉安。敌据城抵抗，我军合力猛攻，敌兵不支，弃城逃走。马日完全收复吉安，夺获军用品无算。敌大部退峡江，现正在追击中。谨电闻，余续详。宋鹤庚、朱培德、何成浚、鲁涤平、谢国光、吴剑学、陈嘉佑、方勤英、张辉瓒、李明扬、路孝忱暨全体官兵同叨［叩］。养午。印。

（《北伐军复吉安》，上海《民国日报》1925 年 1 月 3 日）

九江国民会议促成会致孙中山、段祺瑞等电

（1924 年 12 月 23 日）

天津孙中山先生，北京段执政、李协和先生，江西同乡会诸先生，上海、广州、汉口、长沙江西同乡会诸先生钧鉴：

敝会公推于震寰君代表赴京津进行会务事宜，届时务祈见教，以利进行。特先电达。江西九江国民会议促成会叩。梗。

（《九江促成会派代表赴京津》，上海《民国日报》1924年12月29日）

大本营军需总局局长罗翼群呈孙中山文

（1924年12月23日）

呈为拟具《运输处暂行简章》呈请睿鉴事：案照《大本营军需总局暂行条例》第四条：国有铁路、船舶以及民有各种交通设备，于输送军需必要时，得由军需总局呈明大元帅，或商承北伐军总司令核定调遣之。等文。现在大军前进，运线延长，亟应设立运输处，办理护运军实输送前方，以专责成而免延滞。兹拟就《运输处暂行简章》十八条，理合缮呈衡核，恭候指遵。谨呈

大元帅

附呈《大本营军需总局运输处暂行简章》一扣。

大本营军需总局局长罗翼群（印）

中华民国十三年十二月二十三日

（《陆海军大元帅大本营公报》一九二四年第三十六号，12月30日，“指令”）

广东女权同盟会致孙中山、段祺瑞等电

（1924年12月24日载）

北京孙中山先生、段芝泉先生、各省学生联合会、各报馆、各社团暨全国国民公鉴：

民国而后，军阀专横，国事日亟，生民憔悴者久矣。今孙中山

先生以革命之元勋谋保障人民之自治，首倡召集士、农、工、商、军、政各界开国民会议，共谋解决国是，实行民主自治之精神，使军阀官僚不敢阴夺民意而垄断国是。凡我男女国民，皆当赞助。本会用特通电表示同意，并联合广东、广西两省女界群起□助，以尽国民应为之责，尚希望国民赞助焉。

（《广东女权同盟会通电》，上海《民国日报》1924年12月24日）

吉林基督救国会致孙中山电

（1924年12月24日[①]）

天津孙中山先生钧鉴：

兹致段执政一电，文曰：北京临时执政段芝泉先生鉴：我公以善后会议代替国民会议预备会之主张，并又派人制造国民会议条例，显与主权在民自决主旨背驰，且有政府干涉民权之嫌，既失彻底改造原理，乃民情舆论即对此表示反对。详查其自决之点，皆以孙中山之主张为主张。本会系研究救国道理之机关，赞同与否，一本至公，故可供诸天下之研究与采用。兹经详细讨论，与其以政府名义或以官吏、军人身分之团体而招集，显露反仆为主之污，宁援用国民代表预备会之秩序，不失主权在民之为愈也。本此理由，故本会对此番民情舆论深表同情，第恐内外情谊隔绝，用特代达与表示。愿公仍本主权在民国民自决之要素，以国民资格代国民服务名义，共同孙中山先生照其主张，指日联名召集国民会议预备会，以合体裁而洽舆情，且免政府产生民意机关事理颠倒之訾议。以公之

① 此电由“吉林省救国会基督救国会”径日（25日）致各报馆通电中节出，该电称：“昨致孙中山先生一电”，且救国会致段祺瑞电的日期为24日，综合判断将此电发电日期定为12月24日。——编者

明，愿垂察焉。除分电孙中山先生外。吉林基督救国会。敬。印。等因。合函所闻，并请查照。本查［会］依此主持进行，务保民权不损为盼。

（《吉林救国会反对善后会议》，上海《民国日报》1925年1月11日）

大本营审计处处长林翔呈孙中山文

（1924年12月24日）

呈为呈复事：案奉帅座交下大本营秘书处呈送民国十三年十一月分关于印铸支出表册单据，令饬审查等因。除镍币四十三元六角已奉帅谕仍存秘书处外，计发：支出决算册一本、收支对照表一扣、单据粘存簿一本、原呈一件。奉此，遵查该处十一月分收入部份，计领到会计司毫银八百五十元，又上月流存毫银一元三角六仙六文、镍币二十元零五毫六仙，合计共收入八百七十一元九毫二仙六文。其支出部〈分〉，计支印铸费毫银八百二十元零一毫八仙，杂支费毫银八元六角，合计支出毫银八百二十八元七毫八仙。收支对抵，应盈余四十三元一毫四仙六文。除上月流存并九月分汇报数内之镍币四十三元零六仙外，仍余毫银八仙六文。列数尚无错误，核与原呈数目亦属相符，即支出各款证以单据均无讹误，拟请准予核销。除表册、单据留存职处备查外，所有奉发审核缘由，是否有当，理合备文连同原呈一件呈请钧帅鉴核，伏乞指令祇遵。谨呈
大元帅孙

计缴原呈一件。

大本营审计处处长林翔（印）

中华民国十三年十二月二十四日

（《陆海军大元帅大本营公报》一九二四年第三十六号，12月30日，“指令”）

萧山农工商学各界致孙中山、段祺瑞电

（1924年12月25日）

孙中山先生并转段芝泉执政鉴：

国民会议，为国民国是□枢机，当依时局宣言所列各团体代表组织，以解决国际及军阀之压迫为先决问题。萧山已组织国民会议促成会为公等助，盼急进行。萧山农、工、商、学各界。有。

（《各地国民会议促成声》，天津《大公报》1924年12月29日）

国民党加拿大基钦纳尔埠党部致孙中山、段祺瑞等电

（1924年12月25日载）

《民国日报》转孙中山先生、段祺瑞执政及中国各阶级民众、各报馆均鉴：

此间全体华人皆为孙先生十一月十日宣言中召集国民会议解决国是之主张之后备军。基钦纳尔国民党海外部。

（《海外华侨响应之四电》，上海《民国日报》1924年12月25日）

侨港工团总会致孙中山、段祺瑞等电

（1924年12月25日载）

北京段芝泉执政、冯玉祥先生、天津孙中山先生、张作霖先生钧鉴：暨全国国民党总支部、各工会社团、各报馆公鉴：

民国肇造，瞬十三年，虚负民生之名，实为军阀之利，彼争此夺，祸乱相寻，民不聊生，国将不国。而重重压迫，嫉视寻仇，受痛之深，劳工为烈。盖劳工既生息于财阀、军阀之下，而其背后犹有一太上阶级之操纵。今曹、吴虽败，余孽未除，若循此不图急起自决，则恐死灰有复燃之日，民权无再振之时矣。孙中山此次入京，主张召集国民会议解决国是，以纯粹国民团体代表直接以谋国民福利，收效之宏，当可逆睹。凡属国民，皆应一致赞成，我工界亦必竭力拥护，以促其早日实现，把财阀、军阀及在其背后操纵者一齐打倒，完成民族独立，工界幸甚。侨港工团总会全体十万人同叩。

（《侨港工团总会赞成国民会议电》，上海《民国日报》1924年12月25日）

禁烟督办谢国光呈孙中山文

（1924年12月25日）

呈为呈明暂行办理情形仰祈鉴核事：窃职署前奉钧令合并为广东全省筹饷总局，当经定期移交呈奉钧府核准备案，并咨请新任广东全省筹饷总局罗总办翼群接收各在案。昨准罗总办复函，内开：拟俟各方妥协后，与正、副监督同时就职，宣告成立，方行接收所有广东全省筹饷总局。未成立以前，应请贵处暂行照旧办理。等由。准此。伏思职署为饷源所系，未及合并广东全省筹饷总局以前，督办不得不暂行负责办理，籍维现状。署内事务自应切实整理，撙节开支，以仰副我大元帅实事求是、用裕军饷之至意。查自督办接任后，比经呈请钧府核准裁撤厅、处，并将原设七科改并五科。现拟再并设为三科，即将二、三两科归并为第二科，以原有第二科科长张毂为第二科科长；四、五两科归并为第三科，以原有第五科科长钟忠改为第三科科长；一科职务，仍以原有第一科科长谭柄鉴为第一科科长。各科科员、书记、工役人等均经裁减半数；秘书、督催、检票员等名义一律取销；侦缉、调查各员遇有执行职务之必要时临时派用，不设常额；各处检查所责成专运局兼广州市禁烟局办理，不由署内开支。似此裁并办理，于款可收节省之益，而事仍无旷废之虞。除将薪金、工资及一切杂支编成预算另文呈报，所有暂行办理情形，理合备文呈请钧府察核备案，指令祇遵。至改委钟忠为第三科科长，应请钧府发给委状，俾专职守，至为公便。谨呈

陆海军大元帅孙

禁烟督办谢国光（印）

中华民国十三年十二月二十五日

（《陆海军大元帅大本营公报》一九二四年第三十六号，12 月 30 日，“指令”）

段祺瑞致孙中山电

（1924 年 12 月 27 日）

孙中山先生鉴：

静仁旋京，备述清恙近情，良深驰系。改革伊始，庶政待商。此间已预备适宜行馆，望速驾来都，早聆教益。并乞赐覆。祺瑞。感。

（《段执政致孙中山感电》，天津《大公报》1924 年 12 月 29 日）

旅粤湖南同志会致孙中山、段祺瑞等电

（1924 年 12 月 27 日）

孙中山先生、段芝泉先生、张雨亭先生及全国各报馆、各团体、全国国民公鉴：

迩者北京政变，本党总理孙先生北上时曾发表对时局宣言，主张国事由国民会议解决，正式会议未召集以前由人民团体及实业团体开一预备会议，决定正式会议开会日期、选举方法及会议之基础条件。敝会深信此种主张实为救济中国之良策，其理由有二：（一）中国为民主国，则主权当然在民，故国是当由国民自行解决。（二）中国年来外受列强之压迫，内有军阀之横行，而一切政权又常辗转于少数人之手。此少数〈人〉之行为设施又不顾民众之利益，故国家处于今日一蹶不振之域。若欲一谋革新，则舍国民自决别无他道。因是之故，孙中山先生国民会议之主张，实为应时势要求之出产物，亦为国民革命之要道。凡我国人不思脱免年来所受之压迫及痛苦则已，如欲脱免压迫及痛苦，则促成此会议之早日实现实为国人今日之切要工作。其进□方法，一方面则在谋民众之大联合，从事宣传鼓吹；一方面则在谋实力之准备，于必要时，须以罢工、罢市、罢税、罢学以为孙先生之后盾。盖必如是，然后可以打倒帝国主义及封建军阀之阴谋，以贯彻孙先生之主张。将来中国之是否可以改革，纯视此会议能否成功为断。当此千钧一发之际，我国人应各本国家兴亡匹夫有责之义，为国民会议而奋斗，目的不达，誓不返顾，夫如是吾中华民族庶可达到独立、自由、统一之目的也。旅粤湖南同志会。感。

（《旅粤湖南同志会之通电》，上海《民国日报》1925年1月8日）

广东图强女医校学生致孙中山电[①]

（1924年12月27日载）

天津孙大元帅钧鉴：

① 报纸报道中说明此电为广东图强女医校学生致孙中山电。——编者

日来聆悉我大元帅拟召集国民会议以解决国是，不胜忭慰。我国年来频遭变乱，环顾现在解决时局之希望者，仅为国民自起联合奋斗之一法。故学生等对于国民会议誓诚拥护，并希望此国民会议勿使军阀参加，致种种救时办法不能施行。此条应于大会前之预备会中明白规定之。又如特赦政治犯、人民发表政见及选举代表自由，亦为先决要紧之条件。更希望国民会议中，对于妇女在政治上、社会上、经济上、法律上皆与男子绝对平等之重要纲目，有明确之决定，庶从此一切令人痛心之社会上困苦与罪恶之现象皆得扫除，而建设真正之民治国家也。

（《粤女界对国民会议宣言》，上海《民国日报》1924年12月27日）

广东高等审判厅长陈融、广东高等监察厅厅长林云陔呈孙中山文

（1924年12月27日）

呈为拟暂采北京司法部《司法官官等条例》进叙推、检、书记官等级呈请核示事：窃查考绩之制主于激励贤能，重禄之典所以养廉劝士，古训昭垂，中外一致。法官为人民生命财产所寄托，职责綦重，苟无进叙等级办法，似不足以资观感而昭激扬。查职厅、庭长、推、检、书记官等，或在职多年，或勤慎厥职，厅长等随时督察，知之最稔。拟就各该员经验之深浅、服务之勤惰，切实考核，进叙等级，以资策励。再，查北京所颁司法官官制等条例及俸给表，各省施行已久，尚无窒碍。该条例虽在民国七年公布，不宜遽予适用，惟考其内容不无可采。现当年终考绩之际，拟请暂行采用，仍候官等官俸规定后，再行一体遵照办理。理合会同备文呈候察核，伏乞迅赐指令施行。再，职厅现在经费奇绌，各员进叙等级后，薪俸仍照现额发给。合并陈明。谨呈

大元帅

广东高等审判厅厅长陈融（印）、广东高等检察厅厅长林云陔（印）

中华民国十三年十二月二十七日

（《陆海军大元帅大本营公报》一九二四年第三十六号，12月30日，“指令”）

上海反帝大同盟致孙中山电①

（1924年12月28日载）

天津孙中山先生勋鉴：

迳□者，先生主开国民会议及九团体之预备会议，全国翕然响应先生之主张。比闻段氏竟欲以无聊之善后会议易此预备会，是违反民意破坏先生之主张也。望先生坚持前议，万勿承认。本会当号召全国人民为先生后盾。临电无任愤□待命之至。

（《沪反帝大同盟电孙段》，上海《民国日报》1924年12月28日）

广州第一中学女生自治会致孙中山等电②

（1924年12月28日载）

天津孙中山先生、全国各报馆、各通讯社转全国各同胞们：

北京政变，大局纷纭，帝国主义者和军阀们即乘机大肆侵略政策。如和平会议呀，善后会议呀，闹得整天价响。中国不亡，间于一发。我孙中山先生抱救国之热忱，毅然北上提倡国民会议，以解

① 报纸报道中说明此电为上海反帝大同盟致孙中山电。——编者

② 报纸报道中说明此电为广州第一中学女生自治会致孙中山电。——编者

决我国十三年来的纠纷。同人等绝对赞成，并愿努力奋斗，为孙中山先生后盾，以促国民会议成功。尚望中山先生所倡之国民会议，对于各团体之代表，须明白规定男女平均举派，使女子参政从兹实现，女界幸甚，吾国幸甚。

（《广州一中女生愿为中山后盾》，上海《民国日报》1924年12月28日）

段祺瑞致孙中山电

（1924年12月28日）

天津孙中山先生鉴：

顷由骏人转述贵恙渐告痊愈，良用欣慰。比来时局革新，庶政待商。京中业已备妥行署，务盼速驾，即日来京，是所至感。祺瑞。勘（二十八）。

（《孙文仍要来京耶》，北京《晨报》1924年12月29日）

按：《顺天时报》登载之电文与此文字略有区别，附录如下：

天津孙中山先生鉴：

骏仁旋京，备述清恙近情，良深驰系。改革伊始，庶政待商，此间已预备适宜行馆，望速驾来都，早聆教益，并乞赐复。祺瑞。勘（二十八日）。

（《段合肥又电催中山入都》，《顺天时报》1924年12月29日）

安徽全省学生联合总会致孙中山电

（1924年12月28日）

天津孙中山先生钧鉴：

国民会议之成败，为民众生死关头。先生为民众利益而倡之，民众当有以实现先生之主张。善后会议悖谬已极，敬希贯彻主张。敝会愿蹈危难，以底国民会议于成。安徽全省学生联合总会叩。俭。

（《安徽六重要团体之通电》，上海《民国日报》1925年1月8日）

旅粤南昌九属同乡会致孙中山电

（1924年12月28日）

天津探呈孙大元帅睿鉴：

李公协和，众望所归，恳□明令长赣，以顺民意。旅粤南昌九属同乡会叩。勘。印。

（《旅粤赣人请任李长赣》，上海《民国日报》1925年1月8日）

旅粤南昌九属同乡会致孙中山、胡汉民电

（1924年12月29日）

大本营孙大元帅、胡代帅睿鉴：

吾赣久遭军阀荼毒，原冀曹、吴倒后民困得苏。乃北政府以助直寇粤、罪恶昭彰之方本仁督办军务，蒙自卷逃通缉有案之胡思义掌理民政，将必吸髓敲□，残酷更甚。统一尚未告成，即先排斥民党，违反公意，殊失天下人民之望。今赣境各军云集，实非李公烈钧回籍主持，势难收束。赣、沪、京、汉各团体一致呼吁，足征众望所归。俯恳明令李公长赣，兼办军务善后事宜，以维危局而慰舆情。旅粤南昌九属同乡会叩。艳。印。

（《旅粤赣人请任李长赣》，上海《民国日报》1925年1月8日）

墨国是埠华侨救国团致孙中山、段祺瑞等电

（1924 年 12 月 29 日载）

北京孙中山、段芝泉先生转上海《民国日报》、各团体公鉴：

请即开国民会议解决国是，速奠邦基。墨国是埠华侨救国团叩。

（《各地国民会议促成声》，天津《大公报》1924 年 12 月 29 日）

墨国彦迫古埠国民党惠群阅书报社等致孙中山、段祺瑞等电

（1924 年 12 月 29 日载）

北京孙中山、段芝泉先生、上海《民国日报》转全国报界、各团体公鉴：

中山先生十一月十日宣言国民会议解决国是，侨等一致赞成。墨国彦迫古埠中国国民党惠群阅书报社等叩。

（《各地国民会议促成声》，天津《大公报》1924 年 12 月 29 日）

国民党南美柏巴克支部致孙中山、段祺瑞、张作霖电

（1924 年 12 月 29 日载）

孙大元帅、段芝泉、张雨亭先生鉴：

侨等赞成孙大元帅之国民会议主张。柏巴克中国国民党叩。

（《各地国民会议促成声》，天津《大公报》1924 年 12 月 29 日）

上海学生联合会致孙中山电

（1924 年 12 月 29 日）

天津孙中山先生钧鉴：

先生对时局宣言，本会深表同情。幸乞贯彻初衷，坚持到底，本会誓为后盾。临电迫切，并叩起居。上海学生联合会。艳。叩。

（冯玉祥档案）

（《上海学生联合会响应孙中山对时局电》，《中华民国史档案资料丛书·善后会议》，第 5 页）

上海国民会议促成会致孙中山电

（1924 年 12 月 29 日）

天津孙中山先生钧鉴：

报载善后会议条例已经公布，敝会为促成国民会议而产生，且为拥护预备会议而努力，不达目的，誓不中止，正义所在，力践之矣。望先生坚持到底，力争预备会议，反对善后会议，敝会将率全国国人为先生后盾。上海国民会议促成会叩。艳。

（《上海国民会议促成会之进行》，上海《民国日报》1924 年 12 月 31 日）

大本营审计处处长林翔呈孙中山文

（1924 年 12 月 29 日）

呈为呈覆事：案奉钧府先后发交广东兵工厂厂长马超俊呈送十二年十月份至十二月份收支计算书暨附属表及证据粘存簿到处饬令

审计等因。奉此。查该厂长所送收支册列各数大致相符。

惟查十月份购置栏内机器法条一单该洋六元，嗣查对第一千二百十一号单据系属副单，且与第一千二百三十号单据相同，似系重复，未便遽予核销，自应核减。计该厂十二年十月份原列支出毫银十一万零一百八十四元四毫九分四厘，应核减毫银六元，实核销毫银十一万零一百七十八元四毫九分四厘。

又查十一月份第三百六十号单据，梁甘泉工资应支毫洋四十二元三角，原列四十六元八角二仙，实浮支四元五角二仙。又查第一千五百六十号单据，由香港运硫酸回省一次，计运费港纸二十五元三毫，以二毫零一补水伸毫洋三十元零四角一仙，原列毫银六十元零八角二仙，实浮支三十元零四角一仙。又查第一千六百零八号单据，枪厂夜工，前单已计至十五日止，原列由十五日起，实多报一天，计浮支毫洋二元六角六分七厘。以上三项，共浮支毫银三十七元五毫七分六厘，自应如数核减。计该厂十二年十一月份原列支出毫银十万零八千七百二十元零四毫一分四厘，应核减毫银三十七元五毫七分六厘，实核销毫银十万零八千六百八十二元八毫三分八厘。

又查十二月份第一千六百六十七号单据，运料到总厂船费，共十八船，原列应支毫洋四十六元八毫。查本月份册报，张根船已雇为长行艇，则此次运料本不应另给工资，应核减毫洋十三元。又查第一千六百九十六号单据，铜质金包证章该银四十九元。查此单已于十一月报销，则此单不能认为有效，自应如数核减，以重公帑。计该厂十二月份原列支出毫洋一十七万四千八百四十四元零九分二厘，应核减毫银五十三元，实核销毫洋十七万四千七百九十一元零九分二厘。

以上各数证以表簿，尚属核实，核与单据，亦属相符，拟请准予照数核销。其核减十月份至十二月之款，共计毫洋九十六元五毫七分六厘，应请饬令该厂长列入新收款项，以清手续。除将计算书、表、簿留职处备案外，所有奉发审核缘由，是否有当，理合具

文连同原呈三件呈覆钧帅察核示遵，实为公便。谨呈

大元帅

计呈缴原呈三件。

大本营审计处处长林翔（印）

中华民国十三年十二月廿九日

（《陆海军大元帅大本营公报》一九二四年第三十六号，12月30日，“指令”）

广州市联军军警督察处督办杨希闵呈孙中山文

（1924年12月29日）

呈为呈报事：本年十二月廿六日，奉大本营秘书处第六八六号公函，内开：顷奉大元帅颁发木质镶锡关防一颗，文曰“广州市联军军警督察处关防”，象牙小章一颗，文曰“广州市联军军警督察处督办”。相应函送，希为查收见复，至纫公谊。此致。等因。奉此，遵于本月二十八日启用关防，即日开办。除分别咨行布告外，理合备文呈报钧座俯予察核备案。谨呈

陆海军大元帅

职杨希闵（印）

中华民国十三年十二月廿九日

（《陆海军大元帅大本营公报》一九二五年第一号，1月10日，“指令”）

广州市联军军警督察处督办杨希闵呈孙中山文

（1924年12月29日）

呈为呈报事：案奉钧状，内开：特派杨希闵兼任广州市联军军警督察处督办。此状。等因。奉此。职才力疏庸，罔谙治理，惟念

地方治安关系，不得不勉任艰难。当即于本月二十八日，于本市长堤潮州八邑会馆正式成立督察处，即于是日就职任事。除分别咨行及布告外，理合备文呈报钧座鉴核备案。谨呈

陆海军大元帅

职杨希闵（印）

中华民国十三年十二月二十九日

（《陆海军大元帅大本营公报》一九二五年第一号，1月10日，“指令”）

胡景翼致孙中山电

（1924 年 12 月 30 日）

孙中山先生钧鉴：

马电敬悉。国事纠纷，莫衷一是。先生以国民会议为解决时局惟一之方法，并选派同志分赴各省区广事宣传。振铎以徇，发人深省。荩猷硕画，钦佩莫名。此举关系民权主张至巨，自当力赞进行。除俟委员到豫时接洽保护外，谨先电复。敬希蔼察。胡景翼叩。卅。

（冯玉祥档案）

（《胡景翼响应召开国民会议以解决时局电》，《善后会议》，第 6 页）

段祺瑞致孙中山、张作霖等电

（1924 年 12 月 30 日）

北京孙中山先生、天津张总司令、卢宣抚使、北京冯检阅使、开封胡督办、保定孙省长、昆明唐总司令、太原阎督军、济南郑督理、

西安刘督军、上海何师长、陈师长、张前省长、沈师长、北京臧副司令、杨副司令、天津李督办、姜正司令、张正司令、韩副司令、张副司令、郭副司令、吉林张督办、奉天许正司令、汲副司令、黑龙江吴督办、北京吴总长、鹿师长、李师长、刘师长、宋师长、察哈尔张都统、河南岳副司令、保定何副司令、广东杨总司令、谭总司令、刘总司令、许总司令、樊总司令、程司令、范军长、胡军长、琼州林督办、汕头陈总司令、天津李参谋总长、北京柏军长、八步沈总司令、南宁李督办、梧州黄会办、新津刘督办、常德熊总司令、重庆刘督办、内江赖总司令、绥定刘督办、重庆袁督办、河南探送樊总司令、上海霞飞路铭德里石总司令均鉴：

善后会议条例业经公布。此会专为整理军事、财政及筹建设方案而设。质而言之，即沟通各方意思，由各省以及全国共谋和平统一。拟尽［?］十四年二月一日以前在北京开会。除第二条第一、第三、第四各款所列会员另行邀请外，望执事莅临，共商大计。如因事不能与会，即希迅派全权代表列席。至关于国家根本大法，应照马电组织国民代表会议，由全国人民公意解决，以符主权在民之意。特电布臆，即希电复。祺瑞。卅。

（《召集善后会议之通电》，北京《晨报》1925年1月5日）

广东教育会致孙中山、段祺瑞、汪精卫电

（1924年12月30日）

孙中山、段芝泉、汪精卫各先生鉴：

民国肇造，祸变相乘，民无宁戚［岁］，教育事业益欲销沉，良由军阀、官僚、政客把持国是，以致真正民意无从发展。乃者天心悔祸，幸返和平，正本清源，端在民治。国民会议诚为解决时局之不二法门，惟非于基本组织详审规划，不足以昭大公而达民意。

中山先生画虑周详，主张先由各种职业团体组织预备会议，为根本救国之计，粤省学界极表同情。务恳一致主张，以慰民望而端治本。为此电达，敬祈一致主张为幸。广东教育会。卅。

（《粤人组织国民会议促成会》，天津《益世报》1925年1月7日）

广州市联军军警督察处督办杨希闵呈孙中山文

（1924年12月30日）

呈为呈请事：窃职前奉钧命特派为广州市联军军警督察处督办，遵于本月二十八日就职任事，业已呈报在案。惟处中督察官关系至为重要，曾经前次会议议决由驻各省各军分派一员共同组织。兹由职选定滇军刘参谋长国祥一员拟任为职处督察长，粤军闵副官天培、桂军曾参谋鲁、湘军李参谋寅、卫戍总司令部吕参谋□□、公安局梁督察长禹平五员拟任为职处督察官。用特备文呈请钧座察核，准照上开各员加予任命，俾专责成而昭郑重。谨呈

陆海军大元帅

职杨希闵（印）

中华民国十三年十二月三十日

（《陆海军大元帅大本营公报》一九二五年第一号，1月10日，“指令”）

大本营甲车队队长卢振柳呈孙中山文

（1924年12月30日）

呈为呈请事：窃职队少尉排长张宏远一员，月前奉令出发广宁县护助农民，与该县土豪及匪军鏖战数日，奋不顾身，冲锋杀敌，以致身受重伤，返省入博济医院疗治。卒因伤重难医，竟于本月二

十九日晚十二时在院身故，实深悼惜。查该员此次因伤毙命，实为吾党护助农民殉难之第一人。其勇固可嘉，尚其为党之热烈更堪钦佩，苟不予以褒扬，实不足以励后起而慰英魂。为此备文呈请鉴核，伏祈准予将该少尉排长张宏远附葬陆军忠烈祠坟地，以慰英魂而励来兹，实为公便。是否可行，仍祈迅示祇遵。谨呈

大元帅孙

甲车队队长卢振柳（印）

中华民国十三年十二月三十日

（《陆海军大元帅大本营公报》一九二五年第一号，1月10日，“指令”）

清室内务府宝熙、绍英等致孙中山函

（1924年12月31日）①

中山先生执事：

敬启者：辛亥之役，停战议和，其时公在临时总统任内，双方订定优待条件暨满、蒙、回、藏待遇之条件，正式知照各国驻京公使转达各国政府，因有十二月二十五日之诏，共和政体于焉成立，载在盟府，中外咸闻。次年台从莅京，亲在那园欢迎席上对众宣言，孝定景皇后让出政权，以免生民糜烂，实为女中尧舜，民国当然有优待条件之报酬，永远履行，与民国相始终。皇天后土，实闻此言。复经列入约法第六十五条，明载优待条件，永不变更其效力，铁案如山，谁可动摇。不意本年十一月五日变生意外，致乘舆仓卒出宫。先生远在海南，一时无从赴诉。夫优待条件为民国产生之根本，自宜双方遵守，垂诸无穷。但十三年以前最初之信条，非

① 12月31日为宝熙等递交函件给孙中山的日期，参见《中华民国史事纪要》1924年12月31日条。——编者

曾经当事人不知颠末，或不免有所误会。今幸旌麾远莅，众望咸归。一国之信用所关，即列邦之观听所系，以公有保持信义之责任，英等翘首以俟，专函奉布，伏乞主持公道，力践前言，息壤在彼，知公必有以处此也。

清室内务府宝熙、绍英、耆龄、荣源谨启

（《宝熙等与孙中山往来函》，《申报》1925年1月17日）

管理粤汉铁路事务林直勉呈孙中山文

（1924年12月31日）

呈为呈报就职日期事：本月二十九日，奉钧座派状令字第三零四号，内开：派林直勉管理粤汉铁路事务。此状。等因。奉此，遵于本月三十一日十二时接事。除分行外，理合将就职日期备文呈报察核。谨呈

陆海军大元帅孙

管理粤汉铁路事务林直勉（印）

中华民国十三年十二月三十一日

（《陆海军大元帅大本营公报》一九二五年第一号，1月10日，“指令”）

吴稚晖致孙中山函

（1924年12月）[①]

中山先生钧鉴：

先生此次北来，读在广州、上海、神户等处亲对大众宣言，态

① 《吴稚晖先生全集》卷八第535－537页，未注明日期，据内容判断当在12月孙中山抵达天津后。——编者

度鲜明已极。一言以蔽之曰：（一）特来慰劳此次各方护国师旅以表其欣赞。（二）尽量献纳方策，为在位在野讨论建设之标准。但止伸其素见，并不望即在仓卒定其方案。（三）与多年相慕之人物交欢。既毕，即去而备历海内外，多所考询，以图将来圆满国家永远太［大］计。即此三端，并无余蕴。此某等所灼知，亦通国所已闻者也。但南北空气不同，先生远来，或有意料所不及之情形，猝然纷陈。故某等尽其一得之愚，不能在大旆登陆之际，有所陈献，以备采择，并祛疑怀。

（甲）段执政登台甫数日，近日都下盛传刚愎自用之旧态随处呈露。安福党人，乱国分子，悉已弹冠相庆，拔茅连茹而起。几有段派清一色之概。何种借款，何如私利，如毛内蕴，全循当年覆辙。此必大旆莅临之日，亦有煽此流言吹入先生之耳。此则某等愿加一解释。以为此乃舆论不健全，逆臆过早者也。子产为政，孰能杀之。自古图始之际，无不误会孔多。加以职位有限，粥少常苦僧多。用人綦难，怨望斯集。失职之徒，言之亦将过甚。殊不知任人动多亲故，乃平日相共起信，图获指臂相使之益，亦出于万不得已。而况段之同人不满于悠悠之口者诚多。殊不知彼等既饱经数年之忧患，其中觉悟过人者，亦不可以悉数。而且从前段执政，每当大任，即动过掣肘，未有一相当时期展其独来独往之抱负。人将何所见而段止刚愎，亦何所见而段派皆无最后之成功。语云淮南登仙，鸡犬同升；牛溲马勃，在常人视作弃秽，在良医或为上药。所以苟段执政以相当时间，尽其展布之量，将段之真本领表现，即段派之草木皆灵。此即所谓段将登仙，鸡犬俱为配升之物，溲勃皆成医国之品矣。此种说明，虽未必为通国人人所许。然在先生及某等已趋热望者，不可不坚决的，无论闻何流言，终宽段执政以时日，使放手试验。果其仍为银样蜡枪头，实一万劫不复之愚人，则不戢自焚。十三年内覆而不爽者已多，则我等亦可旁观恕之曰：可惜，可惜！而无所用其逆臆。此次我党禀先生之教，不敢再蹈分赃之旧败德者固坚，而张、冯两方，亦不听一人滥取职位。现象似极满意。然终恐有无聊分子，因所欲不遂，借无稽谰言来动先生之观听。此愿先生决决不可为所摇者也。

（乙）此次溥仪君，愿削帝号为国民一分子。乃弃“非人”之民贼号，而为人格完全之丈夫。可为彼贺。且彼之对人宣言，其满意于自由人之态度。非寻常道德家所能言。此尤可以叹佩。如此之同胞，亦值得先生与某等敬礼。乃一少数臣妾、遗老、奴隶、贱民反造作空气，疑先生入境，溥君将为左右所不悦。故深致事实上迁避之不安。此必望先生来京，向溥君素热诚之敬爱，一加周旋，使天晓然于五族同胞，真国家前途最可庆之盛事也。至因遗老、贱民偶有烦言不根者，亦或以复辟为市井谈笑之资料。此即某等已大笑之，谓若然则非但满族之鬼将候张勋之辙必覆，即世界各国亦必憬悟于中国，实远东巴尔干。以彼为导火线，世界更巨大之大战必起。其结局，将世界残余之帝国，一扫而空。世界将不愿为孤注之早掷，而各国明达之士，亦将起立力阻。此则某等视为厮养灶婢之谈，不欲博先生之一粲也。

敬择要预闻，伏望诲示，即叩

钧安

（《吴稚晖先生全集》卷八，第535～537页）

鹿钟麟致孙中山电

（1924年12月）①

时局革新，望公如岁。析津莅止，薄海腾欢。奠定邦基，伫望元老。都门咫尺，何日降临？鹄候电知，俾便警跸。

（《孙中山先生北上与冯玉祥》，《孙中山生平事业追忆录》，第482页）

① 发电日期当在12月孙中山抵达天津后至进北京前。——编者

天津市民大会致孙中山函

（1925 年 1 月 1 日载）

中山先生大鉴：

先生之来也，帝国主义之强暴及祸国军阀之狡展，处处与先生主张以阻挠，亦即处处与民众利益以残害。军阀所主张之善后会议，愚民欺世，更辱我公。望公能坚持宣言三点，慰苍生之喁望也。吾辈唯有以政权归民之义，为吾辈革命领袖之后盾。临颖神驰，务望先生为国珍重、为国努力。

天津市民大会上

（《各团体欢送孙中山》，天津《益世报》1925 年 1 月 1 日）

段祺瑞致孙中山、黎元洪电

（1925 年 1 月 1 日）

北京孙中山先生、天津黎宋卿先生勋鉴：

共和肇造，已十三年。维缔造之初，同负艰难之责。乃自创始以迄于今，国困民贫，兵多法敝，独居深念，寝馈难安。因此不辞劳怨，不避艰险，暂膺重任，冀尽我心。方今急务，治标以和平统一为先，治本以解决大法为重。善后会议，所以治其标。国民代表会议，所以治其本。善后会议条例前经公布，计邀鉴察。现拟尽本年二月一日以前在北京开会，敬请我公惠临，共商大计。如因事不能列席，即乞迅派全权代表与会。民生憔悴，国势凭陵，忆当年袍泽之劳，动此日缨冠之念，想我公必具同情也。至国民代表会议，应由全国人民公意组织，以符主权在民之意。合并附陈，统希赐复，无任企祷。祺瑞。东。

（《召集善后会议之通电》，北京《晨报》1925 年 1 月 5 日）

山东省市民大会致孙中山电

（1925 年 1 月 1 日）

北京孙中山先生钧鉴：

民国十三年来变乱相寻，惟其病根实由军阀与帝国主义者互相勾结。欲救其祸，舍国民会议实无他途。先生首先主张召集国民会议解决国是，全国民众无不闻风兴起，努力促成。惟既名国民会议，其基础条件及一切手续均应由人民团体代表会议决定，善后会议万难假借。山东各界于本日假省议会开市民大会，到会五千余人，群情热烈，一致主张先生召集国民会议预备会以组织国民会议，决不承认善后会议自规定国民会议之权力。务恳先生毅力主持，山东各界誓为后盾。山东省市民大会叩。东。

（冯玉祥档案）

（《山东省市民大会促开国民会议预备会电》，《善后会议》，第 8 页）

湖北学生联合会致孙中山电

（1925 年 1 月 1 日）

中山先生钧鉴：

善后会议为军阀分赃机关，为段祺瑞独裁政策。此种黑幕国人早已窥破，反对之声遍于全国。乃段祺瑞竟桀骜不驯，独行其是，颁布善后会议条例，公开进行，其残民之机已露，叛国之迹益彰，一旦窃发，国家即有沦丧之虞，先时预防危局，或有挽回之望。先生代表人民利益奋斗有年，际此危急之秋，恳即号召群众铲除军阀，从速召集国民会议筹备会，即以该会行使临时政府职权，以救危亡而奠国本。迫切陈词，言不尽意。湖北学生联合会叩。东。

（《湖北学生会反对善后会议》，上海《民国日报》1925年1月7日）

黎荣燊等致孙中山、段祺瑞等电

（1925年1月1日）

探送孙大元帅、段总执政、胡留守、刘总司令、学生会、各法团、各报馆均鉴：

共和国家主权在民，或兴或革，执政者须以民意为依归，然后合乎共和之本旨，国家方能长治久安。我国缔造共和经十三稔，国事纷扰比前加甚，揆厥原因，殆由执政者之措施俱存自私自利之心，而违乎民意之故也。自吴、张交战冯军反戈，元凶既去，鼎革方殷。孙大元帅有见及此，乃倡国民会议以解决国是，依民众之背向定从舍之方针，将军阀、政阀等之遗毒一扫而空之。同人等逖听之下不胜钦慕，望各地同胞速起响应，俾国民会议早日实现，国家前途实利赖之。广西省立第一师范学校、苍梧学会名誉会长黎荣燊、会长钟类材、陈寰坚叩。东。

（《苍梧学会赞成国民会议电》，上海《民国日报》1925年1月14日）

汉口妇女职业社致孙中山、段祺瑞等电

（1925年1月2日）

北京孙中山先生、段芝泉先生、各省学生会、教育会、农会、工会、商会、各团体暨全国国民公鉴：

民国以来，吾民外受列强帝国主义之压迫，内苦军、政、商、

学诸阀之专横，已陷于水深火热者久矣。今幸曹、吴诸贼已除，国是正待会商，自后应如何努力为国，若列强之压迫应如何抵抗，诸阀之专横应如何消除种种，是吾国民所当从速自决以免祸乱复萌也。孙中山先生提倡之国民会议，由九种职业团体选出代表共筹国是，此诚解决时局之唯一良策。凡我国人，自应一致赞助，共观厥成。敝社谨竭诚全力，以谋此会议之实现。除已加入国民会议促成会外，特此电布。汉口妇女职业社叩。宋。

（《汉口职业妇女社拥护国民会议》，上海《民国日报》1925年1月11日）

大冶县教育会、大冶法政学会等致孙中山、段祺瑞电

（1925年1月2日）

北京孙中山先生、段芝泉先生钧鉴：

（上略）年来和平会议开之屡矣，结果除少数军阀、官僚、政客分赃自肥外，无补于国，无补于民，甚且为未来大乱之引线，徒增人民之痛苦而已。故此次国民会议之召集，既可认为和平统一之良机，亦可认为未来大乱之肇始，惟视吾人运用之如何以决之。孙公主张于国民会议召集之前，先召集职业团体代表之预备会议，以决定国民会议之基础条件，是以召集全权完全付之国民，恰合吾人之希望。段公主张之善后会议，仅以各省之军民长官代表组织，仍蹈从来分赃会议之覆辙，殊失民众意义。同人爱国，不敢后人，知而不言，弃责孰甚。敢布区区，伏维明察，国家幸甚，国民幸甚。大冶县教育会、大冶法政学会、大冶中学同学会、大冶三属商业公益维持会叩。冬。

（《湖北大冶各法团发表主张》，上海《民国日报》1925年1月16日）

南京建业大学致孙中山电

（1925年1月3日）

天津孙中山钧鉴：

段执政颁布之善后代表会议，内有议决国民会议组织之条例，有利用少数以便操纵武断之弊。当兹国本摇动之际，犹纵政客误国之谋，曹、吴之祸恐将再现。乞先生坚持到底，反对善后代表会议条例，我国民一致为公后盾。南京建业大学职教员、学生全体叩。肴。印。

（《南京建业大学反对善后会议》，上海《民国日报》1925年1月7日）

林俊廷致孙中山、胡汉民等电

（1925年1月3日载）

广州孙大元帅睿鉴：胡留守勋鉴：转各部长、各总司令、军长、师旅团长、省长、运使、厅长均鉴：

闻诸道路，谓二三妄人、市侩、政客麇集汕头，劝诱陈炯明就伪救粤总司令职，意图祸粤。远道闻讯，不胜骇异。夫粤本无乱，何救之为？即云有乱，陈实戎首。彼妄人瞎议，不悟治乱之原，倒因为果，谬戴祸粤渠魁谄以救粤美名，冠履倒置，莫此为甚。谨露布其祸粤之经过，当世贤哲幸垂鉴焉。陈氏褊狭成性，部落谬想横亘脑际久而未蜕，妄以粤军主体自居，谓粤政而归其掌握。尝藉主客问题暗为挑拨，欲使局成鹬蚌渠作渔人。不思建关大业人有同心，环甲执戈何分省界，陈若不称兵叛逆袭击元首，滇桂义军早已由桂入湘，安能至粤？是客军之来，陈实召之，事仅三载，便尔数典忘祖，其谬一也。纨绔市侩、罔利商人，执业居奇，敲剥尽细民之血；垄断取利，谈笑倾中人之家；竭泽而渔，噬肤及髓。乃谬想天开，觊政柄为奇货，藉武力为后盾。陈氏侦知其隐，常通款曲，又悉其秉承宛、洛，与己立异，乃阳与相联，嗾使噬叛，许为外援，而意实存观望。待其受剿，叛名已立，无家可归，涕泣求救，乃徐勒饷糈，供营菟裘。不谓满首玄哗［玄烨?］宰吧鸭之故智，陈氏竟衣钵相承。抑不料暴徒聚众持械抗命，世界政治通例无不立予剿灭者，陈氏指为政府杀人，何以自解？其谬二也。曹氏窃国，神人共愤，奉、浙首义，同申天讨。我大元帅特撤惠州之围，网开三面，予以悔过之机，荡涤瑕秽。原冀其戮力国事，勉效驰驱，乃陈氏狐媚成性，西食东宿。卢子嘉总司令移师松沪，部曲竟发讨卢之电。冯检阅返旆宛平，陈氏遂有拥段之文。鼠首两端，自矛自盾。既号拥段，讨卢何以为名？既已讨卢，拥段必非诚意。其谬三也。凡此荦荦，均陈氏之阴险谲诈，予人以共见者。迹近阴险，毒逾操、莽。观其反覆，甚于吕布。庆父不去，鲁难未已。往者陈氏犹有惭德，隐晦乡园，虽驰情保洛、关说京津，既未明目张胆甘为祸首，原可以置而不问。今乃伪托民意僭窃名号，白昼魑魅，鬼蜮噬人。用特揭发其阴隐，宣示国人。而逆将邓本殷复通电请陈祸粤，既危粤东全局，复破八属平和。俊廷仅率我八属子弟援桴击鼓，声罪致讨，奠安粤局，扫除奸凶，凡我袍泽，谅表赞同。伏望各总司令督率健儿会师东江，扫穴犁庭，肃清余孽。谨此宣言，伏维鉴察。林俊廷叩。

（《林俊廷讨陈炯明》，上海《民国日报》1925年1月3日）

国民会议江西宣传员王秋心、赵干致孙中山电

（1925年1月3日）

北京孙总理钧鉴：

（前略）秋心等奉命返赣后，曾在九江、南昌及南成铁路、德安、永修各县向各民众团体接洽和解释。半月以来，共接洽二百余团体，参加民众集会之演说共计三十余次。民众对总理主张十分了解并真心接受，各地均有国民会议促成会之组织。南昌八十余团体组织之国民会议促成会，已于十三年十二月三十一日正式成立，并发出通电。秋心等拟即日赴赣东各属宣传。余候续行呈报，先此奉闻，敬祈为国珍摄。国民会议江西宣传员王秋心、赵干卯。江。

（《江西国民会议宣传员之行踪》，上海《民国日报》1925年1月9日）

卸禁烟督办谢国光呈孙中山文

（1925年1月4日）

呈为移交清楚缴销印章恭呈仰祈睿鉴事：窃前奉钧令：着禁烟督办署与筹饷总局合并为广东全省筹饷总局，禁烟督办着即裁撤。此令。等因。当即将遵令裁并、定期移交及办理情形呈奉钧府核准在案。旋准新任广东全省筹饷总局罗总办翼群函，定十四年一月三号来署接收，经届期将文卷、器具、款项及一应移交事项概行点交接收清楚，职于是日解除禁烟督办职务。除任内收支各款另文造册呈报外，理合将移交清楚情形，连同禁烟督办关防一颗、禁烟督办小章一颗截角缴销备文恭呈，伏乞鉴核备案，指令祗遵。谨呈

陆海军大元帅

计呈禁烟督办关防一颗、禁烟督办小章一颗。

卸禁烟督办谢国光（印）

中华民国十四年一月四日

（《陆海军大元帅大本营公报》一九二五年第一号，1月10日，“指令”）

浙江国民会议促成会致孙中山电

(1925 年 1 月 5 日以前)[①]

北京孙中山先生鉴：

善后会议显违民意，务请积极反对，为民前驱。

（《上海国民会议促成会消息》，上海《民国日报》1925 年 1 月 10 日）

胡景翼致孙中山电

（1925 年 1 月 5 日）

孙中山先生鉴：

艳电奉悉。安车入都，薄海同庆，从此巩固国基，发扬民气，端有攸赖，蹈舞良殷。景翼牵于职守，未能入京欢迎，实深歉耿。惟冀时锡矩训，俾资遵循，实为厚幸。临电神驰，无任瞻企。胡景翼。微。

（《豫胡浙孙复中山电》，《顺天时报》1925 年 1 月 11 日）

张家口国民会议促成会致孙中山、段祺瑞电

（1925 年 1 月 5 日）

孙中山先生、段执政钧鉴：

民国主权在民，诸事应由国民自决。迩来潮流所趋，各省法团

① 此电由浙江国民会议促成会致上海国民会议促成会“鱼”（5 日）电中节出，该电称：“昨致孙中山、段执政两电”。——编者

成立国民会议促成会者络绎不绝，一致主张速开国民会议，曾经发表通电在案。张、察各法团于本月八［？］① 日亦已成立国民会议促成会，愿从全国各省之后，电请执政府从民意速拟国民预备会议法，定期召集，再由预备会议定国民会议组织法，以重民意。无任翘企。察哈尔张家口国民会议促成会叩。歌。

（冯玉祥档案）

（《张家口国民会议促成会促开国民会议电》，《善后会议》，第9页）

湖北黄家港商会致孙中山、段祺瑞电

（1925年1月5日）

孙中山先生、段执政钧鉴：

二公主张国民会议解决国是，最合舆情。和平统一，可期实现。本会一致赞成，祈速召集。湖北黄家港商会叩。歌。

（冯玉祥档案）

（《湖北黄家港商会促开国民会议电》，《善后会议》，第9页）

苏州国民会议促成会筹备会致孙中山电

（1925年1月5日）

北京孙中山先生钧鉴：

善后会议条例已经公布，近报载先生入京，对于斯善后会议尚未实行否认，不胜悬念。敝会为促成国民会议起见，已从事筹备，

① 原书如此标注。——编者

以期进行。此间民众亦以正义所在，誓达目的。望先生坚持到底，发表明白宣言，反对善后会议，力争国民会议。敝会将率民众作先生后盾。特此电闻。苏州国民会议促成会筹备会叩。微。

（《苏州国民会议促成会筹办会纪》，上海《民国日报》1925 年 1 月 7 日）

潮州工界联合会等致孙中山电

（1925 年 1 月 5 日）[①]

共和肇造，但托空名，实惠未沾，工人尤甚。袁世凯之治安警察条例，黎元洪之工人协会法案，新刑律之罢工科罪，举我工人集会、结社、言论、出版之自由剥夺垂尽，宰割任人，思之血沸。此次首都剧变，曹酋崩倒，中山孙先生倡开国民会议，主张工农各界均得列席，敝会同人闻之欢跃。年来帝国主义与军阀磨牙吮血，祸及全民，而工人实为被压迫阶级中之最惨痛者。当兹正义既张建设方始，理当有天下为公之国民会议，使之自推代表自提议案，以达其解放之要求。务望早定大计，迅予召集国民会议，压迫既去，纷争自平。不然者，狃于旧习，迁就目前，将见内乱再兴不待旋踵矣。

（《潮州工界联合会快邮代电》，上海《民国日报》1925 年 1 月 14 日）

湖北黄石港商会致孙中山、段祺瑞电

（1925 年 1 月 5 日）

北京孙中山先生、段芝泉先生钧鉴：

① 此电由“潮州工界联合会暨各工团、各支会三十余团体”1 月 5 日致各报馆等通电中节出，该电称：“敝会顷致天津孙中山先生、张雨亭先生、北京段芝泉先生电”，即此电。——编者

二公主张国民会议解决国是，最洽舆情。唯段公主张之善后会议，仅以各省军民长官之代表组织，殊失民众意义。请改为孙公之国民会议预备会，并望力促进行，本会誓为后盾。黄石港商会叩。歌。

（《湖北黄石港商会电》，上海《民国日报》1925年1月16日）

冯玉祥致孙中山电

（1925年1月5日载）

（北京电）孙中山听西医劝告静养，日内即赴西山。冯（玉祥）电孙表示欢迎，并已将京西汽车道由兵士修理完竣。

（天津《大公报》1925年1月5日，“国内专电”）

绍兴印刷工人联合会等致孙中山、段祺瑞电

（1925年1月5日载）

孙中山先生、段芝泉执政钧鉴：

国民会议，救国良策，凡我同胞，谁不赞同。伏乞我公俯顺民意，即行召集预备会议，议决国民会议之基础条件，以便国民会议之早日实现。兹将工团等之主张开列于下，用备采纳。

（一）反对善后会议；

（二）立即召集国民会议；

（三）收回海关；

（四）取消不平等的一切条约；

（五）废除厘金；

（六）废止盐税、米税；

（七）废除治安警察条例及一切妨害人民自由的法令；

（八）废除督军、巡阅使、检阅使、督理、督办、都统、护军使、镇守使及督军式之总司令、军长等；

（九）减少军费，实行裁兵；

（十）废除一切男女不平等之法律；

（十一）教育经费独立；

（十二）庚子赔款充作全国小学校及平民教育经费；

（十三）废除一切宗教；

（十四）制定劳动法规；

（十五）制定农业劳动法规；

（十六）废除包工制度；

（十七）工人团体得参与工厂行政；

（下略）

谨此奉闻，诸希亮察。

绍兴印刷工人联合会、绍兴青年工人互助会、绍兴觉社

（《绍兴各工团之群起响应》，上海《民国日报》1925年1月5日）

国民会议江西促成会筹备处致孙中山电

（1925年1月5日载）

天津孙中山先生钧鉴：

军阀祸国，肇自专权，先生对症下药，主张召集国民会议，由人民团体参加会议解决国是，仁言利溥，深合民意。国民会议江西促成会筹备处现已组织就绪，加入者四十五团体。除电段执政毅然实行及全国国民一致促成外，谨此奉闻。国民会议江西促成会筹备

处叩。

（《江西国民会议运动活跃》，上海《民国日报》1925年1月5日）

胡汉民、谭延闿致孙中山电[①]

（1925年1月6日载）

电呈大元帅鉴核，其条件如下：

（一）方本仁、岳兆麟应请明令免职，并将方、岳所部军队一律解散。如敢抗命，由北伐军担任剿办。

（二）赣省军民两长须征中山同意，然后任命。

（三）湘赵抗北伐军假道援鄂。北伐军此次兴师，湘赵亦在驱逐之列，亦请明令免职，其继任人物与赣省办法一致。

（四）鄂萧为洛吴余孽，亦请明令褫职。

（五）请拨北伐军收束费一百五十万元。

（《粤政府提出取销北伐条件》，《盛京时报》1925年1月6日）

江苏宝应公民彦作宾等致孙中山等电

（1925年1月6日）

《民国日报》转各法团并转中山先生均鉴：

国事纠纷极矣。居今日欲谋解决方法，莫善于中山先生主张之国民会议，可得真正人民之意思，民治主力由此发展，坐失时机，

① 报纸报道称，此电为胡汉民、谭延闿联名向执政府提出停止广东北伐军北伐的五项条件致孙中山电。——编者

万劫不复。凡我诸父老兄弟，其共图之。江苏宝应公民彦作宾、葛浚，江都公民方庆纲、李溥。鱼。

（《扬州之国民会议运动》，上海《民国日报》1925年1月12日）

旅粤湘人致孙中山、段祺瑞等电

（1925年1月6日）

北京孙中山先生、段芝泉先生、天津张雨亭先生、各省、各团体、各报馆转全国国民公鉴：

近者曹、吴倾败，国有转机。孙中山先生本民主国主权在民之义，主张召集国民会议，以解决前此之纠纷，而谋今后之建设，此实救时唯一之根本方法。凡我国民应本国家兴亡匹夫有责之义，坚持良心之主张，努力奋斗，以促国民会议之实现。国家前途，实利赖之。旅粤全体湘人五万三千余人叩。鱼。

（《旅粤全体五万三千湘人电》，上海《民国日报》1925年1月17日）

大本营财政部长古应芬呈孙中山文

（1925年1月6日）

为呈请事：现据两广盐运使邓泽如呈开：现据广东北江盐务督运处专员廖燮电请辞职，随同建国湘军谭总司令赴赣。并准谭总司令专电：所遗督运专员一职，已就近令委建国第一军副官长祝膏如接充，仍请照章荐任。等由。准此，自应照办。除电复外，理合具文呈请钧部察核俯赐转呈大元帅准予免去廖燮督运专员本职，另行任命祝膏如接充，俾专责成，实为公便。等情。据此，查廖燮既呈请辞，继任人员复据该运使呈称谭总司令所委祝膏如堪以荐任，理

合据情转请钧座鉴核施行。谨呈

大元帅

大本营财政部长古应芬（印）

中华民国十四年一月六日

（《陆海军大元帅大本营公报》一九二五年第一号，1月10日，“指令”）

管理粤汉铁路事务林直勉呈孙中山文

（1925年1月6日）

呈为呈请鉴察事：案准大本营秘书处第一号公函，内开：顷奉大元帅交下卸代理该路事务王棠，请将此次附加车费概予拨作清发裁留各员司之用呈一件，奉谕：着交林直勉核办。等因。奉此，相应录谕，并检同原呈函达查照等由。同原呈乙件。准此，遵查负担军政各费以职路为多，其积欠员司薪水亦以职路为最，若不设法陆续清理势固不能，更恐发生窒碍。所有此次加收二成车费一项，拟请指令悉数支发裁留员司欠薪，以恤下情。是否有当，理合呈请帅座察核，并候示遵，实为公便。谨呈

大元帅

管理粤汉铁路事务林直勉（印）

中华民国十四年一月六日

（《陆海军大元帅大本营公报》一九二五年第一号，1月10日，“指令”）

管理粤汉铁路事务林直勉呈孙中山文

（1925年1月6日）

呈为呈请事：窃直勉奉钧座令派管理粤汉铁路事务，经将接事

日期呈报在案。现查前奉钧令裁撤之冗员，王前管理虽经呈覆一律裁撤，惟至今仍未实行。所积欠员司、工役薪工约计已达十余万元之巨，实行裁员势必要求清发欠薪，清发欠薪必须另筹巨款。刻下财政困难，加以军需紧急，骤筹巨款，实非易事。然无论如何为难，必竭力筹维，克日裁撤，以符钧令而资节省。至各处副处长一职，原已奉令裁撤。惟查车务处事务极繁，凡车上路上之管理、稽察、调度等事均归该处办理，稍不精密则车利收入大受影响。现拟将车务副总管一职仍请照旧设置，免予裁撤，俾得帮同处长办事，以期周密。又查，所有未奉钧令裁撤之员仍有可以酌量裁并者，即将此项再行裁并之薪水拨支车务处副总管之薪水，庶车务可期起色，而公款不至虚糜。其余各处副处长及副课长、副股长、副主任等职，仍遵令一律裁去。所有拟将车务处副总管一职照旧设置免予裁撤缘由，理合呈请钧座察核。是否有当，伏候指令祗遵。至该路宿弊，容悉心考查认真整顿，合并陈明。谨呈

陆海军大元帅

管理粤汉铁路事务林直勉（印）

中华民国十四年一月六日

（《陆海军大元帅大本营公报》一九二五年第一号，1月10日，“指令”）

胡景翼致孙中山电

（1925年1月7日）

孙中山先生钧鉴：

卅电奉悉。国势佔［阽?］危，蒸黎涂炭，苍生霖雨，属望东山。先生□时世之请求，经执政之敦促，命驾北来，解决大局，下风引领，拜祷殊殷。兹以国人望此，道左呼□，勉循民意，力疾入都。此诚一元复始之时，否极泰来之候，先生勿药之

疾，当从此霍然早愈也。务祈为国珍摄，调和元气，慎节起居，复矍铄之精神，抒忧乐之怀抱，奠定邦本，贯彻主张，四万万寿域同登，匪特景翼一人之私祝。谨布区区诚悃，敬悉□察。胡景翼叩。虞。

（《豫胡浙孙复中山电》，《顺天时报》1925年1月11日）

菲律宾加必地埠图强阅书报社致孙中山、段祺瑞等电

（1925年1月7日载）

《民国日报》主任先生、全国各报馆转孙大元帅、段执政暨全国同胞公鉴：

民国肇造，十有三年，而政局扰攘，干戈不息，军阀跋扈，外侮相乘。究其原因，虽由国内之军阀、政客勾结帝国主义以祸民，而探本穷源，亦由我大多数国民不明自己之权责，而甘自放弃其监督公仆之责任所致。遂使豪奴悍仆拥兵称骄，而嗷嗷哀民倒悬莫解。今者曹、吴既倒，政局变化，当此新陈代谢之会，正我国民出而解决国是之机。我革命首领孙大元帅主张召集国民会议，共谋国家之改造，而挽我国之危亡，国民会议未开之先，由九种职业团体召集预备会议，以制定国民会议之组织法。此种主张，我海外侨民认为解决国是之唯一良图。尚望各同胞鉴于外国帝国主义骎骎逼人，努力奋斗，以求国家脱离次殖民地之卑位，一致赞护孙公主张，出而解决时局。国家安危，在此一举，民权涨落，视此为衡。敝社同人谨此宣言，协力赞同孙公主义，凡我轩辕华胄，毋袖手旁观，宜群起而进行，国家幸甚，侨民幸甚。菲律滨加必地埠图强阅书报社叩。

（《斐列滨华侨之沉痛的呼声》，上海《民国日报》1925年1月7日）

中华民国各团体联合会、上海工商友谊会等致孙中山电

（1925 年 1 月 7 日）

北京孙中山先生钧鉴：

迩闻玉体违和，莫名系念，想因宵旰辛勤劳感所致。伏望加意保养，为国珍重，吉人天相，想即占勿药。特电驰问，惟希珍摄。中华民国各团体联合会、上海工商友谊会、履业工会、各省旅沪商帮联合会、各省旅沪公民团、崇海旅沪工商会、无锡驻沪劳工会、中华青年救国会、松沪工商会、太仓旅沪青年同志会、壬戌友谊社等一百六十余公团同叩。虞。

（《各团体联合会议开会》，上海《民国日报》1925 年 1 月 8 日）

云南总商会致孙中山、段祺瑞等电

（1925 年 1 月 7 日）

北京段执政、各部总次长、冯总司令、胡总司令、孙总司令、天津孙中山先生、张总司令、各军司令、各报馆、各法团、上海岑西林先生、唐少川先生、褚慧僧先生、章太炎先生、各报馆、各省军民长官、省议会、教育会、各报馆、商会、农会、工会均鉴：

天祸中国久矣，贫弱已极，糜烂其民。推原祸始，靡不谓军阀之流毒，党系之营私。固也。然而实制度不良，有以阶之厉耳。夫军阀之所以横肆，党系之所以交恶者，争权攘利也。争权攘利，则群情涣散，意见纷歧，党同伐异，入主出奴。其因地盘而抱侵略主义者，更无论矣，离心离德，惟力是视，波谲云诡，弃信悖常，杀人盈城，杀人盈野。编民何罪，罹此鞠凶？何一非立法未善，有以致之耶。盖前用总统制，而总统已屡被迫逐。若改用委员制，殆亦

难免纷扰，且恐号令不出国门，将来争委员制之事难保不有，盖皆权利有以召之也。审时度势，知中国地广人稠，欲集权则必有有权所不能及者，不能及则不能活矣。滇省主张联省自治业已有年，试行之已有小效。他省亦多有赞同者，惟时机未熟，尚碍进行。今曹、吴颠覆，当可与民更始。夫联省云者，先张吾帜，导以先路，而基础必本于自治。欲联省必先联县，欲联县必先联村，欲联村必先联市。市各有家，家非一人，自治其人。人治矣，家治矣，市、村、县治矣，于是一省胥治，渐而推及邻省，而邻省亦各自治，放之全国，而莫不然，循序渐进，用力少而成功多。彼军阀之存在者，不过筹边御侮，党系之纯洁者，更可集思广益。迹虽近于分权，道不外乎自治。无权可争，无利可攘，枭雄敛手，亿兆同心，国是既定，精神强固，而和平之统一可望矣。商界因饱经困苦而希冀幸福，惟联治其庶几乎。敢贡一得之愚，以求明达之采择焉。云南总商会叩。阳。印。

（《云南总商会主张联治电》，天津《益世报》1925年2月2日）

扬州大江日报馆总理朱达哉致孙中山电

（1925年1月8日）

《民国日报》转中山先生鉴：

处今日而言国事，非从根本解决不可。根本解决维何？即国民自起图谋，不劳武人政客越俎是也。先主［生］之召集国民会议主张，与吾人以自动之机，凡属国民皆当力助其成，因此为本身问题，非他人所得干预者也。我同胞不欲再受宰割之痛苦、苛政之蹂躏乎？其速起赞助中山先生之国民会议，达哉愿牺牲一切从诸公之后。扬州大江日报馆总理、江北新闻社长朱达哉叩。庚。

（《扬州大江日报经理之表示》，上海《民国日报》1925年1月12日）

孙传芳致孙中山电

（1925 年 1 月 8 日）

孙中山先生钧鉴：

卅电奉悉。大旆入都，欢□四裔，救民□国，伫盼新猷。惟祝尊恙早痊，健康恢复，长安翘企，无任神驰。孙传芳。庚。

（《豫胡浙孙复中山电》，《顺天时报》1925 年 1 月 11 日）

扬州旅外学生会致孙中山电

（1925 年 1 月 8 日）

民国日报馆转孙中山先生鉴：

国事日非，民权日削，先生主张以国民会议解决国是，实为探原之论。务望早日促成，以慰民望，同人不敏，愿为后盾。扬州旅外学生会。印。庚。

（《扬州之国民会议运动》，上海《民国日报》1925 年 1 月 12 日）

山东惠民国民会议促成会致孙中山、段祺瑞等电

（1925 年 1 月 8 日）

北京段执政、孙中山先生、各部总长、各省省长、各厅道局所、各省省议会、教育会、商会、农会、工会、学生会、各报馆、各学校、各界联合会均鉴：

民国成立，十有四载，野心家假借民意，倒行逆施，以致民穷财尽，国将不国。兹幸军阀破产，曹、吴颠覆，国民觉悟，群起挽救。孙中山先生主张以国民会议解决国是问题，本县市民极端赞成。爰于本年一月四日招集大会，共到一万余人。群情欢跃，一致主张速开国民会议，藉抒真正民意，建设良善国家。爰组织国民会议促成会，藉策进行。伏乞全国朝野人士一致催促，务期国民会议早日实现，以资挽救。本县市民，不胜翘企之至。山东惠民国民会议促成会执行委员郑玉田、胡毓恩、姚临安、张佩昱、宋登华、傅庆隆、王云溥、邵桂馨、钟树德、李瑞五、傅祥文、阎金华、岳鸿儒等暨全体会员一万二千人同叩。庚。

（《山东惠民县民会促成会全体通电》，天津《益世报》1925 年 1 月 18 日）

国民党东莞石龙、石滩等区分部致孙中山、汪精卫、段祺瑞电

（1925 年 1 月 8 日载）

天津孙总理中山先生、北京汪精卫先生、北京段芝泉先生均鉴：

民国肇造，十有三年，军阀专横，政纲日紊，战争不息，祸有由□。兹值曹、吴已倒，为解决国是至好良机。现我孙总理主持国民会议，实为建国要图。至如分赃式的善后会议，万难承认。当一致力争国民会议，如有背违，是即国民公敌，当与国民共弃之。临电屏营，敬祈鉴核。中国国民党石龙、石滩、仙村等区分部全体党员同启。

（《东莞国民党部赞成国民会议》，上海《民国日报》1925 年 1 月 8 日）

安徽省农会致孙中山电

（1925 年 1 月 8 日载）

天津孙中山先生钧鉴：

大旌莅□，群情欢慰。国民会议之主张，为救国唯一方案。敬祈坚决主张，敝会誓为后盾。安徽省农会叩。

（《安徽六重要团体之通电》，上海《民国日报》1925 年 1 月 8 日）

建国第四军第一路司令刘英等致孙中山电

（1925 年 1 月 8 日）

北京孙大元帅均鉴：

国是日非，祸乱无已，戡乱救亡，惟公是望。国民会议洵为救国救民之要素，谨乞我公主张到底，俾底于成，国利民福，曷其有极。悚惶陈词，伏睿容察。建国第四军第一路司令刘英、副司令兼先锋司令陈浩波、第一旅长王鼎臣、第二旅旅长许棪、第三旅长赵威、先锋司令兼前敌指挥官许昭卿、左翼先锋司令王耀功、右翼先锋司令陈缘村、中路先锋司令徐文溶、团长杨少鄂、陈振威、谢定沅、马武暨营、连、排、士兵等叩。庚。

（《建国将领致中山电》，上海《民国日报》1925 年 1 月 10 日）

大本营军政部长程潜呈孙中山文

（1925 年 1 月 8 日）

呈为呈覆事：案奉钧座发下建国湘军总司令谭延闿呈一件，以所部第三军军部书记谢其新随军多载，备极辛勤，积劳成疾，于十三年十二月十六日在广州病故，请予从优给恤等情。查该已故书记谢其新服务辛勤，积劳病故，情殊可悯。拟恳准予查照《陆军战时恤赏章程》第六章积劳病故例，按第四表给予少校恤金，以示矜恤。是否有当，理合具文呈复，伏乞鉴核，指令祇遵。谨呈

陆海军大元帅

大本营军政部部长程潜（印）

中华民国十四年一月八日

（《陆海军大元帅大本营公报》一九二五年第一号，1月10日，“指令”）

大本营军政部长程潜呈孙中山文

（1925年1月8日）

呈为呈覆事：案奉钧座发下建国湘军总司令谭延闿呈一件，以已故湖南衡州金库出纳课主任廖逢岳，前在衡阳筹济军食，卓著辛劳，随军来粤，尤复备历艰苦，积劳致疾，于十三年九月二十二日病故。恳予从优给恤，以慰忠魂。等情。查该故主任廖逢岳积劳病故，殊堪悯悼。拟恳俯准援照《陆军战时恤赏章程》第六章积劳病故例，按照第四表照少校阶级给予恤金，以昭激劝，而慰英魂。是否有当，理合具文呈覆，伏乞鉴核，训示祇遵。谨呈

陆海军大元帅

大本营军政部长程潜（印）、军务局局长云瀛桥代拆代行

中华民国十四年一月八日

（《陆海军大元帅大本营公报》一九二五年第一号，1月10日，“指令”）

大本营财政部长古应芬呈孙中山文

（1925 年 1 月 8 日）

呈为呈请察核备案事：窃查不动产典卖契据，各国多贴用印花以为财物成交之凭证。现为推广印花、整顿税务起见，自应一律贴用，藉补税法所未备。兹拟广州市自本年一月十五日起，各县自本年二月一日起，凡以此项契据投税者，除征收契税外，另照《印花税法》第二条第二类所定税率分别贴用。即产价在一元以上十元以下者，贴印花一分；十元以上未满一百元者，贴印花二分；一百元以上未满五百元者，贴印花四分；五百元以上未满一千元者，贴印花一角；一千元以上未满五千元者，贴印花二角；五千元以上未满一万元者，贴印花五角；一万元以上未满五万元者，贴印花一元；五万元以上贴印花一元五角，至此为止，不再加贴。似此办法，既取之有产阶级，而于贫民生计无妨，且税率至微，在业户亦容易担负。惟际兹库帑奇绌、军需孔亟之秋，得此以资挹注已属不无少补。除令饬广东财政厅遵照办理外，所有拟将不动产典卖契据一律贴用印花缘由，理合备文呈请察核备案，实为公便。谨呈
大元帅

大本营财政部长古应芬（印）

中华民国十四年一月八日

（《陆海军大元帅大本营公报》一九二五年第一号，1 月 10 日，“指令”）

广东全省筹饷总局监督范石生等呈孙中山文

（1925 年 1 月 8 日）

呈为呈报事：案奉钧令开：特派范石生为广东全省筹饷总局监

督，谢国光、韦冠英为副监督，罗翼群为总办，梅光培为会办。等因。又奉颁发木质镶锡关防一颗，文曰“广东全省筹饷总局关防”，象牙小章一颗，文曰“广东全省筹饷总局总办”。下局奉此，遵于一月六日就职视事并启用关防。理合备文呈报鉴核。谨呈
陆海军大元帅孙

广东全省筹饷总局监督范石生（印）、副监督谢国光（印）、韦冠英（印）、总办罗翼群（印）、会办梅光培（印）

中华民国十四年一月八日

（《陆海军大元帅大本营公报》一九二五年第二号，1月20日，“指令”）

上海广肇公所等致孙中山电

（1925年1月9日载）

顷据粤东各商号电称：海关监督检查舱口部本单诬骗关税，每号罚银逾万，限三日缴款，否则严拿究办。等语。查运粤各货，由起运各口岸海关验明斤两，完纳正税，给单放行。复由起运口岸海关给有红照，注明斤两，咨粤海关。到粤复经粤海关查验相符，照章纳税，始准提货。种种手续，备极妥密，粤东各商号无权更改报关斤两，无从瞒骗关税。当此市面□零，商业疲敝，加以阴历年关紧迫，倘遭意外，势将无业可营无账可收，更恐牵动金融，于市面大局关系甚巨。伏乞俯恤商艰，迅将该案取消，免予处罚，以维市面而安商业，不胜迫切待命之至。[1]

（《旅沪粤团体电文》，上海《时报》1925年1月9日）

① 此电由上海广肇公所、粤侨商业联合会致广东省长、粤海关监督、总商会电文中节出，报纸报道称“致北京孙中山、汪精卫先生原文略同”。——编者

永嘉县商会、教育会等致孙中山、段祺瑞电

（1925 年 1 月 9 日）

北京孙中山先生、段芝泉先生鉴：

国民会议为建国最高机关，攘外安内，唯民自决，军阀官僚不得代谋。吾学、商、农、工当力促其成，盼乘时局宣言进行。永嘉县商会、永嘉县教育会、农会、温州工人协会、女界国民会议促成会。青。

（《温州国民会议运动之活跃》，上海《民国日报》1925 年 1 月 15 日）

旅暹侨务局参议陈阜民等致孙中山等电

（1925 年 1 月 9 日）

北京孙中山先生、国民预备会议筹备处、全国父老兄弟姊妹、各机关、团体、报馆公鉴：

旅外华侨数几千万，祖国灾难向相助援，而于革命事业尤为踊跃输将，其洞悉帝国〈主义〉阴谋亦属更为明晰。故此次国民会议，在内地之团体固应参加议席，而旅外之华侨岂可独令向隅。爰本赞助之决心，发为请求之呼吁。尚望一视同仁，无间中外，准予参加末议。是则侨民等所切望，抑亦事理上所应许者。旅暹侨务局参议陈阜民、南溟商会会长林树森叩。佳。

（《旅暹华侨请加入国民会议》，上海《民国日报》1925 年 1 月 29 日）

广东电政监督兼广州电报局长黄桓呈孙中山文

（1925 年 1 月 9 日）

为呈报事：前奉省长公署第五六三号训令开：案查前准粤军总

司令部来咨，请将无线电局拨归管辖一事，当经照案转呈在案。兹奉大元帅第二二六四号指令，内开：呈悉。准将广东无线电局拨归粤军总司令部管辖，仰仍转行知照。此令。等因。奉此，除咨行外，合就抄录原呈，令仰该监督即便遵照。此令。等因。并抄发原呈一件到署，节经遵照办理。旋于本月五日准粤军总司令部公函开：案准广东省长公署咨开：为咨达事：案准贵部来咨，请将无线电局拨归管辖一事，当经照案转呈并先行咨复在案。兹奉大元帅第二二六四号指令，内开：呈悉。准将广东无线电局拨归粤军总司令部管辖，仰仍转行知照。此令。等因。奉此，除行电政监督遵照外，相应备文咨请贵总司令查照。此咨。等由。准此，兹派委杨少河□□月一日前赴该局接收。相应函达贵监督，希为查照，届时请将该局一切公物点交该员接收。等由。准此，当经于本月七日将无线电局一切局务及公物等件，移交杨少河接收清楚。除函复粤军总司令部查照外，理合备文呈报钧座察核备案，实叨公便。谨呈
大元帅孙

广东电政监督兼广州电报局长黄桓（印）

中华民国十四年一月九日

（《陆海军大元帅大本营公报》一九二五年第二号，1月20日，“指令”）

广东省长胡汉民呈孙中山文

（1925年1月9日）

呈为呈请事：现据广州市市政厅呈称：据财政局局长王棠呈称：现奉钧厅第三八二号训令转奉广东省长公署第三五九号训令开：现奉大元帅训令开：据革命纪念会呈称：窃查职会干事赵士觐前于中国国民党党务讨论会提出筹设烈士孤儿院一案，业经议决呈请钧府俯准执行。又前中国国民党广东支部长邓泽如等，查有广州市小北

郊外，东至四区三分署侧桥边沿大道以西暨听泉山馆地址全部，南至城门口城基沿至八角井以北，西至大小西竹等岗以东，北自宝汉茶寮以南，有官田及能仁寺、三元宫等处寺庙产业百余亩，为前清咸、同年间恶僧劣道串同衙署吏役私擅据有。及宣统年间，复为小北一带土豪串同僧道、书吏等私相授受，巧立名目，瞒骗官厅强占，抗［投］税管业，实行霸据。经沥情呈请钧座令派干员专办将该地契照调验，果属确实，即行拨充以一半为建筑烈士孤儿院地址，一半为该院永远基金。业奉令行查照办理各在案，乃迄今日久，尚属虚悬。职会以事关重要，必应举办，愿竭绵力，负其全责。拟请钧座令行广东省长转饬广州市政厅迅速妥办，勿稍宕延，庶先烈遗孤获沾仁泽，实为德便。等情。据此。除指令：呈悉。照准。候令行广东省长转饬市政厅照案迅速妥办可也。此令。印发外，合行令仰该省长即便遵照转饬办理。此令。等因。奉此。查国民党广东支部长邓泽如请拨小北郊外公地建设烈士孤儿院一案，前准大本营秘书处来函，当经令行该厅查明酌办。嗣据该厅饬据财政局呈称：本市东北两郊田地迭据市民举报到局指为寺产庙尝，其中有收归市有者，有发还管业者，有未能测磡投变者。究竟原呈所开四至包括田地若干，土名为何，现为何人管有，有无民产夹杂其间？又与从前受理举报承领缴契各案有无重复？自非逐细查明，未便遽予拨给。现已遴派委员前往按址查勘，容俟复到核明拟办。等情呈厅核转前来。复经据呈函请大本营秘书处转陈大元帅察核，并令复知照各在案。兹奉前因，合行令仰该厅即便遵照查明原案，妥速办理具报勿延。此令。等因。奉此。查此案前经令行该局迅速派员查勘，明确议复在案。现奉前因，合亟令仰该局即便遵照，克日派员勘明查案，妥速议复，以凭核办，具报勿延。此令。等因。奉此。查接管卷内，本年二月四日奉钧令转奉大元帅交下中国国民党广东支部张邓泽如等，为恳请拨给公地建设烈士孤儿院呈一件，饬即核拟具复等因。当经陈前局长将拟派员，按照令饬事理逐细确查各节呈奉，指令：饬即派委查勘明确，妥议呈复，并候先行转呈省署察核办理。等因。

三月十一日，又奉训令开：现奉广东省长公署指令：本厅呈一件，候函复大本营秘书处转呈大元帅察核行厅饬局知照各等因。嗣据委员复称：奉令后，遵即驰赴国民党支部谒见邓部长，由邓部长派出沈委员带同前往该处指勘。计测得共有面积一百一十二亩九分四厘，并绘具详图呈核前来。复经陈前局长依照所测范围，一再布告该处管有人缴验契据，以凭分别办理在案。核计先后缴契请验者有：邹本善、邹厚德堂、邹谦恕堂、张明远堂、叶顺、梁程氏、梁政德堂、赵修业堂、赵德脩堂九起。以上各宗产业，其中或在职局缴价承领，或验明契据确系民业准予发还，合计所占面积为数已百亩有零。现时仍属官、寺、庙产，可以照拨者恐亦无多。兹奉前因，除再重申布告，俾众周知，一面拟再派员携带会勘原图，会同沈委员传集各业主带齐契据同赴产业所在地方分别复勘，详细注明，按图摘除，以免牵累。此外如系无人缴契之田，果属官有及寺、庙等产者，即照案划拨为建筑烈士孤儿院之用。所有办理情形，理合呈复察核，是否有当，伏乞指令祗遵，实为公便。等情前来。查国民党广东支部长邓泽如等请拨小北郊外公地建设烈士孤儿院一案，迭奉钧令，经转行财政局勘明议复在案。现据呈复前情，职厅复查无异，理合备文呈请钧署察核。是否有当，仍候指令祗遵，实为公便。等情。据此。除指令饬行财政局会同沈委员复勘明确妥为办理具报外，理合呈请大元帅察核。谨呈
陆海军大元帅

广东省长胡汉民（印）
中华民国十四年一月九日

（《陆海军大元帅大本营公报》一九二五年第二号，1月20日，“指令”）

广东全省筹饷总局监督范石生等呈孙中山文
（1925年1月9日）

呈为呈请鉴核事：案奉钧令：着将筹饷、禁烟事项合并定名为

广东全省筹饷总局，等因。奉此。除将就职日期另文呈报外，谨将议定《条例暨办事规程》凡十一条，并附经费统计表、俸给表各一纸，备文呈请鉴核，分别公布备案，仍候训示祇遵，实为公便。谨呈

陆海军大元帅孙

计呈《广东全省筹饷总局条例暨办事规程》一册，附经费统计表、俸给表各纸。

监督范石生（印）、副监督谢国光（印）、副监督韦冠英（印）、总办罗翼群（印）、会办梅光培（印）

中华民国十四年一月九日

（《陆海军大元帅大本营公报》一九二五年第二号，1月20日，“指令”）

建国奉军总司令常德盛等致孙中山、段祺瑞等电

（1925年1月10日）

孙大元帅、段执政、冯总司令、胡副司令、各部长、各省省长、总司令鉴：

德盛自奉大元帅特任以来，已于十二月一日通电就职。惟恐赣省北部不易达到，特遣参谋建［廖］永福携稿到韶拍发在案。窃德盛生长沈阳，从戎塞北，于今四十余年，一介武夫，颇解大义，只知为国奉公，不识侯门结纳。慨自曹、吴祸国，排除异己，枉杀宝德全于中州，迫走德盛于闽北，强我有为卫国之师以作同室操戈之用。德盛不忍，引退赣东，乃吴氏愈形疑忌，重兵威迫，严令犯粤。德盛深知吾粤为义师根本重地，又为我大元帅驻节之处，是有心肝，何敢盲从。无已暂驻三南，忍辱待命。今我北伐联军大举驱蔡，铲除吴氏余孽，德盛逢此盛会，即无一兵一卒，亦当执鞭随

镫，以为诸公之后，何幸如之。又蒙我大元帅委以重任，自当鼓舞三军，谨听帅令，努力杀贼，以期建国大纲可立，三民要义得申，尚望诸公暨各友军将士特加训诲，用匡不逮。倚剑陈辞，祈为亮察。建国奉军总司令常德盛、第一师师长常锡荣、第二师师长李象山暨全体将士同叩。蒸。

（北洋政府陆军部档案）

（《常德盛致内务部秘书处电》，《中华民国史档案资料汇编》第四辑，第634页）

山东国民会议促成会致孙中山电

（1925年1月10日）

北京孙中山先生钧鉴：

中国不幸，乱事频作，推原祸始，厥由于军阀与帝国主义者朋比为奸横施压迫所致。解决之道，端赖民众。此地市民闻先生主张召集国民会议，莫不一致赞成，竭诚拥护。曾于东日电陈在案。同时发起国民会议促成会，加入者六十余团体。爰于本月七日假省教育会开会，代表到者百有余人，选举职员，正式成立。一致议决，誓死反对善后会议。尚望先生毅力坚持，本会誓为后盾。山东国民会议促成会叩。灰。

（《山东亦主张组织全国促成会》，上海《民国日报》1925年1月15日）

扬州仙女市女界国民会议促成会徐彬娜等致孙中山电

（1925年1月10日）

中山先生鉴：

自民国成立以来，争执纠纷，无时或已。推原祸始，由于政客、武人横加摧残所致。今曹、吴失败，段氏执政，先生以国民先决之精神主张成立国民会议，使民众均能行使主人翁之职权，逖听之下，欢跃奚如。今又得特派宣传员陈君肃仪来仙宣讲，促成国民会议。彬娜等既为国民一份子，敢不表示赞同。现已于蒸日成立扬州仙女市女界国民会议促成会，愿竭所能从事宣传，俾国民会议早日实现，以副先生之厚望。扬州仙女市女界国民会议促成会徐彬娜、赵玉书等叩。蒸。

（《国民党宣传员在仙女之活动》，上海《民国日报》1925 年 1 月 15 日）

安徽国民会议促成会致孙中山电
（1925 年 1 月 10 日）

北京孙中山先生睿鉴：

先生为民众利益主张国民会议，实为彻底解决国是办法。本会已电段执政反对善后会议。先生主张一贯，为民众奋斗，民众必为后盾。安徽国民会议促成会叩。蒸。

（《皖促成会反对善后会议》，上海《民国日报》1925 年 1 月 17 日）

国民党广东大学特别区部致孙中山等电
（1925 年 1 月 10 日）

北京孙总理、广州中国国民党中央执行委员会、全国各报馆、各团体、全国同胞们：

我们认定我们伟大的国民革命的领袖孙中山先生所主张的国民

会议，是解决中国国是唯一的方案。他要使中国时局的发展能适应国民的需要，并且使国民能自择其需要。他洞悉半殖民地底下的中国人民，对外必须达到取消一切不平等的条约及特权，与变更外债的性质，使列强不能利用外债以致中国坐困于半殖民地的地位；对内必须划分中央与省之权限，使国家统一，且以全力保障人民之自由，辅助农工业之发展，谋经济发育之改善。但这种伟大的计划，只有实现其所主张的国民会议，然后可以实现。同时孙先生主张国民会议的预备会须由九种团体代表组织，即现在的教育、农、工、商团体及政党、反曹吴各军等代表会议，决定国民会议一切组织进行。我们国民只有承认孙先生所主张的国民会议方案，及其进行步骤计划，完全代表全国国民利益的主张。我们应一致拥护。我们敢请全国国民奋起。谨此电闻。中国国民党国立广东大学特别区部叩。灰。

（《广东大学区党部告全国各界》，上海《民国日报》1925年1月17日）

国民党中央执行委员致孙中山电

（1925年1月10日载）

（一）认为善后会议为不尊重民意，宣言反对。

（二）主张应废止宪法，复活临时约法。

（三）反对委员制度。

（四）广东政府之名称，在国民会议未召集以前决不取消。

（五）参酌孙、段意见，可许在国民会议之前先开预备会议。[①]

（《国民党之主张》，北京《晨报》1925年1月10日）

---

① 报纸报道称："广州电通社电讯，国民党接孙（中山）由京来电，开紧急会议，其结果昨有复电致孙，其决定之态度如左"，即此电。——编者

皖人汪永铭等八十人致孙中山、张作霖、卢永祥电

（1925年1月10日载）

上海民国日报馆转孙中山先生、张雨亭先生、卢子嘉先生钧鉴：

民国肇造已十四载，干戈扰攘，变乱相寻，萧墙内争，瓜分外谣，堂堂中原几至沉沦，推究祸贼，军阀演成。孙公中山主召国民会议征求意见，以解纠纷，可谓对症给药。我等唯望孙先生主张之国民会议早日实现，对内扫除一切治安障碍，对外废除一切不平等条约，去半殖民地位，成独立国家，公民等有厚望焉。皖人汪永铭、罗时□、黄绍宗、王启江、杨行衷、戚皖北等八十人仝叩。

（《皖人赞成国民会议之二电》，上海《民国日报》1925年1月10日）

卸禁烟督办谢国光呈孙中山文

（1925年1月10日）

呈为呈赍十三年九月一日接办起至十二月三十一日止收支四柱总册，仰祈睿鉴事：窃禁烟督办署与筹饷总局奉令合并为广东全省筹饷总局，遵于一月三日交卸，业将移交清楚情形连同关防、小章呈奉钧府核销在案。所有任内收支各款，除已将九、十、十一、十二四个月收支数目按月黏同收据分别造报钧府，并将结存数毫洋四十二元一角六分，及十四年一月一、二、三日经手收支数目，概行移交新任罗总办翼群接收汇报外，理合将九月一日起至十二月三十一日止收支各款汇造四柱总册，备文呈赍钧府察核备案，指令祇遵。谨呈

陆海军大元帅孙

计附呈九月一日起至十二月三十一日止收支四柱总册二份。

卸禁烟督办谢国光（印）

中华民国十四年一月十日

（《陆海军大元帅大本营公报》一九二五年第二号，1月20日，“指令”）

北京民治主义同志会等致孙中山电

（1925年1月11日）

北京孙中山先生钧鉴：

先生应时势之要求，主张国民会议。救国良才［方］，舍此莫属，凡我同胞无不渴望其早日实现。同人等既为国民一分子，何敢坐视。特于昨日开联合大会，一致议决电恳先生毅力主持，同人等誓为后盾。民治主义同志会、中华法制革新社、平大政治研究会同叩。真。

（冯玉祥档案）

（《北京民治主义同志会等响应召开国民会议电》，《善后会议》，第10页）

上海国民会议协商会致孙中山电

（1925年1月11日）

北京孙中山先生勋鉴：

共和真谛，主权在民。十三年来政治纷扰，皆由政客、军阀把持政权倒行逆施有以致之。先生主张由各团体组织预备会议，议决国民会议组织法，实澄清政治、解决国是之根本办法。国民虽弱，当努力前途。段祺瑞召集之善后会议以愚我国民，望先生坚持原议，提倡到底，最后胜利终属国民。上海国民会议协商会。真。

（《国民会议协商会开会记》，上海《民国日报》1925年1月12日）

方梦超致孙中山、段祺瑞等电

（1925年1月11日）

北京孙中山先生、段执政、冯焕章先生、各部总长、汪精卫、李石曾、张溥泉、徐季龙、柏烈武、于右任诸先生、参众两院、各法团、各公团、各报馆、各通信社、各驻京记者、天津张雨亭总司令、李协和、张岱杉、贺德霖诸先生、上海唐少川、章太炎、伍梯云、孙伯兰诸先生、云南唐蓂赓总司令、韶关谭祖安总司令、开封胡笠生督办、保定孙禹行军长、各省区省长、督办、督理、督军、宣抚使、各都统、护军使、镇守使、各省议会、各法团、各公团、各报馆钧鉴：

天难中国，祸乱相寻。军阀官僚，朋比舞弊，勾结外人，求荣卖国，欺国民之徒手，使呼号而无门。兹当国政革新，奸宄必究，用特择尤告发，律法以绳。特于民国十四年一月八日，将办理金佛郎案，串同舞弊，损害国家之主犯颜惠庆，具呈申诉于京师地方检察厅，请求提起公诉，拘案治罪，惩既往以儆将来。其文曰，（因原呈前报已登，兹从略）等语。伏乞诸〈公〉质本良心之主张，作民意之后盾，效法治之精神，奠共和之国本，国家幸甚，国民幸甚。方梦超叩。真。

（《方梦超之通电》，北京《晨报》1925年1月12日）

建国湘军总司令谭延闿呈孙中山文

（1925年1月11日）

呈为据情转呈事：案据曲江马坝团总丘润生呈称：呈为呈请事：窃此次湘军第二、第三两军，在马坝向各绅商共筹借银八千九百七十二元正。兹特详细列表呈明，恳请转呈大元帅核准令饬曲江县改换印收，准抵完十四、十五两年田赋，以恤民困，实为公便。等情。据此，理合呈请帅座令曲江知事将职军借款八千九百七十二元换给印收，准抵完十四、十五两年田赋，以清手续，而恤民艰。谨呈
陆海军大元帅孙

建国军湘军总司令谭延闿（印）
中华民国十四年一月十一日

（《陆海军大元帅大本营公报》一九二五年第二号，1月20日，“指令”）

天津妇女国民会议促成会致孙中山函①

（1925年1月12日载）

中山先生钧鉴：

先生所提倡以民众为基础之国民会议，允为匡时良策，惜乎对于二万万之妇女未与参加团体之列。证之先生素来主张，恐系挂漏。务请早日将此项团体加入，藉符全民之意。丁兹万端待理，国民会议之召集实刻不容缓，尚祈在京速谋实现。先生在津时敝会同人曾拟晋谒崇阶而申此情，第以先生在病，弗克如愿，特此函达，敬祝努力。

（《女团体反对善后会议》，天津《益世报》1925年1月12日）

青岛公民纪凤仁等致孙中山、段祺瑞、张作霖等电

（1925年1月12日载）

北京段执政、孙中山先生、天津张雨帅暨各报馆均鉴：

① 报纸报道中说明此函为天津妇女国民会议促成会致孙中山函。——编者

窃自青岛接收以后，百业凋敝，庶政废弛。揆厥原因，莫非主政非人所致。熊、高两督，虽尚为政局中人，然一切措施，已多不满人意。现忽以陆、海军人相继主持埠政，既茫然于政治之进行，复任意倒行逆施，致令我全国同胞争回之青岛，将断送于军人之手，一蹶而不能复振。不特我胶、澳公民暨我全国同胞所痛心，亦将为全球友邦所窃笑矣。谨将现任海军司令兼胶、澳督办温树德八大罪状分陈于后：

（一）官卖烟膏。青埠在高前督办任内设立禁烟局，原为厉行烟禁起见。现自温树德兼任督办后，竟改头换面，名禁烟而实行其征收烟税，大卖官膏。本埠东西两镇烟膏已完全包商承办，市内烟膏专卖，各商人方在运动进行。此中黑幕，不言可喻。并拟将外埠入口烟土，以每年四十万元包商承办。只图自饱私囊，不计及我胶澳人民之堕落苦海与否。其罪一。

（一）滥用私人。自温树德莅任以来，各机关长官，如水道、电话、港政、禁烟各局所，均一律改委其舰长或海军官长兼任。督办公署以及各机关，除新增设多数顾问、谘议各职外，所有秘书、科长、股长等职均多以海军人员兼充。既不问其有无此种学识经验，亦不计及预算能否敷用，甚至有一人而身兼数差。以一班少年纨绔，滥任要职，贻误青岛埠政之进行，将至不可收拾之境。其罪二。

（一）卖官鬻爵。近因本埠各机关更动人员过多，热心政界之流，请托钻营，无所不至。当局者认为良好机会，知自身为五日之京兆，遂不惜以官场作市场，无论新委或留任人员，视位置之高低，定价格之多寡。在温树德个人为计固得，其于我青岛前途何。其罪三。

（一）纵容部下兵士庇娼窝赌。本部各娼寮赌窟近均有海军人士为之包庇，正当商民为买卖交易偶尔涉足花丛，稍不注意，即遭侮辱，致花国几为海军所专有。至赌窟之多，尤有增无减。人民既不敢告发，警察亦不敢抓拿。似此纵容部下，横行无忌，贻害地方，殊非浅鲜。其罪四。

（一）沉湎酒色烟赌，荒废职务。温树德芙蓉癖本最甚，而酒色赌博尤所嗜好，我商民因事往谒恒难见面，一切政务概委诸左右含糊办理，每日非正午十二钟不能起身。此等长官，等于虚设。其罪五。

（一）搜刮商埠财政作军饷。温树德莅任以前，曾有宣言，海军军饷决不挪动本埠收入。现海军军饷仍是在本埠收入项下动支，是以各机关欠薪两月，尚无款发放。自食其言，视我青岛公民为聋聩无知，令我青岛财政将无法收拾。其罪六。

（一）勾通商界败类假造民意。温树德到任后，种种行为，凡我青岛绅商各界，稍有血气者，莫不痛心疾首。彼知民等将有反对动作，遂勾通商界一二败类，假造民意，欺朦政府，希冀保留其位置。其罪七。

（一）增加军队，别具野心。青岛为中外杂居之特别商场，原有警队名额已可维持治安，数载以来地方居民相安无事。现温树德将前保安队长陈韬升任警厅长后，即任用其弟温树勋为保安队长，并有增加保安、陆战两队名额之计划。值此盛倡裁兵之际，不问本埠财政如何，有无增加军队之必要，竟拟任意行动，增我青岛人民负担，别具野心。其罪八。

以上罪状八条，仅举其荦荦大者而言。总之，青埠为我国第一次争回之特别商场，与其他商埠迥不相同，于外交前途上尤有莫大之关系，温树德既无政治知识，更乏外交经验，以之主持青岛埠政，非将青埠蹂躏至不可收拾不止。尚望主持公论，力为赞助。总期全球各国所重视之青岛，不为彼军人之酬劳品，致影响于未经接收其他商埠之外交，则青岛幸甚，中华民国幸甚。

青岛公民纪凤仁等二百三十六人同叩

（《青岛公民攻讦温树德电》，天津《益世报》1925年1月12日）

山西国民会议促成会致孙中山电

（1925 年 1 月 12 日载）

天津孙中山先生赐鉴：

恭读宣言，如聆法语。内审国势，外察潮流，欲解决国是，舍国民会议外，更有何良策？溯自民国十三年来，袁氏称帝，张勋复辟，黄陂违法，徐氏窃位，曹贼贿选，其间变乱循环，此仆彼起，均不过军阀代谢，政客诪张，与吾民无涉也。上海和议、庐山会议以及吴佩孚之国民代表会议，亦不过讨论分赃割据之均衡，研究剥削摧残之方法。国家任其宰割，人民重其蹂躏，虽有先生三民五权根本建国之政策，久慑于军阀积威之下，不能施行于国中。此次改革后帝国主义乘机搆煽，论外交则德发债票之痛未已，而金佛郎之议重提；论军政则私自召募，任意扩张；论法律则拘束人民自由之恶法依然存在；言教育则各校之经费移挪无著。敝会集三晋各团体，采纳众见，本匹夫有责之义，誓从先生为彻底之改造。谨将刍荛，略述一二：

一曰，废除一切不平等条约。

二曰，实行废督裁兵。

三曰，制定适时宪法并保护农工利益之法律。

四曰，废除治安警察法及一切妨碍人民集会、结社、言论、出版自由之恶法。

五曰，解散猪仔议会，惩办祸国军阀。

六曰，整理财政，限制借债。

七曰，开发实业，限制私产。

八曰，男女在经济上、法律上、社会上享有平等权利。

九曰，切实保护华侨，撤消取缔华侨教育条例及移民律。

十曰，没收战争祸首财产，赔偿战时被害灾民。

凡此诸端，必国民均存一致主张，方能不受各方之牵制，尤非聚于有经验、有学识、有主张、有操守、能坚忍、能奋斗、能爱民、能牺牲之东方华盛顿之先生旗帜之下不可。而所谓善后会议，实不啻贵族政治之变相。此敝会所以深望先生勿忘宣言，勿为妥协，本其素志，指导民众解决国是之国民会议。幸先生勿负三晋三千万人民之热望也。谨此电布，恭颂痊安。

山西国民会议促成会叩

（《山西国民会议促成会成立》，上海《民国日报》1925年1月12日）

国立广东大学校长邹鲁呈孙中山文

（1925年1月12日）

呈为呈报事：查本校前高师第十一届文史部学生杜喆全等三十四名，英语部学生虞文灼等十八名，数理化部学生黄迪勋等十四名，博物部学生王德泰等二十六名，法科法律本科十六班学生麦锦煌等六十四名，政治经济本科丁班学生余衍垣等四十四名，农专农学科学生李乃锵等二十一名，业经先后呈请钧座核准举行毕业试验在案。当经如期举行毕业试验，由校长会同各科主任及教员分科考核，成绩均属及格。惟此外文史部学生欧逸真一名，单位虽足而第三学年上学期通习科内英语一门不能及格；英语部学生黄文巨一名，单位虽足而通习内教育原理及教授法二门未经与考；杨时中一名尚缺单位甚多；博物部学生何述钟一名，前在预科第二学期未经与考；数理化部学生李其章一名，因第三学年下学期通习科内微分学及定量分析二门不能及格；何混五、李启基二名尚缺单位甚多，已令各生分别留级补习。惟内有法科政治经济本科丁班学生余衍垣一名，虽经考试成绩及格，现系转入大学政治系本科三年肄业，其成绩亦不列在此项毕业成绩表之内。其余各生成绩及格，自可准予毕业。理合连同本校高师第十一届学生杜喆全、虞文灼、黄迪勋、王德泰等毕业成绩表报告表，暨法科学生麦锦煌、邓复等毕业成绩表报告表，及农专学生李乃锵等毕业成绩表报告表各一份，备文呈请钧座察核准予毕业并准由校印发毕业证书，仍候指令祗遵。谨呈
陆海军大元帅

呈送本校高师第十一届文史部学生杜喆全等毕业成绩表报告表各一份，英语部学生虞文灼等毕业成绩表报告表各一份，数理化部学生黄迪勋等毕业成绩表报告表各一份，博物部学生王德泰等毕业成绩表报告表各一份，暨法科法律本科十六班学生麦锦煌等毕业成绩表报告表各一份，政治经济本科丁班学生邓复等毕业成绩表报告表各一份，及农专农学科学生李乃鏘等毕业成绩表报告表各一份，合计十四本。

国立广东大学校长邹鲁（印）
中华民国十四年一月十二日

（《陆海军大元帅大本营公报》一九二五年第二号，1月20日，“指令”）

福建省议会致孙中山、段祺瑞等电
（1925年1月13日）

北京孙中山先生、段执政、冯焕章将军、福建同乡会均鉴：

闽省宪法于元日公布，特闻。闽省议会。元。叩。

（《福建省宪公布》，北京《晨报》1925年1月16日）

国民党万隆分部致孙中山、段祺瑞等电
（1925年1月13日）

北京段芝泉、张雨亭、冯焕章、胡景翼、孙禹行、孙中山先生鉴：

国民会议，全体赞成。国民党万隆分部。元。

（《南洋万隆华侨已起响应》，上海《民国日报》1925年1月14日）

万隆民仪书报社致孙中山、段祺瑞等电

（1925年1月13日）

北京段芝泉、张雨亭、冯焕章、胡景〈翼〉、孙禹行、孙中山先生鉴：

国民会议，华侨一致赞成。万隆民仪书报社。元。

（《南洋万隆华侨已起响应》，上海《民国日报》1925年1月14日）

广州市公安局长吴铁城呈孙中山文

（1925年1月13日）

呈为呈请察核事：现准中央陆军第一医院院长李济汶函开：案奉军政部第三三二号指令开：据前代理该院院长倪世璜呈一件，呈转留院残废兵高东旸等呈称：前发给孙成阁等之款系慰劳调养费并非资遣费，请准给川资回籍，以免流离失所，乞批示祇遵由。呈悉。据称该残废兵高东旸等呈请准给川资回籍，以免流离失所，查核尚属实情。仰该院长即将该兵等姓名及残废事实列册造送广州市公安局办理可也。此令。等因。奉此，相应造册呈送贵局长，烦为查照办理，希将残废兵高东旸等沿照前例资遣回籍，以免流离失所。等由。查此案前奉钧帅训令：孙成阁等十三名已经资遣，如查有仍在医院逗留者，亦不得重复发给。等因。现经遵照办理。惟现准该医院来函所称，与钧令互有抵触。究竟当时军政部所发之款是

否遣费，抑系慰劳调养费，未奉将原卷移交，职局无从悬揣。现既准函前由，可否准予照案资遣之处，理合具文呈请察核，伏祈指令祗遵，俾便办理，实为公便。谨呈

大元帅孙

并附呈名册一纸。

广州市公安局长吴铁城（印）

中华民国十四年一月十三日

（《陆海军大元帅大本营公报》一九二五年第二号，1月20日，“指令”）

广州市联军军警督察处督办杨希闵呈孙中山文

（1925年1月13日）

呈为呈请事：窃职处自奉令开办以来，已经分区派队日夜严密巡查。惟查广州市面友军林立，军民杂集，良莠不分。每一次抢案发生，不谓假冒军人，即谓某军串劫。此风若不整顿，何以维持久远。但开办伊始，防范宜周，立法倘能从严，稽查较易识别。兹拟驻省各军实行军用手折，如果拿获盗匪，如身怀有手折者知其确系何项军人，分别办理；身无手折者自系冒军匪徒，当极刑严办而昭炯戒。既可以保全军人名誉，又可以分别匪徒，是实行军用手折一事殊关重要。为此呈请帅座察核，准予通令各军限期一律实行军用手折，分给士兵，俾便稽查，实为公便。谨呈

陆海军大元帅

督办杨希闵（印）

中华民国十四年一月十三日

（《陆海军大元帅大本营公报》一九二五年第二号，1月20日，“指令”）

大本营会计司司长余和鸿呈孙中山文

（1925 年 1 月 13 日）

呈为呈请事：案查前奉钧座发下粤汉铁路收支表十一月一日至十五日表一张、又十二月一日至廿七日表二十一张共二十二张，当即遵照查核。惟查欠缴十一月十六至三十日表一十五张。又查现缴各表内有不合表式之处，兹逐条签出，另列清单，连同原表共二十二张呈请察核。应如何办理之处，仍候令遵，并请饬知该铁路嗣后照办。谨呈

大元帅孙

大本营会计司司长余和鸿（印）

中华民国十四年一月十三日

（《陆海军大元帅大本营公报》一九二五年第二号，1 月 20 日，“指令”）

旅粤江西同乡会致孙中山电

（1925 年 1 月 14 日）

（十四日广州电）旅粤江西同乡会本日电大元帅，请速饬北伐军进攻。

（《旅粤赣人对赣事意见》，上海《民国日报》1925 年 1 月 16 日）

国民党海内外卫党同盟会上孙中山书

（1925 年 1 月 14 日载）

总理钧鉴：

查共产党自加入本党以来，日以宣传共产主义及破坏本党为工作。一年来，所施搆陷、倾轧、离间、收买、胁逼、棍骗等种种阴谋，均无所不用其极。以致党内同志对于三十年终始不愉［渝］之主义起绝大之怀疑，而内外人士对于本党之信仰，及友党对于本党之关系，亦因而减若干之程度。此诚全党同志所最痛心疾首者也。北京、上海、汉口、广州、香港、澳门各地同志有鉴于此，曾于去年秋间派遣代表多人同赴广州，列举共产党各种罪状，提出弹劾案。乃未蒙钧座采纳，全党莫不引为憾事。自是共产党更如虎添翼，无恶不作。如反对义师伐北，离间友军好感，密充军阀鹰犬，攻击总理北上，火焚广州商场，侵吞工会捐款等事，其尤著者也。今海内外同志，以共产党横行无忌一至于此，若不速图挽救，必将沦本党于万劫不复，用是召集各地代表在北京成立海内外同志卫党同盟会，并同时议决挽救方法七事。谨陈所拟方法如下：

（一）中央执行委员会及各执行部之共产党籍职员，应一律撤换。

（二）凡与共产党有关之党中印刷所、新闻、杂志、学校各宣传机关，其补助金应一律停止。

（三）对于现在一切政治问题，请由总理指定无共产嫌疑之纯粹党员三人以上负责办理。

（四）派赴各省之国民会议宣传员属共产党籍者，应一律撤换。

（五）以最短期间召集国民党第二届全国代表大会在北京开会，惟共产党员不得当选为代表。

（六）各地党员去年所提出弹劾共产党各案，应由纯粹党员组织特别裁判委员会以裁判之。

（七）本党一切大小事权，以后不许〈外〉国人干预。

以上七事，党员等认为目前惟一之挽救方法。除公推冯自由、张德惠、张绍琦、简焕銮诸君为代表面陈一切外，尚祈即日毅然执行，用救党难。想钧座从善如流，当不忍令此正大光明之母党葬送于此少数佥壬之手也。事关全党安危，即希明白赐复，俾有遵循，

不胜翘企之至。专此，敬颂

公祺

国民党海内外同志卫党同盟会敬启

（《国民党中反共产派决推倒共产派》，北京《晨报》1925 年 1 月 14 日）

广东全省筹饷总局总办罗翼群、会办梅光培呈孙中山文

（1925 年 1 月 14 日）

呈为遴员荐任本局秘书科长恳准加给任命恭呈仰祈睿鉴事：窃查本局组织条例，应设置之秘书科长均属荐任职，自应遴员呈候任命，以专责成。兹查有陈鼎芬一员堪以荐充职局主任秘书，沈桐轩、徐韵泉、黎仲琪、谭炳鉴四员堪以荐充秘书，张伟丞堪以荐充会计科科长，张毂堪以荐充稽核科科长，王秉瑞堪以荐充饷捐科科长，罗哲明堪以荐充禁烟科科长。以上九员，除由总办、会办先行饬知到局任事外，理合取具各该员履历，备文呈请俯准加给任命，并候指令祇遵。谨呈

陆海军大元帅孙

计呈履历册一本。

广东全省筹饷总局总办罗翼群（印）、会办梅光培（印）

中华民国十四年一月十四日

（《陆海军大元帅大本营公报》一九二五年第二号，1 月 20 日，“指令”）

开封律师公会致孙中山电

（1925 年 1 月 15 日）

孙中山先生鉴：

先生主张国民会议，全国一致赞成。惟宣言所列法团遗漏律师公会。查律师对于取销不平等条约、收回裁判权各项研究不无一得，且公会设遍各省，会员不下万余，洵属极大法团，应请纳入，俾资贡献。开封律师公会叩。删。

（《豫律师会请加入国民会议》，上海《民国日报》1925年1月29日）

察哈尔张家口国民会议促成会致孙中山、段祺瑞电

（1925年1月15日载）

孙中山先生、段执政钧鉴：

民国主权在民，诸事应由国民自决。迩来潮流所趋，各省法团成立国民会议促成会者络绎不绝，一致主张速开国民预备会议，曾经发表通电在案。张、察各法团，□本月八日，亦已组成国民会议促成会，愿从各□之后，电请执政俯从民意，□□国民预备会议法，定期召集，再由预备会议定国民会议□法，以重民意，无任翘企。察哈尔张家口国民会议促成会。

（《国民会议之促成声浪》，《顺天时报》1925年1月15日）

岭南冼世勋堂理事冼植洪致孙中山、胡汉民等电

（1925年1月15日）

孙大元帅、胡代帅睿鉴（余衔略）：

本市贤藏街冼氏曲江书院之锡良学校，被何侠等三数人强占，经将情形诉呈列宪，并蒙给示保护在案。窃何侠前用大元帅直辖讨贼军第四旅名义，将书院门首之牌扁数十具悉数毁灭，神台、屏门、

校具尽作燃料。经具诉李军长，讵何侠闻讯，迅即改建国桂军第四独立旅总指挥部长条。民又向军武陈诉，请其转呈该旅长，旋蒙于本年旧历十一月十九日下令：着即搬迁，交还开课。讵奉令未及数时，即改贴建国第七军第五师总指挥部长条。民又具诉刘军长，旋蒙通电在□部队一律取销。又幸开课有期，即将恢复锡良学校情形于本月九日呈请广州卫戍总司令、广州市公安局、广东省警卫军司令部备案，并雇工匠将毁烂器具重新修葺，一切校具亦同时搬入。讵该何侠等狼心未息，竟将各人驱逐，并将学校扁［匾］额及搬入之校具尽行没收，头门之铁闸亦同时关闭，又标出建国桂军第二军第一路总指挥部长条而无关防，并多标一滇军总部独立旅第三团办事处长条，所有保护告示尽行撕毁。似此藉军招摇，强占民房，摧残教育，不独弁髦法纪，抑有玷军人声誉。素仰钧座维持教育体恤民情，乞请严令撤销，并将何侠依法查办，以惩强暴而安民业，实为公便。临电不胜呼吁待命之至。岭南冼世勋堂理事冼植洪叩。删。印。

（《电请维持教育》，《华字日报》1925 年 1 月 17 日）

铜鼓开埠筹备委员会主席李卓峰、伍大光呈孙中山文

（1925 年 1 月 15 日）

为呈复事：案奉帅座训令第六〇八号，内开：据广东省长胡汉民呈称：现据赤溪县长吴明皆呈称：现据职县第一、二、三区保卫团局董杨苹溪、李长春、吴焕廷等暨全体局董，联同绅商学各界代表陈用敏等呈称：为瞒准开埠，擅夺主权，恳请转呈撤销原案，以维主权。等情。除原文有案邀免重录外，后开：合将地图令发该委员会遵照，妥议具覆，以凭核办。此令。计发地图二份。等因。奉此。主席等当经召集全体委员悉心核议。查原呈大意略分三点：（一）铜鼓应否开埠；（二）开埠章程应如何审订；（三）铜鼓开

埠，赤溪人民应否过问。关于第一点，原呈有陈宜禧等拟择铜鼓区开辟商埠，由斗山驳车直达铜鼓，此为绝大经营，宏兴商业，谁不乐观厥成之语，是该绅商对于开埠一举并非反对可以概见。关于第二点，原呈云查阅原呈招商简章第一条称，禀准中国政府备案，划出新宁与赤溪毗连之铜鼓角地方作为自治特别区域，招各国投资，开作通商口岸，定名为铜鼓埠云云。于领土主权大有妨碍。诚如原呈所云，然主席等查陈宜禧条陈开辟铜鼓商埠原呈，奉帅令交建设、外交、内政三部审查，经三部呈复谓其章程不甚适用。嗣奉钧批：着由建设、外交、内政三部会同广东省长组织委员会筹备开埠大纲及埠中行政条例，余可付托公司承办。此批。等因。奉此。是开埠章程，当然以筹备委员会呈奉钧座核准之大纲为准，陈宜禧原拟章程绝无适用之余地。该绅商等原呈所谓主权尽失一节，殆指陈宜禧原呈而言，未免鳃鳃过虑。关于第三点，主席会同各委员细阅该绅商等所呈赤溪县图，及广东陆军测量局所绘赤溪县图，铜鼓确为赤溪县辖境，不在台山区域范围之内。揆诸地主之谊，铜鼓开埠，赤溪人民应有过问之权。陈宜禧原呈只云台山与赤溪毗连之铜鼓角地方，而不及赤溪一字，殊属含混。该绅商等谓为不独攘夺铜鼓且并将赤溪全属而消灭之，虽属过激之论，然陈宜禧忽视地方人民公意，致贻人以口实，究不无专擅之嫌。此主席等核议该绅商等原呈之情形也。主席等奉命筹备开埠，督促进行，战战兢兢，惟思勉竭驽，骀积极办理。只以兹事体大，章制纷繁，博采旁搜，大费时日，容将参酌中外法制，体察地方情形，容纳人民意见，草拟大纲呈候核定，以期仰副钧座通商惠工之至意。所有奉令议覆缘由，主席等暨全体委员公同核议，意见相同，理合具文呈复察核。谨呈

大元帅

铜鼓开埠筹备委员会主席李卓峰、伍大光（印）

中华民国十四年一月十五日

（《陆海军大元帅大本营公报》一九二五年第二号，1月20日，“指令”）

国民会议江西促成会致孙中山电

（1925年1月16日载）

北京孙中山先生钧鉴：

国难方殷，百端待理。国民会议实为解决国是之唯一方针，而预备会议乃其基础，尤为重要。先生既倡于前，当力持于后。北上时所倡之取消一切不平等条约、收回关税权、治外法权、教育权、租界之主张，尤望坚决贯彻。先生背后有无数民众为之拥护，帝国主义者与军阀们顽悍不须畏也。国民会议江西促成会叩。

（《江西国民会议促成会二次通电》，上海《民国日报》1925年1月16日）

大本营内政部次长代理部务谢适群呈孙中山文

（1925年1月16日）

呈为呈请褒扬事：案准广东省长咨开：据澄迈县长蔡邦献呈称：据邑绅王之瑚、袁召南、李尧熑等呈称：本属第九区罗驿村寿民李能昭年登百岁，例合褒扬。谨缮具事实清册及切结，并遵缴褒扬费大洋六元，呈请援例褒扬。等情到县。由县加具证书，呈省咨部核办前来。部长核其事状与现行《褒扬条例》第一条第八款尚属相符，拟请钧座题颁“共和人瑞”四字，并予银质褒章，以示褒扬。所有擬请褒扬寿民各缘由，是否有当，理合具文呈请钧座俯赐察核示遵。谨呈

大元帅

大本营内政部次长、代理部务谢适群（印）

中华民国十四年一月十六日

（《陆海军大元帅大本营公报》一九二五年第二号，1月20日，“指令”）

杭州学生联合会致孙中山电

（1925年1月17日载）

孙中山先生鉴：

在全国民众一致的拥戴国民会议预备会时，执政府乃有善后会议条例公布，敝会不胜骇异。先生既主张代表民众利益而召集国民会议，则对于非民众军阀的利益的善后会议自非反对不可。敝会愿为先生后盾，奋斗到底，期真正国民会议之实现。杭州学生联合会叩。

（《杭州学生联合会反对善后会议》，上海《民国日报》1925年1月17日）

天津国民会议促成会致孙中山电

（1925年1月17日）

北京孙中山先生钧鉴：

敝会为促成国民会议及预备会议而产生，对于妨害此项会议之进行者，誓以全力扑灭而铲除之。望先生贯彻主张，坚持到底，力谋预备会议之实现，反对善后会议之召集。我津市民愿作先锋。临电神驰，无任翘企。天津国民会议促成会叩。筱。

（《天津促成会主张预备会议》，上海《民国日报》1925年2月2日）

青岛国民会议促成会致孙中山、段祺瑞等电

（1925年1月17日）

北京孙中山先生、段芝泉先生、全国各公团公鉴：

民国而后，内而军阀专横，外而列强侵略，战祸连绵，国事日

非，生民憔悴者久矣。今为国民利益而奋斗的孙中山先生，以革命之元勋，谋保障人民之自治，首倡召集士、农、工、商、军、政各界会议，共谋解决国是，实行民主自治之精神，打倒帝国主义，打倒军阀，解除一切压迫，还我独立与自由。凡我同胞，皆当赞助。本会用特□□表示拥护，并联合全国同胞一致主张。至各省军阀、官僚代表所举行之善后会议，实为违反民意之举，人民决不承认其□解决国是之资格。特电奉闻。青岛国民会议促成会。筱。

（《青岛国民会议促成会之成立》，天津《益世报》1925年1月31日）

福建省农会致孙中山、段祺瑞等电
（1925年1月18日载）

北京段执政、各部总长、各机关暨孙中山、张雨亭、冯焕章、胡笠僧、孙禹行、张镕西、唐蓂赓、张溥泉、王揖唐、王聘卿、熊秉三、汪伯堂、赵次珊、田焕亭、梁任公、徐季龙、黎宋卿、张敬舆、严范孙、孙伯兰、唐少川、孙慕韩、岑云阶、章太炎、蔡孑民、陆干卿、柏烈武、张季直、陈竞存、汪精卫、李协和、谭组庵、伍梯云、林宗孟、梁众异诸先生及各报馆、各法团、全国国民公鉴：

我国自改革以还，兵祸不绝，暴尸盈野，流血成渠，断手刖足之惨状，孤儿寡妇之哭声，耳不忍闻，目不忍睹。甚且兵灾之余继以水旱，强壮者不流为匪寇，亦必颠连于四方，老弱不死于饥馑，亦必死于盗匪之摧残。吾民何辜，遭此涂炭。兹幸天心悔祸，人民厌乱，当津、榆剧战之时，冯、胡返师，武力失败，和平可期。日来接读国内贤豪，及各省团体主张和平谋定国是之函电，纷至沓来，间曾有大同小异，揆之和平主旨尚无□违。敝会鉴国事之多艰，闽省之疮痍，庶政废弛，实业停顿，民生凋敝，元气大伤，内忧外患，蒿目惊心，窃思匹夫有责之义，敢献刍荛一得之诚，希图和平实现，政治更新。本主权在民之旨，速即召集国民会议，求真正民意之所在，决定政治大纲，从事建设，无论何人均无权再生异议。而组织会议员额，曾不能聚全国国民于一堂，必须召集各省工、学、农、商等法团，各举代表二人为国民代表，定期聚集适中地点，议决改革建设及一切问题，创立新治，奠固国基。所望各界一体赞成，俾得早日见之实行，民国前途，实利赖焉。临电延伫，即祈采纳。福建省农会叩。印。

（《闽农会电请速开国民会议》，上海《时报》1925年1月18日）

山东博山国民会议促成会致孙中山电

（1925年1月18日）

北京孙中山先生睿鉴：

吾国不幸，祸乱相寻，谁作之俑，厥惟军阀。兹幸曹、吴颠覆，武力破产。先生以手创民国之伟人，凡事以尊崇民意为主旨，毅然主张以国民会议解决国是，登高一呼，全国响应。吾博虽弹丸之地，僻处一隅，阖境市民对先生之主张无不极端赞成。爰于冬日由阖邑市民组成国民会议促成会，举凡妨害此项会议之进行者，誓以全力反对之。务望先生贯彻主张，坚持到底，力谋预备会议之实现，反对善后会议之招集。博民虽弱，愿作后盾。临电神驰，无任翘企。山东博山国民会议促成会叩。啸。

（《山东博山国民会议促成会电》，上海《民国日报》1925年1月30日）

广东四百团体致孙中山、段祺瑞等电

（1925年1月19日载）

北京孙中山先生、段芝泉先生、各省商会、工会、农会、教育会、学生联合会、全国各报馆、各省区国民会议促成会鉴：

吾人所以赞成由预备会议以产生国民会议者，以其为真正人民团体之组织，初不管其为谁何之主张也。乃执政府近有善后会议条例之颁布，以列席资格一端而论，实令国民失望焉。有纵兵殃民压迫劳工之军阀式的省区军民长官，而可议定国民会议之组织与程序者，其所谓善后，直为军阀谋善后耳。其他之所谓有大勋劳者，有特殊资望、学识、经验者，讨伐贿选各军首领等，固属笼统含糊，罔知所指。即此零碎参与，已大背共和国家整个民权主义。似此各界自身利益尚须假手于第三者而解决，则国民会议之召集岂非多事。吾人本此理由，特郑重表示反对善后会议，全国国民速起图之。

（《广东四百团体反对善后会议》，上海《民国日报》1925年1月19日）

广东全省筹饷总局总办罗翼群、会办梅光培呈孙中山文

（1925年1月21日）

呈为议订《侦查队组织条例》伏候鉴核备案事：窃职局职司筹饷，关于杜绝私赌、私烟暨一切筹饷进行，亟应设立侦查队，以资查缉而维饷源。当经召集局务会议，将此项《侦查队组织条例》议订计凡二十二条。理合备文连同条例一本呈请睿鉴，伏乞核示备案，指令祗遵。谨呈

陆海军大元帅孙

计呈《广东全省筹饷总局侦查队组织条例》一本。

广东全省筹饷总局总办罗翼群（印）、会办梅光培（印）

中华民国十四年一月二十一日

（《陆海军大元帅大本营公报》一九二五年第三号，1月30日，“指令”）

桂林县教育会致孙中山、段祺瑞等电

（1925 年 1 月 22 日）

北京孙中山先生、段芝泉先生钧鉴：各省、各报馆均鉴：

慨自曹、吴乱国，中枢失驭，我国民声应气求，拨乱反正，人心望治，薄［？］举同情。此后建国大计，如约法、宪法、国会、截［裁］兵及组织政府、地方善后各问题，均有待于全国人民正式集议解决。共和国，主权在民，决不能仍蹈覆辙，召集非国民团体组织的善后会议，一任政客、军阀操纵把持，再误国是。惟孙中山先生提倡之九团体国民会议办法深洽民情，足救时艰。本会极端赞成，现正联络地方各法团组织国民会议促成会，务期实现真正之民治，以奠国基。特先电闻。桂林县教育会会长裴邦焘暨全体会员同叩。养。印。

（《桂林县教育会之通电》，上海《民国日报》1925 年 2 月 6 日）

广州市联军军警督察处督办杨希闵呈孙中山文

（1925 年 1 月 22 日）

呈为呈送事：窃职前奉钧命督办斯处，业将成立日期备文呈报在案。兹以开办伊始，正冬防吃紧之时，除赶组部队切实巡查外，所有一切应行办法，经职订定本处组织大纲暨暂行简章二十一条以为办理之依据。用特各检呈一份备文送请睿察，恳即准予备案，实为公便。谨呈

陆海军大元帅

附呈本处组织大纲一份、暂行简章一份。

职杨希闵（印）

中华民国十四年一月二十二日

（《陆海军大元帅大本营公报》一九二五年第三号，1 月 30 日，“指令”）

广东省长胡汉民呈孙中山文

（1925 年 1 月 22 日）

呈为呈报事：现据南海九江镇绅、商、善、学各董吴沃坤等呈称：窃敝镇地濒西海，港汊纷歧，军兴以来，盗氛日炽，掳劫抢掠，迭出不穷，人民几无一夕之安，阛阓尽陷凋零之象。绅等蒿目时艰，怆怀桑梓，爰于去年六月间集众公议，克日恢复民团，用图自卫。但守望固宜相助，统驭尤贵得人，当时绅等为事择人，念及吴君三镜，自前岁投诚后确已革面洗心，循规步矩，捍卫尽力，明试以功，于是公推担任民团团长一职。任事后，地方安堵，尨吠无闻，乡人爱戴有若长城。讵前防军嫉人民之自卫，竟借故以凌迫，而吴君三镜不忍地方陷于扰乱状态，洁身引去。是其进退之志，只求有裨于桑梓，罔计·己之祸福，事实昭彰，国人共见。即当日公推其为民团团长，与绅等有身家性命之相关，苟非平日信之有素，断不敢谬然推举，则其诚能悔过自新于斯益著。今若因服务乡邦致受通缉奇祸，何忍坐视缄默罔予昭伸。为此披沥下情，联恳钧座宏开汤网，俯顺舆情，即将通缉吴君三镜之案恩准取销。如其果有逾轨行动，绅等敢以身家相保。伏乞俯鉴挚诚，迅赐照准，则高恩厚泽永矢弗谖。临禀毋任屏营待命之至。等情。据此，查吴三镜前因组织民团致启争端，经奉帅令饬缉有案。现呈该吴三镜实系因公被累，并据该镇绅董等联名呈保，请予撤销缉案，似可照准，以顺舆情。除分别批行外，理合据情呈报钧座鉴核。谨呈

陆海军大元帅

广东省长胡汉民（印）

中华民国十四年一月廿二日

（《陆海军大元帅大本营公报》一九二五年第三号，1 月 30 日，“指令”）

国民党檀香山总支部、国民阅书报社俱乐部等致孙中山、张作霖等电

（1925 年 1 月 24 日）

《民国日报》转孙、张、冯、段诸公鉴：

孙公主张国民会议解决国是，华侨赞成。望国内同胞一致拥护孙公，国家幸福。檀〈香〉山国民党总支部、国民阅书报社俱乐部、华侨商会同人。敬（二十四）。

（《檀香山华侨之表示》，上海《民国日报》1925 年 1 月 29 日）

中华留日学生废除不平等条约同盟会致孙中山电

（1925 年 1 月 24 日）①

孙中山先生钧鉴：

巨奸潜逃，日月重光，人民望治，有如饥渴。先生此次入都，主张国民会议解决国是，并首倡废除不平等条约，解民倒悬，举国翕然，万众景从。乃自段氏执政甘违民意，借口善后会议把持政柄，声明尊重条约结欢列强，国家一线曙光又为澌灭矣。务望先生毅然决然坚持到底，务令国家大权还诸我民，并使列强恶势扫除净尽。敝会亦国民一份子，自当誓为先生后盾也。海天翘企，无任迫切之至。

（《留日学生致孙段电》，上海《民国日报》1925 年 2 月 10 日）

---

① 此电由中华留日学生废除不平等条约同盟会 1 月 24 日致各报馆通电中节出，该电称“顷致孙中山、段芝泉各一电”，即此电。——编者

陕西国民会议促成会致孙中山电[①]

（1925 年 1 月 24 日）

曹、吴既倒，通国称快。先生倡议召集真正代表民意之国民会议以决定立国大计，诚为解放吾民于军阀专政及半殖民状况之根本要图。敝会仝人誓作后盾，以观厥成。陕西国民会议促成会叩。

（《陕西国民会议促成会成立》，上海《民国日报》1925 年 2 月 20 日）

驻苏军队总指挥秦洸致孙中山、段祺瑞等电

（1925 年 1 月 27 日）

北京段执政、孙中山先生、各部总次长、各省区军民长官、南京卢宣抚使、韩省长、第一军张总司令、第二军吴总司令暨各师旅长、各机关、各团体、各报馆、苏州军政警绅商学各界诸公均鉴：

前者齐燮元拥曹祸国，已属重违全国民意。继且妄起衅端，东南耀兵，遂召战祸。损失国家元气，痡毒数省生灵，中外交责，天人共愤。嗣经中央明令罢免，在齐氏理应即时退而省过，以图稍盖愆尤。乃竟不出此，既经通电去职，旋复有所谓保安总司令之称，希冀恋栈，再祸东南。斯时江、浙人民咸恐战祸再起，举皆忧心如痗，蹙额相告，惶骇无极。洸本素隶齐部，虽未便以下犯上，然久思有所匡正，每以形格势禁辄为中止。蒿目时艰，殊不忍以方告宁息之苏局，再演血战之惨剧。谨于去岁十二月敬日率驻苏一旅之众，号召促齐下野。幸檄到金陵之日，齐氏即闻风远引。正思祸根

① 报纸报道称：陕西国民会议促成会于一月二十三日在西安东大街精业公司开成立大会，翌日发出致孙中山等人的通电，即此电。——编者

已除，从此大局可告敉平。讵齐氏不恤民隐，公然又出弄兵。适值年关，四境骚然，兵行所至，焚掳争先。伏念苏州为东南文明首区，齐氏挟泷兵谏夙嫌，派遣大军压临苏郡，在泷本可一战，剪此凶残，继恐战端一开，不惟将我素共患难将士立置诸炮火之中，即此号称东南文明首区之苏州亦胥将变为瓦砾之场。彼忍以渠一人之私争而阶天下之乱，泷断不敢以下走一人之去留而贻苏民之忧。爰于一月铣日暂行离苏，一以保我同袍安全，一以免使苏垣糜烂。区区愚衷，可告国人。乃来沪未及两周，齐军毒已四张，锡、常精华既为蹂躏净尽，苏、沪战祸殆仍不免重罹。泷部官佐群来问讨，苏地绅商环请重出。只须有利国家地方，泷亦不惜再作冯妇，但兵凶战危，民何以堪，刻正联合各军促齐离开□门，用除大患，永保和平。庆父不去，鲁难未已，齐果称霸，秦岂无人。谨此布臆，伫候明教。驻苏军队总指挥秦泷叩。沁。

（《秦泷在沪发通电》，上海《民国日报》1925 年 1 月 28 日）

保定国民会议促成会致孙中山电[①]

（1925 年 1 月 28 日载）

北京探孙中山先生钧鉴：

先生今居京国，行将见全国中心最大之国民会议促成会成立见于眼前，先生沉疴必能因之不药而□乐观其成。更有望于先生者，最大国民会议促成会之成立，应请先生躬亲参预其组织及进行，精心擘画。

（《保定国民会议促成会之二电》，上海《民国日报》1925 年 1 月 28 日）

---

① 报纸报道中说明此电为保定国民会议促成会致孙中山电。

中华自治协会致孙中山电

（1925年1月28日）

中山先生钧鉴：

顷披日报载称，贵恙增重，现在危险之中。逖听之余，莫名惶恐。伏念先生为创造民国元勋，祖国前途之安危所系。更值此时局纠纷，非先生具此经国宏才，尤不能以资解决。万流仰镜，渴想弥深。惟以先生忧思念切爱国情殷，初以舟车之劳顿，继以国事之频繁，一身之精力有限，各方之应付无穷，贵恙之愈发愈烈，或由于此。务乞捐除万虑，静心以养，庶几早日就痊，为国造福。区区之意，用敢函达。专肃，敬叩痊安！中华自治协会叩。俭。

（《中华自治协会电慰中山》，天津《大公报》1925年1月31日）

北京学生联合会致孙中山函

（1925年1月28日）

中山先生大鉴：

先生乃吾民族之先觉、国家之干城，卅年来之革命工作及奋斗精神，吾全国国民〔众〕久已佩仰诚服。政变之后，先生首以国民会议与废除不平等条约相号召。正月间，国民会议之呼声弥漫宇内，废除不平等条约之运动风靡全国。先行好民之所好，味民之所恶，此次北上，乃为民众争利而来，为民众谋解放而来，民之望也，如大旱之望云霓。所不幸者，〔展〕全国民众忧心如捣。敝会谨代表北京全体学生向先生致意，敬希为国珍摄，早占勿药。

肃此，鹄候佳音，并请

痊安

北京学生联合会谨启

十四年一月二十八日

（《北京学生会慰问孙先生》，上海《民国日报》1925年2月5日）

广东筹饷总局督办范石生、会办韦冠英呈孙中山文

（1925年1月28日）

呈为呈请事：案奉钧令，合并主管禁烟、筹饷事项等因。遵即赶办结束，咨请罗总办翼群、梅会办光培接管在案。现准咨开：为咨复事：前准大咨开：为咨请接管事：敝任经管各项卷宗现届移交，相应造具清册随文咨请贵总会办查收接管，至纫公谊。等由。准此，理合将移交接管各情，备文呈请鉴核俯赐备案，实为公便。谨呈

陆海军大元帅孙

督办范石生（印）、会办韦冠英（印）

中华民国十四年一月廿八日

（《陆海军大元帅大本营公报》一九二五年第三号，1月30日，“指令”）

皖北自治联合会致孙中山电

（1925年1月29日载）[①]

北京孙中山先生钧鉴：

吾皖自治中断，敝会相继组织，中间虽几经挫折，同人自一意坚持。今幸福星□耀，薄海欢腾。国民会议为救时不二法门，尚希提早举行，藉慰全国渴望。敝会既属自治团体，应行参加。特电上闻。

① 报纸报道称：“皖北自治联合会昨特致电孙中山先生。”——编者

（《皖人之赞助声》，上海《民国日报》1925年1月29日）

段祺瑞致孙中山电
（1925年1月29日）

北京协和医院孙中山先生赐鉴：

筱电奉到，循诵再三，伟伦［论?］肫诚，钦佩无量。此次改革首在遵扬民意，欲以矫往辙而成新治。款款之愚，与来电绝无二致。祺瑞于去年十一月二十一日所发马电，业经郑重宣言，愿与天下人相见以诚，共完国是，并谓必须集全国人之心思才力以为之，庶克有济。故以善后会议解决时局纠纷，筹备建设方案，以国民代表会议解决一切根本问题。曾经电达，已荷察及。先生去粤宣言，距马电仅隔八日，未经奉读，但所标大义，在乎民治，咸以国民会议为指归，与鄙见早相契合，不独祺瑞个人之欣幸，实国家前途之曙光也。善后会议条例，祺瑞亦绝无丝毫成见，几经讨论，未敢遽定，特以未公布之草案，先就正于先生，适尊体违和，未有于草案中增加团体之表示。时及兼旬，始敢公布，现已浃月。幸各方一致赞成，派遣代表及亲自到会者已达十之八九，开会之期，数日即届。适奉明示，提议增加会员，足征眷眷之怀，祺瑞敢不承教。惟念善后会议与国民会议职权本不相同，分子无妨各异，且非速开善后会议，先谋各方意见之融洽，则国民会议之前途尚多障碍；非军、财各政先有解决之道，则国民会议之根本方案更无从实施。今当举国跂望之际，群贤戾止之时，忽改条例，延缓会期，恐于和平统一前途有所窒碍。至关于国民代表会议之组织，当本先生宣言之精神，与祺瑞从来主张之意旨，力求公溥，预备起草，冀得国民总意之代表。特为尊重先生意见，定于专门委员会中，聘请各省省议会议长、教育会、农商会各会长一人为专门委员会委员。但以省行政长官驻在地者为限，其各特别区与省同。至京、津、沪、汉四大商埠商会会长，应请加入。此项专门委员，按照条例审查大会所交议案，并得出席报告及陈述意见。如此办法，既能贯彻先生之主张，又不妨会议之成立，会议公开，民岩具在，想与会诸君必能尊重真正舆论，以为可否之准据也。先生清恙未康复以前，仍恳先派代表主持一切，以树风声！患难久善，谨布腹心，伏希亮查！段祺瑞。艳。

（《段执政复中山艳电》，《盛京时报》1925年2月3日）

驻日华侨联合会致孙中山电

（1925年1月29日）

中山先生钧鉴：

自国民会议主张发表后，同人等皆以为救国有方，力事促成运动。讵临时执政竟召集官僚化之特权阶级善后会议，何啻宰割国民，分割权利。同人闻讯，愤不可遏，爰于昨日通函国日［内］外各团体一致反对，并主张组织全国促成国民会议联合会，以为先生后盾。万祈摄养政躬，坚持到底，祖国幸甚，侨民幸甚。

（冯玉祥档案）

（《北京〈京报〉关于日美华侨一致主张召开国民会议的报导》，《善后会议》，第11页）

美国费城华侨致孙中山、段祺瑞等电

（1925年1月29日）

上海《民国日报》转北京孙、段诸公、各团体、各报馆均鉴：

直系已被推倒，宜即召集各界代表会议产生国民会议，解决国是，以求真正和平统一，全侨当为尽力赞助也。

（冯玉祥档案）

（《北京〈京报〉关于日美华侨一致主张召开国民会议的报导》，《善后会议》，第12页）

广东陈镇工会联合会等致孙中山、段祺瑞等电

（1925年1月29日）

北京段总执政、各部院大学、孙中山先生均鉴：

民国成立，十三年于兹，风雨飘摇，国基未定。外受帝国主义之压迫，内遭万恶军阀之摧残，举国人民处于两重刀俎之下，辗转呼号，如堕地狱。此次曹、吴推倒，实为国事解决之良机，凡我国民亟宜急起自救。孙中山先生鉴于军阀把持国事之害，根据其三民主义之精神，决以解决国事之权交于全国民众，于是有召集国民会议之主张。斯诚救亡之善策，建国之良方。夫民国为四万万人民之民国，民国主权实在于四万万人之手。十三年之祸乱，均由吾民不能行使其主人翁之职权，致为军阀政客所把持，一切祸乱皆所从出。中山先生召集国民会议之举，谅已洞悉症结。然最近段祺瑞等又有善后会议之发起，列席者为四种之特殊阶级。此种主张直为分赃会议，我国民当起而反对，一致拥护孙中山先生国民会议主张，以谋国事之根本解决。中华民国十四年。陈镇工会联合会、竹器工会、联志工会、晒莨工会、革履工会、切纸工会、纸业工会、理发工会、车衣分会、派锡共和工会、油牛扎作工会、派锡同业工会、金银首饰工会同叩。艳。印。

（《广东十三工会反对善后会议》，上海《民国日报》1925年2月7日）

小吕宋广东音乐社致孙中山、段祺瑞等电

（1925 年 1 月 29 日载）

北京孙中山先生、段芝泉先生、全国各团体、各报馆转各同胞均鉴：……孙公毅然北上，主张召集国民会议，实为救国唯一途径。善后会议，谓为善军阀之后则可，若以善国家之后则未也。清室优待条件为民国之大污点，决然修改，实属至当。小吕宋广东音乐社同人叩。

（《小吕宋广东音乐社通电》，上海《民国日报》1925 年 1 月 29 日）

建国赣军警卫军司令欧阳琳呈孙中山文

（1925 年 1 月 29 日）

呈为呈报事：窃琳于上年十二月二十六日准大本营秘书处第六八七号函开：顷奉大元帅颁发贵司令木质镶锡关防一颗，文曰“建国赣军警卫军司令之关防”，象牙小章一颗，文曰“建国赣军警卫军司令”。相应函送，希为查收见复。等由。准此。琳遵即收受于本年一月二十日敬谨启用。兹将启用日期并印摹呈报钧座察核，伏祈俯赐备案，实为公便。谨呈

大元帅孙

附呈印摹一纸。

建国赣军警卫军司令欧阳琳（印）

中华民国十四年一月廿九日

（《陆海军大元帅大本营公报》一九二五年第三号，1 月 30 日，“指令”）

小吕宋司徒教伦堂致孙中山、段祺瑞等电

（1925年1月30日载）

全国各报馆转孙公中山、段执政暨各团体、父老兄弟姊妹钧鉴：

民国创建，已过去十三周〈年〉，而变乱相乘，迄无宁日。揆厥祸始，实由国内军阀勾结外国帝国主义，狼狈为奸，蠹蚀民国，遂使斯民陷于水深火热之境，壮者为盗贼，弱者填沟壑。长此以往，不亡何待。乃者曹、吴败衄，北京政局生大变化，孙公中山北上，段执政主持临时政府。凡所措置，当以国民之公意为衡，庶几内安外攘共和可享。孙公中山主张召集国民会议解决国是，实为救国之要图。而国民会议召集之前，又先由人民九种职业代表召集预备会议以产生国民会议。此等办法，确为尊重国民之主张。全国景从，函电响应。侨民等海外遥听，无任同情。乃闻段执政公布善后会议之条例，系主张由官僚军阀代表解决国是，且有权制定国民会议基础条件。此等主张，侨民等认为非尊重民意之道，尚望段执政幡然改图，赞协孙公中山之主张，庶于国家前途幸福有赖。更望我海内外同胞一致觉悟，出而自决，拥护孙公之主张，勿使国民之命运断送于民国十四年中也。侨民等爱国心殷，誓为孙公之后盾。掬诚陈辞，诸希鉴纳。小吕宋司徒教伦堂叩。

（《小吕京司徒教伦堂通电》，上海《民国日报》1925年1月30日）

大本营秘书黄子聪呈孙中山文

（1925年1月30日）

呈为呈报事：窃子聪前奉钧命派往粤军总司令部会同审讯前大本营制弹厂职官周少棠、赖铭光互控舞弊一案，经遵令往粤军总司

令部军法处传集两造到案，迭次磨讯明白。赖铭光吞没军需券五千元，犯侵占公务上管有物行为。按照《新刑律》实犯第三百九十二条之规定，故判定执行刑期三年，所吞之款仍着追缴给领。周少棠犯有私造军械、盗卖子弹军米行为，按照《新刑律》实犯第二百五条及第三百九十二条之罪，应依照同律第二十三条之规定，执行刑期三年零四个月，并责成将售去军米所得款项五百零七元七毫如数追缴归公。谨将审讯周少棠、赖铭光情形恭缮判决书一份呈缴察核。所拟是否有当，伏乞指令祗遵，并令行粤军总司令部遵照，实为公便。谨呈

大元帅孙

附呈判决周少棠、赖铭光案书一件。

大本营秘书黄子聪（印）

中华民国十四年一月三十日

（《陆海军大元帅大本营公报》一九二五年第四号，2月10日，“指令”）

内蒙古土默特旗国民会议促成会致孙中山电

（1925年1月31日）

北京孙中山先生大鉴：

韩麟符、崔柏、高玉祥三公莅绥，备道我公对于时局主张之三点，老成谋国，苍生为怀，心折无任。恭聆韩君痛述贵党民族主义与蒙古问题，知我公秦越无分，同仁一视，破汉族一尊之陋见，泯畛域歧视之鸿沟。行见蒙汉一家，共跻康平。民族平等胥公之赐。同人等已于一月二十日成立土默特旗国民会议促成会，一按我公硕画，努力进行，务使十三年来国柄授诸人民之手。临电神驰。

（冯玉祥档案）

（《北京〈京报〉关于内蒙古土默特旗促开国民会议的报导》，《善后会议》，第12页）

国立广东大学校长邹鲁呈孙中山文

（1925 年 1 月 31 日）

呈为呈报事：窃鲁因公北上，所有校务委托理科教授褚民谊代拆代行。理合备文呈报钧座察核备案。谨呈

陆海军大元帅

国立广东大学校长邹鲁（印）

中华民国十四年一月三十一日

（《陆海军大元帅大本营公报》一九二五年第四号，2 月 10 日，“指令”）

大本营内政部次长代理部务谢适群呈孙中山文

（1925 年 1 月 31 日）

呈为呈报事：窃照职部呈准《管理药品营业规则》先从广州市实行，所有一切进行办法业经先后呈报钧核在案。查各项注册系管理药品营业必要之手续，而药商以生意冷淡、册费为难呈请撤销。迭经明白批示：事关卫生政令，本未便因噎废食，第念所陈为难尚属实情，兹拟暂缓强制执行，以示体恤。除批示药业代表区述之等知照，并咨行广东省长查照外，理合具文呈请钧座鉴核。谨呈

大元帅

大本营内政部次长、代理部务谢适群（印）

中华民国十四年一月三十一日

（《陆海军大元帅大本营公报》一九二五年第四号，2 月 10 日，“指令”）

建国川军总司令熊克武呈孙中山文

（1925 年 1 月）

呈为呈报遵令改编并就职日期呈请备查事：窃于中华民国十三年十二月五日，奉钧座十三年十月十三日训令编制建国军一案。除原文有案邀免冗录外，后开：熊克武所部编为建国川军，仰迅速遵编。所有印信未发之前，准用从前所颁发者。至其各部之编制，准用原有建制编成之。此令。等因。奉此，克武遵即于民国十四年一月十一日敬谨就职，并将所部各军着手改编，随时续报。惟印信一项关系信守，克武拟于未奉颁发以前暂行刊用木质印信乙颗，文曰“建国川军总司令之印”，一俟钧座颁发奉到后即行废止。所有遵令改编并就职日期各缘由，理合备文呈请钧座备案存查，指令祇遵。谨呈
大元帅孙

建国川军总司令熊克武（印）

中华民国十四年一月　日

（《陆海军大元帅大本营公报》一九二五年第五号，2 月 20 日，“指令”）

建国川军总司令熊克武呈孙中山文

（1925 年 1 月）

呈为呈请任命事：窃维兴师靖难，应树声威，简贤任能，宜畀重寄。查川军第六师师长余际唐频经战役，悉协机宜，声望既昭，士卒用命；川东边防军前敌总指挥汤子模久历行阵，卓著勋猷，此次讨贼军兴，尤能砥砺奋发，戮力前驱。兹值军行之际，允宜各畀重任，以利戎机，拟请钧座任命该师长余际唐为建国川军第一军军长，该总指挥汤子模为建国川军第二军军长，以资统率。除暂由克武权行令委就职外，所有呈请加委余际唐等为建国川军军长各缘

由，是否有当，理合具文呈请鉴核任命，指令祇遵。谨呈
大元帅孙

建国川军总司令熊克武（印）

中华民国十四年一月 日

（《陆海军大元帅大本营公报》一九二五年第五号，2月20日，“指令”）

川滇黔建国联军前敌总司令熊克武呈孙中山文

（1925年1月）

呈为呈请任命事：窃维整军经武，首贵得人，寄□推毂，宜隆典礼。查赣鄂宣抚使林支宇治军有年，威望素著，前奉钧命宣抚赣鄂，所有湘中原属部队闻信欢呼，悉乐为用。现经收束整齐，从事改编，允宜畀以重寄，以利戎机。拟请钧座任命林支宇为建国联军湘军第一军总司令，以资统率。除暂由克武权行令委就职外，所有呈请加委林支宇为湘军第一军总司令各缘由，是否有当，理合具文呈请鉴核委任，指令祇遵。谨呈
大元帅孙

川滇黔建国联军前敌总司令熊克武（印）

中华民国十四年一月 日

（《陆海军大元帅大本营公报》一九二五年第五号，2月20日，“指令”）

沈鸿英致孙中山电

（1925年2月1日）

北京孙大元帅睿鉴：参众两院广西议员诸先生、广州胡代帅、军政部钧鉴：刘省长显臣，韶州探送刘军长玉山、陈师长升平，上海岑

云帅、莫日帅、马君武先生，天津陈舜帅，太原赵竹垣先生，旅京、旅沪、旅港、旅澳、旅粤同乡诸公，南宁省议会、张省长，宾州林督办，莆田、梧州李处长应潮，广西各局分送各师旅长，各纵队支队司令，各县知事、各法团、各报馆均鉴：

鸿英派队出巡浔、濛各处，收束军队，问民疾苦，业于养日通电报告，并请李督办、黄会办通饬所部一体知照在案。乃师行甫出象县蒙山，即据陆师长云高、邓师长右文电称：被李宗仁、黄绍雄派兵截击，不予通过等语。查李、黄于鸿英就广西建国军总司令职时，曾于武宣、勒竹、京南各处，节节增加重兵，初尚以为防备寇盗，不意心存叵测，一至于此。鸿英虽无行能，忝膺疆寄，就职以后，巡视各属，以为应有之责。李、黄同隶大元帅层幢之下，对于帅座任命封圻大吏，竟敢公然抗拒，甘为戎首，是诚何心，鸿英德不足以感人，武不足以戡乱，然为保存政府威信，行使自身职权起见，现已严饬部属，仅于防卫暂缓进行，以待解决。伏望帅座迅令李督办、黄会办速行撤防，勿得抗拒政府命官，免开兵衅，诸公或情殷袍泽，或关怀桑梓，仗义执言，仍秉公判断。广西苦兵久矣，值此喘息未定之际，统一甫有转机，何堪再行破坏，沦于万劫不复之地。临电挥涕，伏候裁夺。沈鸿英呈叩。东。印。（平乐来电）

（广州国民政府档案）

（《沈鸿英为派兵出巡被李宗仁部截击请令撤防免开兵衅电》，《中华民国史档案资料汇编》第四辑，第 890～891 页）

广州新学生社致孙中山等电[①]

（1925 年 2 月 1 日载）

慨自段祺瑞主张用善后会议来解决中国一切问题，善后会议的

---

① 报纸报道中说明此电为广州新学生社致孙中山先生暨全国各报馆、各农工兵学商团体电。——编者

人物：（一）著勋劳于国家若［者］；（二）拒贿议员；（三）各省区、蒙、藏、青海军民长官；（四）临时执政府所聘任或委派者。其根本已与国民会议的宗旨相冲突，所以我们在这个时候，第一步的政治斗争，就是要中山先生的主张——国民会议的预备会能够实现；第二步的政治斗争，就是此后的政权究竟仍归之少数军阀官僚，抑归之多数民众。我们要希望第二步能够实现，首先须第一步能够到达目的。要第一步能够到达目的，就要国民大家一致起来拥护中山先生所主张的国民会议计划的方案，以期真正国民会议的实现，以期中华民族的解放。

（《广州新学生社反对善后会议》，上海《民国日报》1925 年 2 月 1 日）

国民会议协进会致孙中山函

（1925 年 2 月 2 日）①

中山先生左右：

敬启者：先生提倡革命五十余年②，功在国家，万流景仰。今毅然北来，尽瘁国是，同人等企望之切，胡可言宣。乃以舟车劳顿，忽抱清恙，不克躬任巨艰，曷深系念。兹特派本会交际主任吴天放、何廷述、宋幼痒三君前来慰问，藉表微忱。并祝早日勿药，伏惟为国珍摄是幸云。

（《国民会议协进会慰问孙中山》，《顺天时报》1925 年 2 月 3 日）

---

① 报纸报道中说明此函为 2 日下午国民会议协进会派代表吴天放、何廷述赴协和医院慰问孙中山时所呈慰问函。——编者

② 原文如此。——编者

杨希闵等致孙中山、段祺瑞等电

（1925 年 2 月 2 日）

北京段执政、孙大元帅、各省督办、省长、各省议会、各报馆均鉴：

顷致唐继尧一电，文曰：唐冥［蓂］赓先生鉴：皓电询我公出兵内容，久未得复，显见借口北伐，意存扰乱。闵等忧国爱乡爱公，均难缄默，特再奉劝。夫天下人断不可以久欺也。公求滇川黔巡阅使不得，则附和护法，易名靖国。然公在滇中以命令造法律，随喜怒定赏罚；勋位勋章，由公妄授；军制民法，由公乱定；官名侍从，僭称扈卫；黄袍彩轿，红墙新壁。尉佗、子阳潜不及此，土酋、夜郎妄犹过之。以公狡人，犯法孰多。公尝不慊于熊克武矣，乃倡言废督裁兵，高就联帅。公又尝倡言自治矣，贵州首与公联，而贵州归介弟治下，刘公作阶下之囚徒。公昔派张瑞萱、王九龄叩谒吴佩孚，降书未递即被辱骂而归。犹执迷不悟，客岁贿选，更辇巨金，谋公副座。沪上群贤方通公联名通电，而公毅然撤回代表，坐令贿选竟成。公受其愚，国受其害。及浙、奉战起，群起讨贼，公则闻若无闻。今国贼被囚，大局粗定，天下正望和平建设，公乃乘机称兵，不知是何心肝。呜呼！公亦可以休矣。试思蔡公执政时，道不拾遗，府库充实，而今民穷财尽，市野皆盗，滇民已不堪其苦矣。若夫邻省，亦皆受公蹂躏矣。闵等为公计，略贡刍荛，倘荷采纳，则公之仁风流播天下，孰不爱戴，乡邦受赐尤多矣。

（一）请废除武人为省长；

（二）实行听人民自治；

（三）请即还人民各项自由权；

（四）请增加教育经费；

（五）请勿克扣官民薪饷；

（六）请勿再汇巨款外出；

（七）请提出预算、决算；

（八）请废除一切苛政；

（九）请速修道路；

（十）请公立即交出兵权。

以上十条，盼公当机立断，岂惟福国民利，保身之道亦莫善于此。若执迷狼心，抱身亡国亡之念，是狗彘不食，天且诛之，何况人乎？闵等爱国爱乡爱公，急不择言，惟利图之。

杨希闵、范石生、胡思舜叩。冬。印。

（《驻粤滇军反对滇唐》，北京《晨报》1925 年 2 月 10 日）

花县九湖乡自治会致孙中山等电

（1925 年 2 月 2 日）

（中央社）孙中山先生、执政府诸公暨全国各界农会、工会、商会、学生会、教育会、各社团、各报馆公鉴：

民国自成立以来，国有其名，而无其实。此何故乎？盖欧美列强之帝国主义与国内之各派军阀互相勾结而致然也。吾人若不从速挽救，将步印度、朝鲜、埃及等国之后尘。今救中国之法惟有孙中山主持之国民会议，舍此则无别法。所谓善后会议、元老会，皆分赃之和平会议，鄙会誓不赞成。尚望全国各民众团体一致拥护国民会议及其预备会，反对分赃式之善后会议，则中国可以不亡，人民可以得到真正幸福也。花县九湖乡自治会叩。冬。印。

（《花县自治会赞成国民会议》，上海《民国日报》1925 年 2 月 4 日）

安徽旅粤学生刘庆铭等致孙中山、段祺瑞电

（1925 年 2 月 2 日载）

北京孙中山先生、段合肥先生钧鉴：

民为邦本，本固邦宁。国民会议宗旨，盖所以谋各阶级群众利益与国家根本安宁，国计民生有赖斯举。年来吾国民生枯竭国力凋残，何一非帝国主义侵略及武人军阀放恣所赐。凡我国人，苟非冥顽不灵，鲜有不知谋民众团结御侮靖难。其所以谋各阶级群众利益者，即所以谋民生安全，谋民生安全，即所以谋国本巩固。生等虽黄口孺子，亦知召集国民会议为现时救国南针。若夫集少数亡国大夫、丧邦军阀、煽乱政客、无耻名流而成之善后会议，徒滋扰病国耳，何有于国计民生，何有于御侮靖难。所谓不齐其本，而齐其末也。国之危亡也久矣，民之陷溺□深矣。彼元老者，果能救国福民，已能早见功效，复何有如今日满目苍痍，流离载道。且近十余年来，内讧外患，为此等元老造成者实居大半。国民已蹂躏不堪矣，实不甘再为鱼肉。元老欲谋自善其后共分权利，国民亦欲死里求生自谋解决。当此之时，千钧一发，苟再□国，丧邦无日。二公果具爱国爱民之诚意，应早定召集国民会议预备会，以谋真正国民会议之实现，而□善后会议之非计。众望喁喁，幸无负国。谨贡刍荛，诸希鉴察。安徽旅粤学生刘庆铭、卫立铸、李培根、陈君锋、蔡炳炎、贺宗悌、洪君器、张寅臣、朱政文、李铣、徐石麟、孙以淙、江霁、鲍宗汉、郑震初、李孝伯、孙天放、曹渊、彭干臣、杨溥泉、王逸常、朱朋飞、龙慕韩、钟庆珍、陈金城、葛国梁、郭□昭、唐同德、□善宇、傅维钰、段□智、陈济光、李字梅、许继慎、黄□民、李时敏、王积恂、袁□璧、廖运□。

（《安徽旅粤学生之时局主张》，上海《民国日报》1925 年 2 月 2 日）

天津国民会议促成会致孙中山电

（1925 年 2 月 2 日）

北京孙中山先生钧鉴：

筱电读悉，具见先生为民众奋斗之苦心。今段执政艳电，聘少数法团会长为专门委员，是摈斥人民代表于解决国是之列。望先生贯彻主张，与民终始，我津市民誓作后盾。天津国民会议促成会叩。①

（《天津促成会反对段执政艳电》，上海《民国日报》1925 年 2 月 11 日）

大本营军需总局局长罗翼群呈孙中山文

（1925 年 2 月 2 日）

呈为智尽能索无补时艰呈请准予辞退军需要职另简贤能以免贻误事：窃职忝承简任总理军需瞬逾两月，所有收支数目均遵奉发清单办理。无如支出方面，各军均照数收取不能减少分文；而收入方面，各财政机关每不能如数拨付，即财政厅短解数目，核算至一月底已逾十八万；而特别支款及款项无着落，部队经奉帅令及北伐军总司令核准行局支付者纷至沓来，数复逾万。质言之，收入者比案定为减，支出者比案定为增，正负相加，日亏日重。而租捐方面，已成弩末，不能再拨；筹饷局方面，自职接办后，整理盈余，数仅及万，亦经奉令拨尽。杯水车薪，其何能济其尤急者。去腊北伐联军退却之际，正值夏历年关窘急之时，百孔千疮，跋前疐后，迫用私人负责向银行商号挪借二万余元。现在已届还期，万难失信；而攻鄂军每日千元之新加湘军总部三万余元之垫付，尚须另筹应付；

① 报纸报道称，2 日，天津国民会议促成会开第四次全体委员会例会，由文书委员起草致孙中山等人电文，即此电。——编者

而每日不足之数仍复如故。环顾财政当局，无可资挹注之途，职仰屋徒嗟，无家可毁。长此竭蹶，来日大难既不能作无米之炊，更何敢贻素餐之诮。惟有呈请准予辞退军需局长一职，另简贤能，免误戎机，益滋咎戾，不胜屏营待命之至。谨呈

大元帅

大本营军需总局局长罗翼群（印）

中华民国十四年二月二日

（《陆海军大元帅大本营公报》一九二五年第四号，2月10日，“指令”）

嘉兴国民会议促成会筹备处致孙中山电

（1925年2月3日）

北京孙中山先生鉴：

先生提倡以国民会议解决时局一切纠纷，洵良图也。非真能代表被压迫人民者，曷克发此举国同情之主张。最近筱电，表示不拘于名义，而惟组织是争，益见先生能代表人民利益。务望坚持到底，勿再让步。敝会誓为先生后盾，以促国民会议及早成功。（具名同上）①

（《嘉兴促成会筹备会消息》，上海《民国日报》1925年2月5日）

重庆律师公会致孙中山电

（1925年2月3日）

孙中山先生钧鉴：

律师公会在国法为正当团体，论人材属智识阶级。近闻国民会议我公宣言，与会法团竟将公会漏列，度系偶为遗忘所致，应恳乞

① 发电者为“嘉兴国民会议促成会筹备处”，日期为“江”（3日）。——编者

主持加入，藉贡刍荛。重庆律师公会叩。江。

（《响应国民会议》，《顺天时报》1925 年 2 月 8 日）

桂军代总指挥黎鼎鉴致孙中山、杨希闵等电

（1925 年 2 月 4 日）

广州大元帅睿鉴：

杨联军总司令、许总司令、本军刘总司令、韦总指挥钧鉴：胡省长、滇军范军长、胡军长勋鉴：增城滇军曾总指挥勋鉴：廖师长勋鉴：南雄谭总指挥钧鉴：虎门林师长勋鉴：仙村联军总指挥部，并探送前敌各军师旅长均鉴：

捷报。我桂军遵照东江作战方略，于本日拂晓，由罗岗初溪渡河，取道福田、三江墟，进攻石龙。敌军杨坤如部驻三江墟一带，约千人，与我军顽强抵抗，剧战数小时，敌势不支，纷向石龙、菉兰等处退却。我军是日上午十时完全占领三江墟一带。除派队追击外，是役毙敌百余名，俘虏伪营长一员，士兵数十名，夺获步枪百余枝。我军阵亡士兵二名，伤排长二员，兵士十余名。特电奉闻。桂军代总指挥、第三师师长黎鼎鉴呈叩。支。印。（罗冈行营来电）

（广州国民政府档案）

（《黎鼎鉴报告占领三江墟电》，《中华民国史档案资料汇编》第四辑，第 814 页）

广西省立第二师范校友会致孙中山电①

（1925 年 2 月 4 日载）

北京孙中山先生钧鉴：

① 此电由广西省立第二师范校友会致上海《民国日报》、《申报》电文中节出，该电称："敝会昨致北京孙中山先生一电"，即此电。——编者

先生主开国民会议及由九团体选举代表组织预备会，以真正民意解决国是，敝会极端赞成。比闻段氏竟欲以军阀分赃之善后会议易此预备会，违反民意，莫此为甚，敝会极端反对。望先生坚持前议，万勿承认。敝会除积极联络各校学生会及各法团为先生之后盾，以促成国民会议早日实现外，特此电闻。

（《广西二师校友会之通电》，上海《民国日报》1925年2月4日）

东莞第二区农民协会致孙中山等电

（1925年2月4日载）

北京探送孙中山先生暨全国各工会、各学生会、各商会、各农会、各社团均鉴：

英、美、法、日等帝国主义者，利用吾国军阀为傀儡，互相勾结，朋比为奸，暗给饷械，制造战争，私订苛约，强夺国土。致民国十三年来，教育实业频受动摇，政治经济日益紊乱，陷社会〔社〕于悲观之境，置生灵于水深火热之中，言之良堪发指。今者曹、吴已倒，段出执政，缔造民国奔走革命卅年如一日之孙中山先生，此次毅然北上，主张国民会议解决国是。我们认为此举实为救中国危急之惟一良剂，固非如帝国主义所主张之和平会议与段祺瑞所主张之善后会议所可比喻。盖因此两会议纯然为分赃式的会议，只有代表军阀、官僚与帝国主义的利益，不特不能救国，反足以乱国。我最大多数之农民，今日为救国危亡计，惟有拥护孙中山先生所主张之国民会议及其预备会。

但在预备会议，我们必须提出几个先决条件：

（一）特赦政治犯；

（二）人民选举代表自由；

（三）发表政见自由；

（四）不许军阀代表参加；

（五）不许帝国主义者干涉。

及在国民会议最低要求：

（一）对外取消一切不平等条约；

（二）规定田主最高限度之租额；

（三）设立农民借贷机关；

（四）提高农产品价格及促成农民之组织；

（五）打倒劣绅土豪操纵乡政；

（六）省长、县长由人民直接选举；

（七）推广平民教育。

临电神驰，不胜翘企之至。

东莞第二区农民协会叩

（《东莞农会赞助国民会议》，上海《民国日报》1925年2月4日）

旅港粤广西同乡致孙中山、段祺瑞等电

（1925年2月4日载）

北京段执政、孙大元帅、国会广西议员、八步沈总司令、广州建国桂军刘总司令兼广西省长、钦州林莆田先生、上海岑云阶先生、陆干卿先生、谭月波先生、莫日初先生、马君武先生、香港陈舜琴先生、武昌马慎堂先生、贵阳卢寿慈先生、太原赵厅长竺垣、广西各局分送各师、旅、团长、各司令官、各指挥官、各统领、营长、高等审检厅长、水陆各警厅长、省议会、各县知事、参议会、各法团、各报馆暨全省父老兄弟均鉴：

天祸广西，诞生逆贼，亡省之祸，即在目前。当此时机紧迫，稍纵即逝，凡属桂人，皆宜联络一气，迅扫逆氛，以安桑梓者也。逆贼维何？即李宗仁、黄绍雄是。查李本林虎偏裨，黄则马晓军

所部，对于广西毫无功绩，乘民十之变窃据郁林，自治军兴，依附末光，遂有今日。考其数年之所为，皆阴谋险很［狠］，诡谲贪婪，为祸桑梓者。兹谨将两贼罪恶，为我当道及父老兄弟略陈之：

民十之役，陈炯明欲缴李逆枪枝，马前省长君武笃念乡谊，极力阻止，且从而卵翼之，恩谊不为不渥。及君武出邕，李嗾逆竟其所部[1]截击之于贵县。恩将仇报，其罪一。

客夏蒙旅长仁潜率部驻防梧州，黄逆绍雄无故围缴其枪械，且戕杀冯旅长葆初、卢司令德洋，并解散杨愿公、马晓军、陈天泰等军队，而收其械。剪除异己，扩张实力，其罪二。

陆师长云高联合自治军克复邕垣，使广西亡而复存，功在桑梓。驻防浔□军民相安，李、黄两逆乃逞厥阴谋，乘其不备而逼走之。更乘桂垣有事，自号定桂讨贼军总指挥，上犯南宁，占据省垣。侵路［?］之罪，上通于天，其罪三。

林莆田以光复广西之元勋为广西总司令，全省无间言。两逆欲逼走之，首电拥陆干卿为善后督办，以压制总司令，使不安其位而自去。两逆欲握广西军权，苦无其由，故通电讨陆，逼去省长。又乘大元帅北上之际，以金钱运动得委为广西绥靖处督、会办，以掩人耳目。窃握军权，叛逆诡诈，其罪四。

且总司令为一省军政最高长官，即两逆之绥靖处督、会办果出诸大元帅任命，其职亦在总司令下，自应服从总司令命令。两逆乃岸然自大，政由己出，进兵龙州，一若不知有总司令者。目无长官，其罪五。

昔年客军入境，全省糜烂，至今犹谈虎色变。今两逆暗联湘军使牵制沈军，并运动滇唐以兵力助其为总司令，以遂其宰割广西之志。将来客军入境，必重演民十之祸，其罪六。

陈森华匪首也，李逆委为司令，派驻博白，利用其勒索殷户赀

[1] 疑排印错误，此句似应为“李逆竟嗾其所部”。——编者注

财至数十万。梧州，广西殷埠也，前月惨遭回禄，黄逆纵其所部乘机开枪抢劫，使人不敢上前施救，致成从来未有之灾。又大河之赤水容潭、抚河之昭平以下，咫尺梧州，劫案频仍，两逆并不过问。纵兵掳掠，纵匪殃民，遗害商埠，扰乱地方，其罪七。

国家征收厘税，本有定律。三逆自占据邕、浔后，敢于沿河各口岸增设转运局，巧立名目，无论何种货物，皆加征值百抽五之重税，违例苛征，困商病民。现两逆存港、粤各银行之款已达六百万。厚敛自肥，其罪八。

以上所陈，皆昭昭在人耳目者。其余如位置私人、贼杀无辜、削民脂膏、擅作威福，种种罪恶，不填［胜?］枚举。两贼不除，如广西何?同人等为桑梓计，誓不承认以贼为绥靖处督、会办。除联合团体吁请大元帅收回成命外，用特苦口进言，望我军政各界长官、民意代表诸公、各父老兄弟及时猛醒，一心一力，兴问罪之师，作吊民之举，歼厥渠魁，复我邕、梧，澄清广西，建设良好政府，以解倒悬，而慰民望，广西前途，庶几有豸。望同胞诸公急起图之。

旅港粤广西同乡全体仝叩

（《旅港粤广西同乡会数李黄八大罪》，《华字日报》1925年2月4日）

天津国民会议促成会致孙中山函

（1925年2月4日载）①

敬启者：我公北来，为与现执政对于国家筹划大计，根本革新。一时全国鼎沸，欢欣鼓舞，以共和真谛、人民幸福将于是卜之

---

① 此函由天津国民会议促成会1月29日致各省区军民长官等通电中节出，该电称："日昨上孙中山先生函一件"，即此。——编者

矣。而抑知竟有出人意料外者。军阀政客，为当今万恶之首。国民军起义时曾郑重通电，示谕煌煌，一则曰军人不干政，再则曰军人决不干政。墨渖未干，言犹在耳，执政府组织之善后会议，各省督办、督理、师长、军长等纷纷派出代表与会，谓非当世所厌弃之军阀乎？执政府发表聘请之人物，其大多数非现在社会所畏如蛇蝎之政客者乎？此种会议，简言之，即民六段执政当国主张督军团入京干政之变相而已矣。兹更加一般政客杂凑其间，洪水猛兽尽萃一时，尚何民意之可言，革新之可望欤。我公篠电发表，虽已烛照其奸，恐未必发生如何效力。

近闻其善后会议主张者有三要案：结束军队，一也；整理财政，二也；国民会议组织法，三也。若国民会议组织无非一种命令式的组织法，尽人皆知，勿待烦渎。惟一、二两案，名虽为二，其实为一，然有莫大关系，取巧卖国，即系于斯。尚希我公特别注意，并祈唤醒全国人特别注意，幸勿为其一手掩盖也。何以言之？军队之结束，天下人谁得而议其非。除改良军制，或寓于工，或寓于农，或驻防，或殖边，种种提案外，其结果不外分期裁减兵额。而裁减惟一之要者，厥在军饷。甲须军饷百万，乙须军饷二百万，丙须军饷三百万，丁须军饷四百万，戊、己、庚、辛莫不各□□□需饷为词。彼饷需从何而出？其会议结果，必一致主张善后大借款，一面以作整理财政之用。所谓善后借款者，势必将政变以前一切卖国借款无形消纳于财政整理案中，窃恐中华民国亦将无形断送于财政整理案中矣。

兹敝会所惟一请求者，并敢代表全国四万万同胞一致请求。所请求维何？即请求将此次政变以前民六以后一切借款，如民国七年选举总统徐世昌时所借日债之电信借款二千万元（六月借）、吉会借款一千万元（六月借）、矿林借款三千万元（八月借）、济顺高徐借款二千万元（九月借）、满蒙铁路借款二千万元（九月借）、参战借款二千万元（九月借），共约一万二千万元。又如道胜、芝加高、中法、华比、兴业、汇业、藤田、三井、三菱、美京、荷兰各银行，泰平、文德各公司，约计借款又约一万二千九百余万元。此外，发行公债库券及向本国各银行号借款，又约有一千万五百余万元，皆载在财政部内外债款一览表中。所有借款合同，各报均有登载，强半系段执政暨李思浩、龚心湛、曹汝霖、陆宗舆、曾毓俊、张弧等安福要人经手签押，订立借款合同，其究归何项用途，部中无从查稽。应请我公向段执政等严重质问，并通电全国，请其订期将所有债款用途详细公布国人。如未将用途公布以前，决不能有丝毫借款，以重人民负担。倘有私自借款者，勿论内债、外债，国家人民誓死不能承认。并此宣言，或亦可杜卖国阴谋矣。查财政部所借债额总表，统共洋十七万二千六百万九千余元。除海、陆、交、农、司法、外交各部债款尚待侦查外，以全国四百兆人民分担，每人已负国债洋四元三角有奇。民五以前财部所列债额不满三分之一，其余债额概系现执政暨安福派选举总统，对南战争，分别任重致远，津贴安福议员，并建筑该党首领别墅之用。若京西汤山所建中西式房屋、天津日界吴某等房产、日本东京王某等构造，此其最著者，何一非现在我中国人民负担之债额。言之伤心，闻之刺骨。若以罪之轻重论，则有甚于曹锟贿选十倍矣。证据事实俱在，决非厚诬，当时法界地检厅已依法提起诉讼，北京各学界因而捣毁曹、陆私宅，即以五四为纪念，中外各界尽人皆知。当此根本革新之际，若不将此案切实解决，直无善后可言。

诗曰我躬不阅遑恤我后，其现执政之谓欤？兹由财政部觅获民五以前国家所负内外债额表一件、民十一以前国家所负内外债额表一件、民六以后现执政当国时一切借款合同一件、参战借款合同一件、《安福祸国记》、《安福大罪案》共六册（此件与借款用途有关），统呈钧鉴，即候察核。并请将所呈各件印布全国，将来即提交国民会议解决。

（《津促成会致孙中山电》，天津《益世报》1925 年 2 月 4 日）

北京各界国民会议促成会致孙中山函

（1925 年 2 月 4 日载）[1]

中山先生钧鉴：

先生为中国民治鼻祖、革命先觉，推倒帝制，手创共和，屡经仆跌，百折不回。不拔之精神，坚决之主义，微独同人钦佩，即举世民族亦莫不企仰无已。此次翩然北来，正可大慰群望，纳政治于正轨，登斯民于衽席。乃舟车劳顿，致抱清恙，系念之心，与日俱增。兹特派执行委员李绍霖、毛壮候，军事委员孙君武，干事刘葆真、钱树槐等前往慰问，藉表微忱。务恳先生以国事为怀，善保玉体，吉人天相，定必早占勿药也。

肃此，敬颂

痊安

（《北京各界国民会议促成会昨讯》，天津《大公报》1925 年 2 月 4 日）

国立广东大学校长邹鲁呈孙中山文

（1925 年 2 月 4 日）

呈为呈请事：案查去年六月间，准广东财政厅第三九一号公函开：现准财政委员会公函，内开：本月十日，准咨以粤省留学外洋各生及烈士家属学费苦无的款可付。查九、拱两关收入有带收加二费一项，月计可得六七千元，又诚兴公司屠羊捐每月五百元，拟将此项改充特定教育经费。并由盐运使署每月提拨四千元，拟具简章

① 报纸报道称：北京各界国民会议促成会“昨日派代表毛壮候、孙君武等持具公函赴协和医院慰问孙中山先生病状”，即此函。——编者

送请公议见复。并准广东大学筹备处邹处长来函，以邓运使处昨与商订留学经费，运署每月可拨二千元。各等由先后到会。经于本月廿四日第四十五次常会提出合并讨论，议决：盐运使署照拨二千元，九、拱两关加二费约共六七千元，自八月分起交邹校长转汇，其支配办法另由财厅订定，函邹校长查照。等因在案。除函盐运使自八月分起照案拨二千元交邹校长转汇外，相应函达查照。所有诚兴公司屠羊捐每月五百元，及九、拱两关加二费约共六七千元，应请照案支配、订定办法函邹校长查照并复会备案为荷。等由。准此，查九、拱两关带收加二税费，及诚兴公司屠羊捐，暨由运署照案每月拨银二千元，既经议决指定为留学经费专款，自应查照议案，由厅订定每月给留日学生学费五千元、里昂大学学生学费四千元、林君复留学费五百元暨上海烈士家属特别费及学费六百二十八元三毫三仙三文，均由贵校长于前项收入款内按月拨汇，以资接济。除函粤海关税务司转饬九、拱两关，将每月带收加二税费尽数如期迳解查收，取具印收缴厅以凭饬库补入收支，并函复财政委员会备案外，相应函请贵校长烦为查照办理，并希派员前赴九、拱两关妥为接洽是荷。等由。并同年六月间，准财政委员会函同前由过校。

准此。查九、拱两关带收加二税费及诚兴公司屠羊捐暨运署指拨等款内，拨一部每月四千元为里昂中法大学之广东大学海外部学生学费，业由职校将九、拱两关按月所解带收加二税费照案摊派、分别汇寄在案。窃查里昂中法大学广东大学海外部设立之初，原定为广东大学海外部之一，前因广东大学一时未能成立，海外部学生无从附丽，以致经费异常缺欠。自去年职校成立后，里昂中法大学学生即请依照原案作为职校海外部之一，将经费列入职校预算，嗣后由校接济等情。当时因财政委员会以此款为职校海外部经费，既归职校经理，故未呈请定案。但以前经理手续系属代办性质，名实尚未相符。兹为确定名义及权责起见，用再呈请钧座定案，并请明令将里昂中法大学之广东大学海外部为国立广东大学海外部之一，现有经费数目永远定为职校海外部经费之一，列入职校出入预算。

其现有经费的款不得拨作别用，并永远以指定各项的款每月所收多寡，按照财政厅十三年第三九一号公函所定职校海外部经费及其他特定教育经费数目比例摊分。如将来其他特定教育经费须增加时，均宜另行筹拨，不得将职校海外部经费应得之额变更。至以后管理职校海外部经费及派遣监督学生等事，悉由职校全权办理。在职校已可因于需要派遣何科学生及何国留学，使学术日见发达，在学生亦不至因经费而辍学。庶乎正名定义、事权统一，不特校务日渐增进，而于海外部学生亦不至有被迫离校情事之发生。

所有拟请明令将里昂中法大学海外部，依照原案定为国立广东大学海外部之一，及确定管理权责并永远不能将现有经费的款内应得之额变更各缘由，理合备文呈请钧座察核准予照办，并令行广东省长遵照，分行财政厅、教育厅遵照，及里昂中法大学协会查照，仍祈指令祗遵。谨呈

陆海军大元帅

国立广东大学校长邹鲁（印）

中华民国十四年二月四日

（《陆海军大元帅大本营公报》一九二五年第四号，2月10日，“指令”）

方本仁致孙中山电

（1925年2月5日）

北京探送孙中山先生钧鉴：

皓电敬悉。民国不幸，祸变相寻，扰攘纷纷，迄无宁岁。执政段公，特布大公，共谋国是。拟先成立善后会议，以解决时局纠纷。再行召集国民代表会议，以决定国家根本大计。用衡缓急，标旨鲜明。揆与尊电之所主张，不过手续之略异。诚以时当改革，险象环呈，治本治标，万难同时并举。必先谋各方意见之融洽与军制财政

之解决，而后国民会议进行无〈窒〉碍之虞，议案有实施之望。所幸两贤会协，相得益彰，为国为民，自能百虑一致。伏望先生益宏大义，力予赞助，速派代表参与善后会议，以解目前之纷乱，而救危亡。中国幸甚，大局幸甚。谨电奉复，诸希亳鉴。方本仁叩。微。印。

（广州大本营及广州国民政府档案）

（《方本仁请孙中山派代表出席善后会议电》，《善后会议》，第31页）

广西公民五万余人致孙中山、胡汉民等电

（1925年2月5日）

（快邮代电）北京孙大元帅睿鉴：广州胡留守、刘总司令、谭总司令、杨总司令、许总司令、范军长、胡军长、韦军长、伍军长、李军长、黄军长、各师旅长、广西八步沈总司令勋鉴：

吾桂自陆、谭败窜，乱事粗宁，全省孑遗方以为频年痛苦可获稍舒。乃近日叠接父老来书暨省、港、梧公私记载，咸称粤军纷纷西上布防备战。浩劫再临，桂人何敢逃死？惟同人等远客异乡，闻耗西望，辄若幸余州县呼号待命之死声盘旋左右。人情爱乡，万方一概，桂人罪果何在，愿我当轴及粤邻将领明教及之。夫用兵原非得已，此次粤军西上是否必不得已，羁旅远人未敢妄测。但以缓急言，东江三载负隅之敌未除，北伐增援之师不赴，南路钦、廉近且新为敌有，各省联军方亟谋规复，粤军守土有责，□转而舍己芸人，抑何暇豫乃尔。以疆域及职责言，则粤桂分封不自今日，总督巡阅裨制早除。吾桂冲要不如粤，盗贼且远逊之，军民两长之外，复有绥靖处之设，职责各专，毋待越俎。比来联军以血战仅得之粤疆还诸粤人，讨贼之外，相互以不干粤政自守，粤军顾欲先肇其端，脱使请君入瓮，将又何辞？更让一步而只言实力，粤军饷械两充西南首屈，修途健步尤令人望尘自愧，不过桂境山深菁密，迥殊

循惠平原，沈以久战之师，李、黄席方新之势，不同于东江降败之余所可轻视。万一旌麾所指，退避不及，冒渎威严，远烦璧马，益令桂人增其咎戾，恐亦非仁勇之粤军所忍出也。况我粤邻将领涵泳新潮，眼光远大，国人当忆东路旋师，连营千里，尚能释陈、叶犯上之罪不问，弃潮汕富庶之地如遗，而又赉敌糇粮资之饷械，高风让德，并世罕俦。（恭维乎？揄揶乎？）此次骤改步趋，顿易常度，不问而知为别有所受。然祸机已发，战雾弥漫，桂人自信其无罪，重以大兵大祲之后，实无力足以供亿义师。且两省睦谊素敦，为两省人格计，桂人固不欲粤军代谋侵其独立，且甚望粤军之善自量度，庶几知耻近勇，南方之强，邻与有美。若夫处民治期昌之日，犹欲挟帝国主义之谬策试行域内，井蛙跃马，成就几何？同人等爱乡念切，消弭无方，谨用披沥上陈，伏恳我大元帅严令双方将领各返原防，一面由许总司令迅将赴梧部队撤回，以梧防还诸桂省，权限既分，纠纷自解。至于误会之点，强半由两省当事惑于利用，欲求永保和平，并望当代名流、各省各军当局主持公道，示以周行。同人等敢豫代表桂人，愿以再退即无余地，为最先让步之范围。倘及此而不蒙鉴谅，则凡我桂人，一息尚存，百死不悔，欺人太甚，责有攸归。悲愤陈词，诸惟公鉴。广西公民五万余人同叩。微。

（《广西公民反对许崇智出兵西上》，《华字日报》1925年2月11日）

江西自治同志会致孙中山函

（1925年2月6日载）

孙大元帅钧鉴：

此次大旆北上，久困沉疴，远道传闻，良深驰系。自钧座迁居协和医院施用手术后，同人更昕夕彷徨，念与祷俱。嗣见报载医生报告连日经过良好，创口亦复，殊为欣慰。伏念钧座一身系国家之重，为四万万同胞所托命，天相吉人，定可安全脱险。务望为国珍重，加意调摄，俾得早日恢复健康，再领导人民改造国家，不胜馨香祷祝之至。敝会因远隔山河，未获推派代表躬亲慰问，特肃芜函，敬候兴居，惟鉴察不备。

专此，祗颂

痊安

江西自治同志会叩

（《孙先生病象转佳之电讯》，上海《民国日报》1925年2月6日）

上海各团体联合会致孙中山函

（1925年2月6日载）

中山先生钧鉴：

报载先生病危，此间各团体惊悉之下惶急万状，特召集各团体代表开紧急会议，公推胡君菊生北上，趋前慰问起居，俾早全愈，以副民望。至敝各团体之主旨及进行事业，当由同志胡君面陈钧座，以资遵循。用特备具公函，敬请赐察为荷。

敬祝

全安

上海各团体联合会谨启

（《慰问孙文代表过津》，天津《益世报》1925年2月10日）

江苏公团联合会等致孙中山电

（1925年2月6日）

北京孙中山先生睿鉴：

清恙未愈，全国彷徨。敝会同人惄焉如捣。除公推代表、征聘名医克日来京慰问起居，趋侍几□，遥祝天相国父，勿药早占，一人有庆，兆民赖之。江苏公团联合会等全体六十四公团公叩。鱼。

（《苏公团电慰孙中山病》，上海《时报》1925 年 2 月 7 日）

广东高等检察厅检察长林云陔呈孙中山文

（1925 年 2 月 6 日）

呈为呈请示遵事：现奉省长冬日邮电开：现据公安局长吴铁城邮电称：查近日各军因军事之需要，纷纷来局索取伕役，动辄数百名之多。惟市内苦力之人口，前因饱受充伕惨痛，每一闻及募伕即谈虎色变，虽重给工银亦无一肯应募者。而拉伕之事似又不能再见诸今日，因拉伕最为市民所痛恨，上年市面拉伕，人民怨声载道，至今思之尤有余痛，经奉帅令禁止。且现值夏历新正时候，市民回乡度岁未出者尚多，故为安慰民心计，最忌发生拉伕之事。日来各军到局索伕者，经已陆续将局内押留之轻罪人犯分派拨充。惟职局此种人犯有限，迨至穷于应付时，势必间接即发生拉伕之事，殊于市面有碍。日来地方善后委员会亦因军人强索伕役，业将募伕事宜停办。再四思维，拟请由钧署即日饬令广州地方检察厅及南、番两县，刻将五等以下有期徒刑及轻罪之各种人犯编列名册送局，以便遇有军队需伕时，即分别酌派拨充伕役。庶不致发生骚扰，而于军事前途亦藉资应用。是否有当，理合邮电，伏候察核施行。等情。据此，查所请系为免各军拉伕发生骚扰起见，事属可行，自应照办。除令复外，仰该县长即便查照，迅将五等以下有期徒刑及轻罪人犯克日查明，编列名册送交该局，以便随时酌派拨充伕役，并仰该检察长转饬地检厅一体查照办理勿延。切切。等因。奉此，查事

关释放人犯拨充伕役，理合具文呈请察核，伏候指令祗遵。谨呈
陆海军大元帅

广东高等检察厅检察长林云陔（印）

中华民国十四年二月六日

（《陆海军大元帅大本营公报》一九二五年第五号，2月20日，“指令”）

热河协会承德分会等致孙中山、段祺瑞等电

（1925年2月7日载）

北京孙中山先生、段执政、冯焕章将军、奉天张雨亭将军、热河阚都统、各省军民长官、各法团、各报馆、上海全国学生联合会均鉴：

共和肇造十有四载，兵燹连绵，匪势日炽，民苦倒悬，国无宁时。诸种祸原，皆由于帝国主义侵略之不息，军军［阀］争横之无忌，狼狈为奸，乱用武力，倒行逆施，至此极矣。今幸曹、吴失败，国运转机，正当全国国民渴望自决澄清国政之时，而中山先生即有召集国民会议之主张，诚平定乱局拯救中国之惟一良策。彼预备会议尤为产出真国民会议之基础，敝会等对此实万分赞成。至善后会议、元老会议，及一切与群众利益有障碍等等会议，敝会等概所反对。愿诸公以国民利益为前提，早日实现中山先生之主张，则国家幸甚，国民幸甚。热河协会承德分会、热河全区学生联合会、区教育会同启。

（《热河三重要团体之通电》，上海《民国日报》1925年2月7日）

南洋国民党党部致孙中山电

（1925年2月7日）

孙中山先生钧鉴：

电传政躬违和，情形各异，殊深疑虑。我公安否关系大局甚巨，敢请加意珍摄。同志等当始终为党务致力，万祈宽怀。南洋中国国民党。阳。叩。

（《孙中山病况稍有起色》，《顺天时报》1925 年 2 月 15 日）

联义社致孙中山、段祺瑞等电

（1925 年 2 月 8 日载）

孙中山先生、段芝泉先生、张雨亭先生、冯玉祥先生暨各团体、各报馆均鉴：

慨自辛亥，革命苦不彻底，十四年来，军阀相乘，民无宁日。迨陈炯明背叛于南，曹锟贿选于北，四维不张，天地浩劫，至此极矣。兹幸曹、吴陨灭，直系败亡，我总理孙公到京，主持国政，提倡国民会议，揭破督军团之变诈，湔洗分赃会议之污浊，一以民意为依归，救时良药，无有过于公者。敝社同人，服从正义，愿为后盾。伏望执政诸公、海内贤达，破除私见，一致主张，以尊重民意，而尊重孙公，毋使军阀继续，以迄于亡，民国幸甚。联义社全体同人叩。

（《响应国民会议》，《顺天时报》1925 年 2 月 8 日）

山东广饶各界致孙中山电

（1925 年 2 月 8 日载）

孙中山先生鉴：

国民会议为解决时局惟一方法，祈毅力坚持，广人愿为后盾。山东广饶各界叩。

（《响应国民会议》，《顺天时报》1925 年 2 月 8 日）

谭延闿致孙中山电

（1925 年 2 月 8 日）①

督师戡乱，誓竭心力，请安心颐养。

（上海《民国日报》1925 年 2 月 12 日，“电讯”）

山东陵县国民会议促成会致孙中山、段祺瑞等电

（1925 年 2 月 8 日）②

北京段执政、孙中山先生、各省省长、省教育会、省议会、商会、工会、学生会均鉴：

民国肇造，祸乱相寻。推厥原因，无非国内军阀为［与］帝国主义者朋比为奸，以致全国骚然，国将不国，生灵涂炭，如入水深火热。今幸军阀破产，曹、吴倾覆，孙中山先生毅然北上，主张以九团体组织国民会议解决国是。本县市民团体莫不欢欣鼓舞，极端赞成，遂即发起国民会议促成会，加入者计十余团体。爰于二月八号假教育会开会，到会代表三十余人，选举职员，正式成立。均一致主张速开国民会议，谋真正之统一，图永久之建设。伏乞朝野人士一致拥护孙中山先生之主张，务期国民会议早日实现，以资挽救时艰。不胜翘盼之至。山东陵县国民会议促成会叩。

（《山东陵县国民会议促成会成立》，上海《民国日报》1925 年 2 月 15 日）

---

① 报纸报道称，“谭延闿八日电大元帅慰问”。——编者

② 报纸报道中指出：山东陵县国民会议促成会于 2 月 8 日在教育会开会，发出致孙中山等通电。即此电。——编者

国民党上海第五区党部执委会致孙中山电

（1925年2月8日）

北京孙中山先生鉴：

总理为国宣劳，沈痾在抱，同人下风逖听，忧心如焚。伏乞善摄睿躬，早占勿药，中国前途实利赖之。上海国民党第五区党部执行委员会叩。庚。印。

（《国民党电慰中山》，上海《时报》1925年2月9日）

江西女界国民会议促成会致孙中山电

（1925年2月9日）

北京孙中山先生鉴：

读十一月十日先生对时局宣言，主张国民会议解决国是，国民等不胜赞成。今段执政不惜违抗民意，径举行为国民所反对之善后会议。除电警告外，迅速召集国民会议预备会，除先生所主张民众九种团体外，加入国民半数之妇女所组团体，共谋解决国事。特此奉达。江西女界国民会议促成会叩。佳。

（《江西女界国民会议促成会开会纪》，上海《民国日报》1925年2月17日）

上海工团联合会致孙中山电

（1925年2月9日载）

中山先生钧鉴：

前者旌旆莅申，获亲仪范，并领训言，曷胜荣幸。近阅报载先生病状，同深悬念。敝联合会同人，除公推委员王光辉代表专诚［程?］趋谒外，特具芜函，敬候起居。上海工团联合会。

（《孙中山病况依然无甚变化》，《顺天时报》1925年2月9日）

华侨工会联合会致孙中山电[①]

（1925年2月9日载）

中山总理钧鉴：

自福躬染恙，海外华侨来电探问起居现状者已卅余通，均由敝会代为电复。兹闻公已入协和医院，施用手术医治，用究竟开割之治。尊恙现状若何，果获天相中国，早占勿药，即乞电示好音，以便转达海外侨胞也。肃此奉询，敬祇痊□，并叩勋安。

（《孙中山病况依然无甚变化》，《顺天时报》1925年2月9日）

山西祁县国民会议促成会致孙中山等电

（1925年2月10日载）[②]

本会联合县属各团体、教育会、农会、商会、村联合会、教育研进会、明报学社，本国民自决之精神，谨于本月四日在祁县城内组设国民会议促成会，以期真正的国民会议得以早日实现。一面将

① 报纸报道注明此电为华侨工会联合会致孙中山电。——编者

② 此电由山西祁县国民会议促成会2月5日致天津益世报社等电文中节出，该电称："日前奉达孙中山先生暨各处国民会议促成会一电"，即此电。——编者

中山先生及国民会总促成会宣言内所述各项努力向民众宣传，俾多数国民均有自觉之能力。一面对于国民会议之议案、方法等随时研究，冀作刍荛之贡献。谨电奉闻。即乞将国民会议之促成方法及进行手续随时赐告，实为至祷。

（《祁县公民通告成立国民会议促成会电》，天津《益世报》1925 年 2 月 10 日）

河南国民会议促成会致孙中山电

（1925 年 2 月 11 日）

中山先生左右：

敬启者：先生为国为民忧劳成疾，凡我国民，同深感喟。犹思中华民国既为先生所手创，则全国之福、万民之命，皆托于先生。中国之沉疴未起，先生之福寿无疆。敝会同人深信先生必能以至大至刚之气，战胜自身之病魔，且将以战胜全国之病魔。先生为国珍卫，自能勿药有喜。肃此，敬候健康。河南国民会议促成会叩。真。

（《孙中山迁回行辕后之病状》，《顺天时报》1925 年 2 月 20 日）

建国第一军军长朱培德呈孙中山文

（1925 年 2 月 11 日）

呈为呈覆遵办情形事：案奉帅座训令开：查北伐各军军费，前经令行各负担机关将应解军费缴由大本营军需总局转解在案。现关于此项军费亟待支配，合再令仰各负担北伐军费机关务遵前令，将应行负担之解款统解大本营军需总局，以便通筹支配，勿得任各军自行截留，以重饷需。除分令外，仰即遵照办理。切切。此令。等因。奉此，除已遵照转饬连阳、乐昌四县遵办外，理合备文呈复，伏乞睿核。谨呈

大元帅

建国第一军军长朱培德（印）

中华民国十四年二月十一日

（《陆海军大元帅大本营公报》一九二五年第五号，2月20日，“指令”）

建国粤军总司令许崇智呈孙中山文

（1925年2月11日）

为呈报事：窃照职部叠奉令饬整理粤军军政、财政，并将所辖西江十九县收入一切粮税、杂捐、防费、赌饷各项收入拨充职军饷糈。业经遵照办理，并将各部队分别改编就绪，及在西江、江门、香、顺等属分设财政处局，整理收入而便拨支。经将十三年六月至十一月分收支各款汇列报告表呈核在案。兹据各处局呈报十二月分收支数目，并由军需处连同职部收支各款汇列报告表呈请察核前来。经职复核，数目尚符，自应饬将各表印刷分送公开查核，俾知职部收支情况而于应支薪饷尚属不敷，且尤可免隔阂之虞也。除计算书据另行编订呈核外，理合具文连同报告表呈请钧帅察核训示。谨呈

大元帅

计呈职部十三年十二月份收支款项报告表一份。

建国粤军总司令许崇智（印）

中华民国十四年二月十一日

（《陆海军大元帅大本营公报》一九二五年第五号，2月20日，“指令”）

上海国民会议促成会致孙中山电

（1925 年 2 月 12 日载）

中山先生钧鉴：

先生革命领袖、吾民导师，倡议国民会议，尤为全民所仰望。已一致拥护，并督促执政府及早召集国民会议，以实现先生之主张，解决国民之痛苦。不料忽见报载先生病状危急，敝会不胜惊惶迫切之至。为此特电慰问，敬祝先生早日恢复健康，吾民幸甚，国家幸甚。上海国民会议促成会叩。

（《各界慰问孙先生》，上海《民国日报》1925 年 2 月 12 日）

国民党八打威支部致孙中山电

（1925 年 2 月 12 日）

精卫先生呈总理钧鉴：

国家安危，系于钧座，政躬剖治，万民悬念。本会谨代表南洋全荷属同志，祝总理康复。八打威支部代表大会叩。文（十二日）。

（《各方悬念之孙中山病状》，《顺天时报》1925 年 2 月 14 日）

建国军第一军军长朱培德呈孙中山文

（1925 年 2 月 12 日）

呈为呈报启用印信日期并将旧印缴销仰祈鉴核事：顷准钧府秘

书处函开：奉帅座颁发职军木质镶锡大印一颗、象牙小章一颗函送到部，遵即祗领，谨于本月六日启用。合将启用日期及旧有印信一并截角缴销各缘由，备文呈报察核。再前奉发牙章亦已销毁，合并声明。谨呈

大元帅

计呈缴截角旧印一颗。

建国军第一军军长朱培德（印）

中华民国十四年二月十二日

（《陆海军大元帅大本营公报》一九二五年第五号，2月20日，“指令”）

杨希闵、范石生、胡思舜致孙中山、段祺瑞电[1]

（1925年2月13日）

北京孙大元帅、段总执政钧鉴：

我国十余年来，纷争割据，民不聊生，易子析骸，惨难言状。为公仆者咸养尊处优，深居高拱，宁知有沟壑之惨、呼号之众。苟身临其境，一尝况味，未有不垂然伤心者。乃者中山入都、合肥柄政，艰迍宏济，赖此硕人。吾人试平心静气一数中国老成，足以奠定宗邦、维持国命者，舍两公外尚有何人。如曰无之，则对于政府一切支施，自当竭力赞助，勿怀异图，俾统一早期告成，民国得以昭苏，则如天之福，诸君子孙亦有攸赖。倘妄倡高调，觊觎地盘，阴谋离间，冀尝一脔，不特为民国罪人，且当永沦浩劫，为天下后世之罪人也。闵等一介武夫，未谙治理，然大义所在，牺牲何辞，力苟能及，身且不顾。独是主权在民，秉钧衡者不患军阀之跋扈，

[1] 此电由杨希闵、范石生、胡思舜联名致各报馆通电中节出，该电称“元日敬上中山先生、段总执政一电”，即此电。——编者

而患纲纪之不张，不患人才之不兴，而患邪正之纷驰，祸乱可弭而最难弭者人心，物力可培而最难培者元气。兴念及此，不寒而栗。更望中山、合肥以国民之心为心，以天下之志为志，亲贤远佞，整饬纪纲，期国际以和平，解倒悬而登衽席，闵等馨香尸祝于无穷矣。临电神驰，伫候教言。

（《广东杨希闵等通电》，《申报》1925 年 2 月 24 日）

中华人声社旅暹干事部致孙中山等电

（1925 年 2 月 13 日）

上海《民国日报》转北京孙中山先生暨海内外各工团、各农团、各教职员会、学生会、各报馆及国民党海内外各总、支、区、分部均鉴：

民国十三年来的纷扰，究其原因，虽然复杂，但仔细想来，没有一事不是孙先生中山奋斗于前，政妖军阀阻挠于后，而觉悟之士又不能为孙先生之后盾，以致孙先生对于中国建设的伟大计划没有一次能够彻底施行。这是过去的事实，丝毫无可讳言的。此次曹、吴在名义上虽然失败，但在事实上曹、吴的恶势力依旧潜在，未曾推倒，而帝国主义与军阀又都盘马弯弓，待时捣乱掠夺。这种政象是何等危险。孙先生因为要防止这种危险，所以在未入京之前，便通电主张召集国民会议，在召集国民会议以前先召集一预备会议，由九种人民团体产出之。希望全国的男女同胞起来作孙先生的后盾，促进国民会议在最短时间能够成立，则以后孙先生数十年来所研究的许多建国计划，或能一部一部的建设起来。愿我同胞速起速起。中华人声社旅暹干事部叩。元。

（《旅暹中华人声社之快邮代电》，上海《民国日报》1925 年 2 月 22 日）

兼督办广东治河事宜林森呈孙中山文

（1925 年 2 月 13 日）

呈为呈请鉴核事：窃查北京执行部暨政治委员会联席会议，决自本三日起三星期内召集中央执行委员全体大会。职应出席与会，谨于本月十四日首途北上，职处事务即派坐办江屏藩代拆代行。理合备文呈请钧座鉴核备案。谨呈

陆海军大元帅孙

兼督办广东治河事宜林森（印）

中华民国十四年二月十三日

（《陆海军大元帅大本营公报》一九二五年第五号，2 月 20 日，“指令”）

大本营建设部长林森呈孙中山文

（1925 年 2 月 13 日）

呈为呈请鉴核事：窃查本党北京执行部暨政治委员会联席会议，决自本月三日起三星期内召集中央执行委员全体大会。职应出席与会，谨于本月十四日首途北上，职部事务即派代理次长李卓峰代拆代行。理合备文呈请钧帅鉴核备案。谨呈

陆海军大元帅

大本营建设部长林森（印）

中华民国十四年二月十三日

（《陆海军大元帅大本营公报》一九二五年第五号，2 月 20 日，“指令”）

大本营军政部长程潜呈孙中山文

（1925 年 2 月 13 日）

呈为呈报事：窃我中央陆军第一、第二医院原为收容伤病官兵而设。其伤病官兵火食及药费系由广东财政厅每日各给予毫银一百六十元，已不敷支。其因病死亡之官兵棺殓费及各该院员兵薪饷又无另款发给，均系职部分别给领。查在院各伤病官兵统由各军送院留医，其中多有战时受伤患病者，念其效力国家应加优待，奈份子复杂异常，性情复多悍戾，部款艰窘，统辖綦难。年来迭议改良，均无善策，然为整饬风纪、节省经费计，又不能因循放任，致涉虚縻，因于艰难之中力求整顿之法。特将陆军第二医院，自本年一月九日起，饬令归并第一医院办理，以节公帑。但医院虽经归并，而伤病官兵仍未大减，若将陆军第二医院原领经费全数停发，则陆军第二医院拨过陆军第一医院之各伤病官兵伙食及药费，与因归并后支出修缮医院等费用必至完全无着，办事益感困难。迭据陆军第一医院院长李济深呈请，将该医院每日请领经费酌予增加，以维军食而资归垫。等情前来。职部兼顾并筹，拟将陆军第一医院现在每日应领伤病各官兵伙食及药费，按照原领数目力加核减，暂定为二百二十元，俾维现状。倘将来伤病官兵日有加多，仍将该院经费再予追加，以昭核实。缘各军中除滇、湘、桂、粤等军设有病院外，其他少数军队多未设立病院，遇有伤病官兵送院疗治势难拒绝，则现拟暂行办法自应准予变通，俾归尽善。除函广东财政厅外，所有将陆军第一、第二医院归并办理及核减经费缘由，理合具文呈请察核，伏候指令祇遵。谨呈
大元帅

大本营军政部长程潜（印）、军务局局长云瀛桥代拆代行

中华民国十四年二月十三日

（《陆海军大元帅大本营公报》一九二五年第五号，2 月 20 日，“指令”）

浙江国民会议促成会致孙中山函

（1925 年 2 月 14 日）

中山先生钧鉴：

先生首倡以九种人民团体组织国民会议预备会议，再行产生真正之国民会议以解决国是。宣言一出，全国翕从，具见先生真能为民众利益而奋斗，以与军阀帝国主义相搏战。乃先生入都未久，即以劳瘁致染清恙，卧病医院，迄未见痊。吾国民当此时局紧急之秋，遽失真正国民革命领袖之领导，实受莫大之损失。兹特派安体诚、孙斌、黄文霞、周自强四君，代表本会晋京慰问。敬此恭祝先生玉体早占勿药，俾救吾民于水火，毋任企盼，即希台洽。

肃此，敬请

勋安

浙江国民会议促成会叩

二月十四日

（《浙江国民会议运动消息》，上海《民国日报》1925 年 2 月 15 日）

管理粤汉铁路事务林直勉呈孙中山文

（1925 年 2 月 14 日）

呈为呈请事：案据职路车务总局管呈称：顷接滇军第一师司令部参谋处函开：查军人乘车现奉总部颁发免票，所有公差事故自应通行无阻。乃近查尚有无知士兵乘搭火车不用车票，竟将军人证章希图搪塞，致车利损失甚多，间接影响政府亦属不少。经敝师长通令本师全体官兵，无论公差事故不得再用证章搭车，函请查照。等语。查近日军人持证章搭车不少，实属真伪难分，且其中尚有藉此包客或偷运货物，弊端不一，而足影响收入甚巨，似非由各军部严令制止不足以挽颓风。但本路为交通要冲，平时军士往来非仅滇军一部，可否请分咨各军部仿此令行，理合呈请察核。等情前来。伏查开用专车及军人乘车原有规定，前经呈请分令遵照在案。乃日久玩生，迩来竟有军人仅凭寻常信函或咭片任意乘车来往，登车之后不特包揽搭客，即女眷乘车亦复包庇，甚至强取柴物、驱逐搭客、索卡运货，希图渔利，种种弊端，不胜枚举。现值军事时期，饷糈孔急，职路每日收入车利提拨四成军费，负担已重，所获仅余六成，为数无多。即使将来军费或可核减，而公司逐日必需之煤油杂项万不能不予清给。惟清给又时形不足，东挪西凑，应付术穷，似此竭泽而渔，必有停车之日。若再任令包揽强横而不设法制止，则直接损失车利收入即间接影响各军军需，而于公司现状尤难维持。兹据呈滇军总部颁发军人乘车免票，系为防范流弊而设，本属妥善，但未审其他各军能否一律照办。且仅持免费票仍似未尽完备，兹特妥定军人乘车办法三条，并拟由湘、滇、桂各军总司令部每部各按月轮派得力专员二人常驻公司，逐日登车协同车队验票，认真稽查，庶收入日见增加，积弊可期禁革。至每员月致伕马费五十元以资办公，务使军行、路政两无妨碍。除函各军总司令部查照办理外，理合连同办法具文呈请帅座察核，俯赐通令各军总司令转饬所部一体遵照，实为公便。谨呈

大元帅

计呈军人乘车办法一纸。

管理粤汉铁路事务林直勉（印）

中华民国十四年二月十四日

（《陆海军大元帅大本营公报》，一九二五年第五号，2月20日，“指令”）

国民党上海市第八区第二分部致孙中山函

（1925 年 2 月 15 日载）

北京孙中山先生钧鉴：

自闻总理病状，举国皆惊。同人等忝列党籍，尤觉忧心如焚。第以路程远隔，不克趋前视疾。敬维遥祝政躬早占勿药，则吾党幸甚，中国幸甚。

中国国民党上海市第八区第二分部全体叩

（《慰问孙先生病况》，上海《民国日报》1925 年 2 月 15 日）

国民党智利党部致孙中山电

（1925 年 2 月 15 日载）

孙中山先生钧鉴：

旅智党员以最诚意，祝尊体早日告愈。国民党。（智利来电）

（《孙中山病况稍有起色》，《顺天时报》1925 年 2 月 15 日）

委李贺侨商谭元等致孙中山电

（1925 年 2 月 15 日载）

孙中山先生钧鉴：

敬候尊躬安康。委李贺侨商谭元等。（旧金山来电）

（《孙中山病况稍有起色》，《顺天时报》1925 年 2 月 15 日）

胡汉民致孙中山电

（1925年2月15日载）

胡汉民电孙中山，辞代行大元帅职权，孙复电不准。（本馆十四日香港电）

（《粤桂之军事》，上海《时报》1925年2月15日）

胡汉民致孙中山电

（1925年2月15日）

北京孙大元帅鉴：

删日午前八时克复淡水城，敌向平山狼狈溃退。我军正在追击。此次俘获甚多，详情续报。崇智删已出发。胡汉民叩。删未。

（《陈军将由北江攻广州》，北京《晨报》1925年2月17日）

建国粤军第三军军长李福林呈孙中山文

（1925年2月15日）

呈为呈复事：现奉帅座侵日快邮电开：刻据中国国民党农民部长廖仲恺函称：顺德理教乡昨日被福军围攻，经已电达在案。今晨，据该乡人来报，昨晚业被攻进入乡，焚劫甚惨，乡民流离，请予拯救等情。并据该乡农会代表霍秀石等面称：军队攻入该乡时伤毙会员数人，请从严惩办各等情。究竟该军何故围攻理教乡，又何故仇视农会人员，仰该军长即电令顺德县驻防军队先停止军事行动，再呈明核办，勿稍姑纵为要。等因。

奉此。窃查理教乡匪徒霍九、霍容等伙党持械到贺丰乡焚劫财产、屋宇、伤毙多命一案，迭据贺丰乡事主廖远在、廖接暨乡民廖耆芳、廖卓芳等到部呈请追赃缉匪等情，当即分令李旅长群、黄旅长相查明，分别办理在案。正在查办之际，旋奉粤军总司令训令第一零零号开：据南海县民廖耆芳等以冒军焚劫、伤毙多命，请分饬营、县缉凶究办等情具呈到部。当批：呈悉。据称理教乡著匪霍九等伙党焚劫，伤毙多人，实属凶悍已极。仰候分令南、番、东、顺、香剿匪司令暨南海、顺德两县迅即严缉本案赃匪，务获究给具报。此批。在词［?］除批揭示暨分令外，合将原呈抄发，仰该司令即便遵照批开事理，从速妥办具报毋违。切切。此令。等因。

遵即饬令李、黄两旅长遵照办理去后。本月二日，据第十七旅旅长李群呈称：案奉钧部令开：奉粤军总司令部训令开：理教匪徒焚劫伤毙贺丰廖姓屋宇、财物、人命一案，后开：仰即遵照切实办理，毋稍玩延为要。等因。至一月二十七、八等日，迭据贺丰耆民廖远在等来部报称：连日，霍九等纠集外匪百数十人，意图作第二次洗劫民乡，乞派大队围剿，以安良懦。等情。职当即先行知会黄旅长相、邓县长雄，饬令李营长建宏率领张连长文俊所部兵士共百余人驰往理教乡查办去后。现据李营长呈称：职部于本月一日拂晓甫抵理教村前，即有匪党多人放枪先击我军，势甚凶悍。我军奋勇前进，奈为河水阻隔不能飞渡。该乡形势险要，均为匪徒预先握［据?］守，且枪械亦非常犀利。旋查确著匪张歪嘴、裕罗布等党羽约数百人潜聚乡内，致有如此剧烈抵拒。此次围捕相持竟日，伤毙匪党多人，我军伤兵士七名、毙四名，伤排长一员，失去七九枪四杆，请拨大队及加派大炮前来援助。等情。据此，窃查霍九等召集著匪张歪嘴、裕罗布等党羽数百人抗拒围捕，声势浩大，伤毙我官兵多人，非严行剿办何以寒匪胆而靖地方。惟该乡环海，形势险要，施以炮击又恐玉石俱焚。若持放任主义，势必养痈贻患，亦殊非保护地方之计。究应如何办理之处，理合据情呈报钧座察核，指令祇遵，实为公便。等情前来。

职军长以劫匪霍九等召集著匪张歪嘴、裕罗布等党羽数百人潜聚乡内，抗拒围捕，伤毙官兵多人，声势浩大，竟至军队不能进村搜捕，可谓凶悍已极。当将一切详情呈报许总司令察核在案。仍在候令办理之际，复据廖耆芳等呈称：理教乡匪徒近日愈聚愈众，四出掳劫，横行无忌。并挟民等呈控之嫌，声言寻仇报复，再来焚劫。乞即加派大队将匪党缴械击散，以安良善。等情。及据探报称，张、裕罗布等匪仍聚理教乡内，愈聚愈众等语。职军长以该匪等伙党抗拒围捕，伤毙官兵，仍复愍不畏法，胆敢号召党羽凭险自固。当此东江军事紧急之际，诚恐养痈贻患，设想何堪，迫得饬令李旅长群就近派拨驻防官山部队并知会黄旅长相，前往相机剿办去后。兹据李旅长呈称：理教乡匪徒抗拒围捕、伤毙我军官兵一案，职遵奉钧令，即饬赵团长承烈、罗团长家驳各率所部共四百人，另派员前往知会黄旅长协同会剿去后。兹据赵、罗两团长报告称：我军于十一日午前八时行抵牛墟附近，匪等分踞碉楼、丝偈及散布乡外各要隘，先行射击我军。我军屡次冲锋为深涌阻隔，不能前进。相持三四小时，匪等极力抵抗，势转剧烈。请示办法等情前来。职旅长据报后，当即加派大炮一门前往协助。旋据赵、罗两团长报称：我军与匪战至正午十二时，匪仍据险顽抗，当堂轰毙我兵士数人。迫不获已，乃下令发炮扑灭碉楼、丝偈。匪等见险要已失，无可凭籍，始相率向乐从方面逃窜，仅在丝偈内拿获嫌疑匪犯黄国华等四名。是役阵亡兵士八名、伤十二名，匪党亦有伤亡。理合将是日围捕情形及获犯黄国华等呈解钧部核办。等情。据此，除派员讯明黄国华等分别办理另文呈解外，理合据情转呈察核，并派赵团长回省面陈一切。伏候训示。各等情。

此职军长办理此案之始末情形也。伏察李旅于本月一日前往该乡围捕，因匪党踞险抵抗、枪械犀利，乡之四围均有深涌环绕，匪党弹密如雨，以致未能冲锋进乡，剧战数时，附近乡邻共闻共见。该乡农民协会歌日、虞日等邮电竞捏称：李旅打入乡中，逐家搜劫，失去财物、衣物、首饰不下十余万。颠倒事实，无非欲藉此以卸其聚匪拒捕之罪。至张歪嘴、裕罗布等系南、顺一带掳劫积匪，犯案累累，不可胜数。该处绅耆曾悬赏数千金购缉。去年冬，截劫来往官山、省城维瑞电轮，轰毙西人二名，尤为猖獗之极。该匪以职部踩缉严密，无地容身，乃啸聚党羽，瞒请滇军保旅长荣光准予投诚，充当民军首领，仍复四处骚扰。该匪党羽顷被职部击散，附近乡邻罔不额手相庆。窃思此次霍九、霍荣等因总司令部查缉有案，乃召集张、罗两匪以图自卫，而张、罗两匪又因职部踩缉严密，乃利用军籍借势对击我军以为快意。该乡农民自知召匪拒捕、伤毙官兵恐贻重祸，于是捏造事实，随处呼冤，实欲藉词以为卸责地步。要之，理教霍九等焚劫，查缉有案之匪张、裕罗布等系著名掳劫迭缉未获之匪。该乡农民乡中有匪不能解办，内匪纠集外匪抗拒围捕，事前既不报缉，临事亦不制止，及至酿成拒捕、伤毙官兵重案，仍复伪造事实，希图卸罪，其愚可悯而其罪实无可原。职军长典兵十年，对于桑梓乡邻素持爱护主义。何况农民协会多属本党同志，何致故为仇视而偏与之为难。

奉电前因，理合将办理本案始末情形呈复帅座。恳请饬令该乡农民协会将劫匪霍九等解案究办，并请令饬滇军保旅长查明罗布等匪曾否准予投效，迅将该匪所部缴械遣散，地方幸甚。谨呈

中华民国陆海军大元帅睿鉴

建国粤军第三军军长李福林（印）

中华民国十四年二月十五日

（《陆海军大本营公报》一九二五年第五号，2月20日，“指令”）

国民党上海市一区九分部致孙中山电

（1925年2月16日）

北京协和医院孙中山先生鉴：

为谋民众革新起见，反对中外强权，主张国民会议，奔走国事，积劳成疾，几濒于危。卖国者固乘机谣煽，爱国者正倍切悚惶。吾党同志益秉主义，骤听转机，喜忧交集，咸日会议，一致议决急速电慰，聊表微悃。至祈总理善摄睿躬，安心调养，俾早勿药，克偿夙愿，民国前途如天之福。谨此电祝，伏希垂察。上海市一区九分部冯明权等全体叩。铣。

（《慰问孙先生病况》，上海《民国日报》1925年2月17日）

哈尔滨上号男女平民学校、男女社会服务团致孙中山、段祺瑞电

（1925年2月16日）

北京孙中山先生、段芝泉先生鉴：

善后会议的份子，不是武人、官僚、政客的集合体吗？我们总没有忘记民国六、七、八、九、十段先生当国时所领袖一般武人、官僚、政客办事的成绩。老实不客气说，现在纷扰不堪的局〈面〉，段先生是要负百分之九十五以上之责任的。大家既不究既往，段先生居然上台，自应该痛念前失，另立方针好好的办去，怎么还是舍不得让国民管管他自己的事呢？怎么武人尚且能发不干政之议论，段先生一定要叫他干政呢？近来见孙先生致段先生书，以加入真正人民团体，如教育会、大学学生联合会、实业团体、农、工、商会等为条件赞成开善后会议。唉，孙先生对于段先生真是迁就到万分了。段先生你应速醒悟，你如尚想完全和武人、官僚、政客结不解的缘，那末，你这回登台不是想为民国开一新局面，简直是想继续从前所领袖武人、官僚、政客病国殃民未竟之功罢了。孙先生，你已经作最后的迁就了，至切不可再迁就。段先生，你目中应勉强映入人民的影子，不可迳情直行。哈尔滨上号男女平民学

校、男女社会服务团同叩。谏。

（《哈尔滨各团体反对善后会议》，上海《民国日报》1925 年 2 月 23 日）

上海蜀评社社长吴山等致孙中山、段祺瑞等电

（1925 年 2 月 16 日）

北京孙中山先生、段执政、善后会议赵议长、汤副议长、许处长、章部长钧鉴：

本社顷接重庆律师公会江电，文曰：律师公会在国法为正当团体，论人材属知识阶级。近闻国民会议中山先生宣言，与会法团竟将公会漏列，度系偶尔遗忘所致，应恳主持加入，藉贡刍荛。等语。窃律师为人群之保障，律师公会为法定之团体，况国民会议多关法律之条例问题，尤多藉助，似应许其参加，共谋国是。昨读国民会议条例草案，新闻界亦未列入，特此电请，统希补列，以免向隅，而昭大公。迫切陈词，立待裁复。上海蜀评社社长吴山、总经理石琢光、总纂袁蘅生。铣。叩。

（《蜀评社主张律师新闻两界参加》，上海《民国日报》1925 年 2 月 28 日）

大本营军需总局局长罗翼群呈孙中山文

（1925 年 2 月 16 日）

呈为呈请事：现奉大元帅令第二七号，内开：韶州大本营现已结束，所有盐运使署每日拨交大本营军需总局转解韶关之八百元，自二月十一日起着按日改解大本营会计司核收。除分令外，仰即遵照。此令。等因。奉此。窃查盐运使署每日应拨韶州大本营暨军需总局经费，原定日拨七百元，八折计实拨五百六十元，韶州大本营

日拨四百元，军需总局一百六十元，当经办理在案。现韶州大本营虽告结束，惟前方参军、参谋两处每月薪津及职局经费每日由盐运使署拨付之一百六十元，现经奉令改解大本营会计司核收，应请由本月十一日起将前方参军、参谋两处每月薪津及职局之经费，令饬该司分别给领照案办理。再，职局自十三年十一月廿二日成立起至本年二月十日止，所有遵令由各机关指拨的款解局转付计共收入八十万零三千七百三十九元，业经分别指拨计共支出七十八万五千五百七十三元五毫三仙，应存一万八千一百六十五元四毫七仙。其由中央银行于租捐项下及各机关等拨充北伐军军费，计共收入二十八万六千五百一十五元。而北伐军各部队军费、开拨费及补助、给养等费，均遵奉帅令及谭总司令核准行局拨付，计共支出二十九万八千四百八十七元七毫一仙。收支比对，实不敷一万一千九百七十二元七毫一仙。当经将收入指拨的款项下，先后移挪应付。再，前奉谭总司令一月勘电，内开：自十二月二十七日起至一月二十七日止，由湘军总司令部给养项下垫付北伐军各部队饷项三万四千余元，饬如数拨还。等因。业经呈报睿鉴在案。合计共欠四万六千余元，即须分别筹还应付。再，北伐军各部队给养或有未奉拨的款，或有奉拨而不足者，除由租捐项下补助外，计尚积欠各军二十三万余元，而每日不足之数仍复如故。环顾财政当局，再无可资挹注之途，长此竭蹶，来日大难，无米之炊殊难为计。现值韶州大本营既奉令结束，而北伐军各部队又复着手改编，至职局收支各数均奉帅令指拨，自可援案拨付。拟请将职局裁撤，归并北伐军总部或大本营会计司办理，庶事权统一而免虚縻公帑，于财政困乏之秋，饷需不无小补。理合备文呈请睿鉴，是否有当，伏乞分令祗遵，实为公便。谨呈

大元帅

大本营军需总局局长罗翼群（印）

中华民国十四年二月十六日

（《陆海军大元帅大本营公报》，一九二五年第五号，2月20日，“指令”）

财政委员会主席委员胡汉民、古应芬呈孙中山文

（1925年2月16日）

为呈请事：窃于本月十日第七十六次常会时，承准大本营财政部长提议派员清查各机关收支数目以便公布一案。当议决：由会呈请大元帅派员协同审计处先行清查财政部收支数目后，再由财政部委员会同清查大本营、广东省长公署及广州市政厅所辖征收机关，并大本营及广东省长公署所辖各司法机关收支数目，列表公布，以示财政公开之意等因在案。除汇录议案呈报察核备案外，理合专案呈请钧座鉴核施行，并乞指令祇遵，实为公便。谨呈

大元帅

财政委员会主席委员胡汉民（印）、古应芬（印）

中华民国十四年二月十六日

（《陆海军大元帅大本营公报》，一九二五年第五号，2月20日，“指令”）

广州市联军军警督察处督办杨希闵呈孙中山文

（1925年2月16日）

呈为呈报事：案据职处大队长王忠林，于本月八日督同侦缉队缉获掳犯高秩可、白云鹏等，并起出被掳人邬浩权一名，解请究办前来。当经发交执法处依法审讯，嗣经迭次研究，该犯高秩可、白云鹏二名质证确凿，实属触犯钧座颁订《临时军律》第六条之规定，罪无可逭。即于本月十三日午后四时，提出该掳犯

高秩可、白云鹏二名验明正身，绑赴刑场，执行枪决，以昭炯戒而快人心。除布告外，理合备文呈报钧座俯予察核备案，实为公便。谨呈

陆海军大元帅

职杨希闵（印）

中华民国十四年二月十六日

（《陆海军大元帅大本营公报》一九二五年第六号，2月28日，“指令”）

沈鸿英致孙中山、胡汉民等电

（1925年2月17日）

万火急。北京孙大元帅睿鉴：广州胡代帅钧鉴：北京广西旅京同乡诸先生，天津陈舜老，上海岑云帅、莫日帅，广州杨总司令、朱军长，韶关探送谭总司令均鉴：

英德薄能鲜，谬膺广西总司令职务，就职以来，日以保境安民为前提，以和平友军为职志。讵李宗仁、黄绍竑、李济深等藐视功令，图占地盘，分派大队，节节进逼。英不忍既残之桂局再受糜烂，经亲率所部退驻贺县属之大宁、桂岭一带，并分驻一部于桂林、全州，以期暂事休息。惟对于广西总司令一职，应请大元帅准予解除，嗣后关于桂事悉不过问。惟是所带部伍尚多，应如何维持处置之处，应恳大元帅迅颁明令，当道诸公主持公道，不胜迫切待命之至。沈鸿英叩。筱。印。（连县行营来电）

（广州国民政府档案）

（《沈鸿英为被李宗仁等部击退大宁一带请求解职电》，《中华民国史档案资料汇编》第四辑，第895页）

粤桂联军前敌指挥官白崇禧致孙中山、胡汉民等电

（1925 年 2 月 17 日）

万急。广州孙大元帅睿鉴：胡代帅，许、杨、谭、刘各总司令，浔州李督办，梧州李联军总指挥，黄会办钧鉴：南宁张省长、郑参谋，苏财政厅长，龙州李代处长，百色刘省长，武鸣曾主任，浔州笃主任，梧州龚主任、黄指挥官，柳州张总参谋，抄送上电探送韩总指挥，广西各局抄送各机关，各报馆均鉴：

崇禧奉命肃清桂林沈贼，师长邓右文势穷力竭，致孙中山电称与沈贼脱离关系，维持地方。对省政府语气含推，毫无诚意表示，且一［已?］派兵掘壕筑路，设防良丰一带。铣日我军前进，数约一千余人，擅阻接防，经我军猛烈攻击，激战约二十分钟，敌人不支，纷向桂林城遁窜。适我军吕团已至南门截击，敌人不能入城，经我前后夹击，纷纷四散，当时击毙伪指挥官莫显臣一名，敌官兵约二百余名，俘获百数十人，缴步枪四百余枝、旱机关枪二挺，敌人不复成军。现邓右文尚率四五百人固守桂林，我军四面围攻，桂林城指日可下。特先电呈。粤桂联军前敌指挥官白崇禧呈叩。筱。借印。（柳州来电）

（广州国民政府档案）

（《白崇禧报告击败邓右文及围攻桂林等情电》，《中华民国史档案资料汇编》第四辑，第 896 页）

赵恒惕致孙中山电

（1925 年 2 月 17 日）

急。北京协和医院孙中山先生钧鉴：

（中略一句）起居愆常，趋候无由，驰系弥切。春候渐煖，伏惟节宣日适，国序康胜，特派钟君才宏代表展候。病中药品，有需湘产者，即□电示，当即赍送可也。千万强护眠飧，为国珍卫。余俟续陈。赵恒惕叩。洽。印。

（《赵省长探问孙中山病况》，长沙《大公报》1925年2月20日）

建国桂军总司令刘震寰呈孙中山文

（1925年2月17日）

呈为呈请事：窃前据职军警卫团长刘震华呈请赠恤已故代团长刘策一案，业经据情转呈睿鉴核示在案。除原文有案邀免冗录外，旋准大本营军政部衡字第一五五号咨开：案查贵总司令呈请赠恤所部警卫团已故代团长刘策一案，前奉大元帅发交本部核议。拟请追赠陆军上校，仍照《陆军战时恤赏章程》第六章积劳病故例，按第四表给予中校恤金，具文呈覆大元帅核示在案。兹奉指令，内开：呈悉。准如所拟追赠给恤，仰即知照。此令。等因。奉此，相应咨达，请烦查照为荷。等由到部。当经咨请该部查照，迅将该项恤金发给下部以便转给去后，至今数月，未准咨给。查该故代团长家属今尚羁留在粤，状殊窘寒，迭据该故员家属陈情恳切，实堪悯悼不已。冒渎钧听，仰祈俯赐令由广东财政厅查照军政部议照《陆军战时恤赏章程》第六章积劳病故例，按第四表给予中校一次恤金四百元，俾便转给该故员亲属具领，运柩回籍安葬，以慰忠魂。是否有当，伏候指令祇遵。谨呈

大元帅

建国桂军总司令刘震寰（印）

中华民国十四年二月十七日

（《陆海军大元帅大本营公报》一九二五年第六号，2月28日，“指令”）

建国滇军总司令杨希闵呈孙中山文

（1925年2月17日）

为呈请事：案据职军兵站部长张鉴藻呈称：本月十五日午后八时，呈准令派警卫第一大队第三中队长杨烈率武装士兵解运军需物品运赴前方。讵料船到河边，有维瑞商船见本部兵士携带武器，误认为来封彼船，突开枪轰击，击毙我军士张汉贤、陈太平、余汉卿等三名。除张汉贤外，余二名尸身均沉入水中。又伤兵士魏正家、李雄、黄云、由中和等四名，势极沉重，恐亦不起，并抢去快枪四支。排长李家宝危迫跳入水中，赖电船救护未死。据跑回兵士来报，当即派队援救，并请公安局队伍协缉。讵队伍未到，而该商船自知理屈，畏罪远飏。拟请通令严缉，并赏恤伤亡兵士，以惩凶暴而雪冤抑。等情前来。复据警卫大队长李柱呈同前情。当即一面派队绕道截缉，一面派职部副官长龚义方到肇事地点切实调查。据覆无异。并称该船暗藏武器甚多，居心叵测，怙有洋人护符，以为人莫予毒，藐国法如弁髦，视人命如草芥，实属凶顽乐祸、胆大妄为，亟应严行惩究以伸国法。等情。据此。除通令暨咨行协缉外，理合呈请钧座俯赐令行各军将该维瑞船主通缉究办，以张国法而伸冤抑，并饬外交部向沙面领事团交涉，禁止洋商不得庇护我国此等惩凶奸商，以免军民互斗滋生事端，深为公便。谨呈

大元帅孙

建国滇军总司令杨希闵（印）

中华民国十四年二月十七日

（《陆海军大元帅大本营公报》一九二五年第六号，2月28日，“指令”）

河南女界国民会议促成会致孙中山电

（1925 年 2 月 18 日载）

北京孙中山先生钧鉴：

国事泯棼，战乱不休，军阀官僚更长递擅，依帝国主义为护符，以杀人劫财为能事，以致十四年来，国家虚有共和之名，人民实受残暴之祸。今幸曹、吴覆灭，武力失败，先生代表全国民意毅然北上，主张开国民会议解决一切纠纷，拥护民众利益，要求国际平等。利国福民，计无逾此。敝会极表赞同，特联合女界努力促成。愿先生积极进行，务期主张实现。倘有阻厄，誓作后盾。河南女界国民会议促成会叩。

（《河南女界促成国民会议之电报》，上海《民国日报》1925 年 2 月 18 日）

胡汉民致孙中山电

（1925 年 2 月 18 日载）

（十七日北京电）胡汉民电孙先生，报告十五日许军克复淡水。

（上海《民国日报》1925 年 2 月 18 日，“电讯”）

建国军粤军第三军军长李福林呈孙中山文

（1925 年 2 月 18 日）

呈为呈报事：案奉大本营秘书处函开：顷奉大元帅颁发贵军长木质镶锡大印一颗，文曰“建国军粤军第三军军长之印”，象牙小章一颗，文曰“建国军粤军第三军军长”。相应函送，希为查收见复，至纫公谊。等由。并附木质镶锡大印一颗、象牙小章一颗到部。准此。遵于本月十八日敬谨启用。除咨行外，合将启用印章日期呈请察核。谨呈

陆海军大元帅

军长李福林（印）

中华民国十四年二月十八日

（《陆海军大元帅大本营公报》一九二五年第六号，2月28日，“指令”）

大本营财政部部长古应芬呈孙中山文

（1915年2月19日）

呈为呈复事：案奉钧座第二九号训令：据大理院长、兼管司法行政事务吕志伊呈请，划拨大市街旗产抵充院费一案，饬令职部饬查核覆等因。查此项旗产系归广州市市政厅办理，奉令前因，遵即函达该厅查明核覆去后。现准市政厅函复开：当经转行财政局查明办理去后，现据呈复称：遵查，职局清理旗产，对于各街屋地如由上盖业主优先承领，应将各种照契呈缴来局听候审查属实，确于捐免规例相符，姑准每井缴价二十五元缴局核收给照管业。倘或因案轇輵以及照契未完备者，均须遵照所定底价依限呈缴方可承领。现在大市街第九十五号、九十七号、九十九号、第一百零三号各屋，未据上盖业主呈验照契，自无优先权利。且各该屋地上盖业是否沙斌所有，抑属何人，刻难确定，则应否收归市有准由沙斌备价承领，非自根本解决无从办理。奉令前因，合将大市街各号屋地现难率尔召变，抵拨大理院经费缘由，备文呈请察核，俯赐转覆查照，实为公便。等情。据此。查核所称各节均属实在情形，相应函达贵部，烦为查照转覆知照，至纫公谊。等由。准此，理合备文呈覆钧

座察核办理，实为公便。谨呈

大元帅

大本营财政部部长古应芬（印）

中华民国十四年二月十九日

（《陆海军大元帅大本营公报》一九二五年第六号，2月28日，“指令”）

河南青年学社致孙中山电

（1925年2月20日载）

中山先生台鉴：

自先生北上，提倡国民会议以来，人民瞻仰，举国如沸。正望领导群众，完成国民革命之大业，奈消息纷传，咸谓先生卧病不起，是为至虑。伏念先生奔走革命数十余年，终岁勤劬，自不免积劳妨身，同人向以先生之主张为努力，此实予人以不胜之遗恨，所望顺时调节，早复健康，则欣幸莫名矣。敬问起居，并希鉴察。河南青年学社叩。

（《孙中山迁回行辕后之病状》，《顺天时报》1925年2月20日）

九江非基督教运动大同盟等致孙中山电

（1925年2月20日载）

中山先生钧鉴：

清恙未愈，忧心如捣。先生为共和元勋、革命先觉，匪惟中国不可一日无先生，而东方被压迫诸民族之独立运动，亦正赖先生之领导奋斗也。益以列强环伺，皆欲谋我，尤望先生为国珍重，作民保障。敝会等谨率浔属各界为先生致祝健康早占勿药。民国幸甚，国民幸甚。肃此奉慰，敬颂痊安。九江非基督教运动大同盟、九江青年救国团、九江学生联合会、九江国民会议促成会、九江反帝国主义运动大联盟、九江各业工人联合会、江西青年学会九江分会同叩。

（《孙中山迁回行辕后之病状》，《顺天时报》1925年2月20日）

中华留日国民会议促成会致孙中山电

（1925年2月20日）①

北京孙中山先生钧鉴：

曹、吴倒败，民意之战胜也。段氏再起，非民众之拥护也。以非民众所拥护之段执政，而又召集其军阀、官僚之会议，蔑视民意，莫甚于此。苟欲图解决今日中国国是，非依据我公主张根据九种团体组织之国民会议，实不足言根本图治。尚祈我公坚持主张，留东侨胞誓为后盾。中华留日国民会议促成会叩。

（《中华留日国民会议促成会成立》，上海《民国日报》1925年3月5日）

大本营军政部长程潜呈孙中山文

（1925年2月20日）

呈为呈报事：窃职部军衡局局长胡兆鹏业已调任建国攻鄂军第三旅旅长，遗缺查有秘书邹建廷才长学富，堪以顶补，当经委任在案。现值部款支绌，困难情形已达极点。职部原设审计一局并经令

---

① 报纸报道称：20日，留日学生、华侨等在东京芝区三田大东通信社楼上特开代表大会，成立中华留日国民会议促成会，并发出致孙中山电，即此电。——编者

饬归并军衡局该局长邹建廷兼理，以省公帑。理合呈报钧座察核，伏候指令祇遵。谨呈

陆海军大元帅

大本营军政部长程潜（印）

中华民国十四年二月二十日

（《陆海军大元帅大本营公报》一九二五年第六号，2月28日，“指令”）

广州市联军军警督察处督办杨希闵呈孙中山文

（1925年2月20日）

呈为呈报事：窃查前由职处呈准奉钧座委任李寅为本处督查官，早经到职任务在案。兹准湘军谭总司令咨开：以事务繁多，将李寅调回本部，改派中校参谋傅翼前来，业于本月十六日到职。除由职处发给委状外，合将湘军改派傅翼充任督察官缘由，备文呈报钧座俯予察核备案，实为公便。谨呈

陆海军大元帅

职杨希闵（印）

中华民国十四年二月二十日

（《陆海军大元帅大本营公报》一九二五年第六号，2月28日，“指令”）

管理粤汉铁路事务林直勉呈孙中山文

（1925年2月20日）

呈为呈请事：案查职路前以各部军队动辄藉口军事，强迫开用

专车，以致耗费既多，窒碍尤甚。曾请嗣后如无该部最上级长官正式命令不准专开，呈请分令遵照一案。业奉帅座第七四〇号指令：准予令行军政部通知各军队长官饬属一体遵照。等因。乃日久玩生，仍有强迫专开或无票乘车情事。昨经拟具《军人乘车办法》，其第一条声明：凡开专车，须由大本营或各军总司令以正式印文或电报详叙开往地点、开车时刻及官兵伕役数目、有无行李及行李若干，方能照开。等语呈。奉帅座第一四〇号指令：照准。仰候通令各军一体遵照。等因各在案。现据车务处转据韶州郭段长电称：今晚大本营徐副官由韶州开用专车返省，约历二十一点钟站长布告将本月十七号应行第十一次车取销，因无多余机车，故将行十一次之机车移用等语。查开用专车原为迅赴戎机起见，自不能无故滥开。计开用一次约耗费煤炭三百六十元、机油杂项六十元，夜间开行专车则更须补发廿五处之车站全部薪工三百余元。设若漫无限制强迫滥开，则职路现状益形难支。倘于日间开用专车，计其损失更大，如此次徐副官开用专车一次，是日十一次客货列车因而停止，综其所受损失已达三四千元，内以四成拨支军饷，是政府方面亦损失不少。伏查职路收支已难适合，长此以往不予限制，不独职路因而破产停车，而于奉令提拨之款势必无着，复影响于正当军事运输尤大。职心所谓危难安缄默，理合具文呈请帅座鉴核，伏恳切实另行妥定开用专车办法，通令各机关转饬所属一体遵照。至此次徐副官强迫开行专车，职路并未奉有帅座命令，前项损失应否着令赔偿，并以后开用专车所需一切费用，务恳明白规定准在每日所提四成车利款内提回一半以资弥补，庶路政、军车均可维持。是否有当，仍候示遵，实为公便。谨呈

大元帅

管理粤汉铁路事务林直勉（印）

中华民国十四年二月二十日

（《陆海军大元帅大本营公报》一九二五年第六号，2月28日，“指令”）

建国滇军总司令杨希闵呈孙中山文

（1925年2月21日）

呈为呈请事：案准焦达人、徐绍桢等函开：窃以报国捐躯固志士救亡之本旨，而昭忠追祀实国家扬善之良模，所以效死者得妥英灵，生者愈知其感奋也。

兹有黄公文高，号星耀，籍属湖湘之浏阳县，生而颖异，长负奇节，里有纠纷者得公至一语则立解，其见重于乡望也如此。好观史鉴，每览祖士雅击楫之壮文、信国殉难之烈，慨然曰：如是不愧华胄之人民也。当时丁红羊之后，清慈禧后垂政，凡防汉族之再起者日益密，而欲蹶兴之志士其沦胥者日益甚。公研思振兴汉族之道，日夕焦谋，不得其策，每当其义忿不可遏止之时，其驱满革命之辞多流露于言表，闻者多骇然掩耳而避，盖惧涉法网以罗系之也。公于是叹秦政之专酷，悲华胄之沦伏，乃感忆博浪椎击之不成，留侯不遇圯上老人，慎行忍性，韩仇安可复乎？遂乃刻意励行，翩然改辙，思所以成其志。清光绪中叶，投身江南营伍，以精敏沉毅之材擢至江浙提标副营营官。公至是手绾兵符，革命之念日益奋发。丁未岁，清光绪三十三年，公乡人焦君达峰至海上谋义举，知公夙为同志，乃介绍入同盟会。戊申岁三十四年正月，公担任运动江浙盐帮民军首领夏重民、余孟亭等于江浙交界等处发难，意在与焦君等联合倾陷金陵，取为根据，以为号召，推翻清廷。讵事机不密，为满督端方侦悉，警戒江宁，并檄调江浙等处之兵兜围松江、嘉兴、太湖等发难义军。以众寡悬殊，夏、余迭遭挫败，退至松属枫泾，部属悉行击散。二月夏，余被逮，抄获公给之革命证书及接济子弹之证据，于是满督转饬提署之缇骑至矣。三月八日，公得密音，知事败露，乃笑曰：我为种族忘身，实余平生素志，惟所愿未伸系余遗恨，岂能囚首待系，俾满奴辈以升官之大欲乎？九日晨，咽服生金，凄然长逝于任所，亡年四十九岁。弥留时，遗书嘱其长子炳荣曰：我为种族革命殒身，惜志未偿，汝当继之以成。惟覆巢之下安容完卵，宜速遁沪上，待机以成予未竟之志，斯为孝矣。是时其长君炳荣已充江南提标营教练官，随军枫泾，得父书，遵即潜遁。其家属幸得刘提督刚才、余游击质斌设法以保全之。公之坟墓现尚厝松江松堤之侧，公于殉难之事，松江提署、府、县均有案可稽。呜呼，公于革命之志未竟，室家经已倾覆。其次、三两子迩时尚幼，孤孀薄椋远滞异乡，曩目击其凄怆之状者，莫不心酸隐痛，慨其义烈之行，而公因悲种族之沦胥，起谋革命颠覆清廷，以至身丧家倾之事实也。

其长君炳荣，遁沪后，思继父志，遂奔走宁、鲁、湘、闽、粤各省军界，历充光复军敢死队队长、山东中华革命军东北军第五部队部长、湘东义军第一支队副司令、十年[①]北伐讨贼军第六路第四梯团长、闽省讨贼军第七路指挥官，现任滇军、湘军总部谘议官。公次子炳南，毕业粤军第二军教导团，充滇军兵站中队长；三子英杰，毕业滇军干部学校，充滇军第二军排长等职务，均著劳绩，屡思上书一呈乃父为国捐躯义烈之事，因以职既非崇，而昔知执友又各远隔一方，以致公之义烈久湮而未彰。今达梯、达人等多系当年昔于闻见之人，重以公长君炳荣之请，窃以国家有褒扬之典，而公殁未蒙奖祀之荣，今政局既趋和平，达梯、达人等谊同袍泽，不忍湮汨公昔蹶［厥?］谋汉族殒身之志节，谨将公当日之殉难缘由用特函请贵总司令查照准予备案。敬请转呈大元帅核准，按照民国烈士殉国例议恤褒扬，并请转咨湖南省政府备案，将黄公文高名讳送湖南省烈士祠崇祀，以慰忠魂，而昭激劝。并附黄公文高遗像一纸。等由。准此。理合备文呈请帅座鉴核，俯准案照民国烈士殉国例褒扬并请转知湖南省政府备案，将黄公文高送入湖南烈士祠崇

① 似指“民国十年”，即1921年。——编者

祀，以慰忠烈而资鼓励。谨呈

大元帅孙

建国滇军总司令杨希闵（印）

民国十四年二月廿一日

（《陆海军大元帅大本营公报》一九二五年第六号，2月28日，“指令”）

大本营财政部长古应芬呈孙中山文

（1925年2月21日）

呈为呈请事：窃职部秘书岑念慈现调派充财政厅秘书，所遗职部秘书一职，查有陆幼刚堪以荐任。除先由部令派充外，理合呈请钧座鉴核施行。谨呈

大元帅

大本营财政部部长古应芬（印）

中华民国十四年二月廿一日

（《陆海军大元帅大本营公报》一九二五年第六号，2月28日，“指令”）

蒋介石致孙中山电[①]

（1925年2月22日载）

汪精卫先生转总理钧鉴：

本军十四日正午逼近淡水城，战斗三小时，敌势不支，溃退城中，以为固守待援之计，我军各团乃即合围。是夜，城逆用火球及

① 报纸报道中指出此电为蒋介石致孙中山电。——编者

油竹筒向外抛掷，并用探海灯探照，满城明光烛天。本营兵士在城脚三百米碇处彻夜对峙，激战一宵，及至十五拂晓，先用炮兵第一营猛射逆团，机关枪亦就豫定阵地按时扫射。敌犹恃堞掩护，在城上顽抗。激战三小时，各团奋勇队皆奋不顾身，叠身为梯，肉搏逾城。逆敌决心死守待援，万不料攻拔如此之速，故退却不及。在城中巷战约一小时，方得缴械入城。未几而防守博罗之洪逆乃移至淡水，由永湖方面而来。洪逆率其第一、二、三各师及谢文炳师到达离〈城〉七十里许，至仙人石、黄竹岭等处，四面包来，其势甚猛。张师、许旅皆能死力抵抗，而拔城之教导团亦由左右两翼增加包围逆敌，激战至黄昏后敌始不支，乃向永湖、平山、惠州各方面溃退，势甚狼狈（下略）。

（《广东孙军克淡水之战情》，《顺天时报》1925年2月22日）

玉田县国民会议促成会致孙中山电[①]

（1925年2月22日载）

北京铁狮子胡同孙行馆呈中山先生大鉴：

此次政变，列强冲突，军阀破裂，拨乱反正，千载一时。先生适发宣言，主张国民会议解决国是，继向当局电商善后会议加入人民团体，政见明确，俾益全民。凡吾民众，为谋本身利益，为副先生属望，均应根循爱旨进行一切，期达完全目的。所惜国民政识浮纷，环境恶劣，尚望先生随时指导援助，俾真正国民会议早日实现，国家之福，亦先生之愿也。临电神驰，敬祝健康。

（《玉田民会致孙段两电》，天津《益世报》1925年2月22日）

---

① 报纸报道中指出此电为玉田县国民会议促成会致孙中山电。——编者

上海女子参政协进会致孙中山函

（1925年2月22日载）

中山先生钧鉴：

报载尊恙日渐痊愈，曷胜欣慰。先生手划专制，躬造民国，使女子得恢复天赋之人权，达参政之目的，实现男女平等，扬共和之精神。先生嘉惠女界，感同再造。乃以国事贤劳遽撄疢疾，凡属国民莫不同声祷祝早占勿药。敝同人以睽隔辽远，未克趋前省视，特推刘女士代表诣前谒慰，藉陈一切，伏乞赐予延见。

女子参政协进会全体谨启

（《女子参政会慰问孙中山》，《申报》1925年2月22日）

胡汉民致孙中山电[①]

（1925年2月23日载）

号（廿日）晨进占飞鹅岭，陈炯明向北败退。

（天津《益世报》1925年2月23日，“国内专电”）

全国各宗教信徒国民会议协成会致孙中山函

（1925年2月23日载）

中山先生伟鉴：

敬启者：军阀推倒，民意可伸，皆先生与段、张、冯诸公之

① 报纸报道中指出此电为胡汉民致孙中山电。——编者

力。吾民称庆，铭诸策府。读先生在日本演词，力主国民会议加入农、工、商、教育各公民团体，解决国是。并声明略举各团，其余应当加入团体甚多云云。我全国各教徒，若孔、若道、若佛、若回、若天主、若基督，团体繁多，信徒无量无边，虽有属于上列各团体之内，究不尽在上列各团体之中，如先生与执政段公主张革命及旅津时并未与闻各法团可知。尚有大部分国民团体至重且要者在各信徒之内。况各信徒有确切之信仰、通达性命原理者往往而是，实为国民中优秀分子。本会全体公决，请先生迅速转达善后会议及国民会议筹备处，从速加入各教团体，万勿摈全国数千万信徒于国民之外，幸甚幸甚。

专肃，此颂

痊安

全国各宗教信徒国民会议协成会　公启

（《宗教徒要求加入国民会议》，上海《民国日报》1925年2月23日）

哈尔滨皮靴行工业联合会致孙中山、段祺瑞电

（1925年2月23日载）

北京孙中山先生、段执政均鉴：

查善后会议之内容，系以实力派为中坚，以政客官僚为辅助。此项会议，十余年来屡经实现，既已覆辙之相寻，何庸死灰之复燃。顷读中山先生通电，对于善后会议勉为赞同，而以加入教育会、大学学生联合会、各实业团体、农、工、商会等真正人民团体为调剂。苦心孤诣，薄海同钦。应请芝泉先生和衷共济，迅将上项真正人民各团体补列善后会议条例之内，仍一面开诚布公，为召集国民会议之筹备。并应颁发明令，保障人民结社、集会之自由，废

止治安警察之条例。庶几风声所树，万象昭苏，匯彙[1]群谟，奠安危局。而芝泉先生从前在政治上所铸成之种种大错，亦可藉此作桑榆之补，而□国民之所原谅矣。哈尔滨皮靴行工业联合会具。

（《哈尔滨各团体反对善后会议》，上海《民国日报》1925年2月23日）

京汉铁路总工会等工团代表上孙中山书

（1925年2月24日载）

为欺害同志证据确凿请求急予解决事：缘本党自共产党加入，把持党务，权诈居心，操切行事。以本党为护符，而以共产党作宣传，败坏党德，极其陷害。以致本党有左右两派之分，渐逞破裂之象。而尤以欺害我劳动同志，不可一日容。兹列陈之：

一、吞没赈款。京汉铁路“二·七惨剧”发生，陈独秀、李大钊等，以抚恤死者家属为名，阴向哈尔滨、赤塔、海参威、万国运输公会等处募捐，秘密行动，全不使工人知其内幕。后经武汉各工团联合会会长陈天，在共产党党员李震瀛处探知消息，由杨德甫向该党汉口区委员项德隆力追，德隆方开出赈单一张，计各处捐洋八千元。然犹推诿款未收讫，对于死者家属，至今未付分文。又奉天张总司令捐洋一万元，经该党汉口区委员长张连光卷逃数千元，更卷去施洋夫人应得之洋四百元。而林祥谦家应得之三百元，曾裕良家应得之二百元，今亦无着。又海参威华工捐洋八百一十一元，尽由该党在海参威党员经收吞没。后经华工托上海海员公会会长陈炳生带信转交陈独秀报告款数，由上海船务公会交际员探悉，经德甫追问陈独秀，独秀语塞，允为退还。此款至今亦未还给。此就确有证据者而言之。外传该党在俄罗斯先后募集三十余万。

---

① 两字均简化为“汇”，“汇汇”不词，无义。此不宜径简，仍旧。——编者

以情度之，陈独秀辈既承俄国共产党之命令以运动劳工，而该党亦以能运动劳工以骗俄人，“二·七”之役俄共产党断无不予捐款之理，三十万之说，核之共产党吞没海参威等处捐款之例，则亦非虚也。

二、损坏信用。自京汉铁路总工会委员长杨德甫被捕，总干事张德惠代理委员长，为复仇复工运动，正大光明，毫无劣迹。该党党徒张国焘等，向保定监狱所禁工人陈励懋、洪永福等十二人出狱，诡计将陈等诱至私宅，诬称张德惠以工人名义骗款数万元，使其不与张德惠见面，后经揭穿诡计始破。由杨德甫由洛阳出狱，彼等又向德甫诬称交通部郑次长对于失业工人每人给洋四十元，张德惠只转给每人洋十元，余皆吞没。更诬称德惠在天津作复仇运动时，私得奉天洋数万元。复趁二七郑州追悼会，多方煽惑，宣诬郭祖贲、王光辉、郭寄生、袁正道、余友文等为工贼。并《向导》周报第九十七期，诬称袁正道、张德惠、洪永福等为工贼。又盗窃杨德甫名义，在京报启事，诬称有无耻之徒勾通张德惠，在京、津、沪、汉一带招摇撞骗。凡此种种，备见该党欺害同志，诡诈多端，如久容于国民党内，为害滋大。德甫等俱为工团代表，今只就工人本身受害者言之，国民党倘能将共产份子决予驱除，德甫等当静候党内处办，否则必招集全国劳动大会，自为制裁也。谨此敬陈。

京汉铁路总工会代表杨德甫、法律顾问袁正道、京汉铁路长辛店分工会代表张德惠、洪永福、上海各工团联合会王光辉、上海船务公会黎世良、武汉各工团联合会陈天、粤汉铁路武昌徐家棚工会余友文、安徽驻沪劳工会王亚樵、安徽省工会洪忠恺、湖南劳工会谌小岑、京汉铁路江口工会段贵忠、屠宝义上①

（《各省区工团代表上孙中山书》，天津《大公报》1925年2月24日）

① 报纸报道中说明此为工团代表上孙中山书。——编者

管理粤汉铁路事务林直勉呈孙中山文

（1925 年 2 月 24 日）

呈为呈请事：窃查粤汉铁路年久失修，直勉自奉令管理以来，巡视路基则枕木已朽，检验车辆则机件多残。统计全路枕木共有三十二万余条，经饬主管之员查明已腐烂者约二十七万余条，枝路数目尚不在内。现以每枕木一条四元五角计之，约需一百二十余万。其车辆机件应行修理之费尚未计入。倘不预为绸缪，则脱钩越轨之事时有所闻，其危险何堪设想。万一车不能行，实于军事运输关系至重，自不能不急速修理。惟修理又非有款不可。现查负担军政各费以职路为多，如每日收入军利万元，提拨四成，以全年计之已逾百万有奇。公司所获仅余六成，为数无几，致令逐日必需之煤油、杂费尚不能清给。加以裁汰冗员、清理欠薪，在在需款，若非开源节流，势将益困，更何有余力以为整理路木之用。月前因旧历岁暮呈准加开夜车，昨已停止，计其收入仅四千元，购换不多，似此杯水车薪，何济于事，自须另筹补救，庶可维持。伏查前准董事局议决加收二成车利，以两个月为期，全数清发所欠员司工警薪饷一案，业奉钧令第二十三号：准如所请办理等因。计自本年一月一日起至二月二十日止，共实收银八万一千五百二十一元。从前积欠薪饷共一十二万二千零七十七元。除支给外，仍欠银四万零五百五十六元。直勉任内欠薪约万余元，均未清发。现计加收之期将已届满，应请准照原案继续办理，一俟欠薪清发，应即请将此款拨作购置材料、陆续修换枕木之用，事竣再行停止，务使员薪、路木得以兼顾统筹，俾资整理而维路政。是否有当，理合具文呈请帅座察核并候示遵，实为公便。谨呈

大元帅

管理粤汉铁路事务林直勉（印）

中华民国十四年二月廿四日

（《陆海军大元帅大本营公报》一九二五年第六号，2月28日，“指令”）

建国军粤军第三军军长李福林呈孙中山文

（1925年2月24日）

呈为呈缴事：昨准钧府秘书处公函，内开：顷奉大元帅颁发贵军长木质镶锡大印一颗，文曰“建国军粤军第三军军长之印”，象牙小章一颗，文曰“建国军粤军第三军军长”。相应函送，希为查收见覆，至纫公谊。等由。经将启用日期呈报在案。兹谨将前奉发之粤军第三军军长印一颗、粤军第三军军长章一方呈缴，伏乞核收注销，实为公便。谨呈

陆海军大元帅孙

计缴粤军第三军军长印一颗，粤军第三军军长章一方。

建国军粤军第三军军长李福林（印）

中华民国十四年二月廿四日

（《陆海军大元帅大本营公报》一九二五年第六号，2月28日，“指令”）

船务栈房工界联合会致孙中山函[①]

（1925年2月25日载）

中山先生惠鉴：

钧座入都，斡旋时局，为国宣劳，钦崇曷极。拨阴霾以见清光，解纠纷而宁国是，胥在钧座此行卜之。不谓大驾方抵都门，政躬即已违和。迩听之余，益深驰念，勿药之喜，全民同占。阅报敬

① 报纸报道中指出此函为船务栈房工界联合会致孙中山慰问函。——编者

悉尊恙稍痊，下情堪慰。兹特派代表黎世良晋京探候，藉聆好音。黎君上谒之时，即希赐以颜色，以慰渴忱为感。

专此，敬候

痊绥

（《慰问孙先生病状》，上海《民国日报》1925年2月25日）

上海学生联合会致孙中山电

（1925年2月25日载）

中山先生左右：

阅报悉先生玉体欠安，同人不胜惊惶。先生乃民国之柱石，人民救主，此次北上尽瘁国是，同人尤为钦佩。兹派敝会代表大会主席刘一清君前来慰问，幸赐予接见是盼。上海学生联合会叩。

（《各界慰问孙先生》，上海《民国日报》1925年2月25日）

宿县国民会议促成会致孙中山函

（1925年2月25日载）

中山先生钧鉴：

我公不幸骤失康健，全国民众惊恐惶骇。今敝会特委派孔昭谦、李宜春、江常师三君前往慰问。众敬祈我公速即健起，率领全国民众继续奋斗，以完成革命工作。不特敝会之所馨香祷祝，亦全国被压民众之所渴望也。

肃此，敬颂

健康

宿县国民会议促成会启

（《各界慰问孙先生》，上海《民国日报》1925 年 2 月 25 日）

冯玉祥致孙中山函

（1925 年 2 月 27 日）[1]

中山先生赐鉴：

兹闻尊体违和，至深系念，久拟躬自趋候，藉聆大教，并慰下怀。只以适染采薪，未能如愿，私衷抱歉，莫可言宣。兹嘱内子赴京代候起居，务乞为国珍重，善自调摄，以期早占勿药，是所至祷。

专此布肃，敬颂

痊祺

冯玉祥拜启

（《冯玉祥夫人来京慰问中山》，《顺天时报》1925 年 3 月 2 日）

湖南学生联合会致孙中山电

（1925 年 2 月 28 日）

北京孙中山先生钧鉴：

政躬愆常，举国惊恐。敝会同人京都远隔，趋候无由，矫首燕云，尤深歉怅。前上艳电，藉表下忱，世电颁来，益增驰义。迭阅报载，先生改服中药，日见康复，闻讯之余，距踊三百。窃先生为国事而勤劳，因勤劳而致疾，一身否泰，系国家之安危，万里河

① 鹿钟麟《孙中山先生北上与冯玉祥》一文记载，冯玉祥曾于 2 月 27 日派其夫人李德全持他的亲笔函赴京问候孙中山。鹿文所录冯玉祥致孙中山函内容与此函相同，可知为同一函，据此确定此函递交孙中山的日期为 1925 年 2 月 27 日。——编者

山，祝眠餐之强护，所幸春回暖转，康胜可期。谨此电陈，伏望为国珍摄。湖南学生联合会叩。俭。

（《学联会电候孙中山病状》，长沙《大公报》1925年3月1日）

大本营军政部部长程潜呈孙中山文

（1925年2月28日载）

呈为呈覆事：案奉钧座发下建国湘军总司令谭延闿呈一件，以据焦达人等函称：烈士黄文高，籍隶湖南，生而颖异，长负奇节。当清季光绪中叶，愤秦政之专酷，痛汉族之沦胥，矢志革命，入伍江南，任浙江提标副营营官，与乡人焦君达峰等密谋举义，事败自戕，请予转呈按例议恤褒扬一事。据情转请给予恤金并赐褒扬等情。查该烈士黄文高服膺党义，有志未成，为国捐躯，殊堪惋悼。拟恳钧座俯准追赠陆军中校，并照《陆军战时恤赏章程》第五章因公殒命例，按第三表给予中校恤金，以昭义烈，而慰英魂。是否有当，理合具文呈覆，伏乞鉴核明令施行。谨呈

陆海军大元帅

大本营军政部部长程潜（印）、军务局局长云瀛桥代拆代行（印）

中华民国十四年二月　日

（《陆海军大元帅大本营公报》一九二五年第六号，2月28日，“指令”）

国立广东大学校长邹鲁呈孙中山文

（1925年2月28日载）

呈为呈请事：案查番禺学宫拨定为职校学生寄宿舍，业于去年

六月间呈请钧座第六一六号指令，内开：呈请指拨番禺学宫堂屋为大学学生寄宿，并令行驻在军队迁出等语由。呈悉。照准。候令行广东省长转饬广州市政厅、番禺县分别遵照备案，并令行谭总司令、卢军长即将各该部所驻堂屋让移，以备各生寄宿可也。此令。等因在案。查番禺学宫西边乡贤祠、日新斋、节孝祠等房屋，前经中央直辖第三军所部驻扎，由职校向卢军长磋商，遵令让移，归为职校学生寄宿舍。本拟即行动工修整，因湘军所驻学宫中座一时尚未让出，故暂延搁。现查湘军病院经已迁出，而湘军讲武堂又设在学宫中座，并连同前卢军长所部驻扎学宫西边之乡贤祠、日新斋、节孝祠等处已让移为职校宿舍一并占驻，致职校不能修葺，殊非我大元帅兴学育才之至意。谨将湘军讲武堂占驻前卢军长所部驻扎学宫西边之乡贤祠、日新斋、节孝祠等处已让移为职校宿舍情形，理合备文呈请钧座察核，迅予令行湘军总司令转饬湘军讲武堂遵照，先将学宫西边乡贤祠等处让还职校修整，以维教育。仍候指令祗遵。谨呈

陆海军大元帅

国立广东大学校长邹鲁（印）

中华民国十四年二月　日

（《陆海军大元帅大本营公报》一九二五年第六号，2月28日，“指令”）

管理粤汉铁路事务林直勉呈孙中山文

（1925年2月28日载）

呈为呈请事：窃查职路乘车票费向有规定，无论官、军、商、民、员司、工役，均应照章购票方准乘车，迭经通告在案。迩来仍有仅凭襟章咭片或寻常函件任意乘车，军界固属居多，而各行政机关员司、工役亦复不少。更有包揽搭客、私运货物，视职路为其供

给之机关，人人可得自由来往，不须购票，货物上下亦得任意为之，籍以从中渔利。直勉视事后，查有前项情弊，即经严饬各主管员司认真稽查，逐渐整理。讵其多有不服干涉者，若欲强令购票，往往以属重要职员可以不购。伏查全国铁路通行定章，仅有军人乘车半费记账，并无其他机关重要职员亦可半费记账之条，今竟违章搭车，习以为常。职路固有负担军政各费，为数甚巨。而每日必须之煤油、杂项、工资、薪水专恃所得六成车利，尚不敷支。其全路枕木烂已大半，购换则力有未能，自应开源节流，切实整顿。所有行政各机关在职人员因公往来，若再任令不购车票，是为全国铁路所不许，且复损失车利。现状固难维持，即军政要需亦复受其影响，除军人乘车办法业已呈奉帅座核准，通令各军总司令饬属一体遵照，现在行政各机关员司、工役乘车不购车票，应请一并禁［止］以祛恶习。用特具文呈请帅座察核，俯予照准令行各机关转饬所属一体遵照，嗣后如有因公乘车往来，务须一律先购车票方准上车，以维路政。是否有当，并候指令祇遵，实为公便。谨呈

大元帅

管理粤汉铁路事务林直勉（印）

中华民国十四年二月　日

（《陆海军大元帅大本营公报》一九二五年第六号，2月28日，“指令”）

兼督办广东治河事宜林森呈孙中山文

（1925年2月28日）

呈为呈明先行派员测勘，仰祈鉴核事：窃奉钧座第五二号训令开：据大本营高等顾问加伦将军函称：现在东江开始攻击，东江河道于军务交通最属重要，如惠州克复后供给我军军用，尤非此不可。现在宜于沿河危险之处及泊船地点建筑临时小堤，此事可由粤

军舰务处会同治河处办理，请钧座以最速时间举办，可令江防舰队保护工程也。等情。据此。查所陈事属可行，除分令外，合行令仰该督办即便会同粤军总司令从速派员查勘，兴工修筑。切切。此令。等因。奉此。职处正工程师适在宋隆、芦苞等处巡视工程，当即迅饬回处讨论进行。据称：由东江出口至惠州计有淤浅十余处，其水深之度在此低水期内有仅深二英尺者，欲藉临时小堤之力使水度深至六英尺，甚为难能。等语。惟职以事关便利戎机，自应广详请求，尤望能得有努力机会，使东江战事早告结束。查东江河道，职处向只注重防潦，而于交通整理尚无细密测勘，经即召回工次测绘员先往测勘明白，再行切实考量。除咨请粤军总司令派员会同前往外，所有奉令办理先行派员测勘缘由，理合备文呈请钧帅鉴核。谨呈

陆海军大元帅孙

兼督办广东治河事宜林森（印）

中华民国十四年二月廿八日

（《陆海军大元帅大本营公报》一九二五年第七号，3月10日，“指令”）

建国滇军总司令杨希闵呈孙中山文

（1925年2月28日）

呈为呈复事：案奉钧座第五七号训令开：据管理粤汉铁路事务林直勉呈称：案据职路车务总管呈称：顷接滇军第一师司令部参谋处函开：查军人乘车现奉总部颁发免票，所有公差事故自应通行无阻。乃近查尚有无知士兵乘搭火车不用车票，竟将军人证章希图搪塞，致车利损失甚多，间接影响政府亦属不少。经师长通令本师全体官兵，无论公差事故不得再用证章搭车，函请查照。等语。查近日军人持证章搭车不少，实属真伪难分，且其中尚有藉此包客或偷

运货物，弊端不一而足影响收入甚巨，似非由各军部严令制止，不足以挽颓风。但本路为交通要冲，平时军士往来非仅滇军一部，可否请分咨各军部仿此令行，理合呈请察核。等情前来。伏查开用专军及军人乘车原有规定，前经呈请分令遵照在案。乃日久玩生，迩来竟有军人仅凭寻常信函或咭片任意乘车来往。登车之后不特包揽搭客，即女眷乘车亦复包庇。甚至强取柴物、驱逐搭客、索卡运货，希图渔利，种种弊端，不胜枚举。现值军事时期，饷糈孔急，职路每日收入车利提拨四成军费，负担已重，所获仅余六成，为数无多。即使将来军费或可核减，而公司逐日必需之煤油、杂项万不能不予清给。惟清给又时形不足，东挪西凑，应付术穷。似此竭泽而渔，必有停车之日。若再任令包揽强横而不设法制止，则直接损失车利收入即间接影响各军军需，而于公司现状尤难维持。兹据呈滇军总部颁发军人乘车免票，系为防范流弊而设，本属妥善，但未审其他各军能否一律照办。且仅持免费票仍似未尽完备，兹特妥定军人乘车办法三条，并拟由湘、滇、桂各军总司令每部各按月轮派得力专员二人常驻公司，逐日登车协同车队验票，认真稽察，庶收入日渐增加，积弊可期禁革。至每员月致伕马费五十元以资办公，务使军行、路政两无妨碍。除函各军总司令部查照办理外，理合连同办法具文呈请帅座查核，俯赐通令各军总司令转饬所部一体遵照。等情。据此，查此拟办法尚属可行，除指令照准并通令外，合行抄录原件，令仰该总司令即便转饬所属一体遵照，并抄发军人乘车办法三纸。等因。奉此，遵即转饬职部所属照办，并委派少校参谋刘骅、少校衔上尉副官廖鼎铭充任验票委员，随同车队验票。所有办理情形，理合具文呈报察核备案。谨呈

陆海军大元帅孙

建国滇军总司令杨希闵（印）

中华民国十四年二月廿八日

（《陆海军大元帅大本营公报》一九二五年第七号，3月10日，“指令”）